O livro da cerveja

O livro da cerveja

Francesca Sanci

EDIÇÃO VISUAL
Alexandre Lucas e Renata Steffen

Copyright © 2022 by Francesca Sanci

REVISÃO
Iuri Pavan

REVISÃO TÉCNICA
Salo de Miranda Maldonado

REVISÃO HISTÓRICA
Sérgio Barra

PESQUISA
Fernanda Corrêa de Freitas

EDIÇÃO VISUAL, PROJETO GRÁFICO E CAPA
Alexandre Lucas e Renata Steffen | Laboota

CIP-BRASIL. CATALOGAÇÃO NA PUBLICAÇÃO
SINDICATO NACIONAL DOS EDITORES DE LIVROS, RJ

S195L

    Sanci, Francesca

        O livro da cerveja / Francesca Sanci ; edição visual Alexandre Lucas, Renata Steffen. - 1. ed. - Rio de Janeiro : Intrínseca, 2022.

        272 p. : il. ; 24 cm.

    Inclui índice
    ISBN 978-65-5560-402-3

    1. Gastronomia. 2. Cerveja - Guia. I. Lucas, Alexandre. II. Steffen, Renata. III. Título.

22-80068   CDD: 641.23
                    CDU: 641.87:663.4

Meri Gleice Rodrigues de Souza - Bibliotecária - CRB-7/6439
19/09/2022 23/09/2022

[2022]
Todos os direitos desta edição reservados à
EDITORA INTRÍNSECA LTDA.
Rua Marquês de São Vicente, 99, 6º andar
22451-041 — Gávea
Rio de Janeiro — RJ
Tel./Fax: (21) 3206-7400
www.intrinseca.com.br

*Para Tânia e Domenico: a melhor mãe e o melhor pai,
os melhores exemplos de garra e determinação que
eu poderia ter nessa jornada chamada vida.*

*E para todos aqueles que se permitem estar em
constante aprendizado sobre as coisas mundanas.*

O que você vai ver neste livro

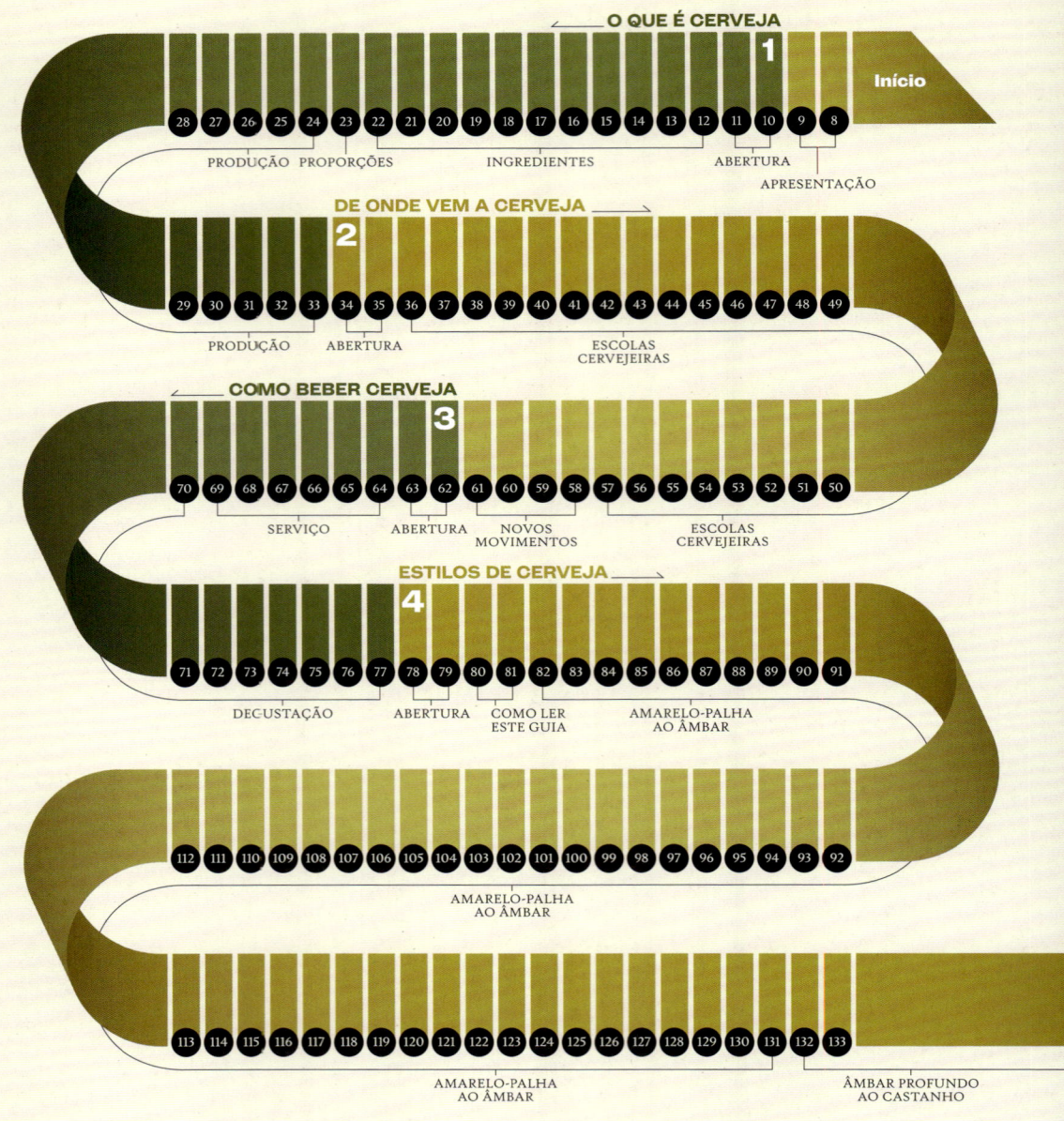

134 135 136 137 138 139 140 141 142 143 144 145 146 147 148 149 150 151 152 153 154

ÂMBAR PROFUNDO
AO CASTANHO

175 174 173 172 171 170 169 168 167 166 165 164 163 162 161 160 159 158 157 156 155

ÂMBAR PROFUNDO
AO CASTANHO

176 177 178 179 180 181 182 183 184 185 186 187 188 189 190 191 192 193 194 195 196

ÂMBAR PROFUNDO
AO CASTANHO

CASTANHO-ESCURO
AO NEGRO OPACO

217 216 215 214 213 212 211 210 209 208 207 206 205 204 203 202 201 200 199 198 197

CASTANHO-ESCURO
AO NEGRO OPACO

O QUE COMER COM CERVEJA

5

218 219 220 221 222 223 224 225 226 227 228 229 230 231 232 233 234 235 236 237 238

OUTRAS
CATEGORIAS

ABERTURA

HARMONIZAÇÃO

Fim

259 258 257 256 255 254 253 252 251 250 249 248 247 246 245 244 243 242 241 240 239

O CAMINHO DA EDIÇÃO
VISUAL DESTE LIVRO

COZINHANDO
COM CERVEJA

pg. 260 - ÍNDICE REMISSIVO | pg. 271 - AGRADECIMENTOS

Um guia visual da cerveja

Eu sempre amei a área de bebidas. Quando comecei a faculdade de gastronomia, achava que passaria o resto da vida dentro de uma cozinha. Erro meu. Antes mesmo de entrar em uma, eu já estava me especializando para fazer alguns freelancers de bartender. Embora eu tenha passado algum tempo vivenciando o dia a dia da cozinha, no fim das contas a vivência com o mundo das bebidas continuava me chamando.

O vinho veio primeiro, confesso. Bebia com a minha mãe em casa — ela adora vinhos e foi com ela que conheci a bebida. Na faculdade, o foco maior também foi no vinho, um mundo enorme que eu nem imaginava que existia, além dos drinques e do café. Logo depois conheci a cerveja artesanal, quando ela começou a se disseminar com força no Rio de Janeiro.

Quando descobri que a cerveja poderia ser tão diferente e complexa, eu pirei. Foi uma nova paixão, tão forte que fazia com que eu guardasse uma parte do meu salário todo mês para comprar alguns bons rótulos na loja especializada em que um dia eu viria a trabalhar. Eu provava as cervejas e ficava encantada: como era possível eu comprar cinco garrafas e o sabor de uma não parecer nem um pouco com o da outra?

A paixão me levou à especialização e a especialização me levou à profissão. Mergulhei fundo, fundo mesmo. Durante muitos anos vivenciei o dia a dia da loja, do bar e da rua. Vendi muita cerveja e conheci muitas pessoas. Depois disso, aprendi a lecionar e comecei a fazer palestras e workshops. Tive a oportunidade de julgar concursos cervejeiros e hoje cheguei a uma etapa muito importante dessa jornada.

Democratizar o ensino sempre foi algo importante para mim quando o assunto é cerveja. Eu já fui aquela pessoa que olha as prateleiras e tem medo de comprar por não saber o que pode encontrar ali dentro. Na época, não era tão fácil achar informações na internet. Hoje, temos o efeito contrário: são tantas informações que não sabemos em quais acreditar.

Beber cerveja deveria ser algo mais simples. Aprender sobre ela deveria ser algo mais simples. Nem todo

---

A proposta deste guia é trazer exatamente isso: informação, mas de maneira prática, objetiva, direta e sem "fru-fru".

---

mundo está a fim de ler um livro de 700 páginas para apreciar uma boa cervejinha. Às vezes, as pessoas desejam simplesmente degustar e aproveitar o momento.

A proposta deste guia é trazer exatamente isso: informação, mas de maneira prática, objetiva, direta e sem "fru-fru". Para aqueles que querem aprofundar seus conhecimentos de forma intensa e com objetivos 100% profissionais, eu indico livros como *O guia Oxford da cerveja*, de Garrett Oliver, e *Degustando cerveja*, de Randy Mosher, que foram duas das dezenas de fontes que consultei para este livro.

Para você que está começando a beber ou já bebe e quer um livro para te acompanhar aonde você quiser e te dar mais independência nas suas escolhas, este é o livro que você procura. Nele você encontrará um pouco sobre história, ingredientes, produção, escolas cervejeiras, como servir, como degustar, além de um guia de estilos para você usar como bem quiser. No fim do livro, você ainda encontra sugestões de harmonização e receitas de pratos e drinques com cerveja elaboradas por convidados superespeciais.

Como você pode perceber, este guia é dividido por cor. Dessa forma, você vai entender que ser claro não significa ser leve e sem sabor, e ser escuro não significa ser encorpado e alcoólico. Dentro de cada categoria de cor, você encontrará uma gama enorme de aromas, sabores, características e teores alcoólicos. Talvez você encontre aqui o seu estilo preferido e redescubra novos estilos preferidos enquanto for provando.

Se eu puder confessar algo para você, é que, com certa frequência, eu me pegava pensando: "Nossa, como eu queria ter o meu livro agora para me acompanhar nessa degustação e poder averiguar uma informação." Bem, agora eu tenho um livro para me acompanhar nas minhas degustações, e você também tem.

Espero que, a partir de agora, você se apaixone e reapaixone. Que beba, conheça e aproveite muito.

Boas cervejas, boa leitura e bom divertimento!

Francesca Sanci

FRANCESCA SANCI
Gastrônoma, sommelière de cervejas, especialista em bebidas alcoólicas e consultora no segmento de alimentos e bebidas

O QUE É CERVEJA

CAPÍTULO

1

a. INGREDIENTES
b. PRODUÇÃO

1.a A escolha dos ingredientes é fundamental para uma cerveja de qualidade. A seleção dos insumos e dos blends de maltes e lúpulos é o que determina, ao lado do processo, o perfil sensorial da bebida. Um determinado estilo de IPA pode utilizar apenas um lúpulo (em geral para evidenciar a variedade escolhida) ou ter uma mistura de diversos lúpulos. O mesmo vale para os maltes, a levedura, o tratamento da água e a adição de adjuntos, se existentes. Tudo isso influencia diretamente a qualidade do produto final.

Ingredientes

POR LEI, CERVEJA É COMPOSTA DE
MALTE, ÁGUA, LÚPULO E LEVEDURA, PODENDO CONTER
TAMBÉM OS CHAMADOS ADJUNTOS

Água 85%

Outros 15%

Malte 12%

Lúpulo 1%

Levedura 0,5%

Adjuntos 1,5%

Malte

A cevada, o trigo, o centeio, a aveia, o arroz e o sorgo são alguns grãos que podem ser malteados

---

Malte é o cereal que passou pelo processo de malteação. Apesar de ser possível maltear diversos cereais, a cevada é o grão mais usado, pois, além de proporcionar aromas e sabores agradáveis, contribui para a produção da bebida graças à casca, à composição proteica e às enzimas, que auxiliam nas reações de quebra dos açúcares em partes menores para o consumo da levedura. Logo, quando falamos de malte, entende-se que estamos falando de cevada.

O malte é fundamental para a elaboração da cerveja, pois fornece os açúcares necessários a serem quebrados pelas enzimas, além de interferir no corpo, coloração, aromas e sabores das cervejas e na formação de espuma, devido às proteínas.

Os maltes de trigo e de centeio também costumam ser incluídos em certos estilos, como no caso da clássica cerveja de trigo alemã Weizenbier e das Rye IPAs, que utilizam centeio para agregar sabores distintos e complexidade.

O PROCESSO DE MALTEAÇÃO

Anatomia do grão de cevada

Corte longitudinal

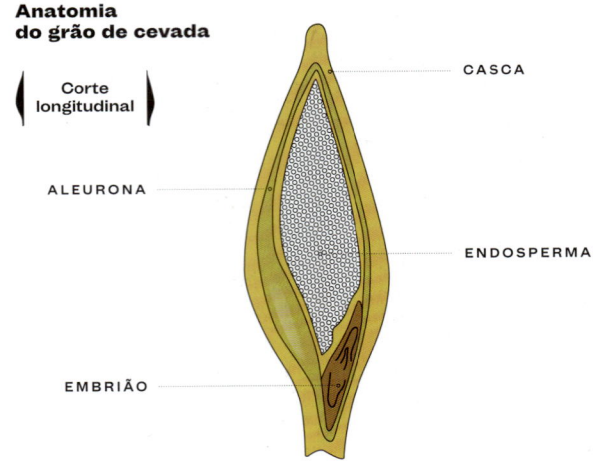

- CASCA
- ALEURONA
- ENDOSPERMA
- EMBRIÃO

1 Maceração
O grão é submerso em água e começa a se desenvolver

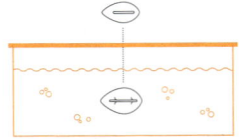

2 Germinação
As enzimas se formam e atuam no processo de germinação. Temos a transformação do amido

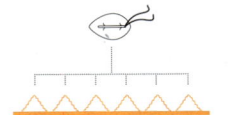

3 Secagem e torrefação
A umidade do grão é reduzida, encerrando a transformação e dando sabor, aroma e cor

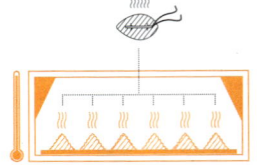

4 Malte
O grão com enzimas e açúcares está pronto para ser armazenado para posterior utilização

Maltes base e especiais

Maltes podem ser base ⓑ e especiais ⓔ. A qualidade do grão e a intensidade de secagem/torra influenciam o tipo de malte e os aromas e sabores

Pilsen ⓑ	De trigo ⓑ	Pale Ale ⓔ	Defumado ⓔ	Torrado ⓔ
Aroma Maltado, adocicado, nuances sutis de mel e pão	**Aroma** Pão, nozes, biscoito, toffee e caramelo suave	**Aroma** Frutas secas e mel. Agrega mais corpo	**Aroma** Fumaça, presunto cru, madeira e baunilha	**Aroma** Café, cacau e chocolate amargo
Estilos principais Bohemian Pilsner, Munich Helles, Kölsch e outros	**Estilos principais** Weissbier, Weizenbock e cervejas de trigo em geral	**Estilos principais** English IPA, Belgian Pale Ale, Scotch Ale	**Estilos principais** Rauchbier, Smoked Porter, Scotch Ale	**Estilos principais** Schwarzbier, Dunkel, Belgian Strong Dark Ale

Blends para diferentes estilos

Cada receita pode usar um ou mais maltes ou adjuntos em sua composição. A cor final do estilo é resultado da mistura dos maltes

Estilo Saison 
- 78% Malte Pilsen
- 12% Malte de trigo
- 10% Trigo em flocos e cevada torrada*

Estilo American Barley Wine 
- 74,5% Malte Pale Ale
- 0,5% Malte torrado
- 15% Malte Crystal
- 10% Malte Caramel Pilsen

Estilo Irish Dry Stout 
- 60% Malte Pilsen
- 28,5% Cevada em flocos*
- 11,5% Cevada torrada*

* Adjuntos.

Água

Para fabricar 1 litro de cerveja na indústria, são utilizados entre 3 e 4 litros de água. Na fabricação da cerveja caseira, pode chegar a até 8 litros

Antes do surgimento de máquinas de tecnologia mais moderna, as cervejas históricas eram diretamente influenciadas pelas regiões de origem e fontes de água das redondezas.

Hoje, para fabricar a bebida, não é preciso estar próximo a uma boa fonte, pois é possível tratar a água na cervejaria. Esse tratamento é feito de forma que auxilie na interação e transformação dos ingredientes durante a produção e, consequentemente, gere uma cerveja com boa qualidade sensorial.

A água deve ter características físico-químicas e microbiológicas adequadas à receita elaborada. A alcalinidade residual, o pH, os íons, bem como a dureza total, influenciam diretamente o processo.

ONDE É UTILIZADA

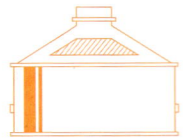

Produção
Tratada, entra nas etapas de produção, como mostura e lavagem, e faz parte do produto final

Processo
Utilizada na limpeza de equipamentos, produção de vapor, entre outros. Não constitui o produto final

Águas históricas

Algumas cidades em que a qualidade da água influenciou a criação de grandes cervejas

Pilsen

Baixa quantidade de cálcio, carbonato, cloreto, magnésio, sódio e sulfato

ESTILO CARACTERÍSTICO
Bohemian Pilsner

Munique

Baixa quantidade de cloreto e maior de sulfato aumentam sensação de amargor

ESTILO CARACTERÍSTICO
Munich Dunkel

Londres

Água com variação de média a alta de carbonato, sódio e sulfato

ESTILO CARACTERÍSTICO
English Porter

Dublin

Altíssimo teor de carbonato facilita a produção de cervejas escuras

ESTILO CARACTERÍSTICO
Irish Dry Stout

A influência dos minerais

Os íons que compõem a água podem auxiliar ou prejudicar reações químicas e microbiológicas, dando origem a bebidas com características sensoriais distintas

Cálcio Ca	Magnésio Mg	Sódio Na
Diminui pH e influencia no brilho. Em grande quantidade, dá um gosto mineralizado à cerveja. Auxilia na fermentação	Diminui o pH e auxilia na atuação das enzimas. Em grande quantidade, torna a acidez e o amargor desagradáveis	Realça sabores. Em grande quantidade, agrega um sabor salgado. Assim como o cloreto, em geral aparece associado ao magnésio
Zinco Zn	**Sulfato** S	**Cloreto** Cl
Em quantidade ideal, auxilia na fermentação	Destaca amargor e o mantém persistente nas cervejas lupuladas	Ressalta dulçor do malte, destaca aroma e sabor e aumenta o corpo

A dureza da água

É a propriedade relacionada com a concentração de íons de cálcio e magnésio. Cada estilo de cerveja possui uma dureza ideal

DUREZA	GRAU*	ESTILO
Mole	70-135	Bohemian Pilsner
Média	135-200	Vienna Lager
Dura	200-350	English IPA
Superdura	+350	Dortmunder Export

> O pH é outro índice de medição de qualidade. Determina a acidez da solução. O pH ideal para a produção de cerveja varia conforme a etapa do processo de fabricação.

> A dureza também interfere na coloração. A água de Dublin é muito dura e influencia a coloração mais escura da cerveja.

* Em dGH, que é o grau de dureza da água.

Lúpulo

Conhecido como o tempero da cerveja, pode ser classificado em lúpulos de amargor, aroma ou ambos

O lúpulo substituiu o gruit — mistura de ervas e especiarias vendida pelo Estado ou pela Igreja, obrigatória durante séculos — na Idade Média e se popularizou no século XVI, tornando-se um ingrediente primordial na produção atual de cerveja. Além de ser um conservante natural, que inibe a proliferação de bactérias, é rico em antioxidantes.

Seus óleos essenciais contribuem com aroma e resinas, bem como com os chamados α-ácidos, responsáveis pelo amargor. Apesar da característica principal, lúpulos de amargor também podem ser utilizados para conferir aroma e vice-versa.

O ingrediente pode ser adicionado em diversas etapas da produção, sendo a fervura — quando os compostos do lúpulo são dissolvidos — a principal. Uma técnica comum para intensificar aromas é o dry-hopping, que é a adição de lúpulos no início ou próximo ao final da fermentação e maturação.

DA PLANTA À PRODUÇÃO

Lupulina
Glândula onde estão as resinas, óleos essenciais e outras substâncias que auxiliam na estabilidade microbiológica e sensorial e na qualidade da espuma

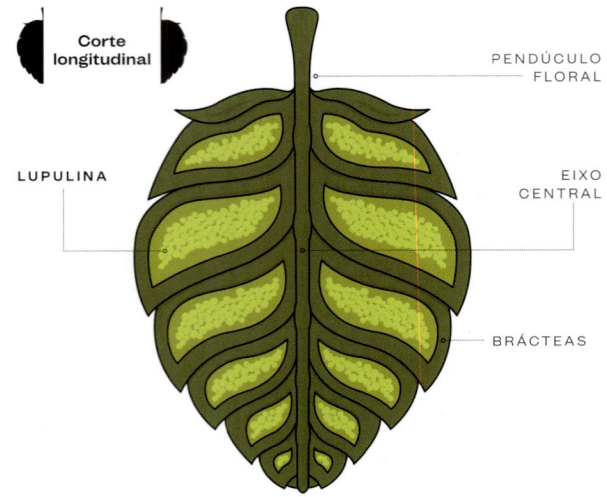

Corte longitudinal — PENDÚCULO FLORAL — LUPULINA — EIXO CENTRAL — BRÁCTEAS

COMO É VENDIDO

Cone — **Pellet** — **Extrato**

Deve estar muito fresco e ser utilizado em grande quantidade | Forma mais comum por seu bom rendimento. Fácil de transportar e armazenar | Usado na correção e/ou padronização da cerveja. Fácil de transportar e armazenar

▶ *International Bittering Units (IBU) é a unidade internacional de amargor em ppm (partículas por milhão) referente aos α-ácidos presentes na cerveja. É calculada ao preparar a receita e confirmada após análise em laboratório.*

Principais áreas de produção

A planta precisa de clima frio e ameno, além de muita luz, por isso as principais regiões produtoras ficam em torno dos paralelos 45

Variedades mais importantes

Dependendo do estilo, podem ser utilizados um, dois ou mais tipos

Saaz 🇨🇿

Tradicional lúpulo tcheco, ficou conhecido pela Bohemian Pilsner

AROMAS
- herbal
- floral

ÓLEOS

α-ÁCIDOS

Hallertau Magnum 🇩🇪

Lúpulo de amargor alemão, comumente utilizado nas Lagers e Ales alemãs

AROMAS
- pimenta-preta
- maçã

ÓLEOS

α-ÁCIDOS

East Kent Golding 🇬🇧

Variedade inglesa de excelência, normalmente utilizada em Ales

AROMAS
- herbal
- terroso

ÓLEOS

α-ÁCIDOS

Columbus 🇺🇸

Utilizado nas IPAs e estilos não tão amargos, como Barley Wines e Stouts

AROMAS
- pimenta-preta
- toranja

ÓLEOS

α-ÁCIDOS

Leveduras

A levedura é um fungo que consome os açúcares, transformando-os em álcool, CO_2 e outros subprodutos

Nos primórdios, bem antes da descoberta da levedura para a produção de fermentados no século XIX, o processo de fermentação era considerado um fato sem explicação. Era comum utilizar o recipiente da produção anterior, que "magicamente" proporcionava o fenômeno embriagante da bebida. Hoje sabemos como esses microrganismos atuam e os isolamos em laboratório para criar culturas em pó ou em líquido, por exemplo. Para que ocorra a fermentação, a levedura precisa de minerais, vitaminas e açúcares desenvolvidos durante a brassagem. Além da transformação dos açúcares em álcool, CO_2 e outros componentes, ocorrem outras reações químicas, que reduzem a cor, o pH, o amargor e os taninos, bem como alteram as proteínas e o corpo. Ou seja, uma boa seleção de leveduras e um bom controle de fermentação são essenciais para obter a bebida desejada.

AS DUAS PRINCIPAIS LEVEDURAS

Ales
Saccharomyces cerevisiae

TEMPERATURA IDEAL

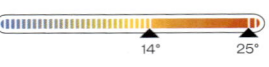
14°   25°

DURANTE A FERMENTAÇÃO

 Sobem à superfície do tanque durante a fermentação. Em geral, produzem mais subprodutos e dão origem a cervejas sensorialmente mais complexas

TEMPO DE FERMENTAÇÃO E MATURAÇÃO

 Mais rápido: dias ou semanas

Lagers
Saccharomyces pastorianus

TEMPERATURA IDEAL

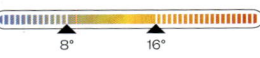
8°   16°

APÓS A FERMENTAÇÃO

 Decantam no tanque após a fermentação. Em geral, produzem menos subprodutos e dão origem a cervejas que evidenciam os demais ingredientes

TEMPO DE FERMENTAÇÃO E MATURAÇÃO

 Até 1 mês ("*lagern*" significa "armazenar" em alemão)

OUTROS TIPOS DE FERMENTAÇÃO

Híbrida	**Mista**	**Espontânea**
Levedura Ale com temperatura de Lager e vice-versa. O tempo de fermentação e os subprodutos são diferentes	Ocorre quando diferentes microrganismos se combinam para a produção da cerveja	Fermentação mista em que o mosto é inoculado e fermentado com os microrganismos do ambiente

Atenuação

Consiste no consumo de açúcares e, consequentemente, na diminuição do corpo pela levedura. Quanto mais atenuada, mais seca e menor a sensação de corpo

Muito além das leveduras

Além do fungo *Saccharomyces*, outros fungos e bactérias podem estar presentes na produção cervejeira, seja por adição ou por contaminação favorável

Brettanomyces

Produz compostos por oxidação e gera aromas rústicos de couro, estábulo e até mesmo frutado e defumado

TEMPERATURA
16° - 24°C

ESTILOS
Flanders Red Ale, Oud Bruin

Lactobacillus

Produz ácido lático e é sensível ao lúpulo. Não consome açúcares

TEMPERATURA
37° - 40°C

ESTILOS
Catharina Sour, Berliner Weisse

Acetobacter

Transforma álcool em ácido acético na presença de oxigênio e gera uma percepção mais avinagrada. Não consome açúcares

TEMPERATURA
20° - 37°C

ESTILOS
Flanders Red Ale, Oud Bruin

Adjuntos

45% é o máximo permitido de adjuntos usados para substituir o malte no Brasil

Adjuntos são todos os ingredientes permitidos pela legislação que não são malte, água, lúpulo e levedura. Historicamente, cereais não maltados, frutas, ervas e fontes de açúcares sempre foram usados na fabricação da cerveja, mas hoje esses tipos de ingrediente viraram sinônimo de redução de qualidade da bebida, devido à crença da lei de pureza da cerveja como padrão de qualidade e aos mitos de que milho e outros cereais, por exemplo, seriam ingredientes que tornariam a cerveja "menos cerveja".

Enquanto alguns cereais não maltados necessitam de uma caldeira de adjuntos, outros ingredientes de origem animal e vegetal podem ser adicionados em partes diferentes do processo para agregar aroma, sabor, sensação na boca, cor ou retenção de espuma.

COMO É USADO	FUNÇÃO
Milho e arroz	
Utilizados como gritz, flocos de milho e quirera ou flocos de arroz	Aumentam teor alcoólico sem influenciar o corpo
Trigo	
Como adjunto, é utilizado em grãos crus, em flocos	Auxilia com suas proteínas na retenção de espuma e no corpo da bebida
Aveia	
Utilização mais comum é de aveia em flocos	Ajuda na retenção de espuma e proporciona corpo, maciez e cremosidade
Centeio	
Como adjunto, é utilizado em grãos crus em pequenas quantidades	Adiciona corpo, sensação de picância e sabor
Lactose	
Normalmente líquida ou em pó	Adiciona corpo, cremosidade e dulçor
Ervas e especiarias	
Podem ser adicionadas inteiras, maceradas, em grãos ou em folhas	Adicionam sabor e complexidade
Frutas	
Polpa, casca, suco, frutas inteiras etc.	Adicionam sabor, complexidade e às vezes cor
Xaropes e extratos	
Líquido, pastoso ou em pó. O mais conhecido é o xarope de maltose	Fontes de açúcar, reduzem os custos, facilitam a padronização

AS PROPORÇÕES NAS RECEITAS

A quantidade de cada ingrediente varia conforme a receita, o estilo e o método de produção. Veja quatro exemplos das diferentes proporções

COMO LER O GRÁFICO

A água compõe em média 85% da receita e foi eliminada do gráfico para que a diferença entre os outros ingredientes fique mais visível

- ÁGUA
- ADJUNTOS
- LEVEDURA
- LÚPULO
- MALTE

> É possível chegar a resultados parecidos com receitas diferentes: duas Juicy IPAs com ingredientes distintos podem ter perfis sensoriais semelhantes.

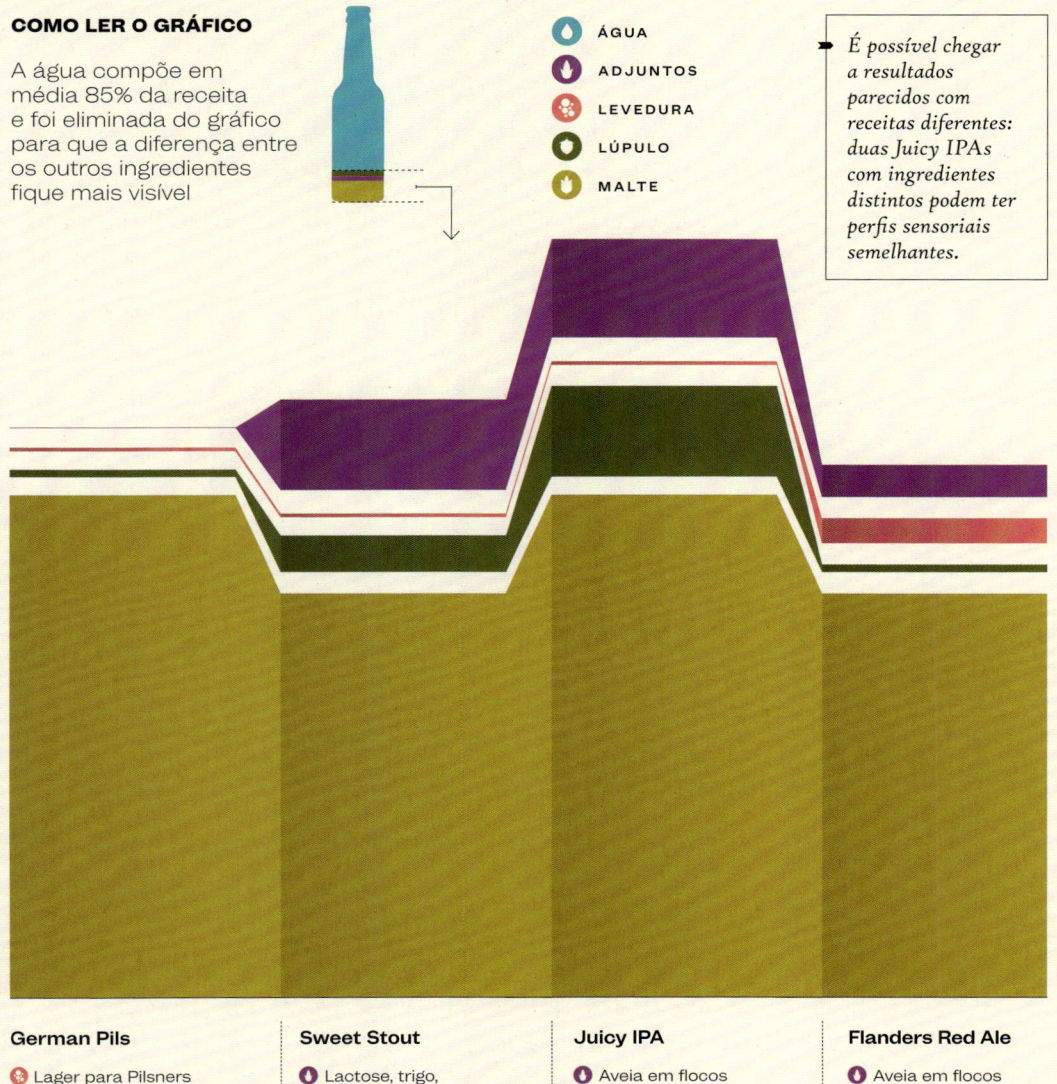

German Pils
- Lager para Pilsners germânicas
- Magnum, Mittelfrüh
- Pilsen, Melanoidina

Sweet Stout
- Lactose, trigo, cevada em flocos
- Ale neutra
- Magnum, Kent Golding
- Pale Ale, cevada torrada, Crystal 15® e chocolate

Juicy IPA
- Aveia em flocos
- Ale (lupuladas)
- Zeus, El Dorado, Citra, Mosaic, Azacca, Galaxy, Jarrylo e Columbus
- Pilsen, Pale Ale, Carapils®

Flanders Red Ale
- Aveia em flocos
- *Saccharomyces, Lactobacillus, Pediococcus* e *Brettanomyces*
- Willamette e Northern Brewer
- Caraaroma®, Château Special B® e Caramunich I®

1.b O processo de produção é a transformação dos insumos em cerveja, com muita técnica, controle e cuidado. A receita deve ser minuciosamente pensada, para que os ingredientes deem origem à bebida desejada. Existem diversas etapas que variam caso a caso e outras que são imprescindíveis.

Produção

O PROCESSO DE PRODUÇÃO, EM GERAL, É COMPOSTO DE DIVERSAS ETAPAS, DIVIDIDAS ENTRE PARTE FRIA E PARTE QUENTE

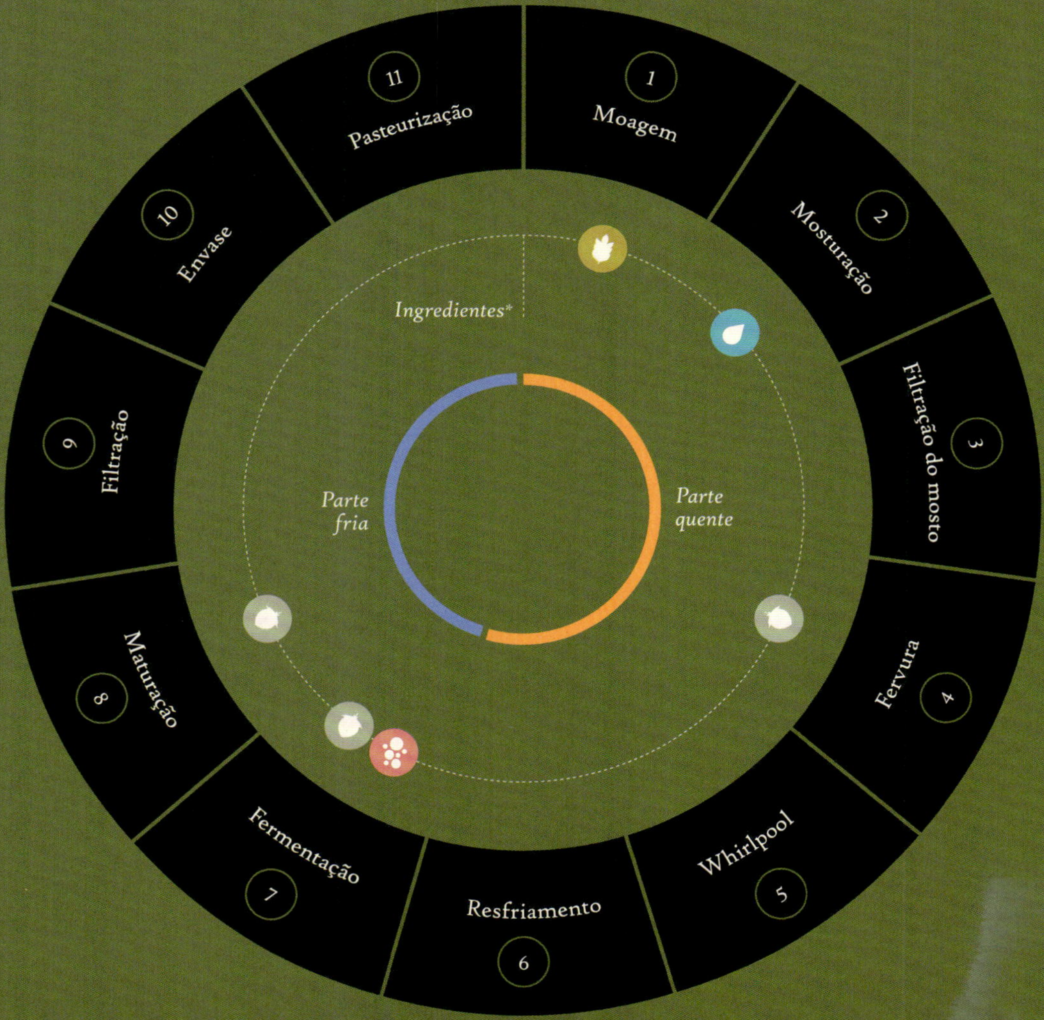

- 1 Moagem
- 2 Mosturação
- 3 Filtração do mosto
- 4 Fervura
- 5 Whirlpool
- 6 Resfriamento
- 7 Fermentação
- 8 Maturação
- 9 Filtração
- 10 Envase
- 11 Pasteurização

Ingredientes*

Parte fria

Parte quente

* O adjunto não está sendo representado, pois pode entrar em várias etapas da produção.

Produção

Para obter uma cerveja de qualidade, é preciso seguir perfeitamente diversas etapas fundamentais do processo de produção

Parte quente

❶ Moagem
Nessa etapa, ocorre a quebra dos grãos de malte para expor o amido e as enzimas para a mosturação. As cascas são preservadas para auxiliar na clarificação

INSUMOS — Ambiente — Varia

❷ Mosturação
O malte é misturado com água em temperatura controlada para que as enzimas quebrem o amido em açúcares. Ao final, ocorre a inativação das enzimas

INSUMOS — 50° a 75°C — 60 a 90 min

❸ Filtração do mosto
O bagaço de malte é separado, restando o mosto primário. O bagaço é lavado com água quente para a retirada dos açúcares remanescentes

INSUMOS — 76° a 80°C — Varia

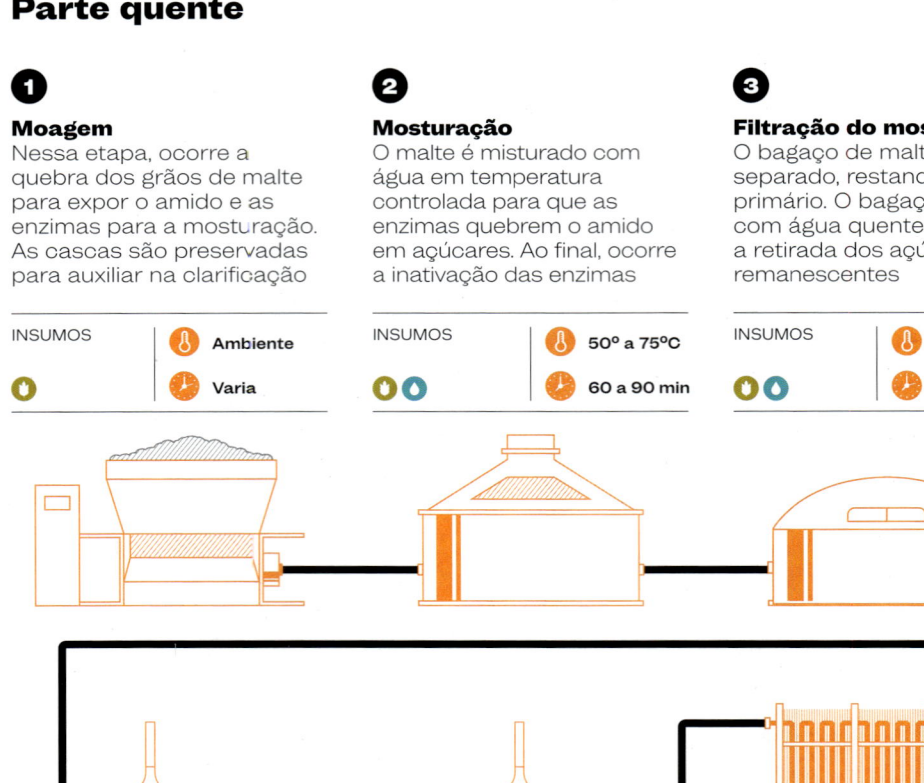

❹ Fervura
Esterilização do mosto, coagulação das proteínas e eliminação de aromas indesejados. Adicionam-se os lúpulos de amargor e de aroma, além de adjuntos

INSUMOS — 100°C — 60 a 70 min

❺ Whirlpool
Bombeado, o mosto forma um rodamoinho, que concentra proteínas e outras partículas sólidas. Elas são retiradas para evitar sabores indesejados

INSUMOS — Varia — Varia

❻ Resfriamento
O mosto é resfriado até a temperatura ideal para adicionar a levedura e depois encaminhado rápida e cuidadosamente para a tina de fermentação

INSUMOS — Varia — Varia

LEGENDA: ● MALTE ● ÁGUA ● LÚPULO ● LEVEDURA ● CERVEJA PRONTA

Parte fria

❼ Fermentação
A levedura é inoculada para converter açúcares em álcool, produzindo CO_2 e subprodutos. Dessa forma, o mosto torna-se cerveja

INSUMOS ● ● ● ● | 🌡 8 a 26ºC | ⏱ 4 a 15 dias

❽ Maturação
Diminui-se a temperatura, e as leveduras floculadas são retiradas. Há então o arredondamento dos sabores e, às vezes, uma fermentação secundária

INSUMOS ● | 🌡 Aprox. 0ºC | ⏱ Varia

❾ Filtração
Após centrifugar, a cerveja é filtrada, e são eliminadas outras substâncias, dando origem a uma bebida límpida e brilhante

INSUMOS ● | 🌡 Varia | ⏱ Varia

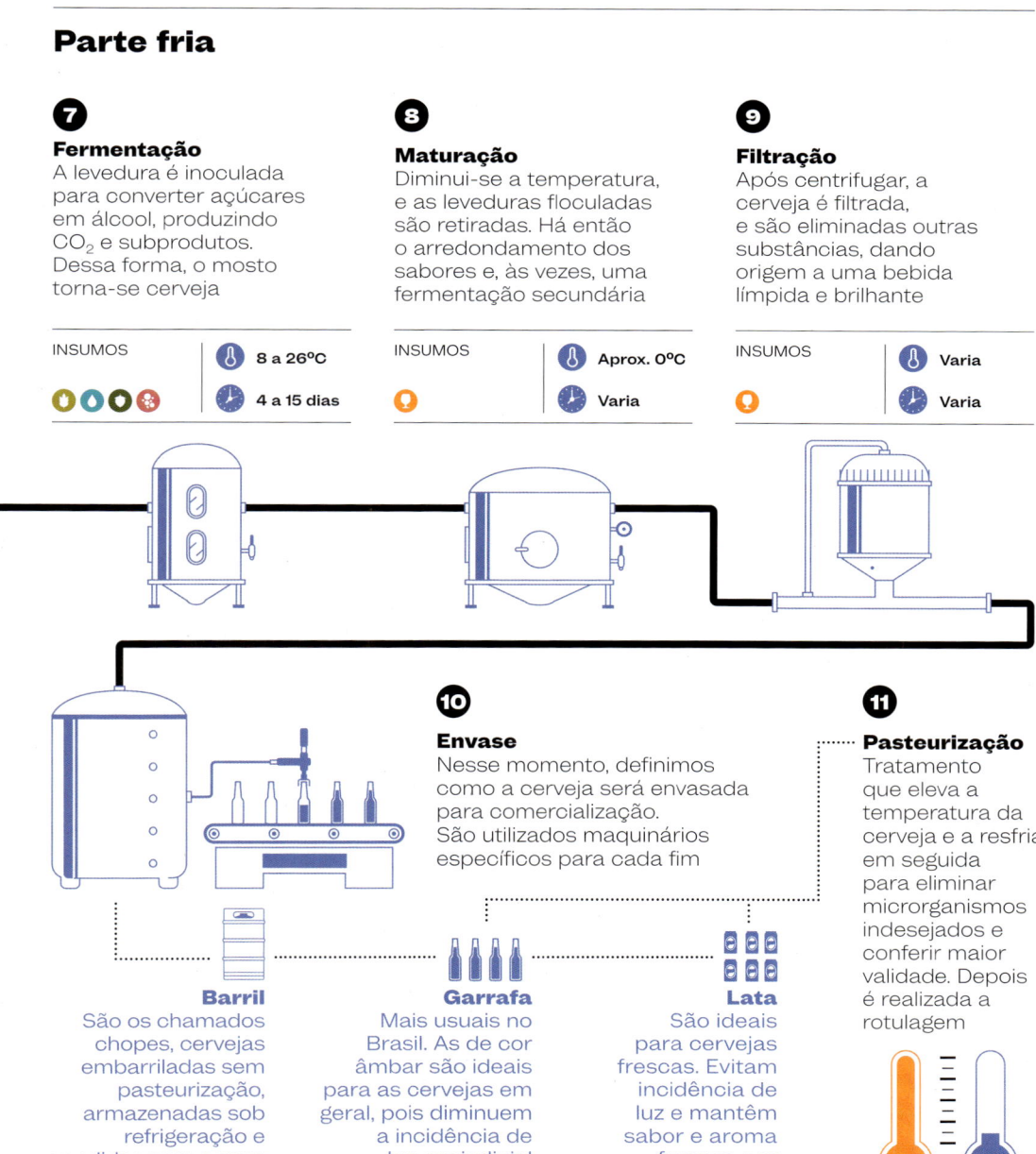

❿ Envase
Nesse momento, definimos como a cerveja será envasada para comercialização. São utilizados maquinários específicos para cada fim

Barril
São os chamados chopes, cervejas embarriladas sem pasteurização, armazenadas sob refrigeração e vendidas para serem servidas sob pressão

Garrafa
Mais usuais no Brasil. As de cor âmbar são ideais para as cervejas em geral, pois diminuem a incidência de luz, prejudicial para a bebida

Lata
São ideais para cervejas frescas. Evitam incidência de luz e mantêm sabor e aroma frescos por mais tempo

⓫ Pasteurização
Tratamento que eleva a temperatura da cerveja e a resfria em seguida para eliminar microrganismos indesejados e conferir maior validade. Depois é realizada a rotulagem

Flavors

São aromas e sabores desejáveis, que compõem as características sensoriais de cada estilo de cerveja

Os flavors surgem dos ingredientes e por meio dos processos. Quando não são característicos ou desejados em determinado estilo, são considerados off-flavors. Características frutadas e condimentadas, por exemplo, são esperadas em cervejas como Tripel e Weissbier, sendo flavors importantes para caracterizá-las. Caso esses mesmos aromas estejam em uma Pilsner, então são considerados off-flavors.

Alguns aromas são resultado de interações entre malte e subprodutos de fermentação, como é o caso das frutas passas, que unem o frutado da levedura à tosta do malte. Em algumas situações, essas interações causam ainda mais complexidade, como no caso das Juicy IPAs, que têm um "bouquet" tropical oriundo dos lúpulos, complementado pelos aromas frutados da fermentação. A receita escolhida para a cerveja deve ser pensada de acordo com o perfil sensorial desejado.

ORIGEM

São resultantes principalmente de matérias-primas, fermentação e envelhecimento

Fermentação
Aromas de ésteres, fenóis, entre outros, podem estar presentes como resultado das reações da levedura com os compostos do mosto cervejeiro

Matérias-primas
As matérias-primas podem contribuir com sabores direta ou indiretamente através das reações químicas e biológicas que ocorrem durante o processo

Envelhecimento
Os flavors se formam na maturação, no envelhecimento em contato com barricas ou pela transformação na garrafa

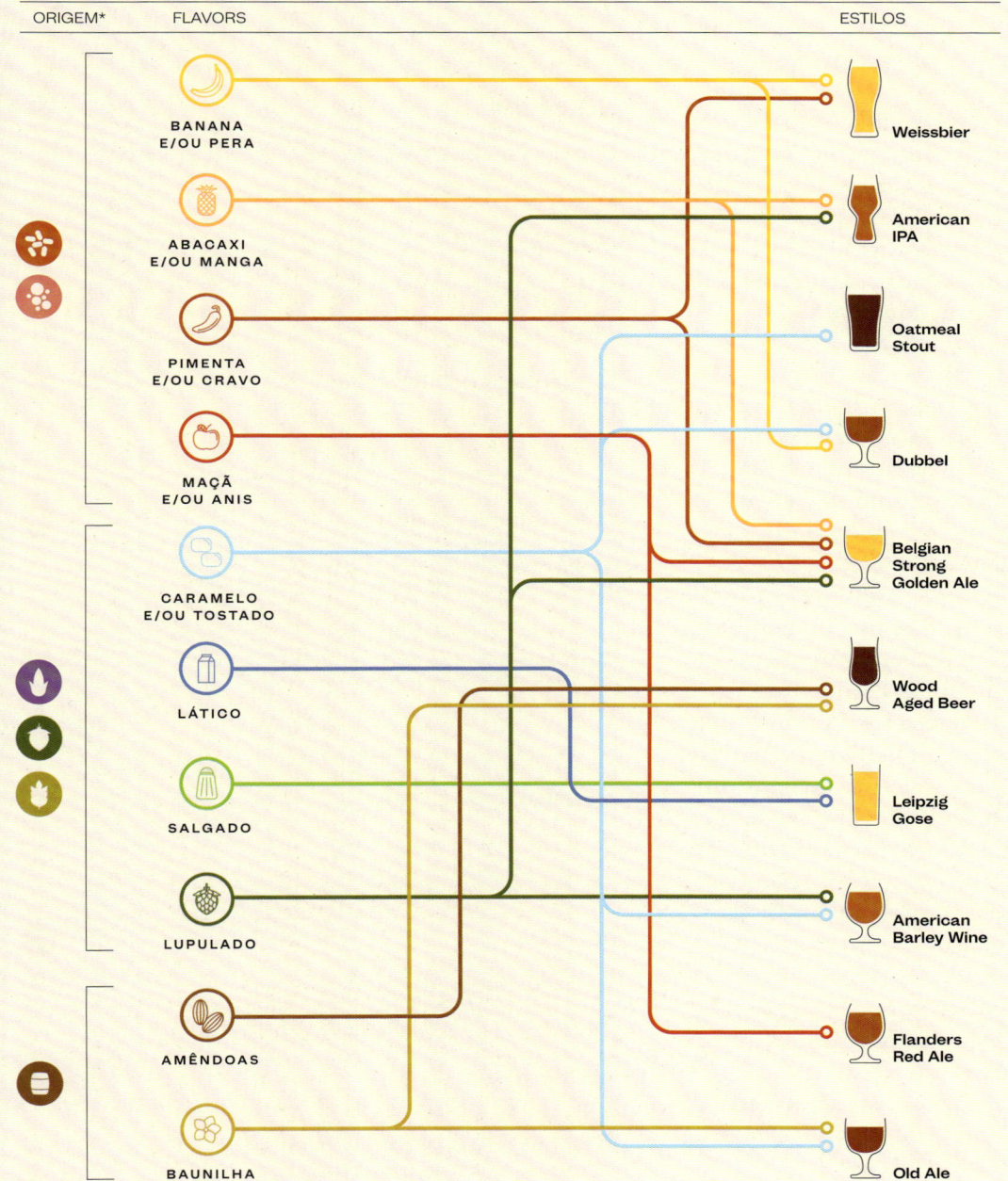

Off-flavors

São características sensoriais negativas, que podem atrapalhar a percepção de outros aromas

Os off-flavors podem surgir devido a erros no processo de produção da bebida, problemas de envase e falta de cuidado na comercialização, utilização de matérias-primas de baixa qualidade, armazenamento ruim, contaminações, entre outros.

Há off-flavors que são comuns: surgem durante a produção da cerveja e se apresentam em um baixo limiar de percepção. Outros são tolerados em determinados estilos quando presentes de forma leve. Alguns, no entanto, são inaceitáveis em qualquer estilo. Existem formas de evitá-los: o DMS, por exemplo, pode ser evitado com uma fervura longa e vigorosa; já o H_2S, formado durante a fermentação, pode ser reduzido com uma maturação mais longa e cuidadosa. Esses off-flavors normalmente estão associados a aromas comuns do dia a dia, mesmo caso do diacetil, conhecido como aroma de "manteiga".

	POR QUE OCORRE	CERVEJAS EM QUE É TOLERÁVEL
Lightstruck		
	Ocorre quando a cerveja é exposta à luz, solar ou artificial. Alguns lúpulos evitam sua formação	Na Heineken se apresenta de forma favorável
Diacetil		
	Subproduto da levedura que permanece na cerveja quando não há reabsorção	Porters, Stouts e Bitters inglesas e Lagers tchecas
H_2S (sulfeto de hidrogênio)		
	Produzido durante a fermentação, na maturação e/ou por bactérias que contaminam a produção	
DMS (dimetil sulfeto)		
	Surge de uma bactéria presente no malte, no mosto ou durante a fermentação	
Clorofenol		
	Contaminação da cerveja por cloro durante a produção, por causa da água utilizada ou de embalagens contaminadas	
Metálico		
	Oxidação, contato com metal ou contaminação por íons	
Papelão		
	Surge quando a cerveja oxida devido ao tempo de guarda, temperatura e forma de armazenamento	
Acetaldeído		
	Produzido pela levedura durante a fermentação, pelo controle inadequado do processo e pela presença de O_2	

SABORES INDESEJÁVEIS

Deixam a cerveja menos agradável, cansativa e, em grande quantidade, podem torná-la intragável

1. LIGHTSTRUCK — GAMBÁ OU SUOR
2. DIACETIL — MANTEIGA
3. H_2S — OVO PODRE
4. DMS (DIMETIL SULFETO) — MILHO COZIDO
5. CLOROFENOL — ESPARADRAPO OU ANTISSÉPTICO
6. METÁLICO — FERRO
7. PAPELÃO — PAPEL-CARTÃO
8. ACETALDEÍDO — MAÇÃ VERDE OU SOLVENTE

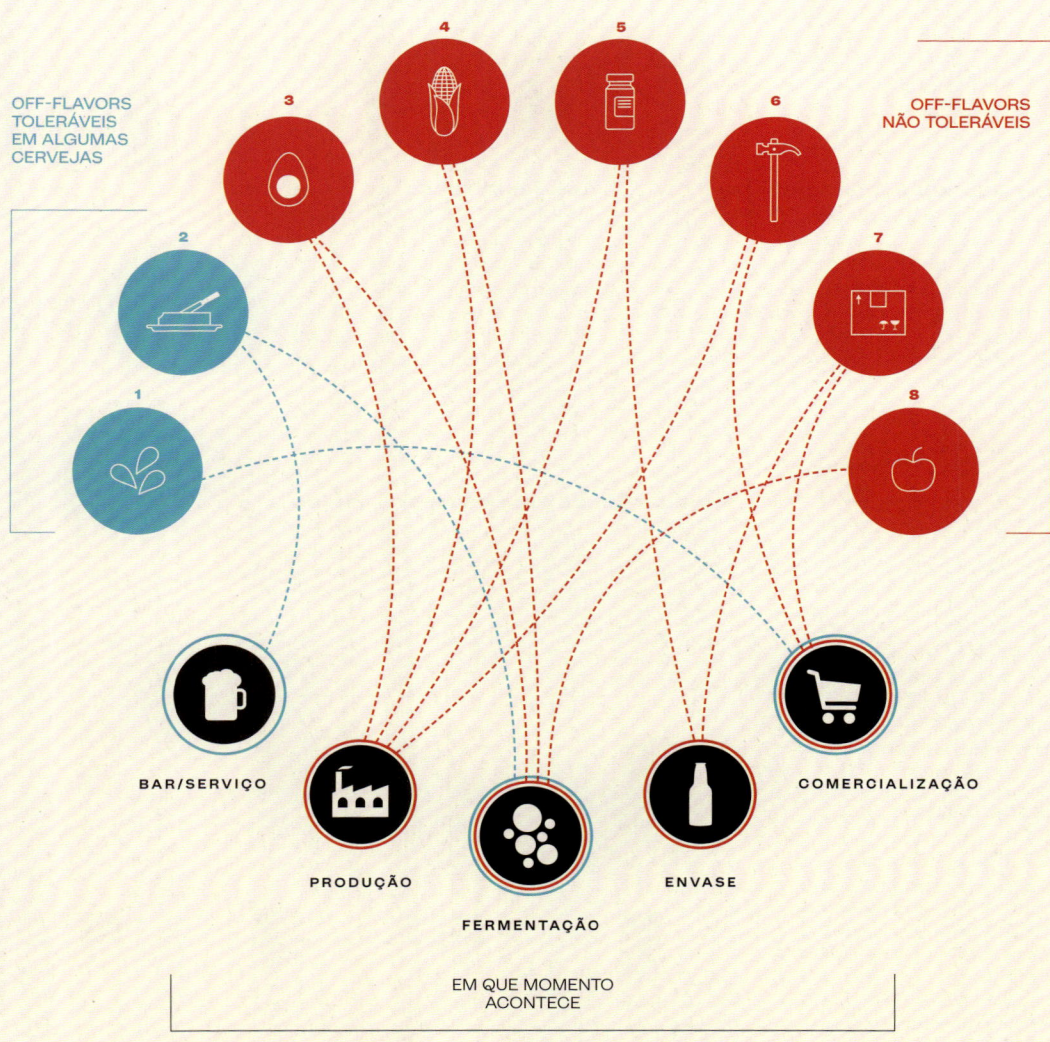

OFF-FLAVORS TOLERÁVEIS EM ALGUMAS CERVEJAS

OFF-FLAVORS NÃO TOLERÁVEIS

BAR/SERVIÇO · PRODUÇÃO · FERMENTAÇÃO · ENVASE · COMERCIALIZAÇÃO

EM QUE MOMENTO ACONTECE

Curiosidades

Graças à tecnologia e aos avanços científicos, hoje é possível desenvolver cervejas de qualidade direcionadas para públicos específicos

Cerveja sem álcool

Pela legislação brasileira, são consideradas cervejas não alcoólicas aquelas com até 0,5% ABV. Os principais métodos de produção são:

Fermentação interrompida
A etapa é cessada por poucas horas através de abertura do frio para que as leveduras parem e decantem no tanque. É o suficiente para que a bebida adquira cor, sabor e aroma, mas tenha pouco álcool — até 0,5%

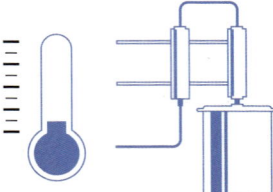

Desalcoolização
Ao final da produção, o álcool é retirado da bebida por destilação a vácuo e à baixa temperatura. As cervejas produzidas assim realmente têm 0,0% de teor alcoólico. Esse é o processo mais utilizado atualmente

DESTAQUES

HEINEKEN 0% ÁLCOOL

DÁDIVA GOLDEN ALE 0,5% ÁLCOOL

TEOR ALCOÓLICO OU ABV?

O teor alcoólico, graduação alcoólica ou ABV (alcohol by volume) é a porcentagem de etanol puro para cada 100 ml de líquido. Ou seja, se uma cerveja tem **6%** ABV, a cada 100 ml, **6 ml são de álcool**

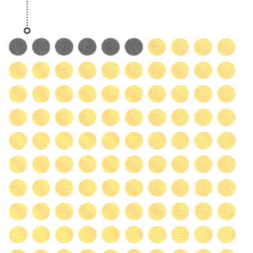

Graduação máxima de alguns estilos

5,3% AMERICAN LAGER	5,5% CATHARINA SOUR	11,2% BELGIAN STRONG GOLDEN ALE	5,6% WEISSBIER
12,5% AMERICAN BARLEY WINE	5,8% ENGLISH BITTER	12% PUMPKIN ALE	5,6% MUNICH DUNKEL
9% BLACK IPA	14% EISBOCK	5,3% IRISH DRY STOUT	14,2% QUADRUPEL

Cervejas sem glúten

Segundo a lei brasileira, para ser considerada sem glúten, a cerveja deve conter 20 ppm ou menos de glúten. Atualmente, existem duas maneiras de fabricá-la:

1. ARROZ
2. MILHO
3. SORGO
4. PAINÇO
5. TRIGO
6. SARRACENO
7. QUINOA

Malte sem glúten
Usando malte de cereais naturalmente sem glúten, como o arroz e o milho, ou pseudocereais, como sorgo, painço, trigo, semente de sarraceno ou quinoa. Costumam ter aromas e sabores ligeiramente diferentes das tradicionais

Processo enzimático
A partir de um malte contendo glúten, que passa por um processo para se reduzir o teor de glúten: usa-se uma enzima no início do processo de fermentação para quebrar a proteína do glúten

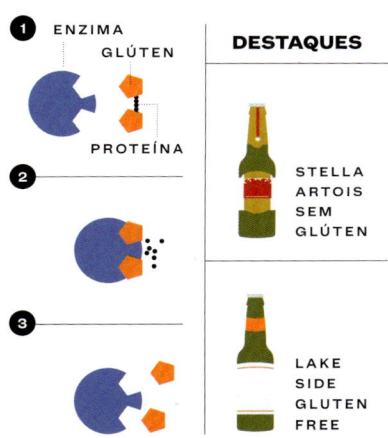

DESTAQUES

STELLA ARTOIS SEM GLÚTEN

LAKE SIDE GLUTEN FREE

Características de envase

Quanto mais escuro o vidro, menor a incidência de luz. Nas garrafas de vidro âmbar, a entrada de luz é menor; nas verdes e nas translúcidas, é maior. Nas latas não há.

Incidência de luz
A maioria das garrafas são de vidro âmbar para diminuir a entrada de luz e, assim, evitar que o lúpulo, sensível à luminosidade, ganhe sabor e odor característicos de suor (off-flavor conhecido como Lighstruck).
A garrafa verde protege ainda menos da luz, o que pode formar o Lighstruck

LATA — GARRAFA ÂMBAR — GARRAFA VERDE — GARRAFA TRANSLÚCIDA

PROTEGE MAIS CONTRA A LUZ ⟷ PROTEGE MENOS CONTRA A LUZ

▸ Para evitar o Lighstruck, algumas cervejas utilizam lúpulos modificados, resultado da hidrogenação dos α-ácidos. Eles são estáveis à luz e evitam a formação do off-flavor, permitindo uma melhor utilização de garrafas verdes e transparentes

DE ONDE VEM A CERVEJA

CAPÍTULO

a. ESCOLAS CERVEJEIRAS

2.a A fim de estudo, são chamadas de escolas cervejeiras as principais regiões do mundo que começaram a produzir cerveja, nas quais a bebida é parte intrínseca da cultura. Acontecimentos históricos somados ao clima, solo, ambiente, costumes, entre outros fatores, deram origem a diversos estilos de cerveja, além de técnicas e costumes cervejeiros específicos de cada região. Hoje outras regiões buscam a própria identidade cervejeira, mas as principais escolas continuam tendo grande influência.

Escolas cervejeiras

ALGUMAS CARACTERÍSTICAS SÃO COMUNS ENTRE AS ESCOLAS, MAS HÁ CASOS EM QUE ELAS SÃO MAIS MARCANTES E DEFINIDORAS DE CADA UMA

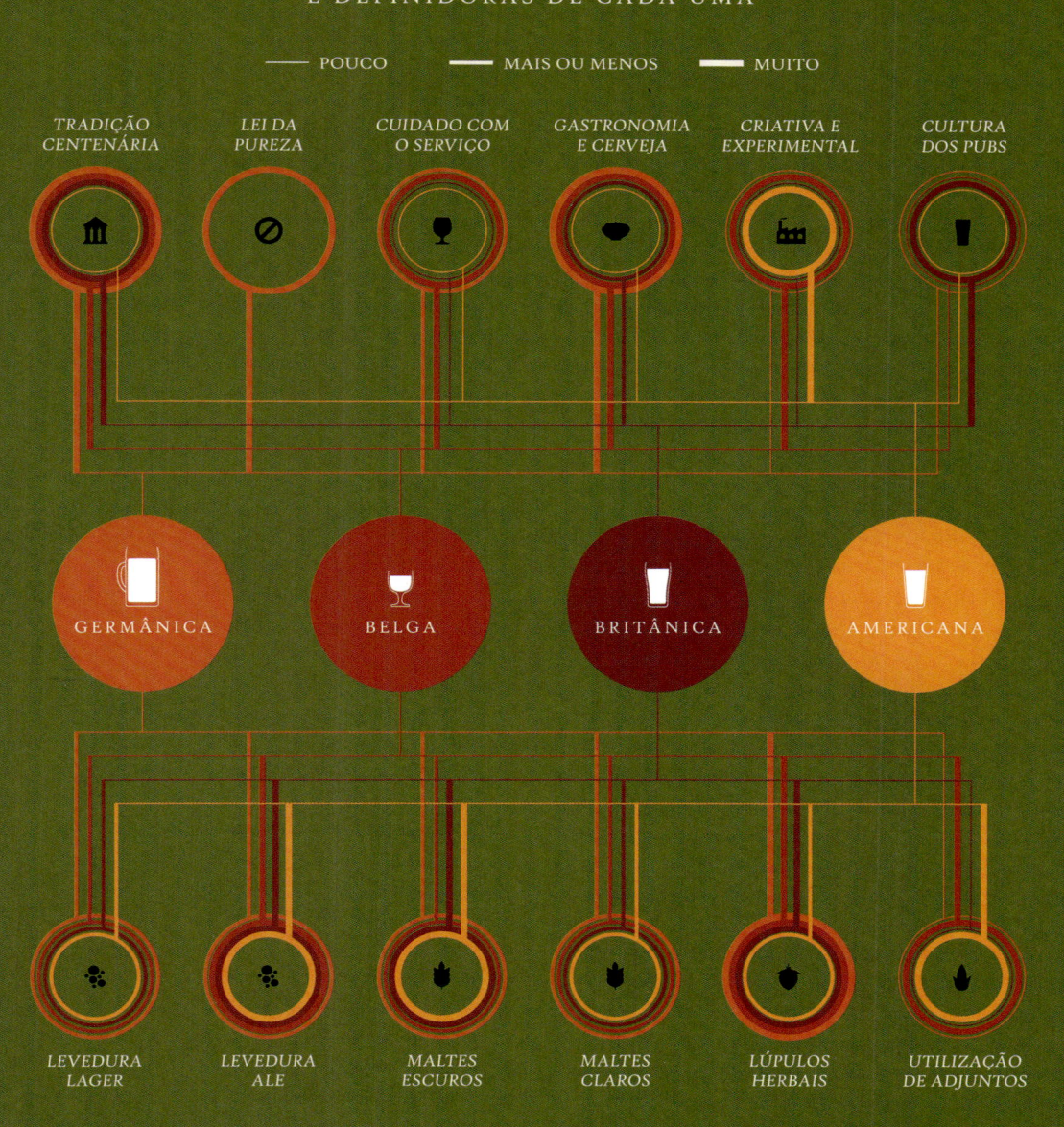

— POUCO   — MAIS OU MENOS   — MUITO

Características:
- TRADIÇÃO CENTENÁRIA
- LEI DA PUREZA
- CUIDADO COM O SERVIÇO
- GASTRONOMIA E CERVEJA
- CRIATIVA E EXPERIMENTAL
- CULTURA DOS PUBS

Escolas:
- GERMÂNICA
- BELGA
- BRITÂNICA
- AMERICANA

Ingredientes/Processos:
- LEVEDURA LAGER
- LEVEDURA ALE
- MALTES ESCUROS
- MALTES CLAROS
- LÚPULOS HERBAIS
- UTILIZAÇÃO DE ADJUNTOS

Breve história da cerveja

De 1.000 em 1.000 anos

A cerveja foi parte fundamental do cotidiano das civilizações antigas: desde a nutrição, passando por trocas do dia a dia, até rituais religiosos. Com o passar dos séculos, o desenvolvimento de tecnologias e a intensa globalização, sobretudo no final do milênio passado, a cerveja, antes rudimentar, se transformou na bebida que conhecemos hoje, mais estável e com mais qualidade. Além disso, mais recentemente, com o avanço de tecnologias de mídia e comunicação, a cultura cervejeira se disseminou por muitas regiões do mundo. No Brasil, o acesso a cervejas importadas e a disponibilidade de insumos e informação permitiram que os brasileiros conhecessem um mundo cervejeiro até então limitado a quem podia viajar para determinadas regiões.

ANTES DE CRISTO

10000 A.C.   8000 A.C.   6000 A.C.   4000 A.C.   2000 A.C.
9000 A.C.   7000 A.C.   5000 A.C.   3000 A.C.   1000 A.C.

11700 a.C.
Indícios de produção de cervejas na caverna de Raqefet, Israel

3100 a.C.
Blau Monuments comprovam que a cerveja já estava disseminada entre os sumérios

Antes de 2600 a.C.
No antigo Egito, operários das pirâmides recebiam parte do pagamento em cerveja, que tinha grande importância cultural para os egípcios

Cerca de 800 a.C.
Ânfora com vestígios de cerveja em região da Alemanha

Século XVIII a.C.
Código de Hamurabi: conjunto de leis babilônicas que organizavam a sociedade durante o império. Alguns parágrafos tratavam sobre tabernas, produção e comercialização de cervejas

Século XVIII a.C.
O Hino à Ninkasi, considerada a deusa da fertilidade pelos sumérios: canções que louvam e agradecem à deusa, além de citarem detalhes de produção da cerveja, que era sagrada e fundamental para essa civilização

LEGENDAS
- GERAL
- ESCOLA GERMÂNICA
- ESCOLA BELGA
- ESCOLA BRITÂNICA
- ESCOLA AMERICANA

De 100 em 100 anos

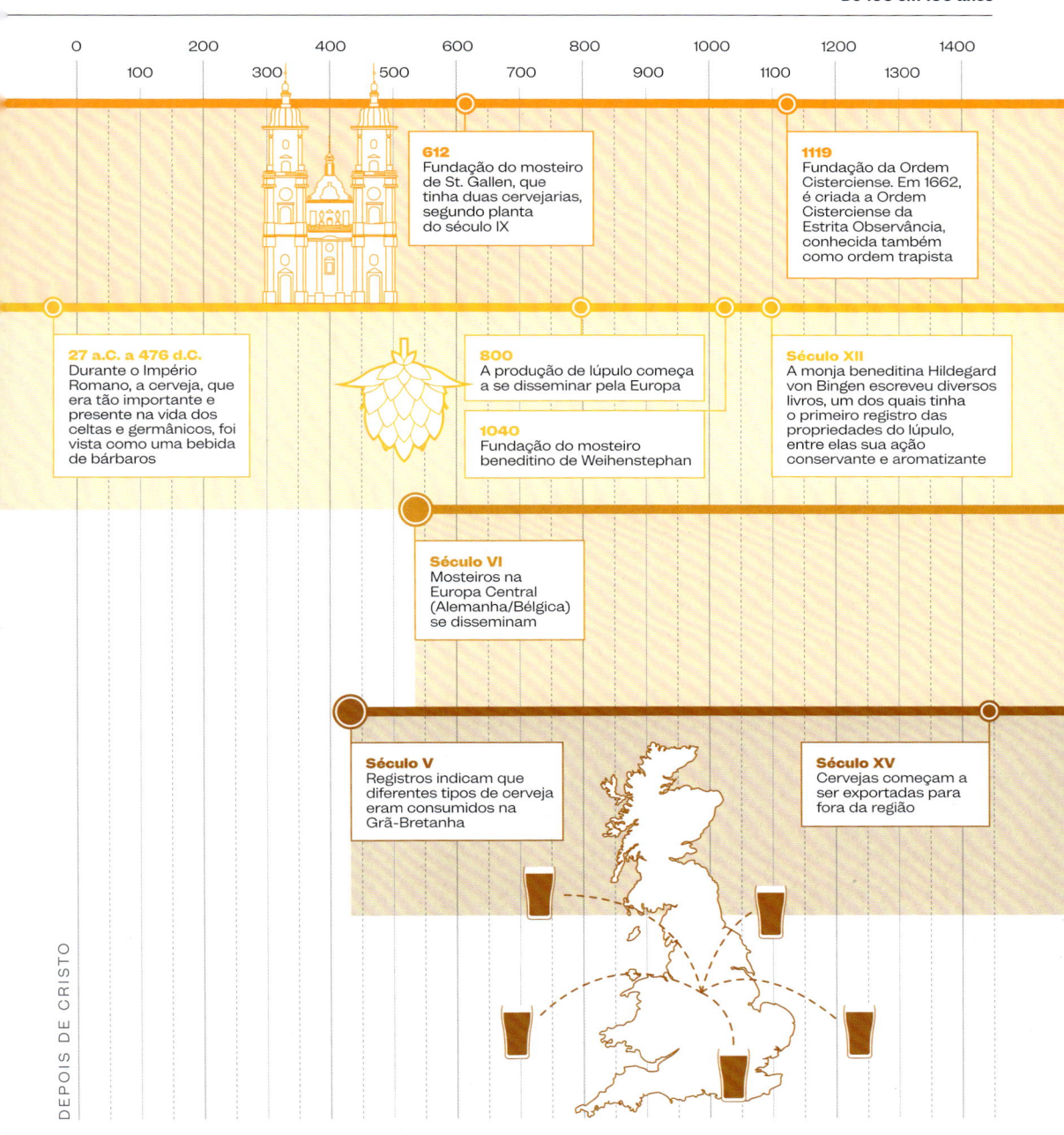

DEPOIS DE CRISTO

612
Fundação do mosteiro de St. Gallen, que tinha duas cervejarias, segundo planta do século IX

1119
Fundação da Ordem Cisterciense. Em 1662, é criada a Ordem Cisterciense da Estrita Observância, conhecida também como ordem trapista

27 a.C. a 476 d.C.
Durante o Império Romano, a cerveja, que era tão importante e presente na vida dos celtas e germânicos, foi vista como uma bebida de bárbaros

800
A produção de lúpulo começa a se disseminar pela Europa

1040
Fundação do mosteiro beneditino de Weihenstephan

Século XII
A monja beneditina Hildegard von Bingen escreveu diversos livros, um dos quais tinha o primeiro registro das propriedades do lúpulo, entre elas sua ação conservante e aromatizante

Século VI
Mosteiros na Europa Central (Alemanha/Bélgica) se disseminam

Século V
Registros indicam que diferentes tipos de cerveja eram consumidos na Grã-Bretanha

Século XV
Cervejas começam a ser exportadas para fora da região

Breve história da cerveja

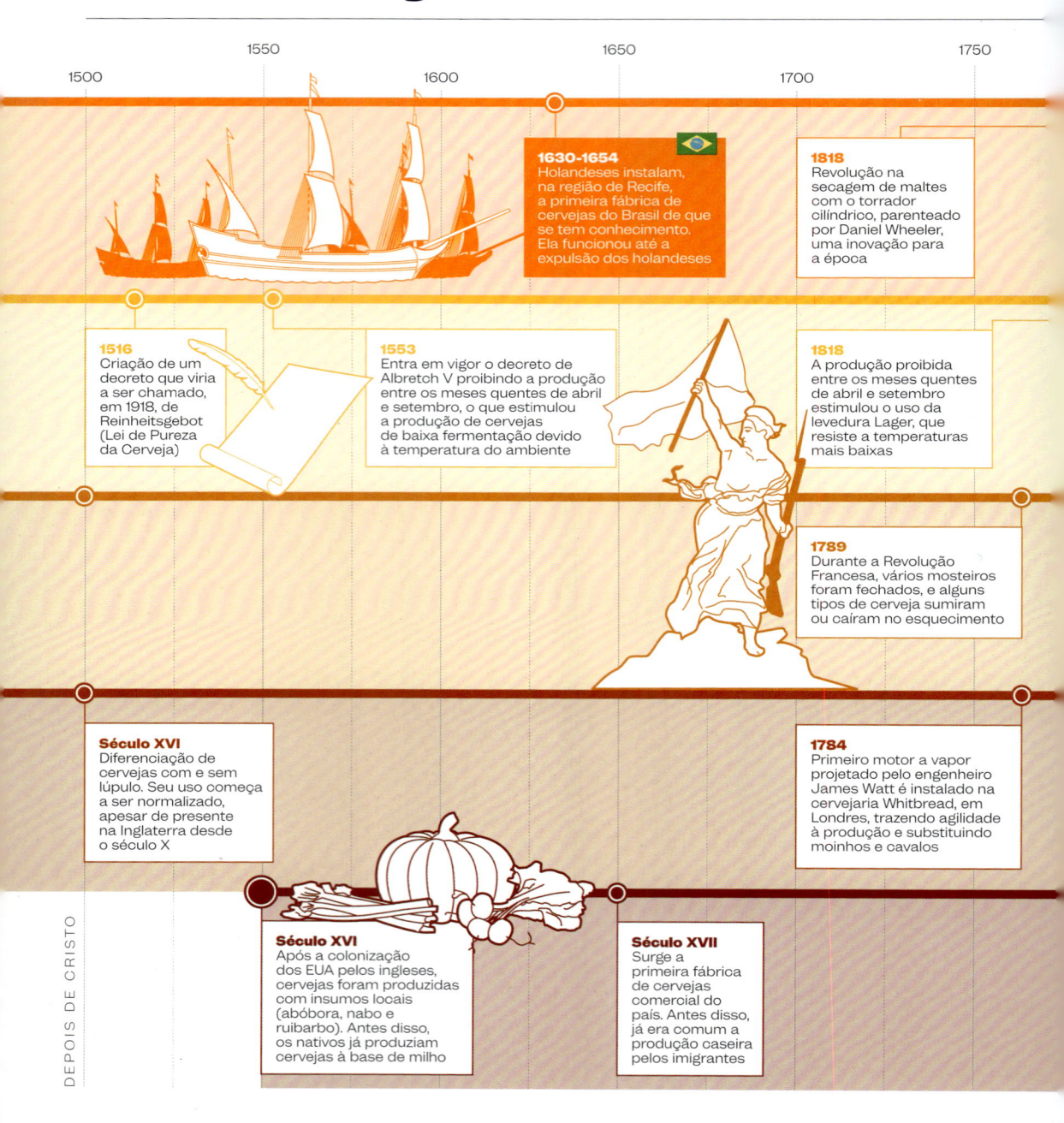

1500 — 1550 — 1600 — 1650 — 1700 — 1750

1630-1654
Holandeses instalam, na região de Recife, a primeira fábrica de cervejas do Brasil de que se tem conhecimento. Ela funcionou até a expulsão dos holandeses

1818
Revolução na secagem de maltes com o torrador cilíndrico, parenteado por Daniel Wheeler, uma inovação para a época

1516
Criação de um decreto que viria a ser chamado, em 1918, de Reinheitsgebot (Lei de Pureza da Cerveja)

1553
Entra em vigor o decreto de Albretch V proibindo a produção entre os meses quentes de abril e setembro, o que estimulou a produção de cervejas de baixa fermentação devido à temperatura do ambiente

1818
A produção proibida entre os meses quentes de abril e setembro estimulou o uso da levedura Lager, que resiste a temperaturas mais baixas

1789
Durante a Revolução Francesa, vários mosteiros foram fechados, e alguns tipos de cerveja sumiram ou caíram no esquecimento

Século XVI
Diferenciação de cervejas com e sem lúpulo. Seu uso começa a ser normalizado, apesar de presente na Inglaterra desde o século X

1784
Primeiro motor a vapor projetado pelo engenheiro James Watt é instalado na cervejaria Whitbread, em Londres, trazendo agilidade à produção e substituindo moinhos e cavalos

Século XVI
Após a colonização dos EUA pelos ingleses, cervejas foram produzidas com insumos locais (abóbora, nabo e ruibarbo). Antes disso, os nativos já produziam cervejas à base de milho

Século XVII
Surge a primeira fábrica de cervejas comercial do país. Antes disso, já era comum a produção caseira pelos imigrantes

DEPOIS DE CRISTO

De 50 em 50 anos

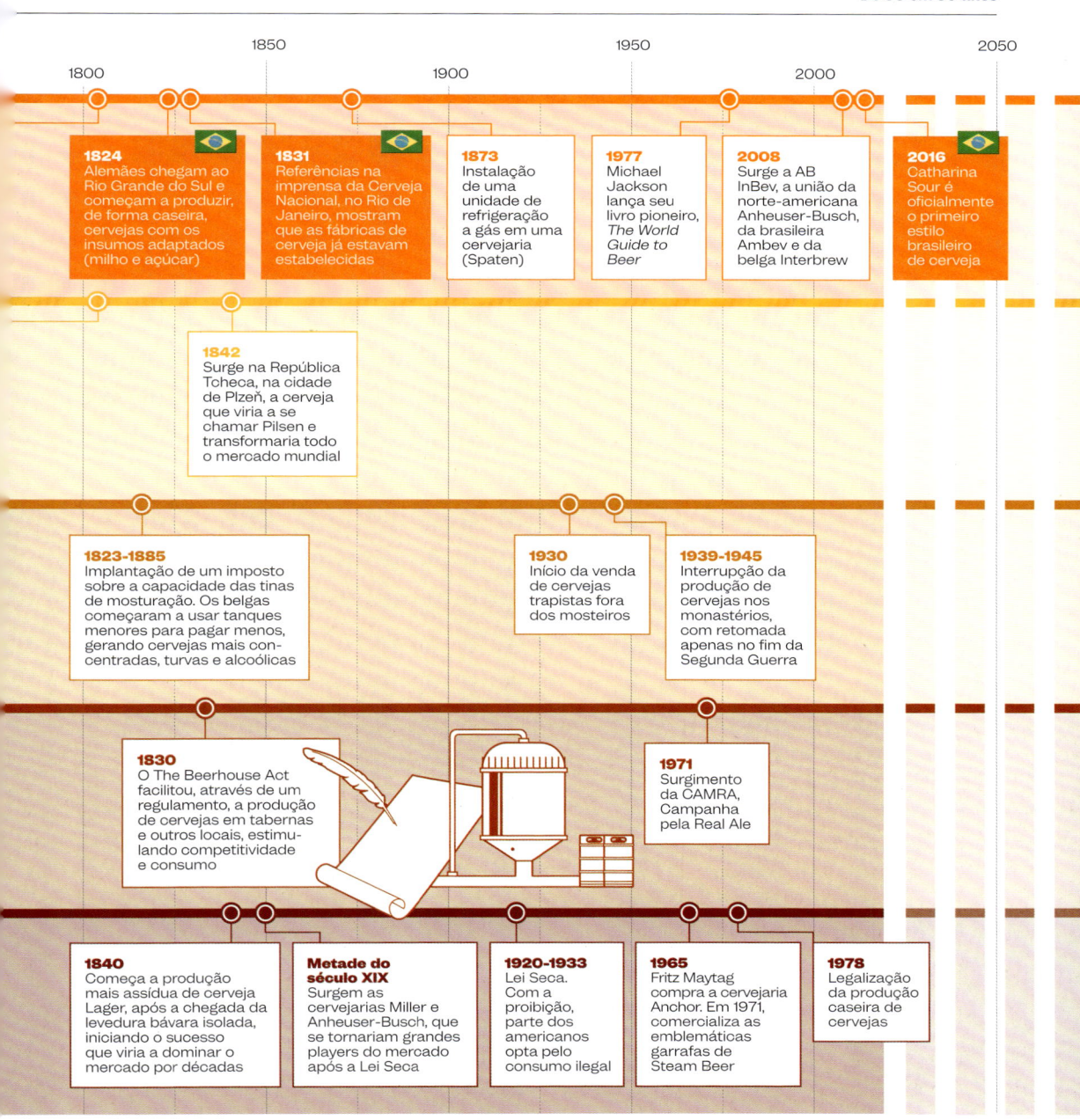

1800 — 1850 — 1900 — 1950 — 2000 — 2050

1824
Alemães chegam ao Rio Grande do Sul e começam a produzir, de forma caseira, cervejas com os insumos adaptados (milho e açúcar)

1831
Referências na imprensa da Cerveja Nacional, no Rio de Janeiro, mostram que as fábricas de cerveja já estavam estabelecidas

1873
Instalação de uma unidade de refrigeração a gás em uma cervejaria (Spaten)

1977
Michael Jackson lança seu livro pioneiro, *The World Guide to Beer*

2008
Surge a AB InBev, a união da norte-americana Anheuser-Busch, da brasileira Ambev e da belga Interbrew

2016
Catharina Sour é oficialmente o primeiro estilo brasileiro de cerveja

1842
Surge na República Tcheca, na cidade de Plzeň, a cerveja que viria a se chamar Pilsen e transformaria todo o mercado mundial

1823-1885
Implantação de um imposto sobre a capacidade das tinas de mosturação. Os belgas começaram a usar tanques menores para pagar menos, gerando cervejas mais concentradas, turvas e alcoólicas

1930
Início da venda de cervejas trapistas fora dos mosteiros

1939-1945
Interrupção da produção de cervejas nos monastérios, com retomada apenas no fim da Segunda Guerra

1830
O The Beerhouse Act facilitou, através de um regulamento, a produção de cervejas em tabernas e outros locais, estimulando competitividade e consumo

1971
Surgimento da CAMRA, Campanha pela Real Ale

1840
Começa a produção mais assídua de cerveja Lager, após a chegada da levedura bávara isolada, iniciando o sucesso que viria a dominar o mercado por décadas

Metade do século XIX
Surgem as cervejarias Miller e Anheuser-Busch, que se tornariam grandes players do mercado após a Lei Seca

1920-1933
Lei Seca. Com a proibição, parte dos americanos opta pelo consumo ilegal

1965
Fritz Maytag compra a cervejaria Anchor. Em 1971, comercializa as emblemáticas garrafas de Steam Beer

1978
Legalização da produção caseira de cervejas

Escola Germânica

CARACTERÍSTICAS

Levedura Lager
Mais de 50% dos estilos são Lagers: com menos subprodutos de fermentação

Lei de Pureza Alemã
Cervejas com predomínio de malte e lúpulo e sem adjuntos

Regionalismo
Regiões com consumo predominante de estilos próprios da cultura local

A Escola Germânica abrange Alemanha, Áustria e República Tcheca, por serem países cuja herança de séculos de produção e amor pela bebida influencia hoje o consumo mundial. Durante muito tempo, as regiões norte e sul da Alemanha viveram culturas cervejeiras diferentes: o sul guiado pelas regras impostas pelos governantes e o norte mais livre em produção e comércio. As regras de produção na Baviera deram origem a diferentes estilos de cerveja, produzidos apenas com os ingredientes permitidos pela Lei de Pureza Alemã (o que não impediu a sobrevivência de estilos como Weizenbier e Gose no país). Apesar de encontrarmos estilos históricos do tipo Ale no país, a linhagem de leveduras Lager se estabeleceu ainda mais por conta das restrições quanto à época de produção.

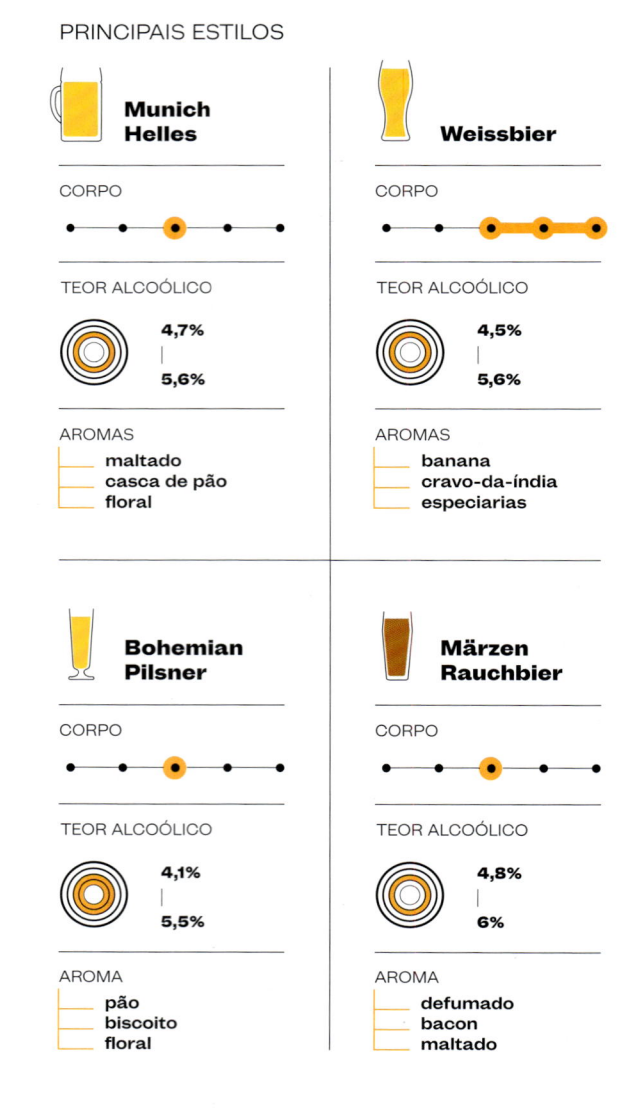

PRINCIPAIS ESTILOS

Munich Helles
CORPO
TEOR ALCOÓLICO: 4,7% – 5,6%
AROMAS: maltado, casca de pão, floral

Weissbier
CORPO
TEOR ALCOÓLICO: 4,5% – 5,6%
AROMAS: banana, cravo-da-índia, especiarias

Bohemian Pilsner
CORPO
TEOR ALCOÓLICO: 4,1% – 5,5%
AROMA: pão, biscoito, floral

Märzen Rauchbier
CORPO
TEOR ALCOÓLICO: 4,8% – 6%
AROMA: defumado, bacon, maltado

CURIOSIDADES

Mass
A caneca de 1 litro é tradicional da Baviera e comum na Oktoberfest, que acontece desde 1810

6,5 MILHÕES DE LITROS
de cerveja são consumidos por ano no festival em Munique, que dura entre 14 e 16 dias

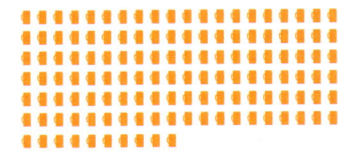

▮ = 50 MIL CANECAS

Cerveja como alimento
A cerveja sempre foi muito mais que uma simples bebida para os alemães. Apesar de menos comum hoje, durante a Oktoberfest é normal o consumo do famoso café da manhã bávaro

BAYERISCHES FRÜHSTÜCK

WEISSBIER
BRETZEL
WEISSWURST
MOSTARDA

Biergarten
Os Biergartens (jardins da cerveja), grandes espaços de convivência espalhados por toda a Alemanha, surgiram no século XIX e são até hoje muito tradicionais no país

CARACTERÍSTICAS DE UM BIERGARTEN

- AR LIVRE
- MESAS COMPARTILHADAS DE MADEIRA
- MÚSICA TÍPICA
- COMIDA TRADICIONAL ALEMÃ
- CERVEJA

Lei de Pureza Alemã

Criada em 1516, instituiu a composição, precificação de acordo com a época de produção e punição para quem não seguisse as regras. Sofreu emendas e revisões ao longo dos séculos e hoje é a mais antiga lei de segurança alimentar em vigor

A LEI DE 1516

→ Utilização de cevada maltada, água e lúpulo
→ Preservação de cereais para outros fins
→ Questões políticas de poderio econômico
→ Questões de saúde pública
→ Qualidade e controle da produção
→ Diminuição da influência da Igreja na economia

A LEI HOJE

→ Mais rígida na Baviera
→ Permitidos mais de 40 ingredientes, entre eles:
  » Açúcares em Ales (exceto na Baviera)
  » Extrato de malte e lúpulo
  » Outros cereais maltados

PRINCIPAIS REGIÕES DA ESCOLA GERMÂNICA

Alguns estilos se desenvolveram em regiões específicas devido a questões históricas e políticas

O estilo de cada cidade
Na Alemanha, se você pedir uma cerveja sem especificar, será servido com o estilo predominante daquela região

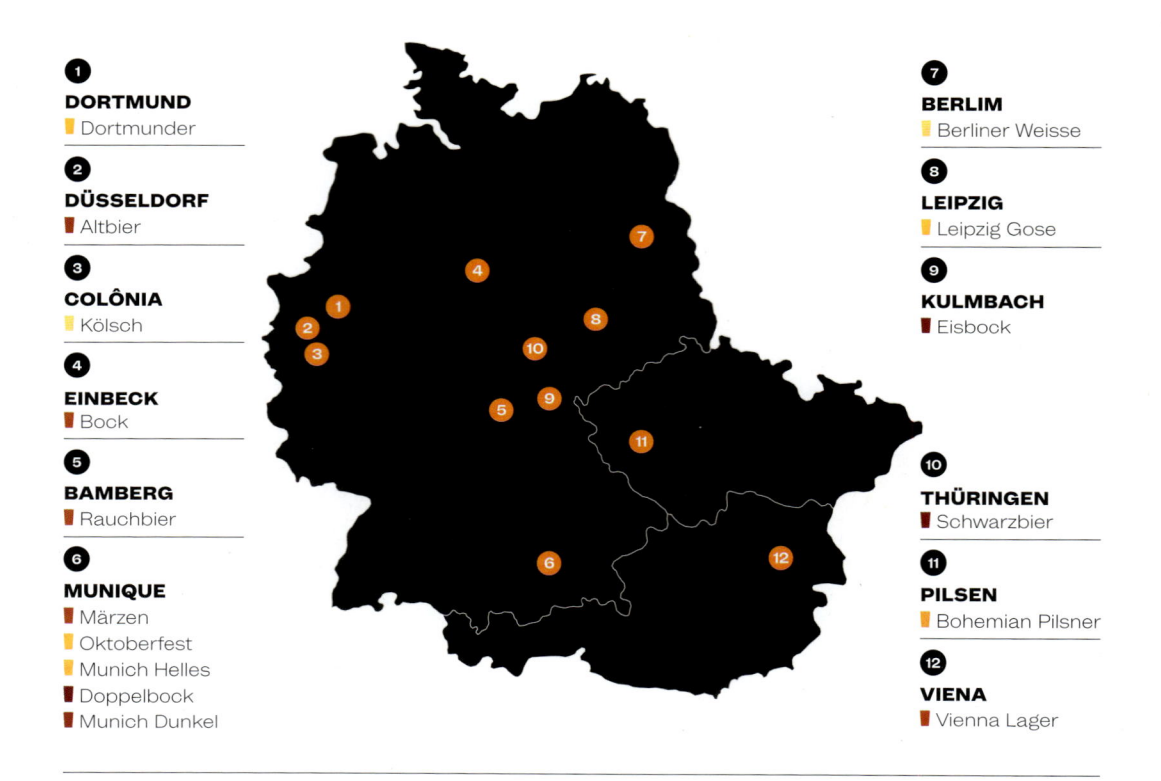

① DORTMUND
Dortmunder

② DÜSSELDORF
Altbier

③ COLÔNIA
Kölsch

④ EINBECK
Bock

⑤ BAMBERG
Rauchbier

⑥ MUNIQUE
Märzen
Oktoberfest
Munich Helles
Doppelbock
Munich Dunkel

⑦ BERLIM
Berliner Weisse

⑧ LEIPZIG
Leipzig Gose

⑨ KULMBACH
Eisbock

⑩ THÜRINGEN
Schwarzbier

⑪ PILSEN
Bohemian Pilsner

⑫ VIENA
Vienna Lager

Vocabulário alemão

Os nomes dos estilos em alemão geralmente são formados de uma palavra seguida de "bier" (cerveja). Ou então, pelo sufixo -er, que designa procedência: Berliner é "a de Berlim".

Weissbier, Weizen ou Hefeweizen?
Tecnicamente, são o mesmo estilo. Weiss significa branco, Weizen é trigo, e Hefe é fermento em alemão

Rauch(bier): defumada, com características de fumaça

Alt(bier): de forma antiga

Schwarz(bier): preto, escuro

Helles: claro; indica a versão clara do estilo

Dunkel: escuro

Doppel: mais forte

Mapa: Alemanha, República Tcheca e Áustria

PRINCIPAIS REGIÕES PRODUTORAS DE LÚPULO
A Alemanha também é um dos maiores produtores de lúpulo do mundo

PRINCIPAIS CERVEJARIAS
Com mais de 1.500 cervejarias, o país abriga desde fábricas centenárias às mais novas microcervejarias

ALEMANHA
- HAMBURGO
- BREMEN — Beck's
- Berliner Kindl — BERLIM
- EINBECK
- Karlsberg — DORTMUND
- Warsteiner
- Elbe-Saale Triangle — LEIPZIG
- Oettinger — DÜSSELDORF
- Köstritzer
- Früh — COLÔNIA
- Wernesgrüner
- Bitburger — Bitburg
- FRANKFURT
- KULMBACH
- BAMBERG
- NUREMBERG — Spalt
- Schneider Weisse
- Hallertau
- Weihenstephaner
- Alsácia (França)
- STUTTGART
- Augustiner, Erdinger, Hofbräu Original, Paulaner — MUNIQUE
- Tettnang

REPÚBLICA TCHECA
- Auscha
- Saaz
- Primator
- PRAGA
- Tirschitz
- Pilsner Urquell — PILSEN
- Czechvar 1795
- Praga

ÁUSTRIA
- Engelszell
- VIENA
- Schloss Eggenberg
- Baden
- SALSBURGO
- Hofbräu Kaltenhausen

Escola Belga

CARACTERÍSTICAS

Levedura Ale
Cervejas com diversos aromas oriundos de subprodutos de fermentação

Ervas e especiarias
Diversos estilos têm adjuntos que deixam a bebida mais complexa

Cervejas de abadia
Surgiram em mosteiros e são replicados por cervejarias comuns

Quando falamos de Bélgica, nos lembramos especialmente das cervejas criativas, complexas e alcoólicas. A história na região começa com os monges, apesar de o país ter sofrido muito com as diversas guerras e dominações. Algumas tradições cervejeiras foram perdidas, outras, mantidas, enquanto alguns estilos hoje venerados só se estabeleceram no século XX. Mais da metade das cervejas produzidas na Bélgica não se enquadra em um estilo, e suas tradições relacionadas ao serviço e à gastronomia são muito diferentes, se comparadas com a de outras culturas cervejeiras, por conta da influência dos países fronteiriços e das dominações ao longo de sua história. Um exemplo de cerveja e gastronomia é a Cuisine à la Bière.

PRINCIPAIS ESTILOS

Witbier
CORPO
TEOR ALCOÓLICO: 4,5% | 5,6%
AROMA: frutado, especiarias, herbal

Tripel
CORPO
TEOR ALCOÓLICO: 7,1% | 10,1%
AROMA: cravo, pimenta, floral

Dubbel
CORPO
TEOR ALCOÓLICO: 6% | 7,6%
AROMA: tostado, frutas secas, chocolate

Flanders Red Ale
CORPO
TEOR ALCOÓLICO: 4,6% | 6,6%
AROMA: cereja, frutas vermelhas, aceto balsâmico

CURIOSIDADES

Taças proprietárias

Com tantas cervejarias no país, o resultado da união do cuidado e serviço belga com o marketing foram copos específicos para cada cerveja e cervejaria

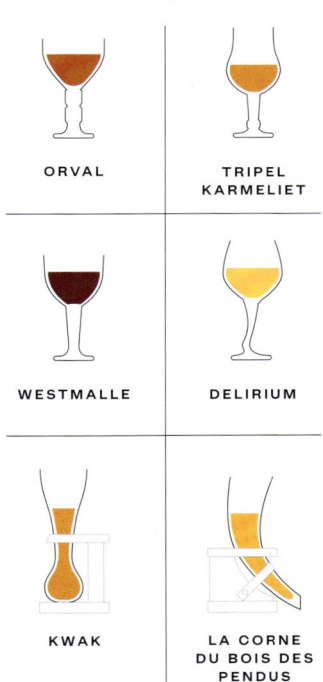

- ORVAL
- TRIPEL KARMELIET
- WESTMALLE
- DELIRIUM
- KWAK
- LA CORNE DU BOIS DES PENDUS

Recordista

O Delirium Café (Bruxelas) entrou para o livro dos recordes por ter mais de 2 mil marcas de cervejas do mundo todo, todas servidas nas taças proprietárias. É por essa importância que dão à cerveja que a cultura cervejeira belga foi eleita Patrimônio Cultural Imaterial da Humanidade

Cerveja "encanada"

A cervejaria Halve Maan instalou 3,2 quilômetros de canos sob as ruas de Bruges. O sistema leva diariamente vários litros de cerveja da cervejaria – que fica na região turística – até a fábrica onde é feito o engarrafamento, diminuindo o tráfego de caminhões

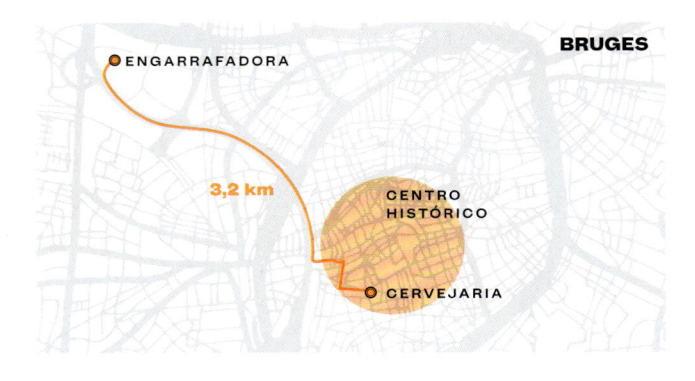

BRUGES
- ENGARRAFADORA
- 3,2 km
- CENTRO HISTÓRICO
- CERVEJARIA

Cervejas trapistas e de Abadia

Trapistas são uma denominação de origem, não um estilo de cerveja. A Câmara de Comércio Belga determinou que trapista é somente aquela que é produzida por monges cistercienses. Cervejas que simulam a trapista são denominadas de Abadia

CERVEJA TRAPISTA
→ Denominação de origem
→ Selo especial
→ Supervisão da produção pelos monges
→ Monges regidos pelo princípio "Ora et labora" (reza e trabalha)
→ Lucro para caridade

CERVEJA DE ABADIA
→ Produzida por qualquer cervejaria
→ Sem envolvimento religioso
→ Sem supervisão de monges
→ Lucro para a cervejaria

AS TRÊS REGIÕES CERVEJEIRAS

A influência cultural e cervejeira pode ser observada nas diferenças entre três regiões da Bélgica

Flanders
Na região, surgiram vários estilos e técnicas, sendo comum também o envelhecimento em barris de carvalho

Valônia
De influência francesa, foi onde nasceu o estilo Saison, criado para nutrir os trabalhadores após um dia de labuta

Bruxelas
A capital é influenciada tanto pela França quanto pela Holanda

Principais mosteiros trapistas belgas

Abadias trapistas que têm estrutura de produção e selo da International Trappist Association assegurado por lei. Há outras três com o selo, além das belgas:

- 🇮🇹 | Tre Fontane
- 🇦🇹 | Stift Engelszell
- 🇬🇧 | Mount St. Bernard/Tynt Meadow

Zundert Trappist (Holanda)
La Trappe (Holanda)
Westmalle
Westvleteren
Chimay
Rochefort
Orval

DESTAQUES TRAPISTAS BELGAS

- TRAPPISTES ROCHEFORT 10
- WESTMALLE TRIPEL
- CHIMAY BLUE
- ORVAL

Map of Belgium — Breweries and Hop Regions

Labels on the map:

- Zundert Trappist (Holanda)
- La Trappe (Holanda)
- Westmalle
- Rodenbach
- Achel
- ANTUÉRPIA
- De Koninck
- BRUGES
- De Halve Maan
- Bourgogne des Flandres
- Delirium Tremens
- GENT
- Duvel Moortgat
- Het Anker
- HASSELT
- Kasteel
- St. Bernardus
- Poperinge
- Liefmans
- BRUXELAS
- Timmermans
- Cantillon
- Boon
- BÉLGICA
- Brasserie des Légendes
- Brasserie de l'Abbaye du Val-Dieu
- LIÈGE
- St-Feuillien
- MONS
- NAMUR
- Maredsous
- Rochefort
- Chimay
- ARLON
- Orval

PRINCIPAIS CERVEJARIAS

Com mais de 300 cervejarias, a Bélgica exporta cerca de 70% de sua produção, sendo os principais compradores França, Alemanha, Holanda e EUA

PRINCIPAIS REGIÕES PRODUTORAS DE LÚPULO

São mais de 150 ha, grande parte na região de Poperinge, onde existe o Hopmuseum

Escola Britânica

CARACTERÍSTICAS

Porters e Pale Ales
Estilos com predominância de maltes escuros e âmbares

Cask Ales
Armazenadas em barris sem pressurização, logo menos carbonatadas

Pubs
Bares que historicamente difundiram a cultura cervejeira britânica

Das tabernas aos pubs e das mãos das alewives (esposas responsáveis pela produção e venda de cervejas nas public houses) às da indústria, a cerveja sempre esteve no pint do povo e fez parte da evolução, do desenvolvimento e da cultura da Grã-Bretanha. Entre as cervejas apreciadas, estão desde as Ales "suaves" às "envelhecidas", das misturas de Ales escuras, chamadas de Porters, às mais intensas, chamadas de Stouts, passando pelas âmbares, conhecidas como Pale Ales, e chegando às IPAs mais lupuladas e alcoólicas.

O solo britânico, palco da Revolução Industrial, foi, no início de sua história, resistente ao lúpulo e posteriormente resistente às novas Lagers claras, influenciando o mundo com seus estilos, técnicas e cultura.

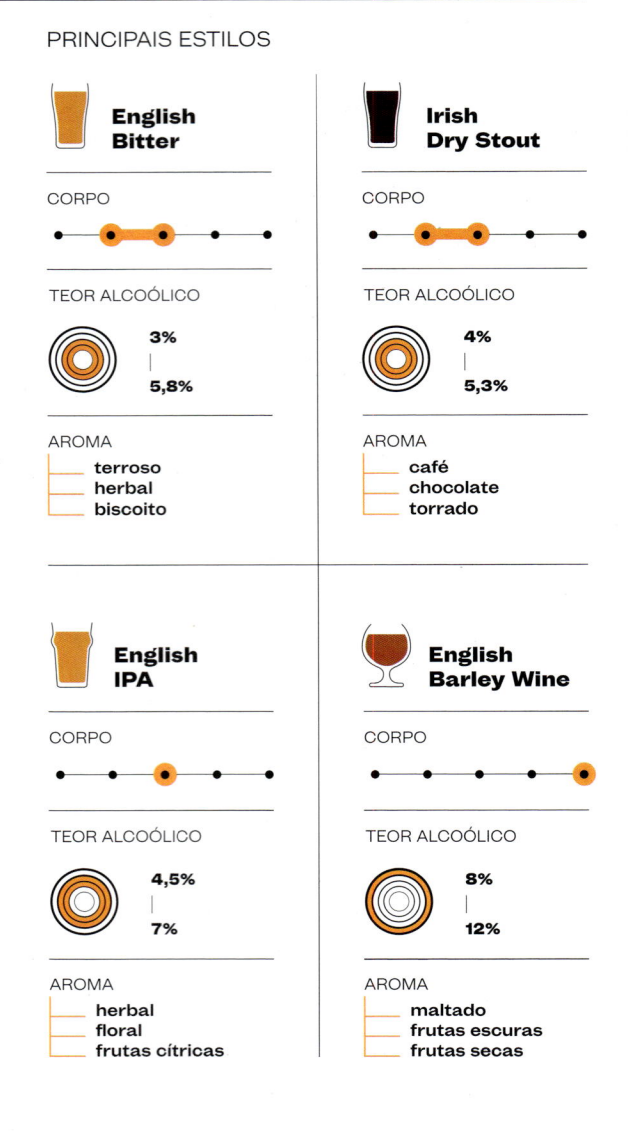

PRINCIPAIS ESTILOS

English Bitter
CORPO
TEOR ALCOÓLICO: 3% | 5,8%
AROMA
— terroso
— herbal
— biscoito

Irish Dry Stout
CORPO
TEOR ALCOÓLICO: 4% | 5,3%
AROMA
— café
— chocolate
— torrado

English IPA
CORPO
TEOR ALCOÓLICO: 4,5% | 7%
AROMA
— herbal
— floral
— frutas cítricas

English Barley Wine
CORPO
TEOR ALCOÓLICO: 8% | 12%
AROMA
— maltado
— frutas escuras
— frutas secas

CURIOSIDADES

St. Patrick's Day
O tradicional Festival de São Patrício é regado a cerveja, música e muita festa. O desfile, que ocorre no dia 17 de março, um dos cinco dias de evento, reúne mais de meio milhão de pessoas. A festa ficou popular também no resto do mundo, e nos EUA é comum adicionar corante verde à cerveja, pois a cor representa a festividade

> Existem várias formas de deixar a cerveja verde. A mais comum é usar um corante comestível de confeitaria. Também é possível acrescentar o licor Curaçao Blue, que se torna verde em contato com o amarelado da cerveja.
>
> **4 GOTAS DE CORANTE PARA CADA COPO (500 ML)**

Inundação de cerveja
Em 1814, Londres foi inundada por cerveja Porter. Depois do rompimento do suporte de um tanque de 600 mil litros de uma cervejaria, houve um efeito dominó, e quase 1,5 milhão de litros foi despejado pela cidade

A cerveja despejada foi o equivalente a **3 milhões** de pints, em média

Cultura do pub
Das mais de 2 mil cervejarias inglesas, 90% são microcervejarias e brewpubs. As public houses são o ponto de encontro do britânico. Esse tipo de negócio, que opera há séculos na Inglaterra, é fundamental para a história e cultura do país. Com atmosfera intimista, é considerada a extensão da casa do típico inglês

CARACTERÍSTICAS DE UM PUB

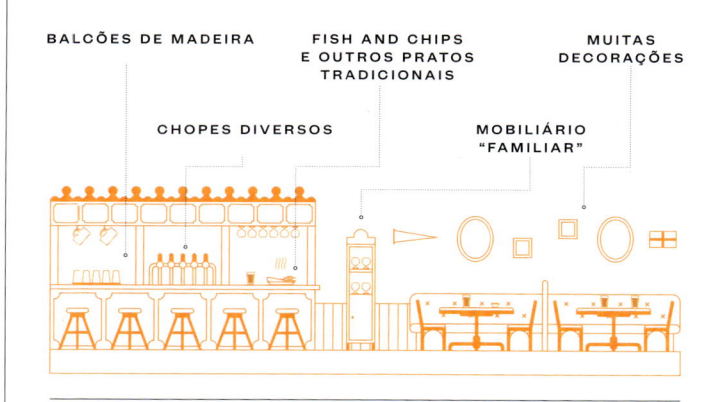

- BALCÕES DE MADEIRA
- FISH AND CHIPS E OUTROS PRATOS TRADICIONAIS
- MUITAS DECORAÇÕES
- CHOPES DIVERSOS
- MOBILIÁRIO "FAMILIAR"

Campanha pela Real Ale (CAMRA)

Em 1971, surgiu a iniciativa CAMRA, para defender a tradição no cenário de intensa industrialização e substituição dos métodos tradicionais. As Real Ales maturam em barris dentro dos pubs e refermentam, adquirindo carbonatação natural

MOTIVAÇÕES
- → Mudanças na produção (filtração, pasteurização e envase)
- → Substituição de barris de madeira pelos de inox
- → Ameaça das Lagers industriais às Ales tradicionais

OBJETIVOS
- → Defender a cerveja tradicional
- → Proteger os direitos do consumidor
- → Promover qualidade e liberdade de escolha
- → Apoiar os pubs em vez da grande indústria

OS ESTILOS DE CADA PAÍS

Alguns estilos traduzem bem a cultura cervejeira dos países das Ilhas Britânicas

Inglaterra
Tem, em sua maioria, estilos mais escuros e âmbares, maior ênfase no lúpulo e nos maltes

PRINCIPAIS ESTILOS

1 ENGLISH PALE ALE
Fuller's London Pride

2 ENGLISH BITTER
Young's Bitter Eagle Brewery

3 ENGLISH PORTER
Fuller's London Porter

4 RUSSIAN IMPERIAL STOUT
Wäls Petroleum (Brasil)

Escócia
O país do uísque também tem a tradição da cerveja, sendo caracterizado por cervejas de perfil mais maltado com maltes escuros e menos lupuladas

PRINCIPAL ESTILO

1 WEE HEAVY
Belhaven Wee Heavy

País de Gales, Irlanda e Irlanda do Norte
Por influência inglesa, desenvolveu, à sua maneira, diversos estilos que se tornaram referência da Escola Britânica

PRINCIPAIS ESTILOS

1 IRISH RED ALE
Murphy's Irish Red

2 IRISH DRY STOUT
Guinness Draught Stout

PRINCIPAIS CERVEJARIAS

As cervejarias e brewpubs espalhados pelo Reino Unido contam a história secular da cerveja na região

PRINCIPAIS REGIÕES PRODUTORAS DE LÚPULO

Os 965 ha expressam o terroir local e as características herbais, terrosas e florais

ESCÓCIA
- Brewdog
- Williams Bros
- Harviestoun
- GLASGOW
- Tennent Caledonian
- EDIMBURGO

IRLANDA DO NORTE
- BELFAST

IRLANDA
- DUBLIN
- Guinness
- Porterhouse
- Rye River
- Carlow
- Murphy
- CORK

INGLATERRA
- New Castle
- NEWCASTLE
- Samuel Smith
- Thomas Hardy
- MANCHESTER
- LIVERPOOL
- Buxton Brewery
- Batemans
- Worcestershire
- Adnams Southwold
- CAMBRIDGE
- Wells & Young
- OXFORD
- LONDRES
- Fullers
- Meantime
- Courage Brewery
- Kent
- Shepherd Neame

PAÍS DE GALES
- Evan Evans
- Tiny Rebel
- CARDIFF

Escola Americana

CARACTERÍSTICAS

À moda americana
As cervejas dessa escola tendem a ser lupuladas e com maior teor alcoólico

Revolução cervejeira
Exemplo de cultura cervejeira artesanal do século XXI

Resgate de estilos
Cervejas europeias históricas resgatadas e reinventadas

Colonizados pelos ingleses, os Estados Unidos são hoje o país que reinventou a cultura cervejeira atual. Antes da Lei Seca (de 1920 a 1933), havia mais de 300 cervejarias em solo norte-americano. As que sobraram viraram fábricas de refrigerantes, o que estabeleceu de vez a cultura etílica do uísque e da coquetelaria.
As Lagers claras, neutras e com adição de adjuntos — como o milho e o arroz — dominaram o mercado durante os anos seguintes até a revolução da cerveja artesanal, que aconteceu entre as décadas de 1960 e 1980 e que tem influenciado diversos movimentos semelhantes em outros países no século XXI.
Hoje os Estados Unidos são sinônimo de inovação quando o assunto é cerveja.

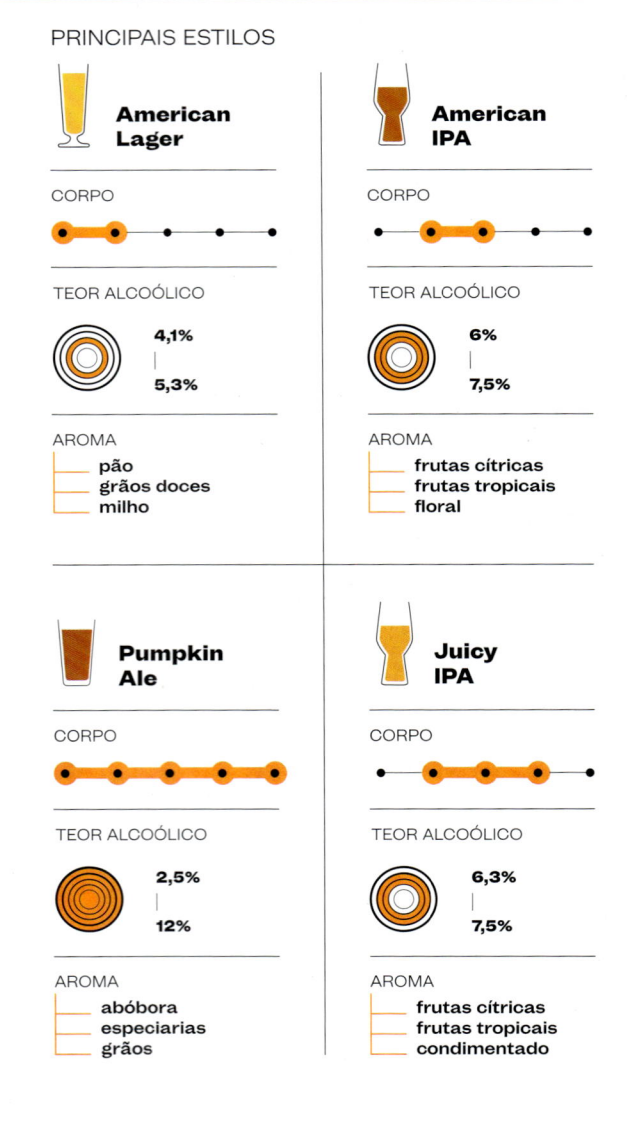

PRINCIPAIS ESTILOS

American Lager

CORPO

TEOR ALCOÓLICO
4,1%
5,3%

AROMA
— pão
— grãos doces
— milho

American IPA

CORPO

TEOR ALCOÓLICO
6%
7,5%

AROMA
— frutas cítricas
— frutas tropicais
— floral

Pumpkin Ale

CORPO

TEOR ALCOÓLICO
2,5%
12%

AROMA
— abóbora
— especiarias
— grãos

Juicy IPA

CORPO

TEOR ALCOÓLICO
6,3%
7,5%

AROMA
— frutas cítricas
— frutas tropicais
— condimentado

CURIOSIDADES

Lei Seca
Promulgada em 1920 pelo então presidente Woodrow Wilson, a Lei Seca americana proibiu completamente a fabricação, distribuição e venda de bebidas alcoólicas nos EUA. Visando à diminuição do crime e da pobreza, a Lei Seca teve o efeito contrário durante os 13 anos em que esteve em vigor. Corrupção, contrabando e bares clandestinos se tornaram comuns, estimulando o aparecimento de organizações criminosas. A mais conhecida foi chefiada pelo mafioso Al Capone

NÚMERO DE CERVEJARIAS NOS ESTADOS UNIDOS

EM 1915
1.300

ENTRE 1920-1933
100

> As cervejarias que resistiram produziam não alcoólicos ou as "near beer", uma bebida similar, com 0,5% de álcool

Na lata
A primeira cerveja em lata foi lançada em 1935 nos EUA pela cervejaria Krueger Brewing Company

Presidentes cervejeiros
George Washington, o primeiro presidente dos EUA, fazia cerveja em casa e tinha um caderno de receitas. Em 2011, Barack Obama, outro notório amante de cerveja, elaborou dentro da Casa Branca dois estilos: White House Honey Ale e White House Honey Porter

> Além de 4 tipos de malte, as receitas – que estão disponíveis no site da Casa Branca – contêm mel, que era produzido pelo apiário da sede do governo americano

Revolução da cerveja artesanal

Os anos 1970 foram o início da revolução: das Lagers neutras às IPAs com lúpulos americanos e releituras europeias, o entusiasmo dos empreendedores por produzir novidades transformou os EUA no maior mercado de cerveja artesanal do mundo

INCENTIVOS
→ Legalização da produção caseira em 1979
→ Americanos com experiências na Europa
→ Mudanças do perfil de consumo
→ Leis e impostos baseados em volume de produção

DIFERENCIAIS
→ Terroir e insumos próprios
→ Cervejarias regionais
→ Predominância de estilos Ale
→ Releituras de estilos clássicos
→ Envelhecimento em barricas de madeira
→ Acidez selvagem intencional

A TERRA DA IPA

As IPAs viraram as queridinhas nos EUA, e é possível encontrar variações do estilo

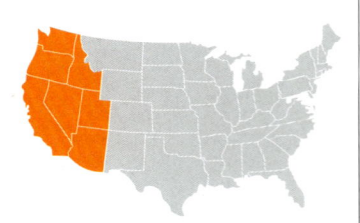

West Coast IPA
Um cerveja extremamente lupulada, limpa, bem amarga e seca, com boa estrutura de maltes

Mountain IPA
Com equilíbrio de amargor, teor alcoólico médio a alto, perfil tropical, refrescante e normalmente turva

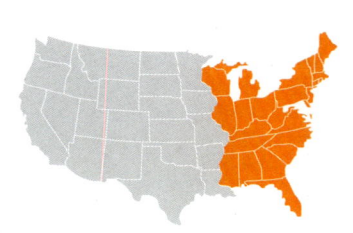

Hazy IPA ou Juicy IPA
Muito aromática, levemente adocicada, com alta turbidez e adição de adjuntos. Chamada também de New England IPA

→ Isso tudo é possível não apenas pelo amor dos norte-americanos pelas IPAs, mas também pelo desenvolvimento tecnológico e pesquisas sobre lúpulos

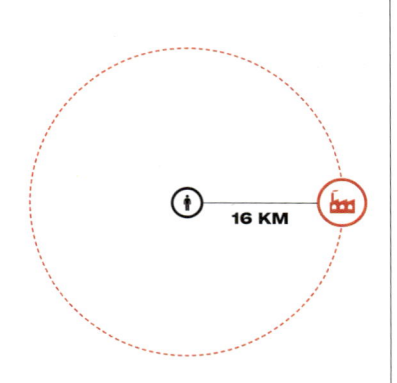

O fenômeno das Light Beers

Três das cinco marcas de cervejas mais consumidas nos EUA são da categoria chamada Light Beer. Esse tipo de cerveja, criada na década de 1940, é geralmente derivada da Pale Lager e possui menos calorias que as cervejas tradicionais. Isso se deve à menor quantidade de insumos ricos em carboidratos na sua composição, o que acaba por reduzir também o teor alcoólico da bebida (entre 2,5% e 3,2%). É uma cerveja de produção barata, de percepção mais leve e que, consequentemente, pode ser bebida em maior quantidade

"Drink local beer"
Existem mais de 8 mil cervejarias espalhadas pelos EUA. Segundo a Brewers Association, um americano mora a pelo menos 16 km de distância de uma cervejaria

16 KM

AS CINCO MARCAS DE CERVEJA MAIS CONSUMIDAS NOS EUA

❶
BUD LIGHT
Anheuser-Busch InBev

❷
COORS LIGHT
MillerCoors

❸
MILLER LITE
MillerCoors

❹
BUDWEISER
Anheuser-Busch InBev

❺
MICHELOB ULTRA
Anheuser-Busch InBev

Fonte: dados de 2020 da Beer Marketer's Insights

ESTADOS UNIDOS

- Quebec
- Washington
- Oregon
- Ontario
- Vermont
- **BOSTON** — Samuel Adams
- Madison
- **NOVA YORK** — Brooklyn Brewery
- Buffalo
- Michigan — Founders
- CHICAGO
- Lagunitas
- Nebraska
- Ohio — Gambrinus
- WASHINGTON
- Virgínia
- DENVER — Odell
- Carolina do Norte
- Anchor Brewery Co — SÃO FRANCISCO
- Califórnia — Firestone
- LOS ANGELES
- Novo Brazil
- San Diego
- Sierra Nevada / New Belgium
- DALAS
- Saint Arnold

PRINCIPAIS CERVEJARIAS

Os norte-americanos são os maiores produtores de lúpulo do mundo, com seus 22 mil ha anuais

PRINCIPAIS REGIÕES PRODUTORAS DE LÚPULO

As mais de 8 mil cervejarias produzem a pura cultura cervejeira norte-americana, e novos brewpubs e cervejarias mantêm as novidades

Novos movimentos

CARACTERÍSTICAS DO BRASIL

Desenvolvimento
Aprimoramento de técnicas de produção e pesquisas em diversos setores

Busca por identidade
Criatividade e utilização de ingredientes como ervas, frutas e madeiras locais

Resgate de estilos
Reprodução principalmente de estilos americanos e alemães

O início da história cervejeira no Brasil se deve à presença de ingleses e holandeses no território, mas foram os alemães que trouxeram efetivamente a cultura cervejeira ao país. O clima na época não era favorável para a produção de insumos nem para a produção e armazenamento. Na metade do século XIX, já havia pequenas cervejarias, alguns tipos de cervejas e duas fábricas,* que viriam a influenciar o mercado nas décadas seguintes. A globalização, a importação de cervejas europeias, insumos e a sede por novidade deram início ao movimento craft beer, nos anos 1990.

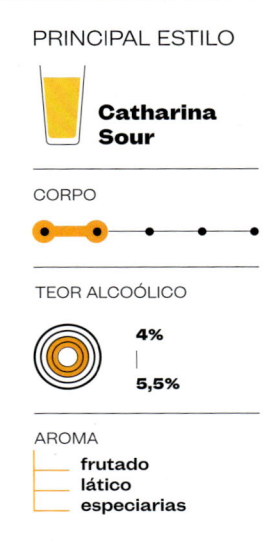

PRINCIPAL ESTILO
Catharina Sour

CORPO

TEOR ALCOÓLICO
4%
5,5%

AROMA
frutado
lático
especiarias

PRODUÇÃO
O Brasil é hoje um dos 3 maiores produtores de cerveja do mundo

1. China
2. EUA
3. Brasil
4. México
5. Alemanha

As pioneiras
Dado Bier, Krug Bier, Baden Baden e Colorado foram algumas das pioneiras que influenciaram a revolução da cerveja atual no país e hoje são encontradas facilmente no mercado

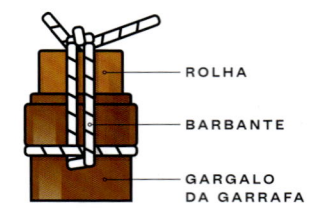

ROLHA
BARBANTE
GARGALO DA GARRAFA

A "cerveja-barbante"
Esse era o nome dado às cervejas brasileiras cuja rolha de vedação era amarrada com barbante para evitar que saísse com a alta carbonatação

* Cia. Cervejaria Brahma do Rio de Janeiro e Cia. Cervejaria Antarctica de São Paulo, que se tornaram mais de um século depois a Ambev.

Brasil

EXEMPLOS DE CERVEJARIAS

O país inteiro possui mais de mil cervejarias, sem contar as "ciganas": cervejarias que produzem em outras fábricas já existentes

1 PARÁ
- Amazon Beer

2 CEARÁ
- 5 elementos
- Bold Brewing

3 PERNAMBUCO
- DeBron
- Ekäut

4 ALAGOAS
- Caatinga Rocks

5 MINAS GERAIS
- Krug Bier
- Wäls
- Antuérpia
- Zalaz

6 PARANÁ
- Maniacs
- Bodebrown

7 SÃO PAULO
- Colorado
- Dádiva
- Baden Baden
- Tarantino
- Dama Bier

8 RIO DE JANEIRO
- Noi
- Bohemia
- Búzios
- Masterpiece
- Nossa Cervejaria

9 SANTA CATARINA
- Blumenau
- Bierland
- Schornstein
- Santa Catarina

10 RIO GRANDE DO SUL
- Dado Bier
- Seasons
- Babel
- Sud Birrificio

PRINCIPAIS REGIÕES PRODUTORAS DE LÚPULO

Pequenas fazendas com não mais de 3 anos de existência produzem aproximadamente 60 ha

Artesanais
Apesar de a cerveja ser a bebida mais consumida do país, o segmento de cervejas especiais detém apenas **4% do mercado**

Novos movimentos

Itália

Conhecida pelos vinhos, a Itália possui hoje um mercado de cervejas de massa próspero e uma cena artesanal rica e em desenvolvimento

Principais cervejarias

- BIRRA DEL BORGO
- BIRRA BALADIN
- BIRRA MORETTI

PRINCIPAL ESTILO

Italian Grape Ale

CORPO

TEOR ALCOÓLICO
4,8%
12%

AROMA
- frutas de caroço
- frutas tropicais
- frutas vermelhas

> É o resultado da união da cerveja e do vinho. Expressa a cultura, a criatividade e a biodiversidade. Pode utilizar uvas brancas ou tintas em diferentes etapas do processo de produção

Japão

Apesar de todos os empecilhos legais para produção e comércio de cervejas artesanais, o mercado hoje é bem estabelecido e valorizado

Principais cervejarias

- SWAN LAKE BEER
- HITACHINO NEST BEER
- SAPPORO

PRINCIPAL ESTILO

Ginjo Beer

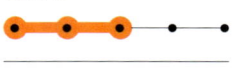

CORPO

TEOR ALCOÓLICO
4,3%
10,2%

AROMA
- frutado
- terroso
- cogumelo

> Elaborado com levedura ou enzimas de saquê, possui as características da bebida típica japonesa. O corpo da cerveja pode variar, por causa dos demais ingredientes presentes em sua composição

Argentina

De crescimento discreto se comparado ao Brasil, é a nova aposta das Américas para um desenvolvimento próspero de cervejas artesanais

Principais cervejarias

BARBA ROJA   ANTARES   QUILMES

PRINCIPAIS ESTILOS

Dorada Pampeana

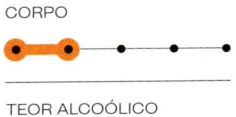

CORPO

TEOR ALCOÓLICO
4,3%
5,5%

AROMA
- casca de pão
- biscoito
- frutado

IPA Argenta

CORPO

TEOR ALCOÓLICO
5%
6,5%

AROMA
- floral
- cítrico
- caramelo

Austrália

Apesar de a paixão pela cerveja ser uma herança inglesa, o país hoje possui sua própria cultura, além de produzir cevada e lúpulo

Principais cervejarias

COOPERS BREWERY   VICTORIA BITTER   PIRATE LIFE BREWING

PRINCIPAIS ESTILOS

Australian Pale Ale

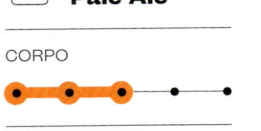

CORPO

TEOR ALCOÓLICO
4,4%
6,3%

AROMA
- pão
- frutas tropicais
- manga

Australian Sparkling Ale

CORPO

TEOR ALCOÓLICO
4,5%
6%

AROMA
- herbal
- terroso
- pera e maçã

COMO BEBER CERVEJA

O · LIVRO · DA · CERVEJA

CAPÍTULO

3

a. SERVIÇO

b. DEGUSTAÇÃO

3.a O serviço é a etapa fundamental da degustação de cervejas. É nesse momento que se pode vivenciar a experiência e aproveitar ao máximo o que a bebida pode proporcionar. Um serviço completo da cerveja precisa levar em conta vários elementos, como copo, limpeza, técnica utilizada para servir a bebida da garrafa ou para extrair o chope e até mesmo o conhecimento e a desenvoltura daquele que está servindo.

Serviço

(i)

UM SERVIÇO
PERFEITO TEM:
O COPO CERTO,
LIMPO, E A BEBIDA
NA TEMPERATURA
ADEQUADA, SERVIDA
CORRETAMENTE

4°C — *Temperatura*

Copo certo

Copo limpo

45° — *Servida corretamente*

O copo ideal

O formato dos diferentes copos busca valorizar as características da cerveja e a ocasião de consumo

ANATOMIA DO COPO

Borda
Concentra aromas e espuma

Bojo
Define a velocidade da entrada do líquido na boca

Protuberância
Concentra o líquido e os aromas

Haste
Evita o contato do calor das mãos com a cerveja

Base
Apoio do copo na mesa

IDENTIFICANDO UM COPO SUJO

Gordura
Colarinho com aspecto de espuma de sabão, que se dispersa rapidamente

Sabão, detergente ou poeira
Bolhas grudadas na parte interna

CARACTERÍSTICAS FUNDAMENTAIS

BORDA ESTREITA
Concentra os aromas e a formação de espuma

BORDA LARGA
Auxilia na liberação dos aromas e espalha a espuma

BORDA PARA FORA
Espalha líquido pela língua e encaixa os lábios

RETO
Espalha o líquido apenas pelo centro da língua. Auxilia na formação de colarinho

BOJUDO
Concentra os aromas e cria resistência ao beber

ESTREITO E RETO
Aumenta a velocidade de entrada do líquido. Auxilia na formação de colarinho

LIMPAR E GUARDAR

Como lavar
Com **água** abundante e **detergente neutro**, faça um enxague generoso

Escorrer
Em local limpo com estrado ou escorredor

Guardar virado para cima
Para evitar odores ruins

OS TIPOS MAIS COMUNS DE COPO

Esses são alguns dos copos mais comuns no serviço de cervejas

LONGOS E ESTREITOS

Lager
200 - 350 ml
Pilsners e American Lagers no geral

Stange
200 ml
Kölsch e Altbier

Weizen
500 ml
Weissbiers em geral

Flute
120 ml
Bière Brut

ESTREITOS E MEDIANOS

Pint Americano
473 ml
American Lagers e Ales

Pint Nonic
568 ml
Stouts, Porters, Pale Ales e Bitters

Pint
568 ml
Stouts, Porters, Pale Ales e Bitters

Willybecher
200 - 500 ml
Munich Helles, Vienna Lager e Rauchbier

BOJUDOS

Tulipa
330 - 430 ml
Copo coringa

Footed Glass
330 - 430 ml
Copo coringa

Snifter
345 - 450 ml
Barley Wines, Eisbocks e Ales complexas

Goblet
330 ml
Trapistas, de Abadia e Ales complexas

RETOS E LARGOS

Tumbler
500 ml
Witbier

Mass
1 L
Oktoberfest, Munich Helles e outras alemãs

MODERNOS

IPA Glass
540 ml
IPAs no geral

Stout Glass
600 ml
Stouts no geral

DEGUSTAÇÃO PROFISSIONAL

Taça ISO
200 ml, servem-se 50 ml
Para avaliação sensorial

Teku
330 - 425 ml
Qualquer estilo de cerveja

OUTROS

Wine Tumbler
600 ml
Barley Wine, Juicy IPAs e Ales complexas

Americano
190 ml
Clássico brasileiro para Lagers

Como servir

O bom serviço permite a formação ideal de espuma e auxilia na manutenção e apreciação das características sensoriais da bebida

LAGERS E ALES NO GERAL

COLARINHO
Lager 3 - 4 cm
Ale 1 - 2 cm

1 Iniciar o serviço pela parede do copo a 45°*

2 No último terço do copo, colocá-lo a 90° e finalizar o serviço

BELGAS NÃO FILTRADAS/REFERMENTADAS

COLARINHO
3 - 4 cm

1 Iniciar lentamente pela parede do copo a 90° e depois seguir para o centro

2 Deixar 1 cm de líquido no fundo da garrafa e servi-lo em um copo pequeno**

CERVEJAS DE TRIGO

1 Servir lentamente pela parede do copo a 45°. Deixar 4 cm de líquido na garrafa

2 Agitar a garrafa para misturar o fundo e derramar o restante de uma vez

CHOPE (TORNEIRA ITALIANA)

1 Puxar a alavanca para a frente para tirar o líquido com o copo a 45°

2 Depois puxar a alavanca para trás para formar a espuma

Em qual temperatura servir

A temperatura é fundamental, pois pode evidenciar ou esconder os aromas e sabores da cerveja. A temperatura ideal proporciona uma melhor percepção do estilo

0° 1° 2° 3° 4° 5° 6° 7° 8° 9° 10° 11° 12° 13° 14°

Entre 2° e 5°C
→ Complexidade baixa ou média
→ Corpo leve
→ Com maltes claros aos mais caramelizados

Entre 5° e 9°C
→ Claras mais alcoólicas e âmbares lupuladas
→ Álcool de médio a alto
→ Complexidade média a alta

Entre 9° e 12°C
→ Lagers muito alcoólicas
→ Muito complexas
→ Maltes escuros
→ Corpo alto a muito alto

* Apesar de menos prático, o ideal é que o serviço seja feito sempre a 90°.
** Caso não tenha um copo pequeno ou copo de shot, o líquido que resta no fundo da garrafa pode ser mantido ali, com consumo opcional.

Armazenamento

Um bom armazenamento mantém as cervejas com aspectos sensoriais mais íntegros, ao evitar oxidação excessiva e transformações desfavoráveis

NA GELADEIRA

Posição
Manter a garrafa em pé. Se deitada e a −2,5°C, pode congelar

Temperatura
Evitar a oscilação, mantendo entre 2° e 8°C

Local
Não colocar na porta para evitar agitação e oscilação de temperatura

FORA DA GELADEIRA

Temperatura
Local fresco e arejado. Cervejas de guarda devem ser mantidas entre 12° e 20°C

Local
Garrafa em pé, longe da luz, sem agitação da bebida

Cervejas podem envelhecer?

Algumas cervejas devem ser consumidas logo após o envase, enquanto outras se beneficiam da ação do tempo

TIPO DE CONSUMO	**Frescas**	**Resistentes**	**De guarda**
O QUE SÃO	Foram elaboradas para serem consumidas logo. O tempo diminui aromas sutis, lupulados, amargor e acidez	Podem ser consumidas logo, mas, se armazenadas, pode ocorrer o aumento dos sabores maltados e a diminuição da potência alcoólica	Se alteram positivamente ao longo dos anos, com formação de novos aromas e sabores, diminuição de acidez, amargor, potência alcoólica e corpo
EM GERAL SÃO	→ Menor que 6% ABV → Lupuladas → Lagers delicadas → Maltes claros a âmbares	→ 6 a 9% ABV → Lúpulo não é protagonista → Corpo médio a alto → Maltes âmbar e escuros	→ Maior que 9% ABV → Refermentadas → Corpo alto → Maltes escuros
EXEMPLOS	Pilsners, American Lagers, IPAs, cervejas de trigo no geral	Imperial Ales, Old Ales, Belgian Strong Ales, Dubbels	Imperial Stouts, Barley Wines, cervejas envelhecidas e Wild Ales

3.b Degustar é utilizar-se de técnicas para obter as melhores percepções de uma bebida. A chamada biblioteca sensorial, que desenvolvemos ao longo da vida — ou seja, experiências gustativas que temos desde criança e ficam guardadas em nossa memória —, também é importante na hora da análise. A prática de degustação é fundamental para qualquer amante de bebidas e também para mestres cervejeiros e sommeliers de cerveja.

Degustação

i

O SABOR É A UNIÃO DAS
PERCEPÇÕES DE AROMA,
GOSTO E SENSAÇÃO DE
BOCA QUE SENTIMOS AO
DEGUSTAR UMA BEBIDA

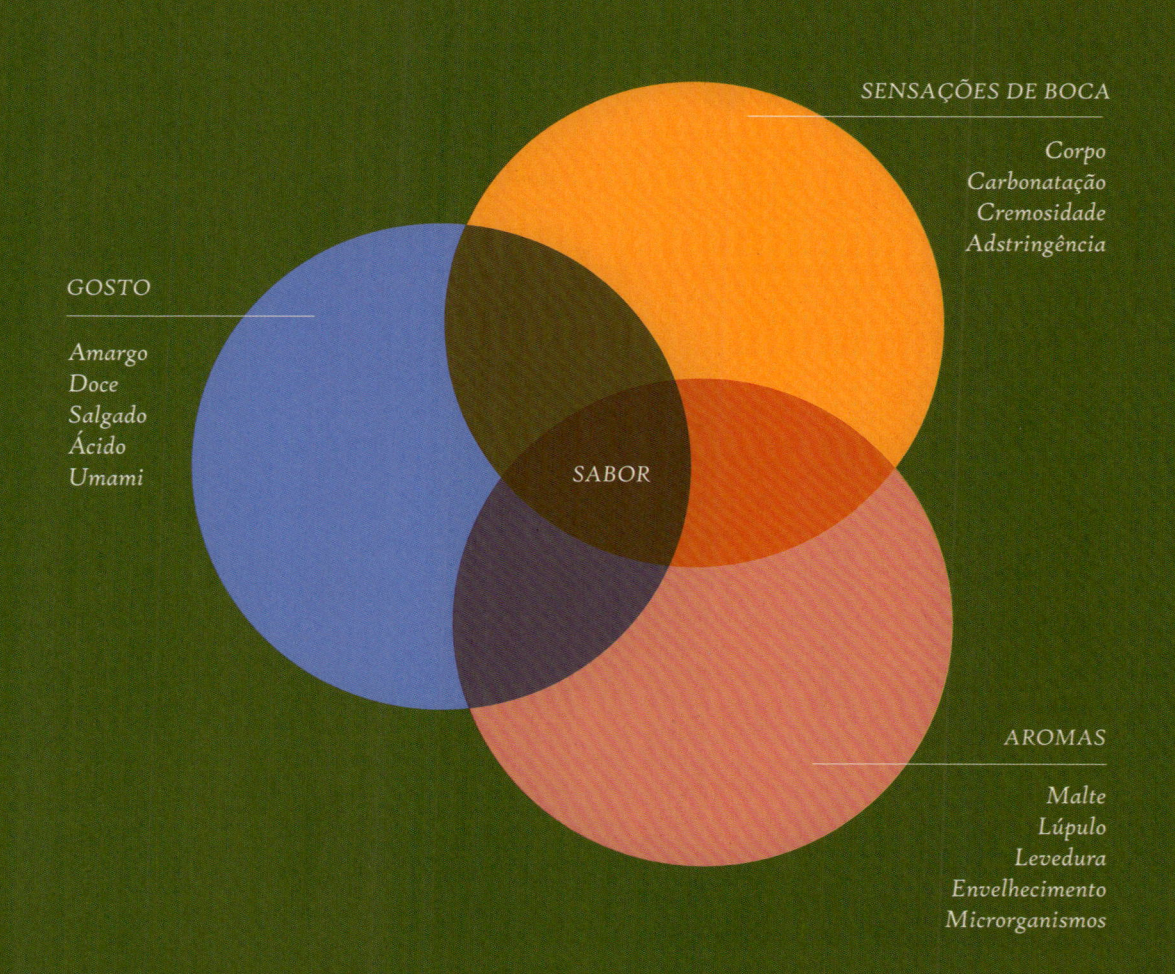

SENSAÇÕES DE BOCA

Corpo
Carbonatação
Cremosidade
Adstringência

GOSTO

Amargo
Doce
Salgado
Ácido
Umami

SABOR

AROMAS

Malte
Lúpulo
Levedura
Envelhecimento
Microrganismos

Aparência

Cor, brilho, formação e persistência de espuma são características que podemos observar a olho nu para avaliar se estão de acordo com o estilo

Coloração

A coloração da cerveja tem relação direta com os ingredientes utilizados — especialmente o malte —, mas também com o processo de produção

ESCALA DE CORES

A escala é uma medida de densidade de cor de cerveja mais do que matiz/tonalidade. As escalas mais conhecidas são:

SRM	COR	EBC
STANDARD REFERENCE METHOD		EUROPEAN BREWING CONVENTION
2-3	AMARELO-PALHA	3,94-5,91
4	AMARELO	5,91-7,88
5-6	OURO	7,88-9,85
7-9	ÂMBAR	11,82-17,73
10-14	ÂMBAR PROFUNDO	19,7-27,58
14-16	COBRE	27,58-33,49
17-18	COBRE PROFUNDO	33,49-35,46
19-22	CASTANHO	37,43-43,34
23-30	CASTANHO-ESCURO	43,34-59,10
30-35	CASTANHO MUITO ESCURO	59,10-68,95
+30	NEGRO	68,95-78,80
+40	NEGRO OPACO	+78,80

▸ A legislação brasileira utiliza a unidade EBC para determinação da cor. Cervejas claras têm menos de 20 unidades EBC; escuras, mais de 20.

DE ONDE VEM A COR

Malte
A coloração da cerveja tem relação direta com os maltes utilizados. Por vezes, são adicionados adjuntos e cereais não maltados para produzir uma cor diferente

Adjuntos
Algumas cervejas têm cores não convencionais pela adição de adjuntos

	ADJUNTO
THREE MONKEYS I'M SOUR	Goiaba e pitaya
LETRA CERVEJOLA GRAPE RED ALE	Mosto de uva
FANTÔME MAGIC GHOST	Chá verde

Turbidez

Cada estilo de cerveja possui características visuais relacionadas à turbidez, que são determinadas por diversos fatores, como as matérias-primas utilizadas e os processos de maturação e filtração. Algumas cervejas têm coloração mais escura e, apesar de límpidas, se apresentam opacas graças à sua cor intensa

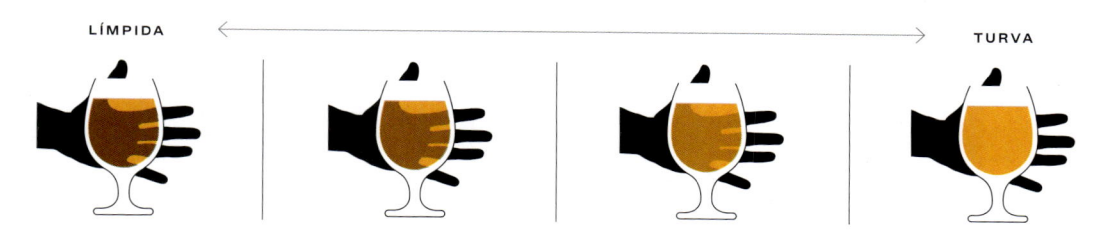

LÍMPIDA ⟵⟶ TURVA

Espuma

A espuma ajuda a manter temperatura, aromas e sabores e evita a aceleração da oxidação. Cada estilo possui uma formação de espuma, que depende do teor de proteínas, α-ácidos e carbonatação

FORMAÇÃO

Varia de estilo para estilo e é avaliada de acordo com o tamanho da espuma e das bolhas que a formam. Deve-se tomar cuidado, considerar o copo utilizado e a limpeza deles, pois podem prejudicar uma avaliação mais precisa

BAIXA — MÉDIA — ALTA

PERSISTÊNCIA

Baixa
Se forma e logo se desfaz

Média
Se desfaz aos poucos

Alta
Se mantém durante muito mais tempo

O sabor

O sabor é como a boca percebe toda a complexidade de uma bebida. Além do aroma, ele é formado pelas sensações de boca e o gosto

SABOR

Aroma

Há uma gama enorme de aromas possíveis (veja roda ao lado), oriundos das matérias-primas e do processo produtivo

- ADJUNTOS
- MALTE
- LÚPULO
- LEVEDURA
- MICRORGANISMOS
- ENVELHECIMENTO

Sensações de boca

Corpo
Sensação de peso na boca. Por exemplo, quando dizemos que uma American Lager é leve, estamos nos referindo ao corpo baixo, que é diferente de uma Sweet Stout, mais encorpada

BAIXO — MÉDIO-BAIXO — MÉDIO — MÉDIO-ALTO — ALTO

Cremosidade
Sensação aveludada e de viscosidade na boca

Carbonatação
Sensação de gás na boca. Quando a carbonatação é alta, sentimos uma "picância"; quando é baixa, sentimos mais a viscosidade da bebida

BAIXA — MÉDIA — ALTA

Adstringência
Sensação de ressecamento, similar à que sentimos ao comer uma banana verde ou beber um vinho tinto seco. Em excesso, é um off-flavor, mas está presente em estilos como Flanders Red Ale

Gosto

Amargo
Comum em estilos mais lupulados, também pode ser notado nas cervejas maltadas de torra intensa

> *Na natureza, o amargo costuma ser uma forma de evitar que os seres vivos ingiram algo venenoso. O ser humano é a única espécie que reconhece e se adapta ao amargor*

Salgado
Menos presente nas cervejas, pode ser percebido através do uso de água rica em minerais ou da adição de sal

Ácido
Sempre presente em cervejas em maior ou menor intensidade. A adição de ácido lático e interferências de microrganismos também trazem acidez

Umami
Pouco comum, é associado a tomates e cogumelos. Pode ser percebido em cervejas envelhecidas em barril

Doce
Oriundo dos açúcares do malte, sendo equilibrado com o lúpulo e convertido em parte no processo de fermentação. Também pode vir da adição de adjuntos

O aroma

Por meio do olfato, é possível perceber os aromas presentes na cerveja e relacioná-los ao sabor e ao que é esperado naquele estilo

Roda de aromas e sabores

Nos permite conhecer os principais compostos aromáticos que podem estar presentes na bebida. O gráfico reúne os 50 aromas e sabores mais frequentes do universo da cerveja, com sua origem dividida por cores:

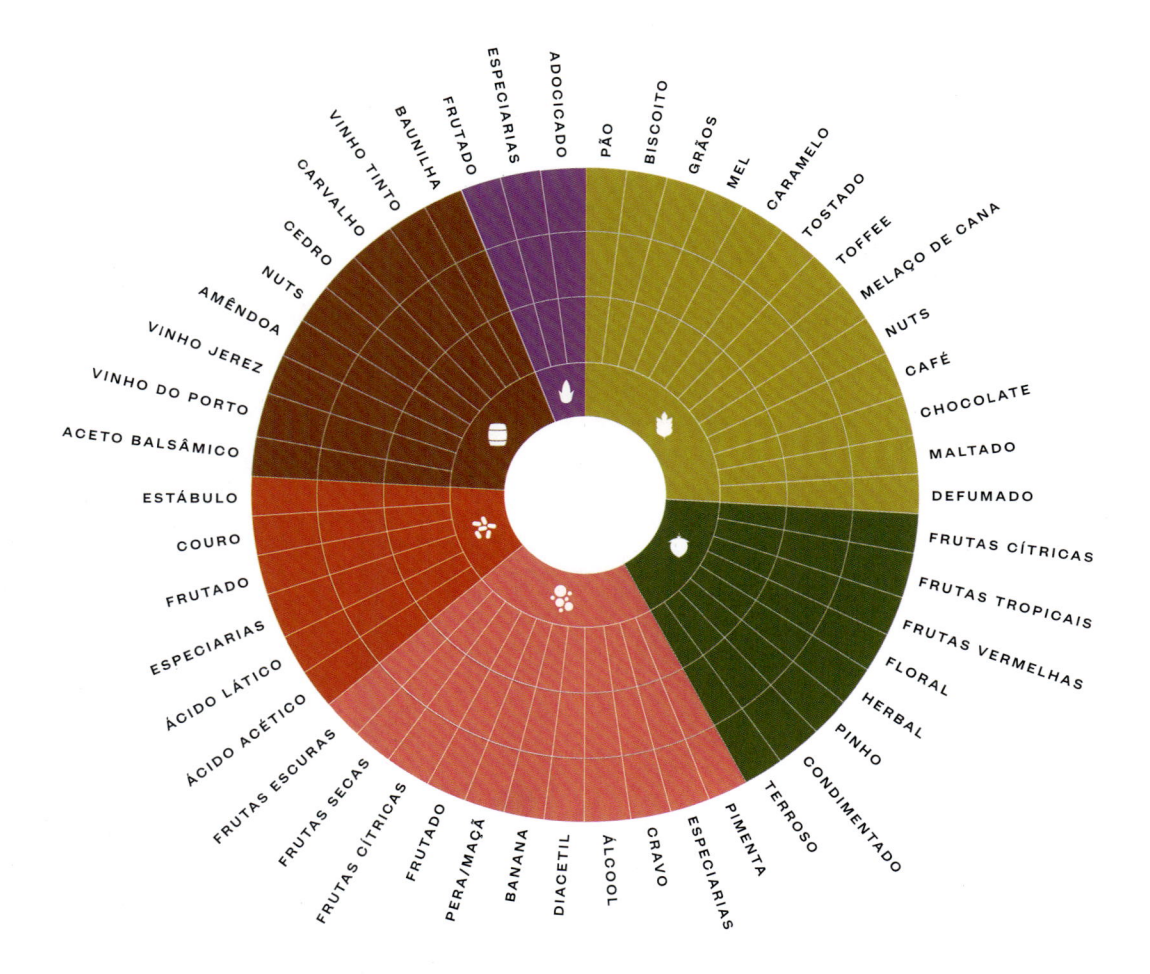

MATÉRIAS-PRIMAS
- ADJUNTOS
- MALTE
- LÚPULO

PRODUÇÃO
- LEVEDURA/FERMENTAÇÃO
- MICRORGANISMOS
- ENVELHECIMENTO

Aromas e sabores (da roda):

- **Adjuntos (adocicado):** PÃO (na transição), ADOCICADO
- **Malte:** PÃO, BISCOITO, GRÃOS, MEL, CARAMELO, TOSTADO, TOFFEE, MELAÇO DE CANA, NUTS, CAFÉ, CHOCOLATE, MALTADO, DEFUMADO
- **Lúpulo:** FRUTAS CÍTRICAS, FRUTAS TROPICAIS, FRUTAS VERMELHAS, FLORAL, HERBAL, PINHO, TERROSO, CONDIMENTADO
- **Levedura/Fermentação:** PIMENTA, ESPECIARIAS, CRAVO, ÁLCOOL, DIACETIL, BANANA, PERA/MAÇÃ, FRUTADO, FRUTAS CÍTRICAS, FRUTAS SECAS, FRUTAS ESCURAS
- **Microrganismos:** ÁCIDO ACÉTICO, ÁCIDO LÁTICO, ESPECIARIAS, FRUTADO, COURO, ESTÁBULO
- **Envelhecimento:** ACETO BALSÂMICO, VINHO DO PORTO, VINHO JEREZ, AMÊNDOA, NUTS, CEDRO, CARVALHO, VINHO TINTO, BAUNILHA, FRUTADO, ESPECIARIAS

Degustação

Para degustar tecnicamente, é necessário analisar de forma visual, olfativa e gustativa, buscando entender se a cerveja se adéqua ao estilo indicado

1
Acima dos olhos
Levante a taça um pouco acima da altura dos olhos. Analise coloração, turbidez ou limpidez e presença de sólidos em suspensão

2
Abaixo dos olhos
Com a taça um pouco abaixo da linha dos olhos, analise formação e persistência de espuma

3
Cheirar
Leve a taça ao nariz e sinta os aromas mais voláteis, inspirando três vezes de forma curta para perceber as nuances aromáticas mais sutis

4
Liberar aromas
Gire a taça com delicadeza, leve ao nariz e inspire novamente, dessa vez de forma longa, para perceber outros compostos aromáticos

5
Colocar na boca a bebida e bochechar devagar
Deixe pousar na língua para perceber corpo e carbonatação e outras sensações de boca, além de outros sabores

6
Engolir e analisar o sabor comparando com aroma
Após colocar o ar para fora pelo nariz, busque a percepção retronasal. Analise o que fica na boca após a degustação. É o chamado aftertaste ou retrogosto

FICHA DE DEGUSTAÇÃO

Uma boa ferramenta para guardar suas percepções sobre um rótulo degustado

Ficha de Degustação

CERVEJA: HOEGAARDEN CERVEJARIA: INBEV BELGIAN
ESTILO: WITBIER TEOR ALCOÓLICO: 4,9%

ORIGEM: ☐ Alemanha ☒ Bélgica ☐ Inglaterra ☐ Irlanda ☐ USA ☐ Brasil
☐ Itália ☐ Argentina ☒ Escócia ☐ França ☐ Portugal

APARÊNCIA

Cor: primeira opção marcada (mais clara)

Turbidez:
- ☐ Límpida
- ☐ Levemente turva
- ☒ Turva

Espuma:
- ☒ Alta
- ☐ Média
- ☐ Baixa

AROMAS E SABORES

(roda de aromas preenchida com: CEDRO/MADEIRA, ADJUNTOS ESPECIAIS, PÃO/BISCOITO, MALTE/CARAMELO, ÁCIDO LÁTICO, CAFÉ/CHOCOLATE, COURO, TOSTADO, CÍTRICO, FLORAL/HERBAL, FLOCOS DE AVEIA, FRUTADO, ESPECIARIAS, FRUTAS SECAS)

Outros: ESPECIARIAS LEMBRANDO COENTRO E COMINHO

PERFIL

ACIDEZ, DULÇOR, AMARGOR, MALTE, LÚPULO

SENSAÇÕES DE BOCA

Carbonatação:
- ☐ Baixa
- ☐ Média
- ☒ Alta

Corpo: (marcado entre baixo e médio)
Baixo — Médio — Alto

Observações importantes sobre a cerveja: MUITO AROMÁTICA E REFRESCANTE

Qual é a cerveja?
Preencha o cabeçalho de acordo com as informações no rótulo e contrarrótulo

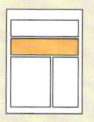

Com os olhos
Analise a aparência e marque a cor, a turbidez e a formação de espuma

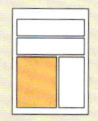

Com o nariz
Identifique os aromas encontrados e marque na roda de aromas quais são e qual é a intensidade

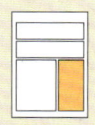

Com a boca
Prove e feche suas percepções na roda, analise o perfil, as sensações e outros

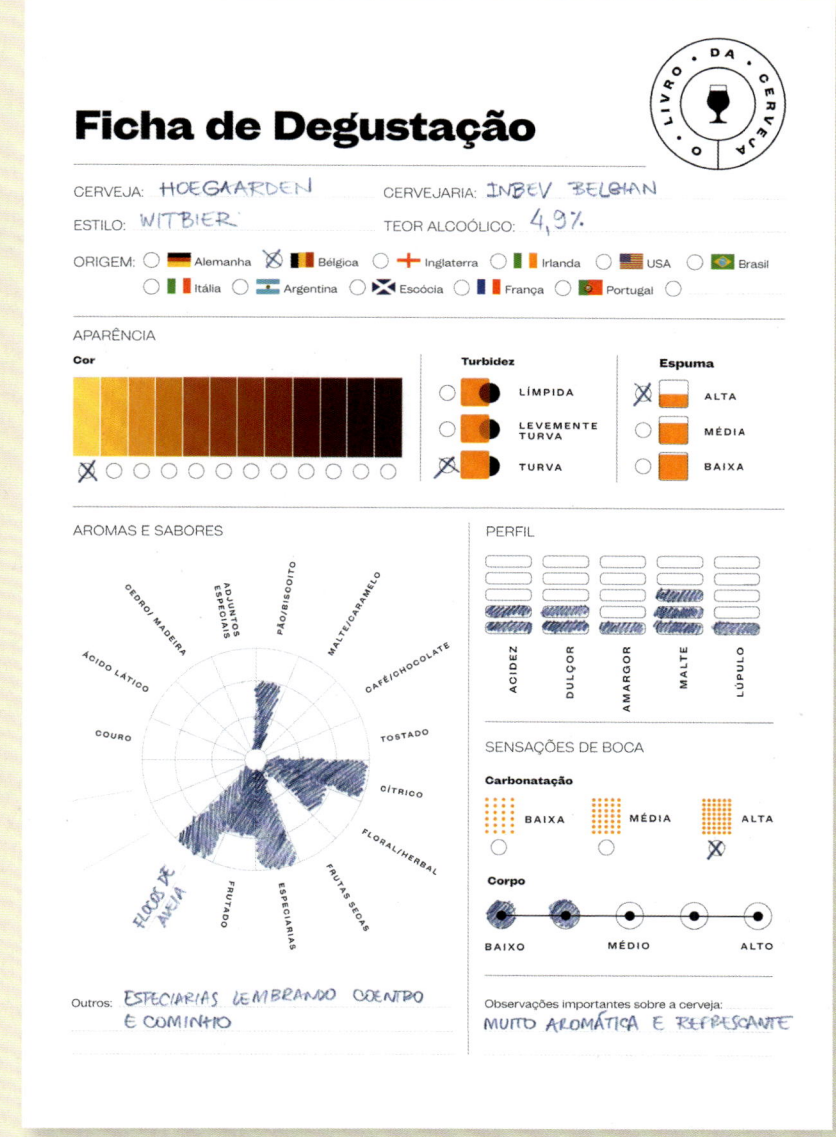

Faça sua desgustação em casa. Baixe o arquivo dessa ficha em **www.olivrodacerveja.com.br** para imprimi-la

ESTILOS
DE CERVEJA

O • LIVRO • DA • CERVEJA

CAPÍTULO

4

a. AMARELO-PALHA AO ÂMBAR

b. ÂMBAR PROFUNDO AO CASTANHO

c. CASTANHO-ESCURO AO NEGRO OPACO

d. OUTRAS CATEGORIAS

Como ler este guia

O guia é dividido em três capítulos, organizados pelas cores dos estilos. Assim fica mais fácil consultá-lo de acordo com sua característica mais evidente

Nome do estilo
e levedura/fermentação utilizada

País
de origem

Perfil
A altura da barra representa a intensidade média de algumas características sensoriais básicas

Teor alcoólico
Cada halo do círculo mostra o nível alcoólico do estilo, podendo variar entre dois ou mais níveis

BAIXO   MÉDIO   ALTO

Corpo
Cada ponto representa a intensidade do peso da cerveja na boca. Alguns estilos podem variar entre dois ou mais pontos

BAIXO   MÉDIO   ALTO

Carbonatação
A quantidade de bolhas representa a sensação de gás na boca. Em laranja, o nível corresponde ao estilo

IBU
A área marcada na régua determina a unidade internacional de amargor do estilo

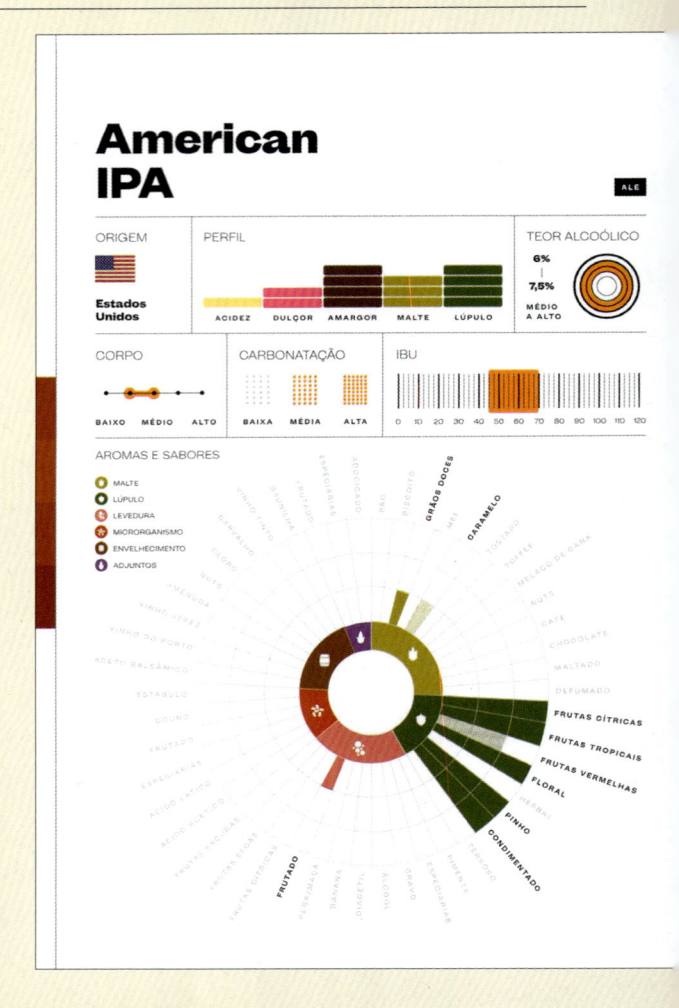

Aromas e sabores*
Cada pedaço do gráfico representa um aroma, e estes estão divididos em cores, conforme a sua origem. Cada aroma tem um nível de intensidade, representado pelas frações do aro

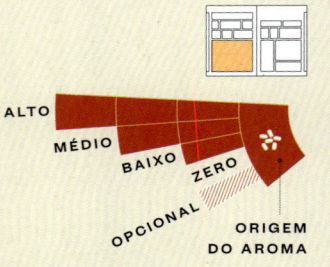

ALTO MÉDIO BAIXO ZERO OPCIONAL ORIGEM DO AROMA

* Considerando especialmente a referência comercial; porém, em diversos estilos esses parâmetros podem variar.

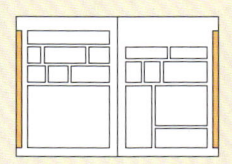

Cor
A faixa lateral representa as cores conforme a escala SRM. O estilo correspondente está situado na faixa demarcada pelos dois números**

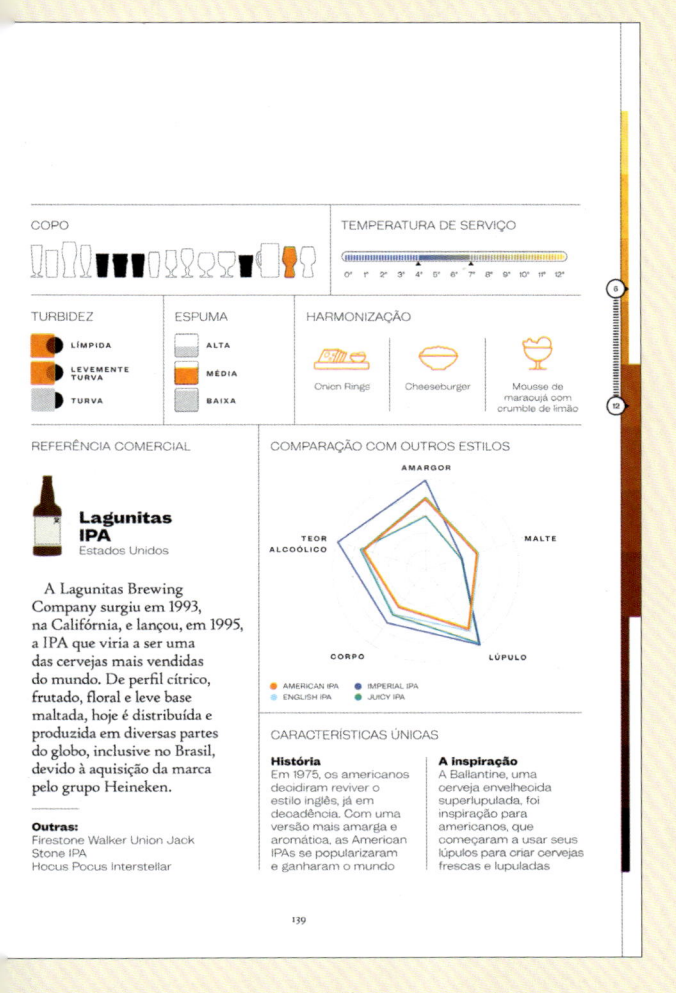

Copo

Em laranja, o copo ideal para o estilo

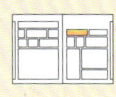

Em preto, possíveis alternativas de copos para o estilo

Temperatura
Entre as setas está a faixa ideal de temperatura de serviço

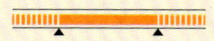

Harmonização
Sugestão de alguns pratos que harmonizam com o estilo

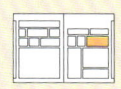

ENTRADA OU QUEIJO — PRATO PRINCIPAL — SOBREMESA

Comparação com outros estilos

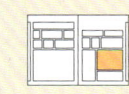

Cada eixo representa uma característica a ser comparada (cor, corpo etc.)

Os círculos representam a intensidade da característica que está sendo comparada

As extremidades das linhas sobre a grade circular indicam o nível de intensidade de cada característica

As cores das linhas representam os estilos que estão sendo comparados

Turbidez
O ícone em laranja mostra o quão turva é a cerveja

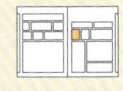

Espuma
O ícone em laranja mostra o nível de formação de espuma

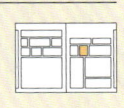

Referência comercial e características únicas
Exemplar que melhor representa o estilo e as peculiaridades sobre o estilo

** Em muitos casos, a faixa do estilo ultrapassa a divisão estabelecida para os capítulos. O critério para decidir em qual capítulo a cerveja entra é a cor da referência comercial

4.a Das cervejas superdelicadas com perfil leve e refrescante às amargas, ácidas, aromáticas, complexas e alcoólicas. Cervejas mais claras não significam necessariamente simplicidade e leveza. Dentro dessa gama de cores, é possível aproveitar desde a delicadeza dos maltes mais claros até o lúpulo e os subprodutos de fermentação.

Amarelo-palha ao âmbar

- American Lager — P.84
- American Pale Ale — P.86
- American Wheat Beer — P.88
- Belgian Blond Ale — P.90
- Belgian Strong Golden Ale — P.92
- Berliner Weisse — P.94
- Bohemian Pilsner — P.96
- Catharina Sour — P.98
- Cream Ale — P.100
- Dortmunder — P.102
- English Pale Ale — P.104
- German Pils — P.106
- Gueuze Lambic — P.108
- Imperial IPA — P.110
- Juicy IPA — P.112
- Kölsch — P.114
- Lambic — P.116
- Leipzig Gose — P.118
- Munich Helles — P.120
- Oktoberfest — P.122
- Saison — P.124
- Tripel — P.126
- Weissbier — P.128
- Witbier — P.130

American Lager

LAGER

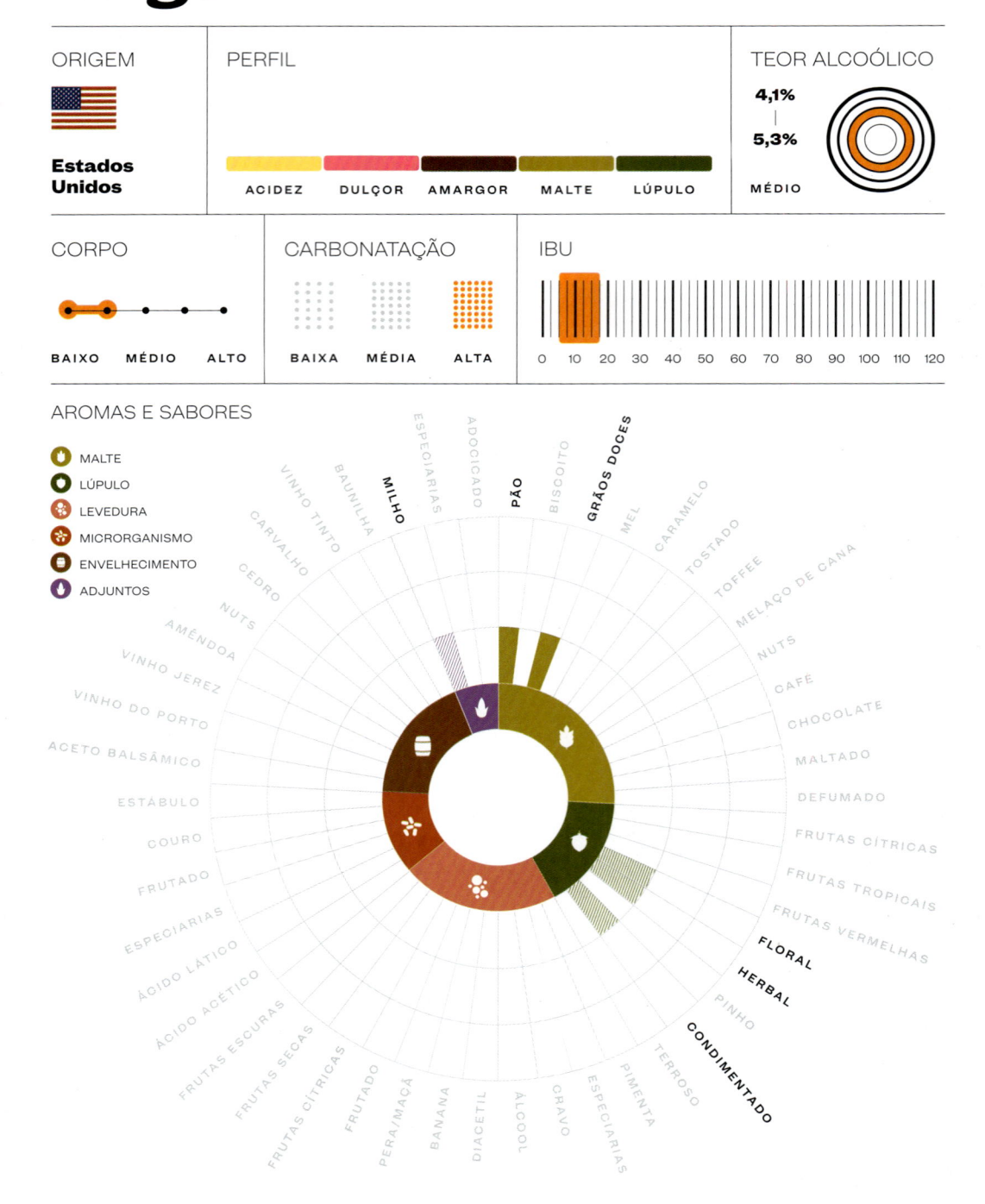

ORIGEM
Estados Unidos

PERFIL
- ACIDEZ
- DULÇOR
- AMARGOR
- MALTE
- LÚPULO

TEOR ALCOÓLICO
4,1% — 5,3%
MÉDIO

CORPO
BAIXO — MÉDIO — ALTO

CARBONATAÇÃO
BAIXA — MÉDIA — ALTA

IBU
0 10 20 30 40 50 60 70 80 90 100 110 120

AROMAS E SABORES

- MALTE
- LÚPULO
- LEVEDURA
- MICRORGANISMO
- ENVELHECIMENTO
- ADJUNTOS

Aromas: ESPECIARIAS, BAUNILHA, VINHO TINTO, CARVALHO, CEDRO, NUTS, AMÊNDOA, VINHO JEREZ, VINHO DO PORTO, ACETO BALSÂMICO, ESTÁBULO, COURO, FRUTADO, ESPECIARIAS, ÁCIDO LÁTICO, ÁCIDO ACÉTICO, FRUTAS ESCURAS, FRUTAS SECAS, FRUTAS CÍTRICAS, FRUTADO, PERA/MAÇÃ, BANANA, DIACETIL, ÁLCOOL, CRAVO, ESPECIARIAS, PIMENTA, TERROSO, CONDIMENTADO, PINHO, HERBAL, FLORAL, FRUTAS VERMELHAS, FRUTAS TROPICAIS, FRUTAS CÍTRICAS, DEFUMADO, MALTADO, CHOCOLATE, CAFÉ, NUTS, MELAÇO DE CANA, TOFFEE, TOSTADO, CARAMELO, MEL, GRÃOS DOCES, BISCOITO, PÃO, ADOCICADO, ESPECIARIAS, MILHO

COPO

TEMPERATURA DE SERVIÇO

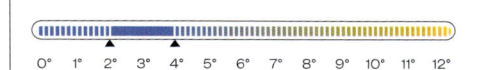

0° 1° 2° 3° 4° 5° 6° 7° 8° 9° 10° 11° 12°

TURBIDEZ

- LÍMPIDA
- LEVEMENTE TURVA
- TURVA

ESPUMA

- ALTA
- MÉDIA
- BAIXA

HARMONIZAÇÃO

Batata frita | Frango a passarinho | Pudim de queijo

REFERÊNCIA COMERCIAL

Budweiser
Estados Unidos

Fundada em 1876 por um imigrante alemão, a Anheuser-Busch começou a produzir uma cerveja inspirada em "Budweis", na República Tcheca, semelhante a uma Bohemian Lager. Nascia então a Budweiser. Inspirada na Czechvar, que já teve o nome Budweiser, hoje faz parte da multinacional Anheuser-Busch InBev.

Outras:
Corona
Miller
Brahma

COMPARAÇÃO COM OUTROS ESTILOS

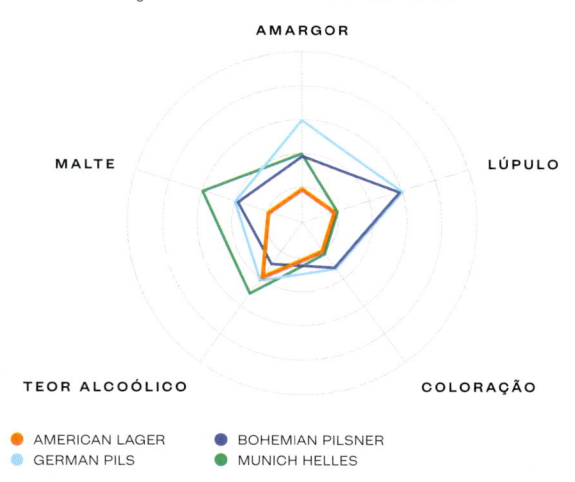

- AMARGOR
- LÚPULO
- COLORAÇÃO
- TEOR ALCOÓLICO
- MALTE

● AMERICAN LAGER
● BOHEMIAN PILSNER
● GERMAN PILS
● MUNICH HELLES

CARACTERÍSTICAS ÚNICAS

História
Imigrantes alemães com visões distintas de mercado transformaram a tradicional Pilsen em uma cerveja mais leve e barata, incorporando adjuntos como milho e arroz na composição

American Light Lager
Uma American Lager ainda mais leve, com menos calorias e menor teor alcoólico. Nos Estados Unidos, Bud Light, Coors Light e outras marcas do estilo são campeãs de venda

American Pale Ale

ALE

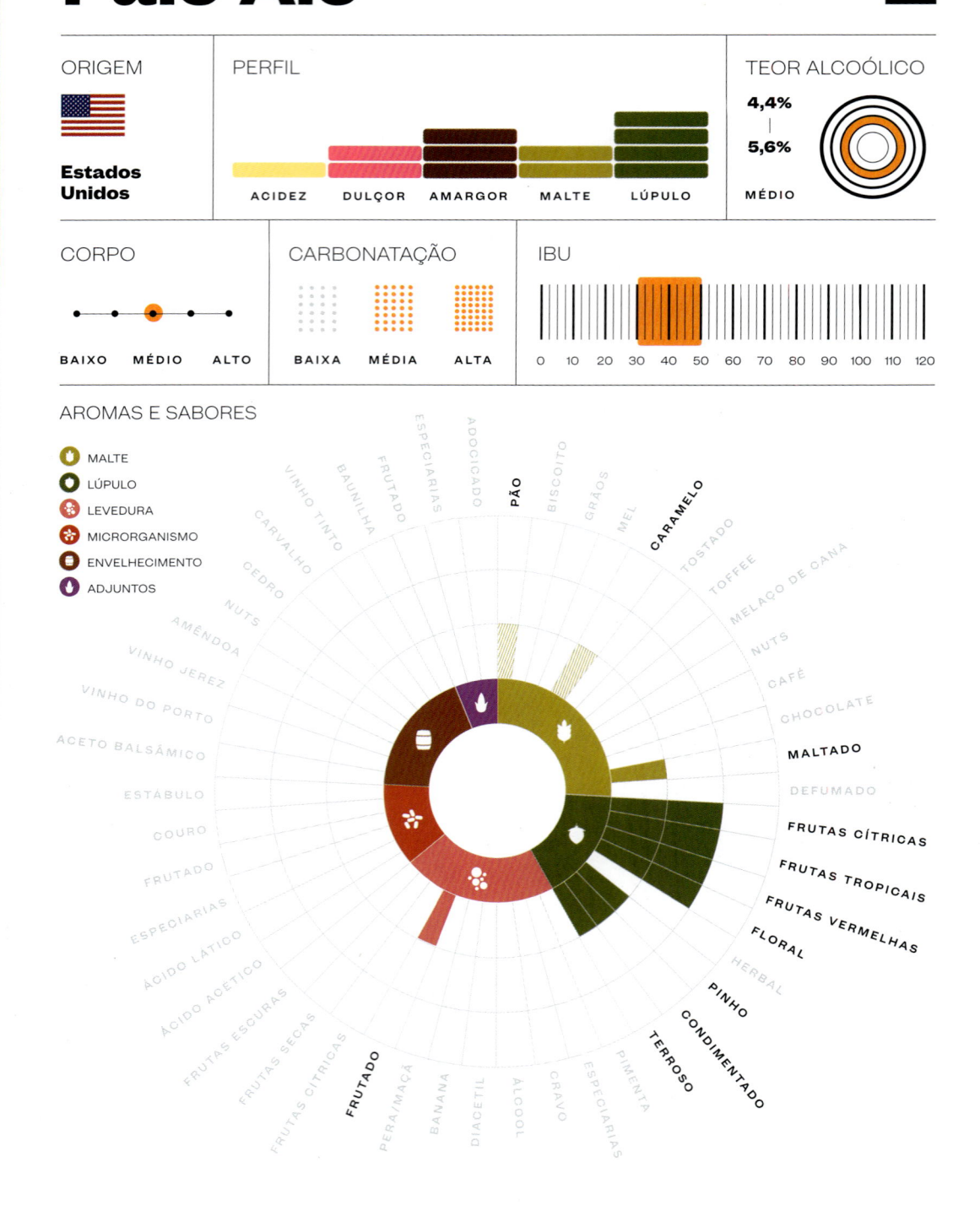

ORIGEM
Estados Unidos

PERFIL
ACIDEZ · DULÇOR · AMARGOR · MALTE · LÚPULO

TEOR ALCOÓLICO
4,4% — 5,6%
MÉDIO

CORPO
BAIXO · **MÉDIO** · ALTO

CARBONATAÇÃO
BAIXA · MÉDIA · ALTA

IBU
0 10 20 30 40 50 60 70 80 90 100 110 120

AROMAS E SABORES

- MALTE
- LÚPULO
- LEVEDURA
- MICRORGANISMO
- ENVELHECIMENTO
- ADJUNTOS

CARVALHO · VINHO TINTO · BAUNILHA · FRUTADO · ESPECIARIAS · ADOCICADO · **PÃO** · BISCOITO · GRÃOS · MEL · **CARAMELO** · TOSTADO · TOFFEE · MELAÇO DE CANA · NUTS · CAFÉ · CHOCOLATE · **MALTADO** · DEFUMADO · **FRUTAS CÍTRICAS** · **FRUTAS TROPICAIS** · **FRUTAS VERMELHAS** · **FLORAL** · HERBAL · **PINHO** · **CONDIMENTADO** · **TERROSO** · PIMENTA · ESPECIARIAS · CRAVO · ÁLCOOL · DIACETIL · BANANA · PERA/MAÇÃ · **FRUTADO** · FRUTAS CÍTRICAS · FRUTAS SECAS · FRUTAS ESCURAS · ÁCIDO ACÉTICO · ÁCIDO LÁTICO · ESPECIARIAS · FRUTADO · COURO · ESTÁBULO · ACETO BALSÂMICO · VINHO DO PORTO · VINHO JEREZ · AMÊNDOA · NUTS · CEDRO

COPO

TEMPERATURA DE SERVIÇO

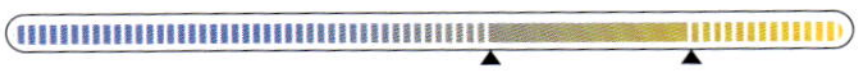

0° 1° 2° 3° 4° 5° 6° 7° 8° 9° 10° 11° 12°

TURBIDEZ

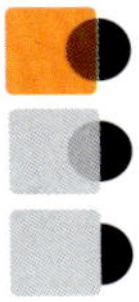

- LÍMPIDA
- LEVEMENTE TURVA
- TURVA

ESPUMA

- ALTA
- MÉDIA
- BAIXA

HARMONIZAÇÃO

Queijo pepper jack  | Picanha na chapa  | Cuca de banana

REFERÊNCIA COMERCIAL

Sierra Nevada American Pale Ale
Estados Unidos

Nas décadas seguintes à Lei Seca, dos milhares de cervejarias que havia nos EUA, restaram menos de 100. Foi em 1980 que Ken Grossman, fundador da Sierra Nevada, usou um lúpulo recém-descoberto, o Cascade, em sua receita de Pale Ale. Assim surgiu o estilo que não só revolucionou o amargor para os americanos, como deu combustível para o mercado.

Outras:
Stone Pale Ale
Ballast Point Grunion Pale Ale
Great Lakes Burning River

COMPARAÇÃO COM OUTROS ESTILOS

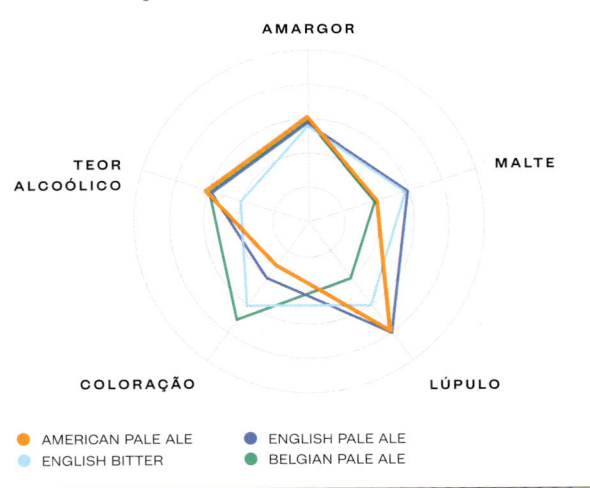

Eixos: AMARGOR, MALTE, LÚPULO, COLORAÇÃO, TEOR ALCOÓLICO

- AMERICAN PALE ALE
- ENGLISH PALE ALE
- ENGLISH BITTER
- BELGIAN PALE ALE

CARACTERÍSTICAS ÚNICAS

Sucesso entre os americanos
Há uma versão americana de English Pale Ale, produzida com lúpulos regionais, sendo reproduzida desde 1980 pelas microcervejarias artesanais

Mania lupulada
A APA se popularizou rapidamente, mas aos poucos foi sendo "substituída" no gosto do consumidor pelas IPAs devido ao sabor e amargor ainda mais intensos

American Wheat Beer

ALE

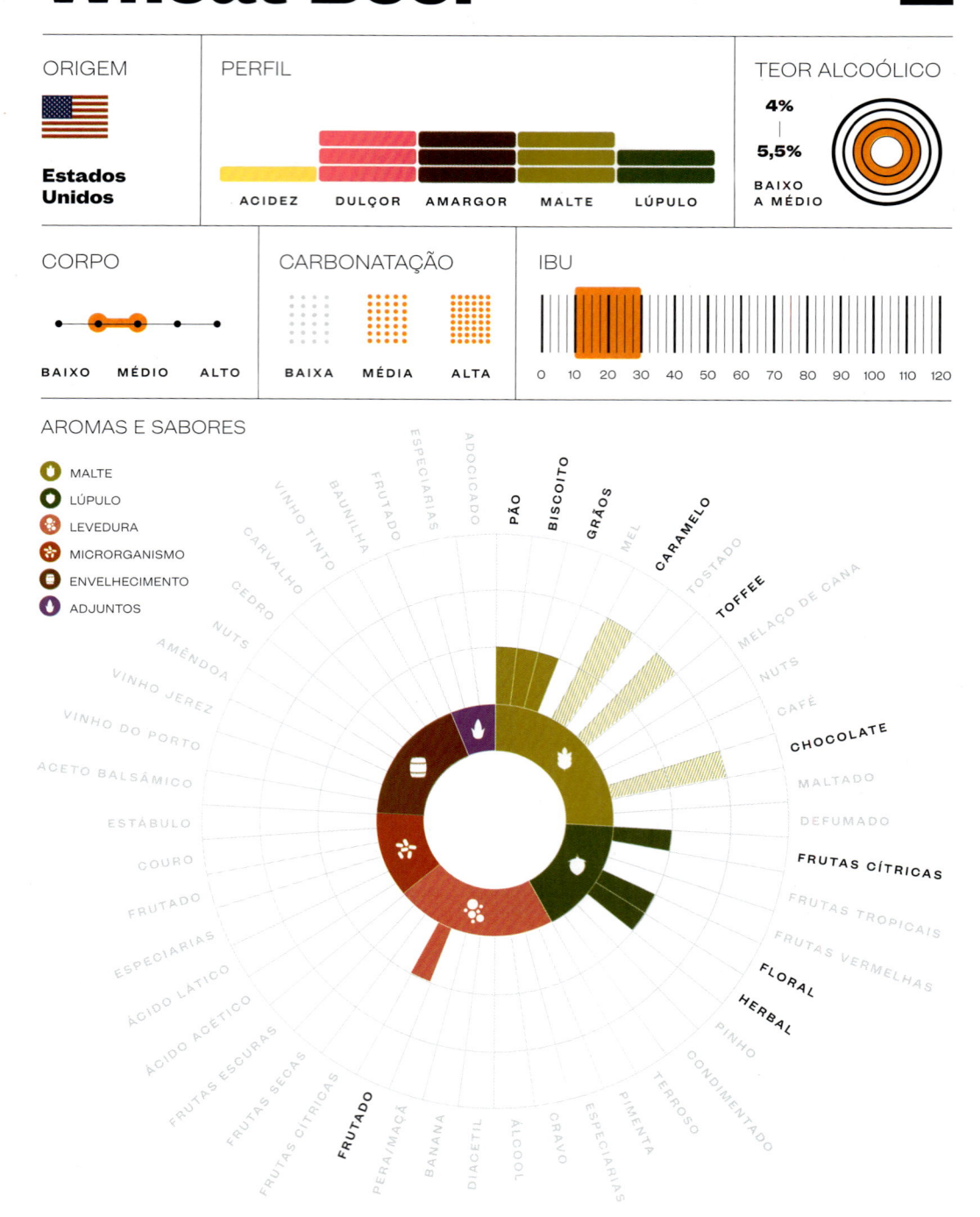

ORIGEM
Estados Unidos

PERFIL
ACIDEZ | DULÇOR | AMARGOR | MALTE | LÚPULO

TEOR ALCOÓLICO
4% — 5,5%
BAIXO A MÉDIO

CORPO
BAIXO | MÉDIO | ALTO

CARBONATAÇÃO
BAIXA | MÉDIA | ALTA

IBU
0 10 20 30 40 50 60 70 80 90 100 110 120

AROMAS E SABORES

- MALTE
- LÚPULO
- LEVEDURA
- MICRORGANISMO
- ENVELHECIMENTO
- ADJUNTOS

ESPECIARIAS · ADOCICADO · PÃO · BISCOITO · GRÃOS · MEL · CARAMELO · TOSTADO · TOFFEE · MELAÇO DE CANA · NUTS · CAFÉ · CHOCOLATE · MALTADO · DEFUMADO · FRUTAS CÍTRICAS · FRUTAS TROPICAIS · FRUTAS VERMELHAS · FLORAL · HERBAL · PINHO · CONDIMENTADO · TERROSO · PIMENTA · ESPECIARIAS · CRAVO · ÁLCOOL · DIACETIL · BANANA · PERA/MAÇÃ · FRUTADO · FRUTAS CÍTRICAS · FRUTAS SECAS · FRUTAS ESCURAS · ÁCIDO ACÉTICO · ÁCIDO LÁTICO · ESPECIARIAS · FRUTADO · COURO · ESTÁBULO · ACETO BALSÂMICO · VINHO DO PORTO · VINHO JEREZ · AMÊNDOA · NUTS · CEDRO · CARVALHO · VINHO TINTO · BAUNILHA · FRUTADO

COPO

TEMPERATURA DE SERVIÇO

0° 1° 2° 3° 4° 5° 6° 7° 8° 9° 10° 11° 12°

TURBIDEZ

- LÍMPIDA
- LEVEMENTE TURVA
- TURVA

ESPUMA

- ALTA
- MÉDIA
- BAIXA

HARMONIZAÇÃO

Crab Louie (salada de carne de caranguejo)

Filé de peixe empanado no fubá

Ambrosia americana

REFERÊNCIA COMERCIAL

Widmer Brothers American Hefeweizen
Estados Unidos

A Widmer Brothers foi a cervejaria que popularizou a versão americana das Hefeweizens alemãs. Uma das primeiras a se difundir nos anos 1980, a American Hefeweizen ganhou, em 2018, uma medalha de bronze no Great American Beer Festival, devido ao seu caráter lupulado e refrescante, suas notas de pão, biscoito e seu aroma levemente esterificado.

Outras:
The Crafty Brewing Company
Bell's Oberon Ale
Goose Island 312 Urban Wheat Ale

COMPARAÇÃO COM OUTROS ESTILOS

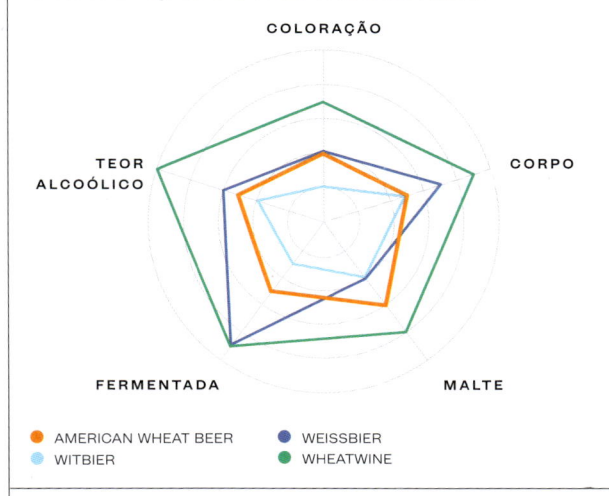

COLORAÇÃO · CORPO · MALTE · FERMENTADA · TEOR ALCOÓLICO

- AMERICAN WHEAT BEER
- WEISSBIER
- WITBIER
- WHEATWINE

CARACTERÍSTICAS ÚNICAS

História
Inspirado em estilos europeus e com diferenças sensoriais e de produções consideráveis, se popularizou após 1980, sendo produzido com pelo menos 30% de malte de trigo

Serviço diferente
Algumas cervejarias têm o costume de sugerir que se adicionem gotas de limão, para agregar mais frescor, apesar de ser pouco convencional para o estilo

Belgian Blond Ale

ALE

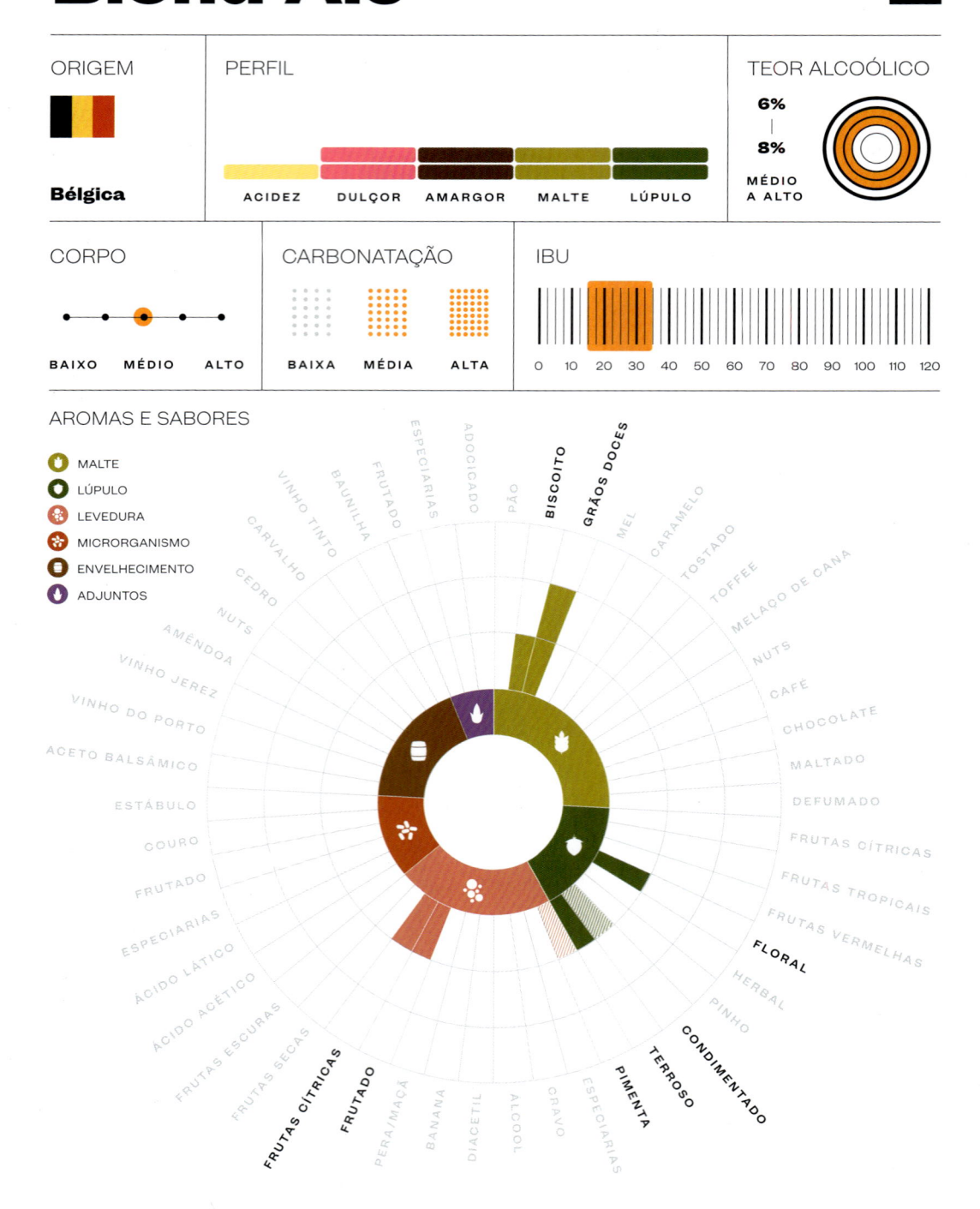

ORIGEM
Bélgica

PERFIL
- ACIDEZ
- DULÇOR
- AMARGOR
- MALTE
- LÚPULO

TEOR ALCOÓLICO
6% — 8%
MÉDIO A ALTO

CORPO
BAIXO — **MÉDIO** — ALTO

CARBONATAÇÃO
BAIXA — **MÉDIA** — ALTA

IBU
0 10 20 30 40 50 60 70 80 90 100 110 120

AROMAS E SABORES

- MALTE
- LÚPULO
- LEVEDURA
- MICRORGANISMO
- ENVELHECIMENTO
- ADJUNTOS

Aromas e sabores destacados: BISCOITO, GRÃOS DOCES, FLORAL, CONDIMENTADO, TERROSO, PIMENTA, FRUTADO, FRUTAS CÍTRICAS

(demais descritores: ESPECIARIAS, ADOCICADO, PÃO, MEL, CARAMELO, TOSTADO, TOFFEE, MELAÇO DE CANA, NUTS, CAFÉ, CHOCOLATE, MALTADO, DEFUMADO, FRUTAS CÍTRICAS, FRUTAS TROPICAIS, FRUTAS VERMELHAS, HERBAL, PINHO, CRAVO, ESPECIARIAS, ÁLCOOL, DIACETIL, BANANA, PERA/MAÇÃ, FRUTADO, FRUTAS CÍTRICAS, FRUTAS SECAS, FRUTAS ESCURAS, ÁCIDO ACÉTICO, ÁCIDO LÁTICO, ESPECIARIAS, FRUTADO, COURO, ESTÁBULO, ACETO BALSÂMICO, VINHO DO PORTO, VINHO JEREZ, AMÊNDOA, NUTS, CEDRO, CARVALHO, VINHO TINTO, BAUNILHA, FRUTADO, ESPECIARIAS)

COPO

TEMPERATURA DE SERVIÇO

0° 1° 2° 3° 4° 5° 6° 7° 8° 9° 10° 11° 12°

TURBIDEZ

- LÍMPIDA
- LEVEMENTE TURVA
- TURVA

ESPUMA

- ALTA
- MÉDIA
- BAIXA

HARMONIZAÇÃO

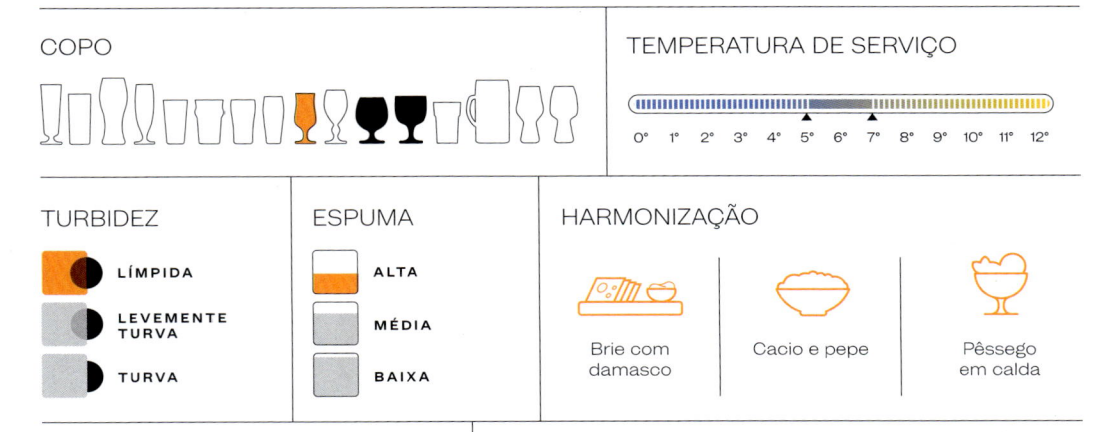

Brie com damasco | Cacio e pepe | Pêssego em calda

REFERÊNCIA COMERCIAL

Affligem Blond
Bélgica

Uma grande referência no estilo, a Affligem Blond já conquistou diversas medalhas em campeonatos internacionais. Fundada em 1074, a Abadia de Affligem é uma das cervejarias belgas mais antigas em operação. Foi destruída durante a Segunda Guerra e se reergueu com a ajuda da cervejaria de Opwijk, responsável por produzir as cervejas até os dias de hoje.

Outras:
La Trappe Blond
Leffe Blonde
Maredsous Blond

COMPARAÇÃO COM OUTROS ESTILOS

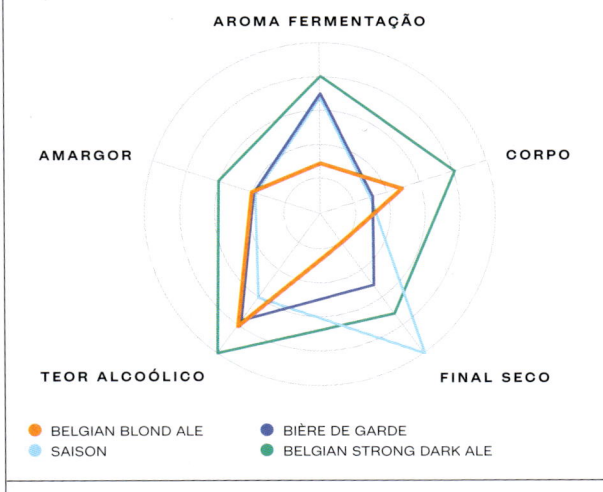

AROMA FERMENTAÇÃO · CORPO · FINAL SECO · TEOR ALCOÓLICO · AMARGOR

- BELGIAN BLOND ALE
- SAISON
- BIÈRE DE GARDE
- BELGIAN STRONG DARK ALE

CARACTERÍSTICAS ÚNICAS

História
Uma alternativa belga às clássicas Pilsners que ganhou o mercado internacional, é um estilo em linha em diversas cervejarias de renome devido aos seus aspectos sensoriais

Blond ou blonde
"Blonde" costuma ser utilizado pelos franceses, e "blond", pelos belgas. Vale ressaltar que diversas cervejarias utilizam esses termos em seus rótulos sem se referir ao estilo

Belgian Strong Golden Ale

ALE

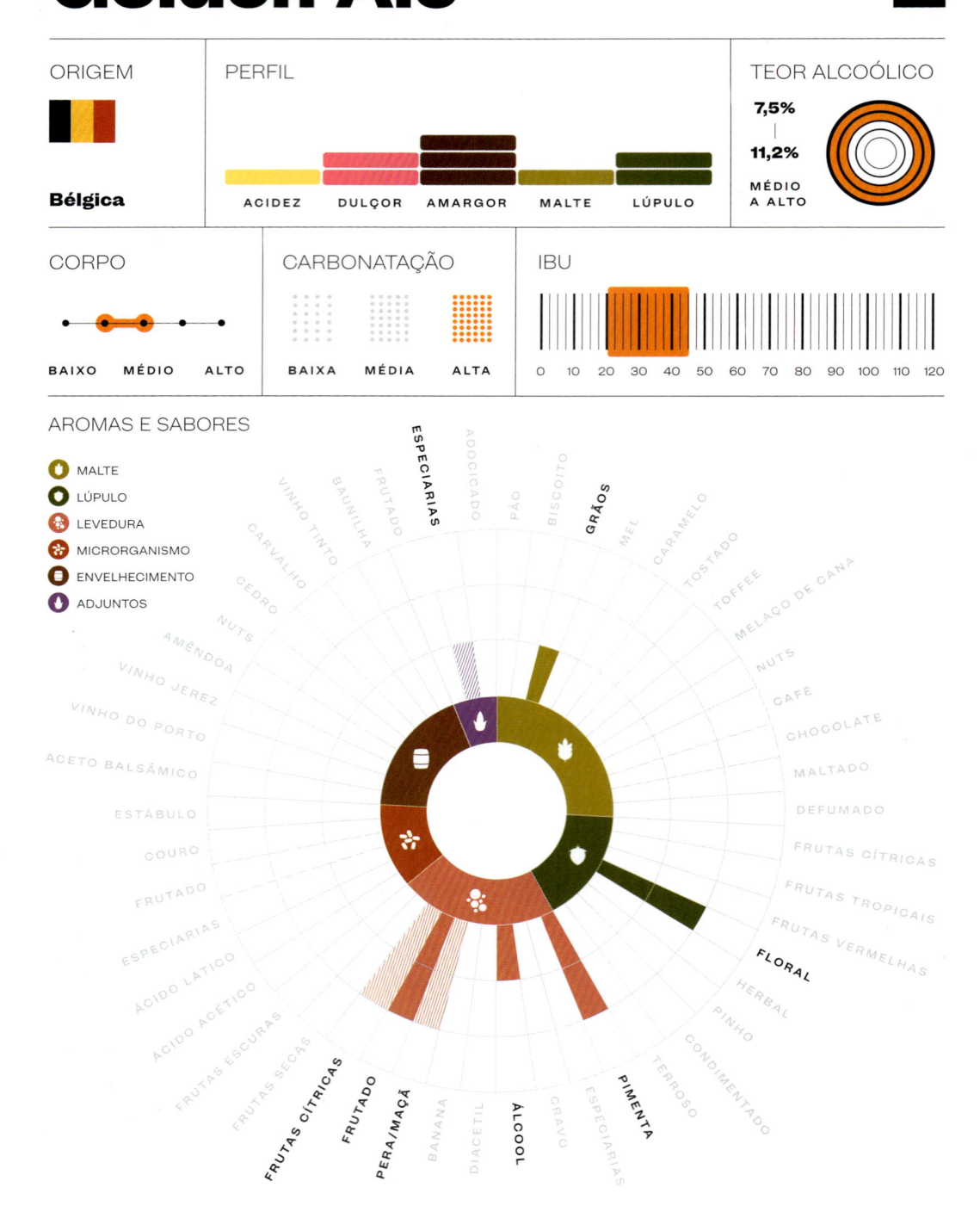

ORIGEM
🇧🇪
Bélgica

PERFIL
ACIDEZ | DULÇOR | AMARGOR | MALTE | LÚPULO

TEOR ALCOÓLICO
7,5% — 11,2%
MÉDIO A ALTO

CORPO
BAIXO | MÉDIO | ALTO

CARBONATAÇÃO
BAIXA | MÉDIA | ALTA

IBU
0 10 20 30 40 50 60 70 80 90 100 110 120

AROMAS E SABORES

- MALTE
- LÚPULO
- LEVEDURA
- MICRORGANISMO
- ENVELHECIMENTO
- ADJUNTOS

ESPECIARIAS · ADOCICADO · PÃO · BISCOITO · GRÃOS · MEL · CARAMELO · TOSTADO · TOFFEE · MELAÇO DE CANA · NUTS · CAFÉ · CHOCOLATE · MALTADO · DEFUMADO · FRUTAS CÍTRICAS · FRUTAS TROPICAIS · FRUTAS VERMELHAS · FLORAL · HERBAL · PINHO · TERROSO · CONDIMENTADO · PIMENTA · ESPECIARIAS · CRAVO · DIACETIL · ÁLCOOL · BANANA · PERA/MAÇÃ · FRUTADO · FRUTAS CÍTRICAS · FRUTAS SECAS · FRUTAS ESCURAS · ÁCIDO ACÉTICO · ÁCIDO LÁTICO · ESPECIARIAS · FRUTADO · COURO · ESTÁBULO · ACETO BALSÂMICO · VINHO DO PORTO · VINHO JEREZ · AMÊNDOA · NUTS · CEDRO · CARVALHO · VINHO TINTO · BAUNILHA · FRUTADO

COPO

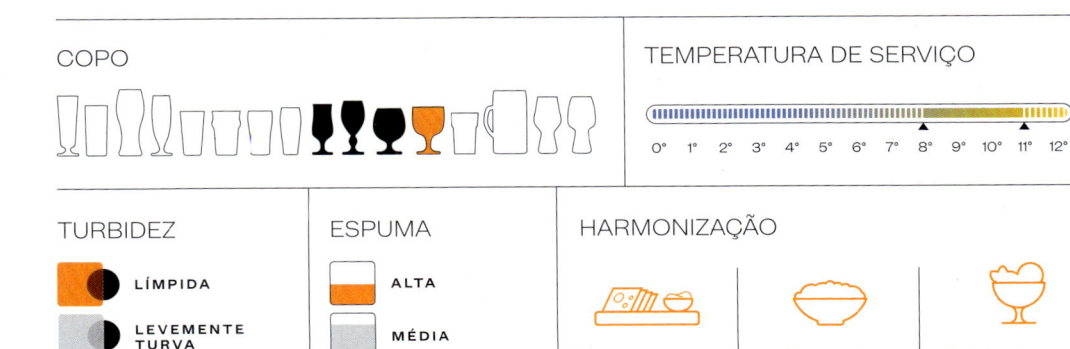

TEMPERATURA DE SERVIÇO

0° 1° 2° 3° 4° 5° 6° 7° 8° 9° 10° 11° 12°

TURBIDEZ

- LÍMPIDA
- LEVEMENTE TURVA
- TURVA

ESPUMA

- ALTA
- MÉDIA
- BAIXA

HARMONIZAÇÃO

Croque monsieur | Risoto de Parmigiano Reggiano e parma | Bolinho de chuva

REFERÊNCIA COMERCIAL

Duvel Moortgat
Bélgica

Batizada de Victory Ale em homenagem ao fim da 1ª Guerra, a aclamada Duvel deu origem ao estilo. Seu nome foi alterado em 1923 por causa de um comentário. Disseram que a bebida seria uma verdadeira "Duvel": uma cerveja do diabo, devido a seus aromas intensos e complexos. Anos depois, algumas cervejarias lançaram exemplares com alusões semelhantes.

Outras:
La Trappe Isid'or
Delirium Tremens
Pauwel Kwak

COMPARAÇÃO COM OUTROS ESTILOS

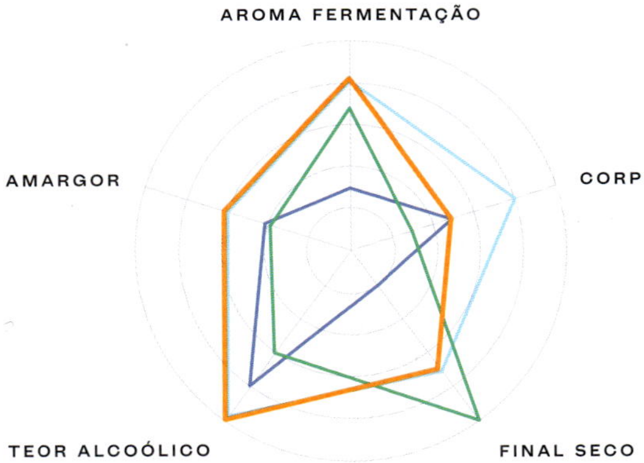

AROMA FERMENTAÇÃO — CORPO — FINAL SECO — TEOR ALCOÓLICO — AMARGOR

- BELGIAN STRONG GOLDEN ALE
- BELGIAN STRONG DARK ALE
- BELGIAN BLOND ALE
- SAISON

CARACTERÍSTICAS ÚNICAS

História
O estilo foi desenvolvido pela cervejaria Moortgat, após a Primeira Guerra, como uma forma de responder ao grande aumento do consumo das Pilsners na região

From hell
Alguns rótulos desse estilo recebem referências ao diabo ou a sensações extremas, em função da combinação da sua potência alcoólica com seu corpo leve e fácil de beber

Berliner Weisse

MISTA

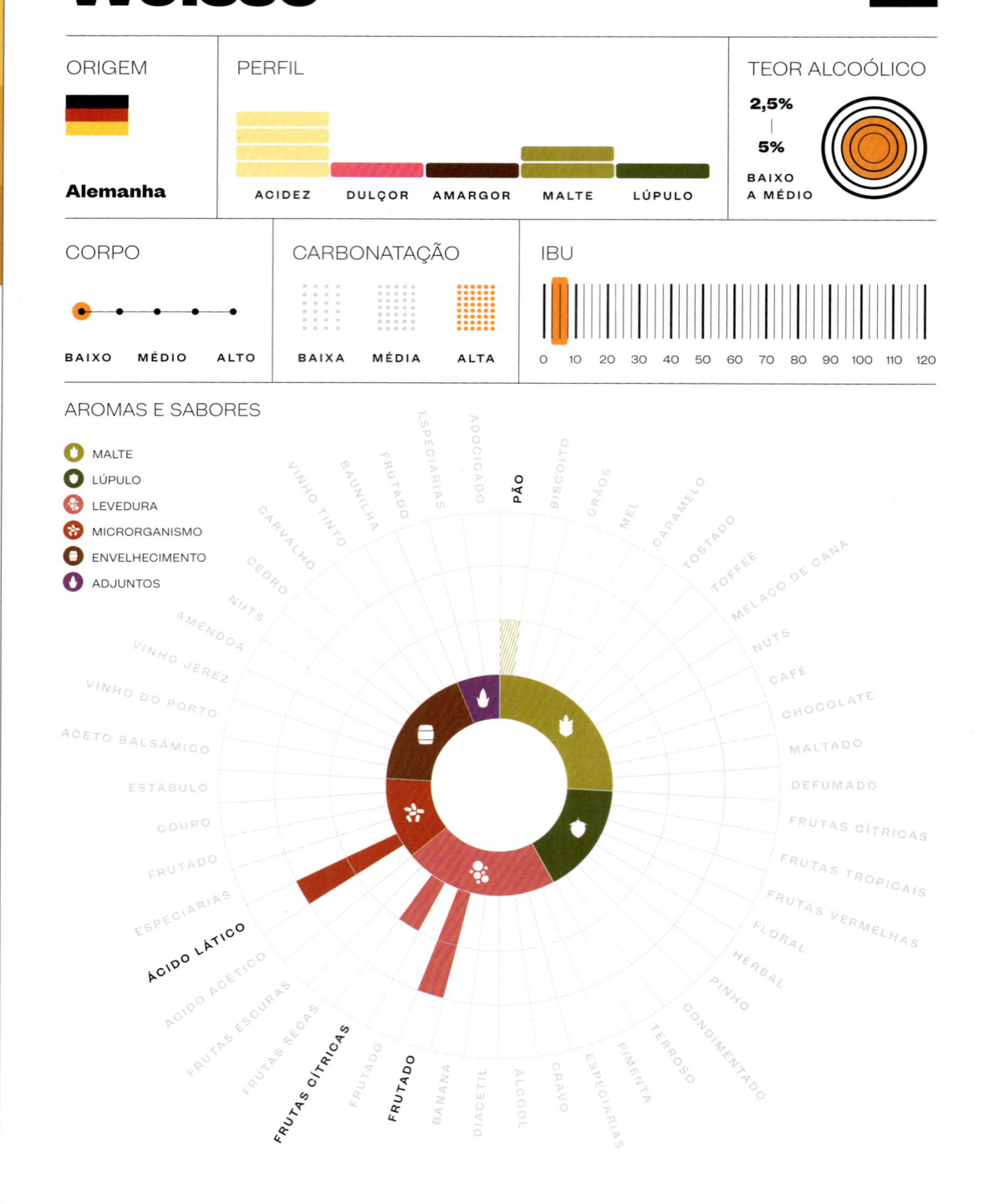

ORIGEM
🇩🇪
Alemanha

PERFIL
ACIDEZ · DULÇOR · AMARGOR · MALTE · LÚPULO

TEOR ALCOÓLICO
2,5% — 5%
BAIXO A MÉDIO

CORPO
BAIXO · MÉDIO · ALTO

CARBONATAÇÃO
BAIXA · MÉDIA · ALTA

IBU
0 10 20 30 40 50 60 70 80 90 100 110 120

AROMAS E SABORES

- MALTE
- LÚPULO
- LEVEDURA
- MICRORGANISMO
- ENVELHECIMENTO
- ADJUNTOS

Aromas e sabores destacados: PÃO, ÁCIDO LÁTICO, FRUTAS CÍTRICAS, FRUTADO

Demais descritores da roda: ESPECIARIAS, ADOCICADO, BISCOITO, GRÃOS, MEL, CARAMELO, TOSTADO, TOFFEE, MELAÇO DE CANA, NUTS, CAFÉ, CHOCOLATE, MALTADO, DEFUMADO, FRUTAS CÍTRICAS, FRUTAS TROPICAIS, FRUTAS VERMELHAS, FLORAL, HERBAL, PINHO, CONDIMENTADO, TERROSO, PIMENTA, ESPECIARIAS, CRAVO, ÁLCOOL, DIACETIL, BANANA, FRUTADO, FRUTAS CÍTRICAS, FRUTAS SECAS, FRUTAS ESCURAS, ÁCIDO ACÉTICO, ESPECIARIAS, FRUTADO, COURO, ESTÁBULO, ACETO BALSÂMICO, VINHO DO PORTO, VINHO JEREZ, AMÊNDOA, NUTS, CEDRO, CARVALHO, VINHO TINTO, BAUNILHA, FRUTADO

COPO

TEMPERATURA DE SERVIÇO

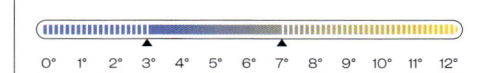

0° 1° 2° 3° 4° 5° 6° 7° 8° 9° 10° 11° 12°

TURBIDEZ
- LÍMPIDA
- LEVEMENTE TURVA
- TURVA

ESPUMA
- ALTA
- MÉDIA
- BAIXA

HARMONIZAÇÃO
- Presunto cru com melão
- Salmão com risoto de limão-siciliano
- Torta de limão

REFERÊNCIA COMERCIAL

Berliner Kindl
Alemanha

Fundada na metade do século XIX, a cervejaria Berliner Kindl surgiu quando as Pilsners tomavam conta do mercado, apesar de ainda haver grande oferta de Ales. Entre 1920 e 1930, foi uma das maiores cervejarias da Alemanha, mas precisou encerrar as atividades durante a Segunda Guerra e só voltou a funcionar em 1947.

Outras:
Bayerischer Bahnhof Berliner Weisse
Schultheiss Berliner Weisse

COMPARAÇÃO COM OUTROS ESTILOS

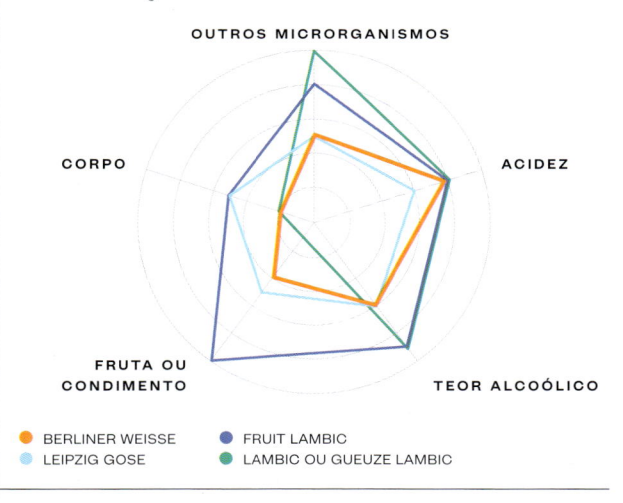

Eixos: OUTROS MICRORGANISMOS, ACIDEZ, TEOR ALCOÓLICO, FRUTA OU CONDIMENTO, CORPO

- BERLINER WEISSE
- LEIPZIG GOSE
- FRUIT LAMBIC
- LAMBIC OU GUEUZE LAMBIC

CARACTERÍSTICAS ÚNICAS

História
Com pelo menos 50% de trigo, era chamada de Champanhe do Norte pelas tropas de Napoleão. Hoje, na Alemanha, só é facilmente encontrada em Berlim

Xaropes saborizados
Não é incomum a utilização de xaropes de framboesa, aspérula e cominho para amenizar a acidez e adicionar sabores a essa cerveja super-refrescante

Bohemian Pilsner

LAGER

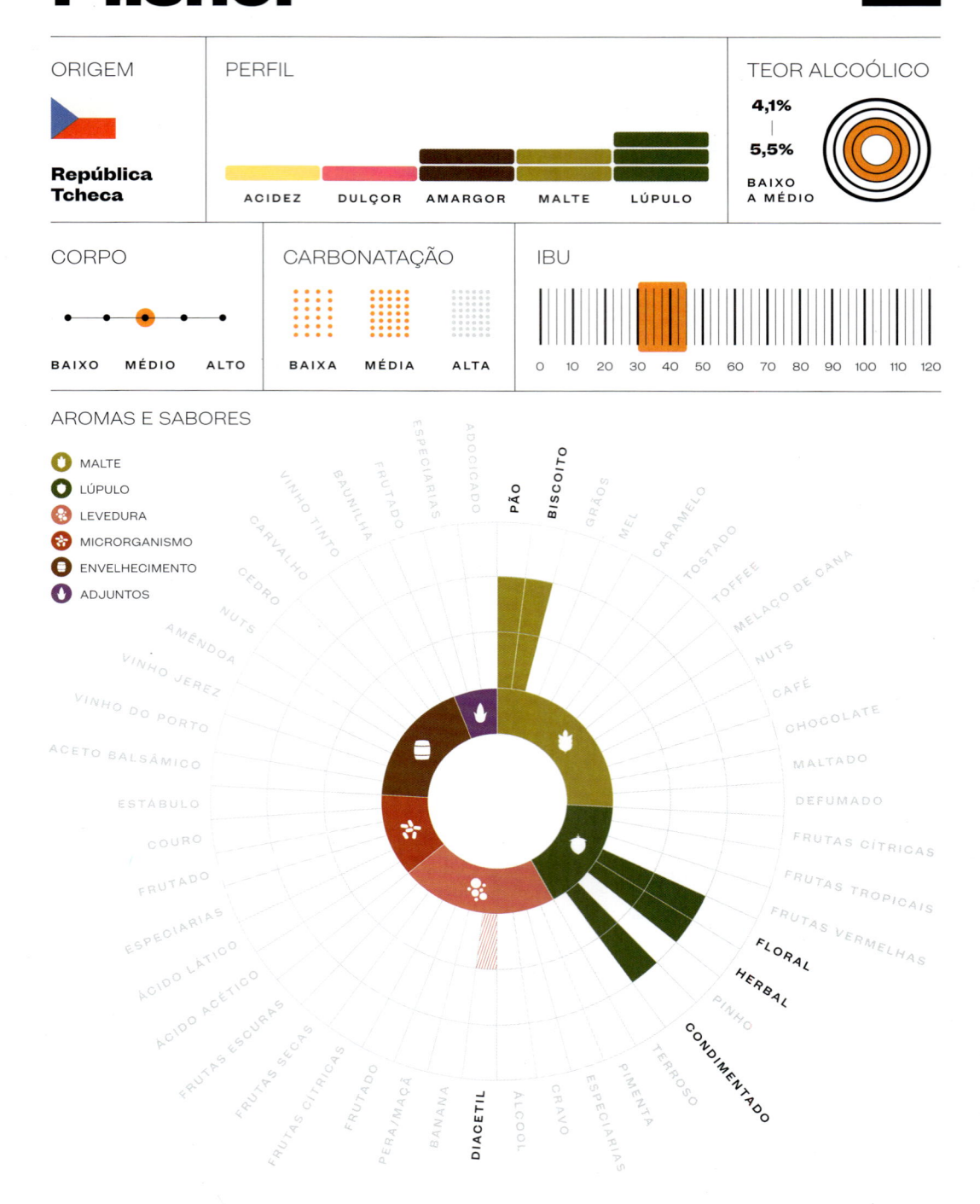

ORIGEM
República Tcheca

PERFIL
ACIDEZ — DULÇOR — AMARGOR — MALTE — LÚPULO

TEOR ALCOÓLICO
4,1% — 5,5%
BAIXO A MÉDIO

CORPO
BAIXO — **MÉDIO** — ALTO

CARBONATAÇÃO
BAIXA — MÉDIA — ALTA

IBU
0 10 20 30 **40** 50 60 70 80 90 100 110 120

AROMAS E SABORES

- MALTE
- LÚPULO
- LEVEDURA
- MICRORGANISMO
- ENVELHECIMENTO
- ADJUNTOS

ESPECIARIAS, ADOCICADO, PÃO, BISCOITO, GRÃOS, MEL, CARAMELO, TOSTADO, TOFFEE, MELAÇO DE CANA, NUTS, CAFÉ, CHOCOLATE, MALTADO, DEFUMADO, FRUTAS CÍTRICAS, FRUTAS TROPICAIS, FRUTAS VERMELHAS, FLORAL, HERBAL, PINHO, CONDIMENTADO, TERROSO, PIMENTA, ESPECIARIAS, CRAVO, ÁLCOOL, DIACETIL, BANANA, PERA/MAÇÃ, FRUTADO, FRUTAS CÍTRICAS, FRUTAS SECAS, FRUTAS ESCURAS, ÁCIDO ACÉTICO, ÁCIDO LÁTICO, ESPECIARIAS, FRUTADO, COURO, ESTÁBULO, ACETO BALSÂMICO, VINHO DO PORTO, VINHO JEREZ, AMÊNDOA, NUTS, CEDRO, CARVALHO, VINHO TINTO, BAUNILHA, FRUTADO

COPO

TEMPERATURA DE SERVIÇO

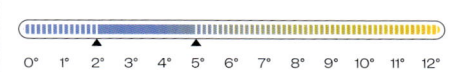

0° 1° 2° 3° 4° 5° 6° 7° 8° 9° 10° 11° 12°

TURBIDEZ

- **LÍMPIDA**
- **LEVEMENTE TURVA**
- **TURVA**

ESPUMA

- **ALTA**
- **MÉDIA**
- **BAIXA**

HARMONIZAÇÃO

- Sopa de cebola gratinada
- Filé de linguado com salada verde
- Biscoito amanteigado

REFERÊNCIA COMERCIAL

Pilsner Urquell
República Tcheca

Criada por Joseph Groll na cidade de Plzeň, foi a primeira cerveja do estilo e revolucionou o mercado de cervejas não só na República Tcheca, mas no mundo todo. A água mole da cidade foi fundamental para tornar essa cerveja clara, refrescante, amarga, aromática e translúcida, completamente diferente de qualquer outra da época.

Outras:
Primátor Premium
Czechvar Premium Czech Lager
1795 Czech Lager

COMPARAÇÃO COM OUTROS ESTILOS

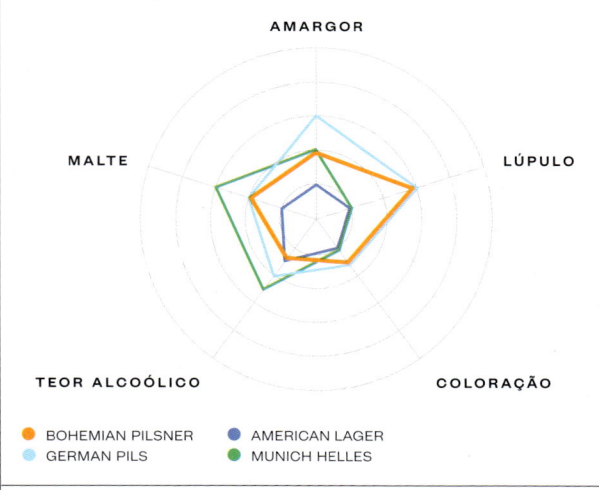

AMARGOR · LÚPULO · COLORAÇÃO · TEOR ALCOÓLICO · MALTE

- BOHEMIAN PILSNER
- AMERICAN LAGER
- GERMAN PILS
- MUNICH HELLES

CARACTERÍSTICAS ÚNICAS

História
Groll pôde produzir esse estilo revolucionário em 1842 graças ao isolamento da levedura Lager e às tecnologias da época, como a malteação, que permitiu a produção de maltes claros

Pilsner ou Pils
Os tchecos tendem a nomear os rótulos da região de Plzeň de Pilsner, e há uma briga antiga quanto à utilização do termo por cervejarias de fora da cidade

Catharina Sour

MISTA

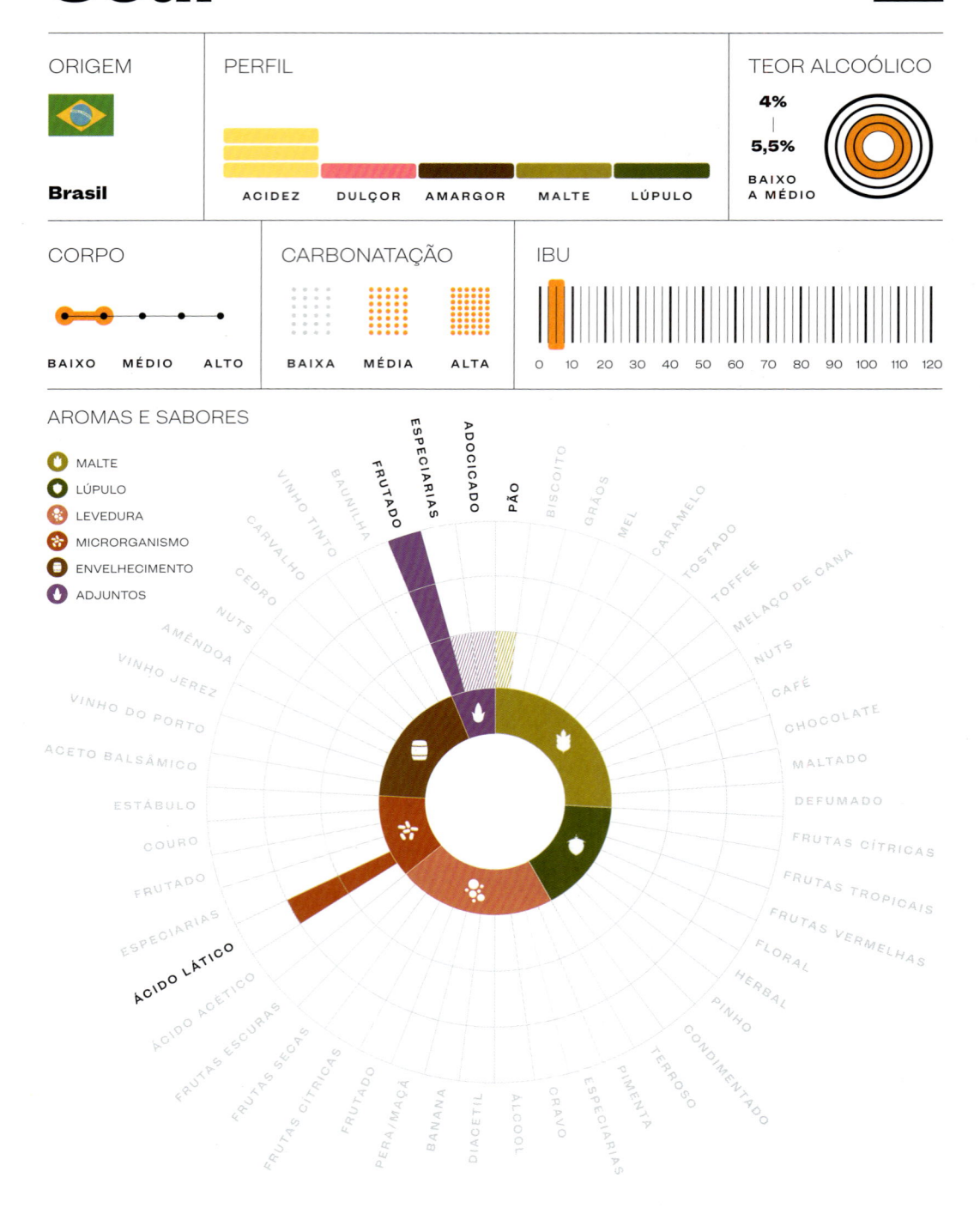

ORIGEM
Brasil

PERFIL
- ACIDEZ
- DULÇOR
- AMARGOR
- MALTE
- LÚPULO

TEOR ALCOÓLICO
4% — 5,5%
BAIXO A MÉDIO

CORPO
BAIXO — MÉDIO — ALTO

CARBONATAÇÃO
BAIXA — MÉDIA — ALTA

IBU
0 10 20 30 40 50 60 70 80 90 100 110 120

AROMAS E SABORES

- MALTE
- LÚPULO
- LEVEDURA
- MICRORGANISMO
- ENVELHECIMENTO
- ADJUNTOS

VINHO TINTO · BAUNILHA · FRUTADO · ESPECIARIAS · ADOCICADO · PÃO · BISCOITO · GRÃOS · MEL · CARAMELO · TOSTADO · TOFFEE · MELAÇO DE CANA · NUTS · CAFÉ · CHOCOLATE · MALTADO · DEFUMADO · FRUTAS CÍTRICAS · FRUTAS TROPICAIS · FRUTAS VERMELHAS · FLORAL · HERBAL · PINHO · CONDIMENTADO · TERROSO · PIMENTA · ESPECIARIAS · CRAVO · ÁLCOOL · DIACETIL · BANANA · PERA/MAÇÃ · FRUTADO · FRUTAS CÍTRICAS · FRUTAS SECAS · FRUTAS ESCURAS · ÁCIDO ACÉTICO · ÁCIDO LÁTICO · ESPECIARIAS · FRUTADO · COURO · ESTÁBULO · ACETO BALSÂMICO · VINHO DO PORTO · VINHO JEREZ · AMÊNDOA · NUTS · CEDRO · CARVALHO

COPO

TEMPERATURA DE SERVIÇO

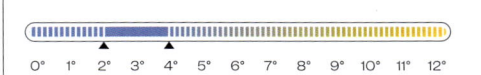

0° 1° 2° 3° 4° 5° 6° 7° 8° 9° 10° 11° 12°

TURBIDEZ

- LÍMPIDA
- LEVEMENTE TURVA
- TURVA

ESPUMA

- ALTA
- MÉDIA
- BAIXA

HARMONIZAÇÃO

Lombinho com chutney de abacaxi  | Ceviche  | Pavê de limão

REFERÊNCIA COMERCIAL

Lohn Bier Catharina Sour Bergamota
Brasil

Quando se fala de Catharina Sour, é difícil não lembrar de Lohn Bier. A cervejaria possui em linha outras três variedades do estilo com frutas diferentes, todas medalhistas, sendo a Bergamota uma delas. A cerveja apresenta corpo leve, acidez presente e equilibrada, aroma intenso da tangerina, além de alta carbonatação e refrescância.

Outras:
A Noi que o cupuaçu abunda
Blumenau Sun of a Peach
Masterpiece Mona Lisa

COMPARAÇÃO COM OUTROS ESTILOS

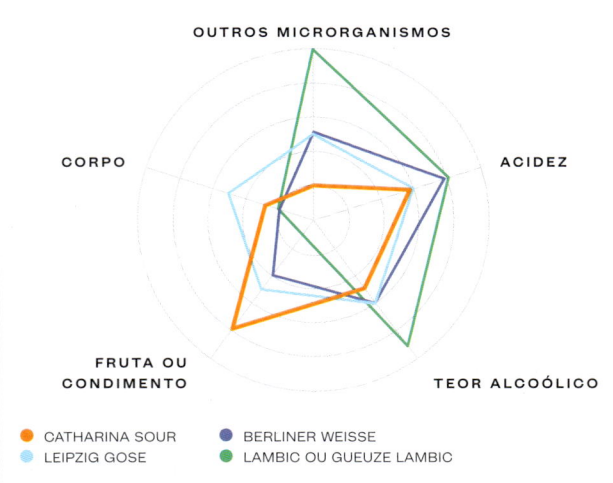

Eixos: OUTROS MICRORGANISMOS, ACIDEZ, TEOR ALCOÓLICO, FRUTA OU CONDIMENTO, CORPO

- CATHARINA SOUR
- BERLINER WEISSE
- LEIPZIG GOSE
- LAMBIC OU GUEUZE LAMBIC

CARACTERÍSTICAS ÚNICAS

História
O estilo surgiu em 2014 em Santa Catarina, com adição de frutas nativas em receitas de Berliner Weisse. Se popularizou de fato em 2016

Fruta e cor
A cor da cerveja pode ser influenciada pela fruta que estiver sendo utilizada. Tudo depende da fruta, cor e como ela será usada (polpa, extrato ou in natura)

Cream Ale

ALE

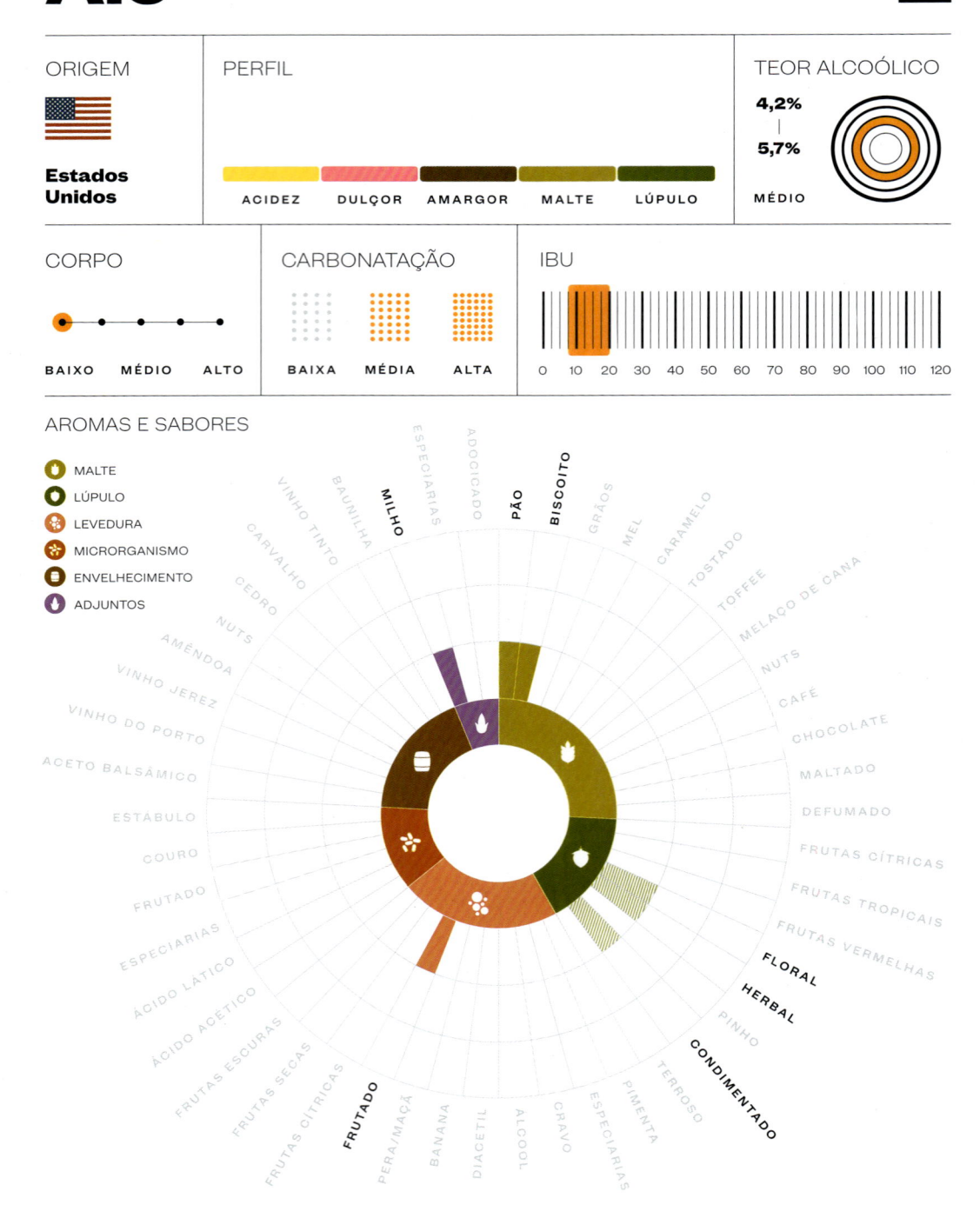

ORIGEM
Estados Unidos

PERFIL
ACIDEZ | DULÇOR | AMARGOR | MALTE | LÚPULO

TEOR ALCOÓLICO
4,2% — 5,7%
MÉDIO

CORPO
BAIXO — **MÉDIO** — ALTO

CARBONATAÇÃO
BAIXA | **MÉDIA** | ALTA

IBU
0 10 20 30 40 50 60 70 80 90 100 110 120

AROMAS E SABORES

- MALTE
- LÚPULO
- LEVEDURA
- MICRORGANISMO
- ENVELHECIMENTO
- ADJUNTOS

ESPECIARIAS · ADOCICADO · PÃO · BISCOITO · GRÃOS · MEL · CARAMELO · TOSTADO · TOFFEE · MELAÇO DE CANA · NUTS · CAFÉ · CHOCOLATE · MALTADO · DEFUMADO · FRUTAS CÍTRICAS · FRUTAS TROPICAIS · FRUTAS VERMELHAS · **FLORAL** · **HERBAL** · PINHO · **CONDIMENTADO** · TERROSO · PIMENTA · CRAVO · ESPECIARIAS · ÁLCOOL · DIACETIL · BANANA · PERA/MAÇÃ · **FRUTADO** · FRUTAS CÍTRICAS · FRUTAS SECAS · FRUTAS ESCURAS · ÁCIDO ACÉTICO · ÁCIDO LÁTICO · ESPECIARIAS · FRUTADO · COURO · ESTÁBULO · ACETO BALSÂMICO · VINHO DO PORTO · VINHO JEREZ · AMÊNDOA · NUTS · CEDRO · CARVALHO · VINHO TINTO · BAUNILHA · ESPECIARIAS · **MILHO**

COPO

TEMPERATURA DE SERVIÇO

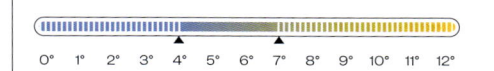

0° 1° 2° 3° 4° 5° 6° 7° 8° 9° 10° 11° 12°

TURBIDEZ

- LÍMPIDA
- LEVEMENTE TURVA
- TURVA

ESPUMA

- ALTA
- MÉDIA
- BAIXA

HARMONIZAÇÃO

Queijo emmental

Coxa de frango assada com batatas ao murro

Suspiro de limão-siciliano

REFERÊNCIA COMERCIAL

Genesee Cream Ale
Estados Unidos

Criada em 1960, com a intenção de reproduzir uma Cream Ale original tal como era antes da Lei Seca americana, ela mantém a mesma receita até os dias de hoje. Além desse clássico exemplar do estilo, a cervejaria ainda possui outras variações a fim de atender o público jovem, que muitas vezes prefere sabores mais frutados e lupulados.

Outras:
Little Kings Cream Ale
Sleeman Cream Ale

COMPARAÇÃO COM OUTROS ESTILOS

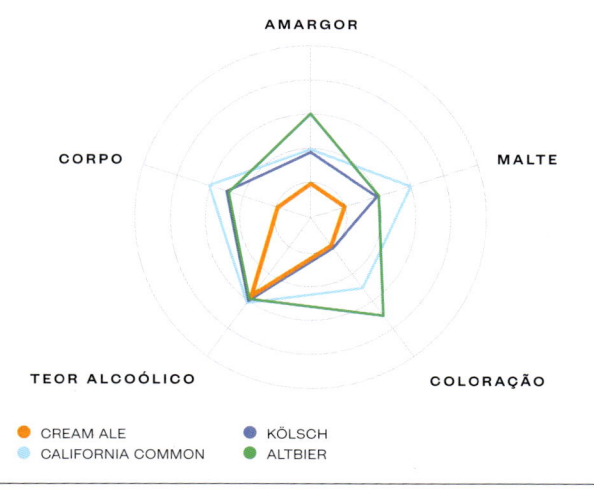

AMARGOR · MALTE · COLORAÇÃO · TEOR ALCOÓLICO · CORPO

- CREAM ALE
- CALIFORNIA COMMON
- KÖLSCH
- ALTBIER

CARACTERÍSTICAS ÚNICAS

História
Esse estilo sobreviveu à Lei Seca e ainda é produzido em território norte-americano. É uma Ale refrescante, que compete diretamente com as Lagers claras e leves

Perfil
Versões mais antigas desse estilo possuíam mais perfil de lúpulo e maior amargor. Hoje os destaques são seu sabor sutil, sua alta carbonatação e sua refrescância

Dortmunder

LAGER

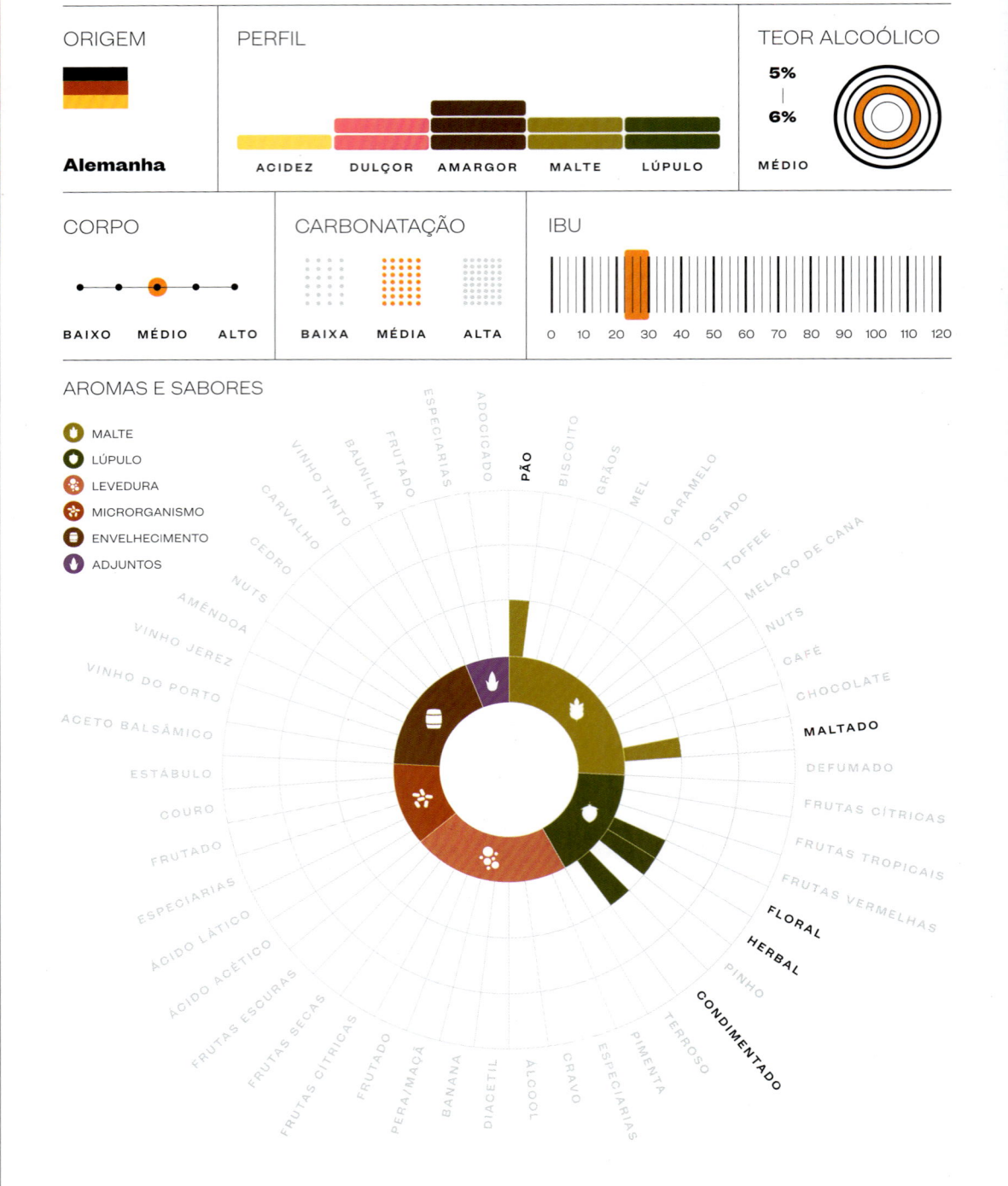

ORIGEM
Alemanha

PERFIL
ACIDEZ · DULÇOR · AMARGOR · MALTE · LÚPULO

TEOR ALCOÓLICO
5%
6%
MÉDIO

CORPO
BAIXO · MÉDIO · ALTO

CARBONATAÇÃO
BAIXA · MÉDIA · ALTA

IBU
0 · 10 · 20 · 30 · 40 · 50 · 60 · 70 · 80 · 90 · 100 · 110 · 120

AROMAS E SABORES

- MALTE
- LÚPULO
- LEVEDURA
- MICRORGANISMO
- ENVELHECIMENTO
- ADJUNTOS

MALTADO, FLORAL, HERBAL, CONDIMENTADO

COPO

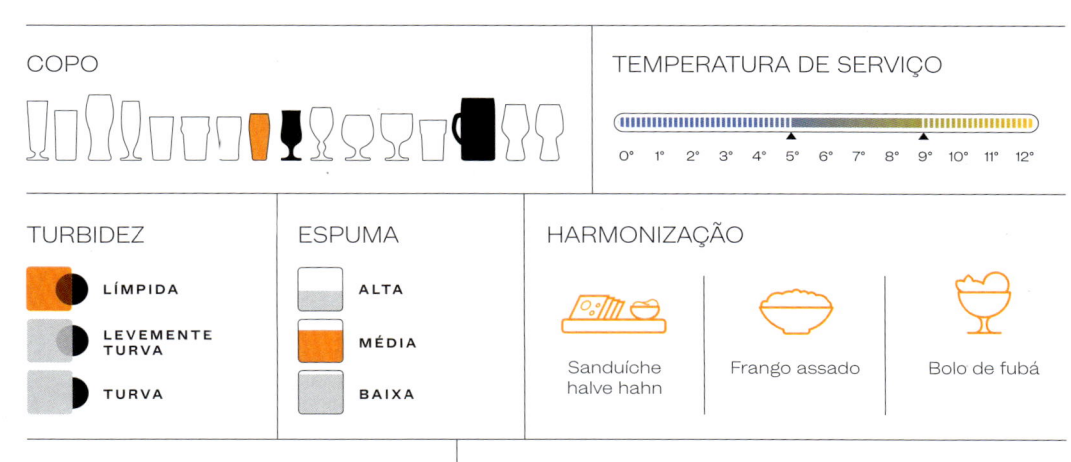

TEMPERATURA DE SERVIÇO

0° 1° 2° 3° 4° 5° 6° 7° 8° 9° 10° 11° 12°

TURBIDEZ

- LÍMPIDA
- LEVEMENTE TURVA
- TURVA

ESPUMA

- ALTA
- MÉDIA
- BAIXA

HARMONIZAÇÃO

Sanduíche halve hahn | Frango assado | Bolo de fubá

REFERÊNCIA COMERCIAL

DAB Original
Alemanha

Fundada em 1868, a Dortmunder Actien Brauerei é a última grande cervejaria na região de Dortmund e se diz responsável pela criação do estilo. A cerveja DAB Original no início foi exportada de forma concentrada para que fosse diluída, mas os estrangeiros gostaram dela sem diluição devido ao corpo e à intensidade do perfil de malte e lúpulo.

Outras:
Dortmunder Union Export
Flensburger Gold
Dortmunder Kronen

COMPARAÇÃO COM OUTROS ESTILOS

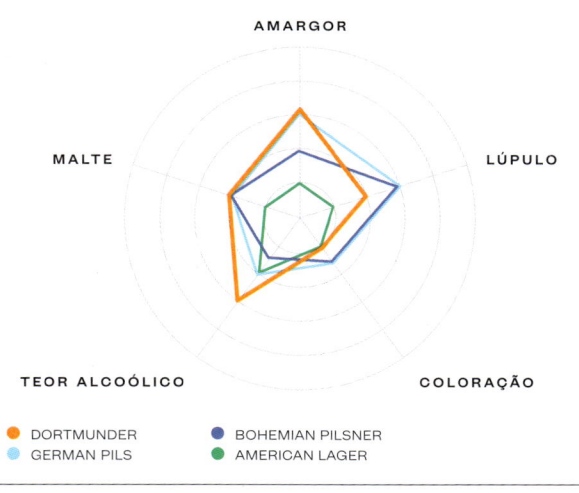

AMARGOR · LÚPULO · COLORAÇÃO · TEOR ALCOÓLICO · MALTE

- DORTMUNDER
- GERMAN PILS
- BOHEMIAN PILSNER
- AMERICAN LAGER

CARACTERÍSTICAS ÚNICAS

História
Surgiu em 1870, na cidade de Dortmund ("Dortmunder" significa "de Dortmund"), para competir com as Pilsners. Se popularizou após a Segunda Guerra e declinou nos anos 1970

O poder da água
A água da cidade, devido aos sulfatos, trazia mais amargor e alcalinidade à cerveja. Para equilibrar, limitava-se a dose de lúpulo, e usavam-se maltes mais escuros e ácidos

English Pale Ale

ALE

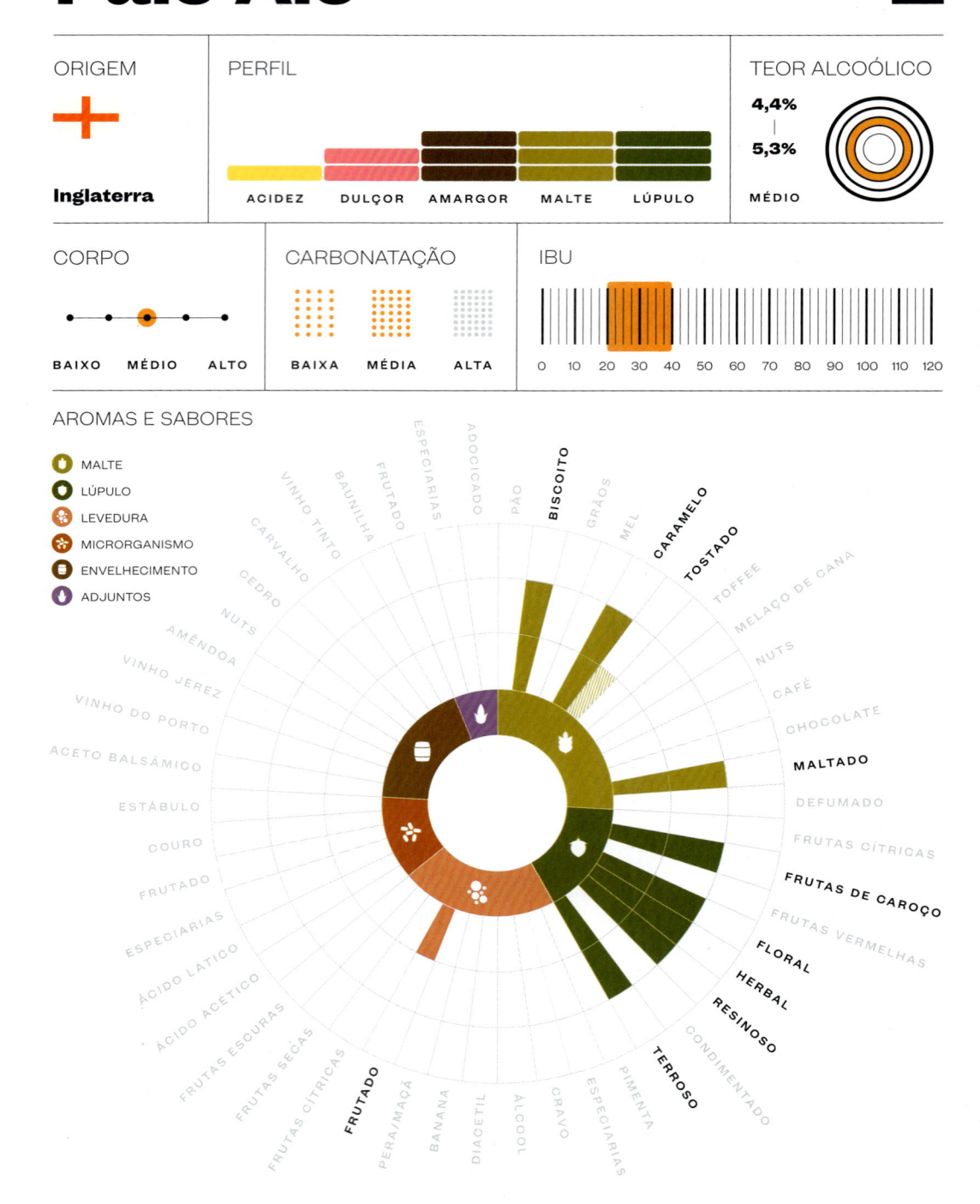

ORIGEM
Inglaterra

PERFIL
ACIDEZ · DULÇOR · AMARGOR · MALTE · LÚPULO

TEOR ALCOÓLICO
4,4% – 5,3%
MÉDIO

CORPO
BAIXO · **MÉDIO** · ALTO

CARBONATAÇÃO
BAIXA · MÉDIA · ALTA

IBU
0 10 20 30 40 50 60 70 80 90 100 110 120

AROMAS E SABORES

- MALTE
- LÚPULO
- LEVEDURA
- MICRORGANISMO
- ENVELHECIMENTO
- ADJUNTOS

ESPECIARIAS · ADOCICADO · PÃO · **BISCOITO** · GRÃOS · MEL · **CARAMELO** · **TOSTADO** · TOFFEE · MELAÇO DE CANA · NUTS · CAFÉ · CHOCOLATE · **MALTADO** · DEFUMADO · FRUTAS CÍTRICAS · **FRUTAS DE CAROÇO** · FRUTAS VERMELHAS · FLORAL · HERBAL · RESINOSO · **TERROSO** · CONDIMENTADO · PIMENTA · ESPECIARIAS · CRAVO · ÁLCOOL · DIACETIL · BANANA · PERA/MAÇÃ · **FRUTADO** · FRUTAS CÍTRICAS · FRUTAS SECAS · FRUTAS ESCURAS · ÁCIDO ACÉTICO · ÁCIDO LÁTICO · ESPECIARIAS · FRUTADO · COURO · ESTÁBULO · ACETO BALSÂMICO · VINHO DO PORTO · VINHO JEREZ · AMÊNDOA · NUTS · CEDRO · CARVALHO · VINHO TINTO · BAUNILHA · FRUTADO

COPO

TEMPERATURA DE SERVIÇO

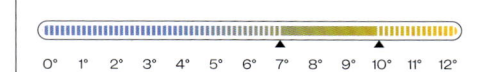

0° 1° 2° 3° 4° 5° 6° 7° 8° 9° 10° 11° 12°

TURBIDEZ

- LÍMPIDA
- LEVEMENTE TURVA
- TURVA

ESPUMA

- ALTA
- MÉDIA
- BAIXA

HARMONIZAÇÃO

Bolovo com linguiça | Sanduíche BLT | Bolo de amêndoas

REFERÊNCIA COMERCIAL

Fuller's London Pride
Inglaterra

A cervejaria Fuller's produz excelentes Ales e Bitters inglesas, sendo a London Pride, lançada na década de 1950, uma delas. Considerada também uma Premium Bitter, essa cerveja possui complexidade dos aromas maltados, amargor médio equilibrado com dulçor assertivo e um final seco e persistente.

Outras:
Tetleys Nº 3 Pale Ale
Whitbread Pale Ale
Wells & Young's Bombardier

COMPARAÇÃO COM OUTROS ESTILOS

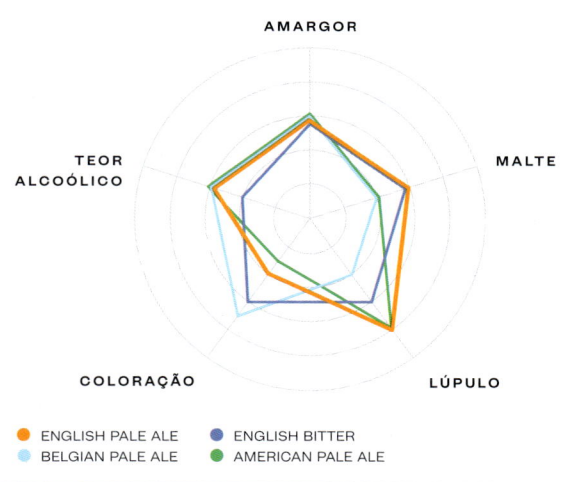

AMARGOR — MALTE — LÚPULO — COLORAÇÃO — TEOR ALCOÓLICO

- ENGLISH PALE ALE
- ENGLISH BITTER
- BELGIAN PALE ALE
- AMERICAN PALE ALE

CARACTERÍSTICAS ÚNICAS

História
Teve origem nas tentativas de reprodução das IPAs de Burton-on-Trent por outros cervejeiros da região, no séc. XIX. Eram bastante populares até a chegada das Bitters

Os protagonistas
Apesar das variações, originalmente as Pale Ales inglesas eram, e ainda são, feitas com lúpulos Goldings e Fuggles, de aromas bem característicos, como terroso e floral

German Pils

LAGER

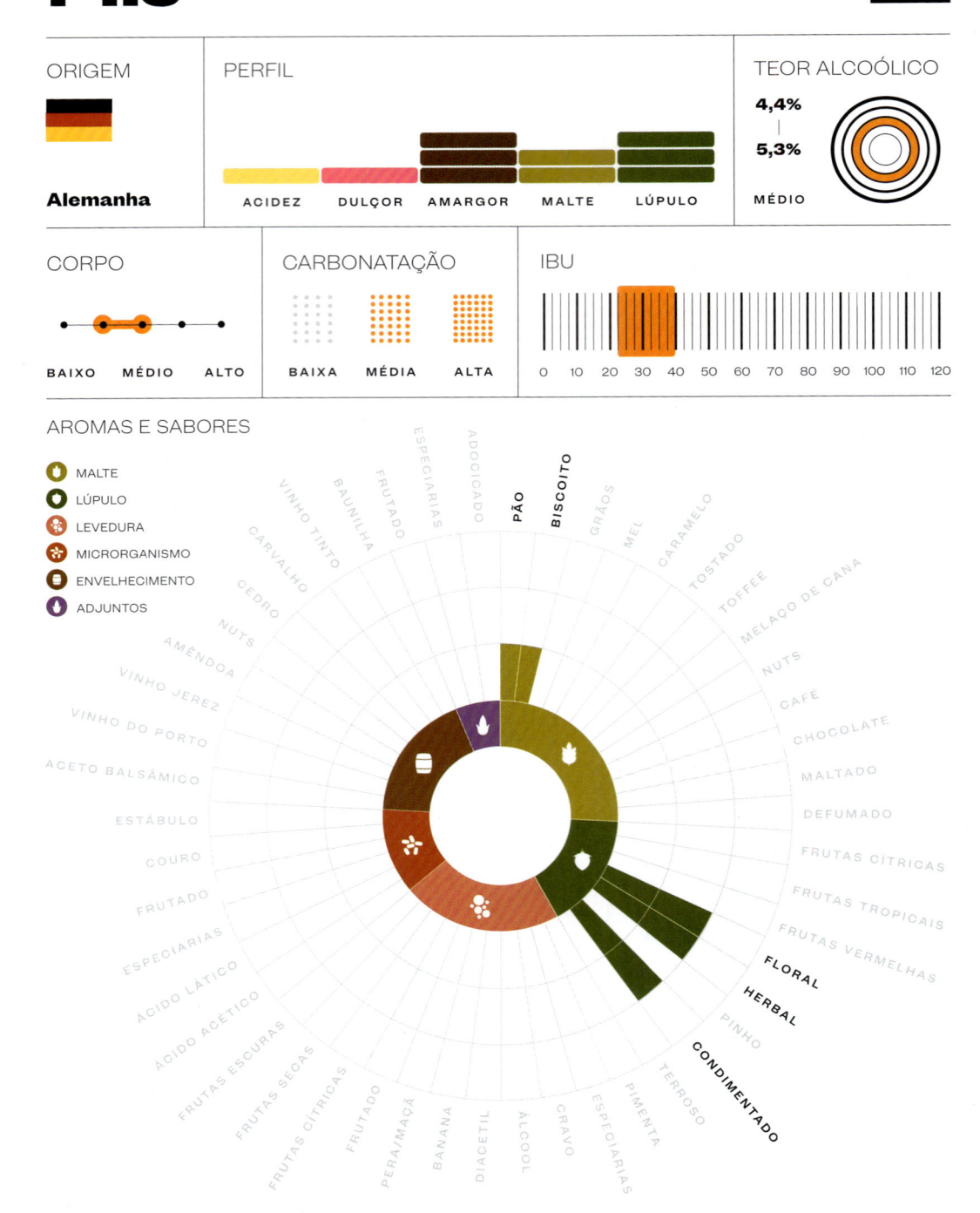

ORIGEM
Alemanha

PERFIL
- ACIDEZ
- DULÇOR
- AMARGOR
- MALTE
- LÚPULO

TEOR ALCOÓLICO
4,4%
—
5,3%

MÉDIO

CORPO
BAIXO — **MÉDIO** — ALTO

CARBONATAÇÃO
BAIXA — **MÉDIA** — ALTA

IBU
0 10 20 30 40 50 60 70 80 90 100 110 120

(destacado entre 20 e 40)

AROMAS E SABORES

- MALTE
- LÚPULO
- LEVEDURA
- MICRORGANISMO
- ENVELHECIMENTO
- ADJUNTOS

Descritores (roda de aromas):
ESPECIARIAS, ADOCICADO, PÃO, BISCOITO, GRÃOS, MEL, CARAMELO, TOSTADO, TOFFEE, MELAÇO DE CANA, NUTS, CAFÉ, CHOCOLATE, MALTADO, DEFUMADO, FRUTAS CÍTRICAS, FRUTAS TROPICAIS, FRUTAS VERMELHAS, FLORAL, HERBAL, PINHO, CONDIMENTADO, TERROSO, PIMENTA, ESPECIARIAS, CRAVO, ÁLCOOL, DIACETIL, BANANA, PERA/MAÇÃ, FRUTADO, FRUTAS CÍTRICAS, FRUTAS SECAS, FRUTAS ESCURAS, ÁCIDO ACÉTICO, ÁCIDO LÁTICO, ESPECIARIAS, FRUTADO, COURO, ESTÁBULO, ACETO BALSÂMICO, VINHO DO PORTO, VINHO JEREZ, AMÊNDOA, NUTS, CEDRO, CARVALHO, VINHO TINTO, BAUNILHA, FRUTADO, ESPECIARIAS

COPO

TEMPERATURA DE SERVIÇO

0° 1° 2° 3° 4° 5° 6° 7° 8° 9° 10° 11° 12°

TURBIDEZ

- LÍMPIDA
- LEVEMENTE TURVA
- TURVA

ESPUMA

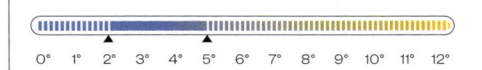

- ALTA
- MÉDIA
- BAIXA

HARMONIZAÇÃO

Cheddar branco | Bolinho de bacalhau | Torta de maçã

REFERÊNCIA COMERCIAL

König Pilsener
Alemanha

A cervejaria König — grande referência na Alemanha — fica em Beeck, perto de Duisburg. Theodor König, sócio-fundador, decidiu investir nesse novo estilo e começou a produção da Pilsner alemã em 1858. Em 1980, a cerveja virou a Pilsner líder de mercado. Em 1967, bateu seu primeiro recorde de produção, com mais de 1 milhão de hectolitros em um ano.

Outras:
Jever Pilsener
Licher Pilsener
Schönramer Pils

COMPARAÇÃO COM OUTROS ESTILOS

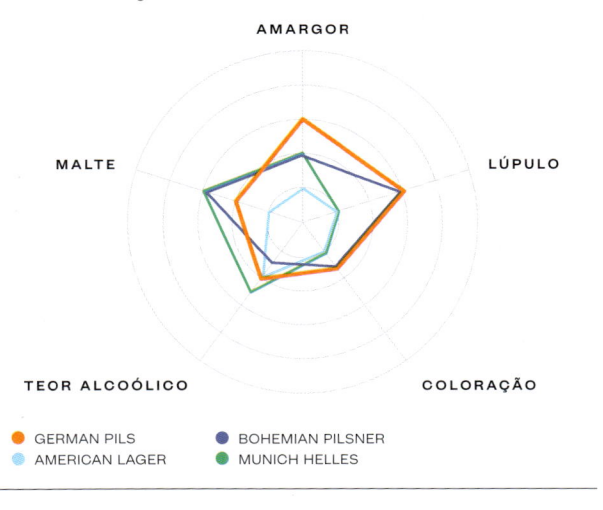

AMARGOR · LÚPULO · COLORAÇÃO · TEOR ALCOÓLICO · MALTE

- GERMAN PILS
- AMERICAN LAGER
- BOHEMIAN PILSNER
- MUNICH HELLES

CARACTERÍSTICAS ÚNICAS

História
Versão alemã da Pilsner tcheca, surgiu em 1870. O uso de uma água com alto teor de minerais e lúpulos locais conferiu à cerveja características bem diferentes da Pilsner original

Perfil sensorial
Possui um caráter de fermentação mais limpo, é mais seca e utiliza variedades de lúpulos como Hallertauer, Spalt e Tettnanger, além do tradicional Saaz

Gueuze Lambic

ESPONTÂNEA

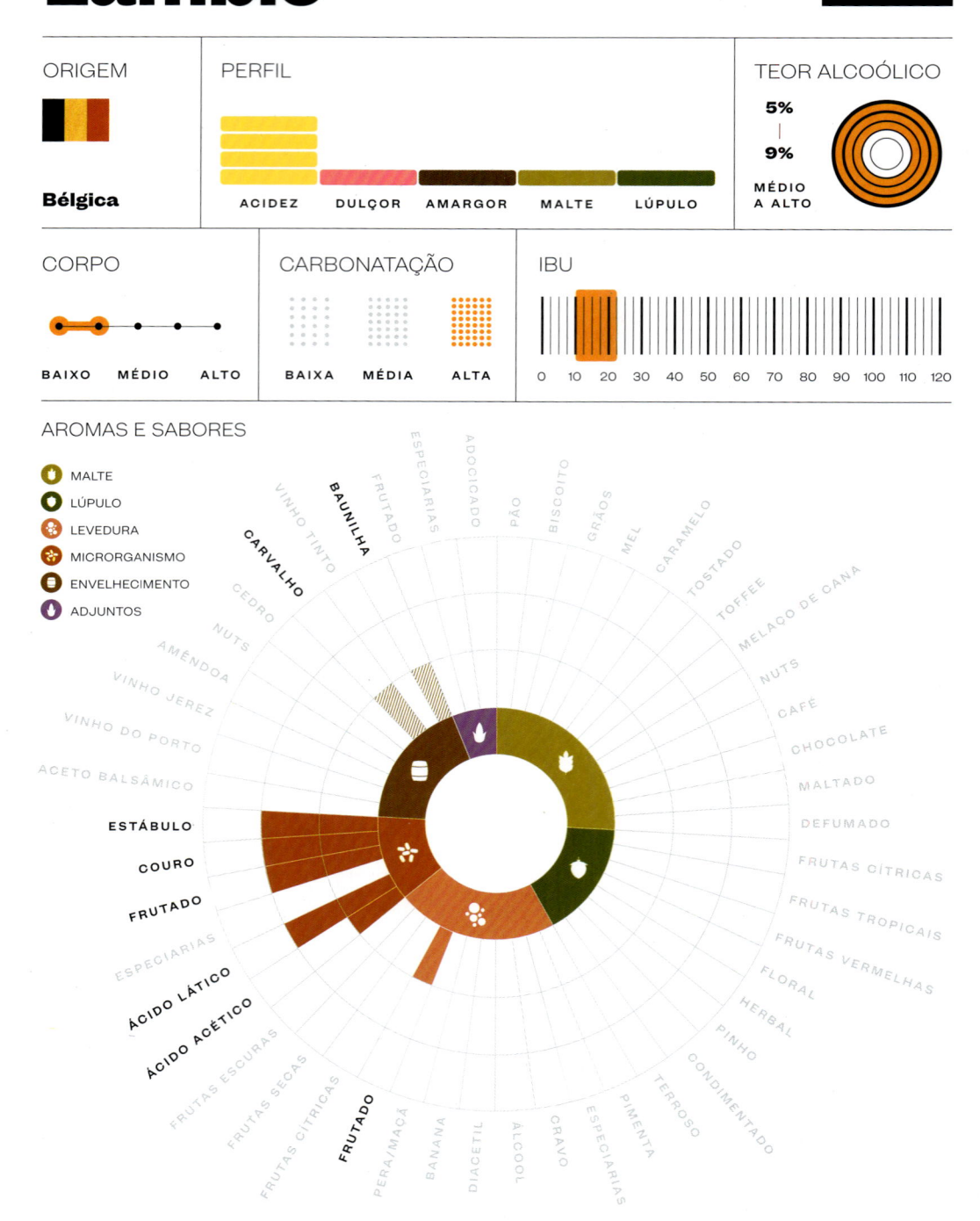

ORIGEM
Bélgica

PERFIL
- ACIDEZ
- DULÇOR
- AMARGOR
- MALTE
- LÚPULO

TEOR ALCOÓLICO
5% — 9%
MÉDIO A ALTO

CORPO
BAIXO — MÉDIO — ALTO

CARBONATAÇÃO
BAIXA — MÉDIA — ALTA

IBU
0 10 20 30 40 50 60 70 80 90 100 110 120

AROMAS E SABORES
- MALTE
- LÚPULO
- LEVEDURA
- MICRORGANISMO
- ENVELHECIMENTO
- ADJUNTOS

Carvalho, Baunilha, Vinho Tinto, Frutado, Especiarias, Adocicado, Pão, Biscoito, Grãos, Mel, Caramelo, Tostado, Toffee, Melaço de Cana, Nuts, Café, Chocolate, Maltado, Defumado, Frutas Cítricas, Frutas Tropicais, Frutas Vermelhas, Floral, Herbal, Pinho, Condimentado, Terroso, Pimenta, Especiarias, Cravo, Álcool, Diacetil, Banana, Pera/Maçã, Frutado, Frutas Cítricas, Frutas Secas, Frutas Escuras, Ácido Acético, Ácido Lático, Especiarias, Frutado, Couro, Estábulo, Aceto Balsâmico, Vinho do Porto, Vinho Jerez, Amêndoa, Nuts, Cedro

COPO

TEMPERATURA DE SERVIÇO

0° 1° 2° 3° 4° 5° 6° 7° 8° 9° 10° 11° 12°

TURBIDEZ

- LÍMPIDA
- LEVEMENTE TURVA
- TURVA

ESPUMA

- ALTA
- MÉDIA
- BAIXA

HARMONIZAÇÃO

Queijo Pas de Bleu | Espaguete com frutos do mar | Tarte tatin

REFERÊNCIA COMERCIAL

Lindemans Gueuze Cuvée René
Bélgica

A Lindemans foi fundada em uma pequena fazenda no ano de 1822 e é até hoje uma cervejaria familiar. No começo do século XIX, deixou as atividades agrícolas para focar na produção de Gueuzes e Lambics. Hoje possui uma vasta linha de cervejas, entre elas a Lindemans Gueuze Cuvée René, uma clássica referência no estilo Gueuze.

Outras:
Mort Subite Oude Gueuze Lambic
Oude Geuze Boon
Oude Geuze Boon Black Label

COMPARAÇÃO COM OUTROS ESTILOS

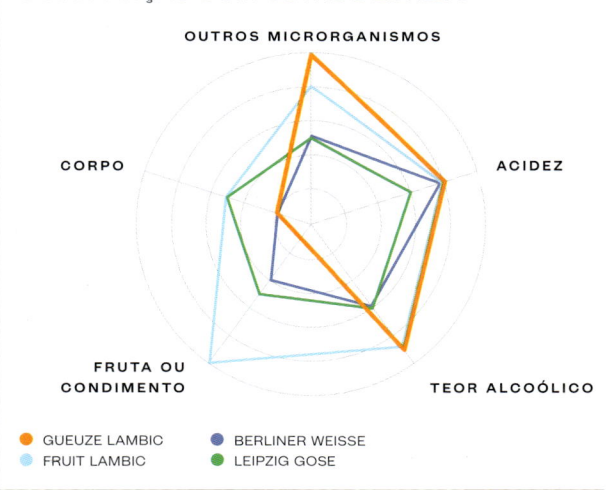

OUTROS MICRORGANISMOS · ACIDEZ · TEOR ALCOÓLICO · FRUTA OU CONDIMENTO · CORPO

- GUEUZE LAMBIC
- FRUIT LAMBIC
- BERLINER WEISSE
- LEIPZIG GOSE

CARACTERÍSTICAS ÚNICAS

História
Uma cerveja que apresenta complexidade e equilíbrio, obtida através do blend de Lambics de idades distintas. A diferença pode ser de meses a anos

Fruit Lambic
Trata-se de uma Gueuze ou Lambic produzida com fruta, de sabor complexo e coloração distinta. São comumente utilizadas cerejas ou framboesas

Imperial IPA

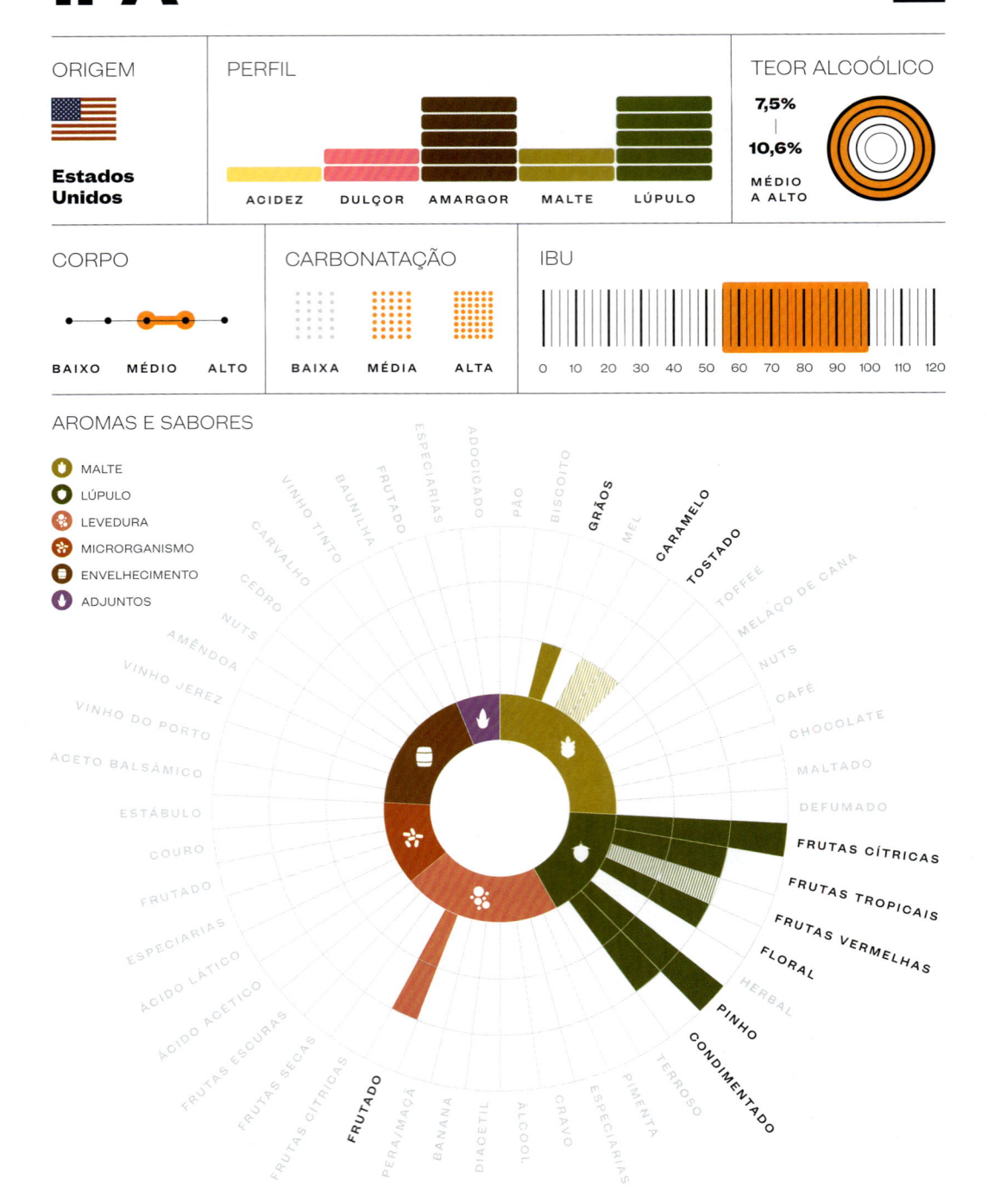

ALE

ORIGEM
Estados Unidos

PERFIL
- ACIDEZ
- DULÇOR
- AMARGOR
- MALTE
- LÚPULO

TEOR ALCOÓLICO
7,5% — 10,6%
MÉDIO A ALTO

CORPO
BAIXO — **MÉDIO** — ALTO

CARBONATAÇÃO
BAIXA — MÉDIA — ALTA

IBU
0 10 20 30 40 50 **60 70 80 90 100** 110 120

AROMAS E SABORES

- MALTE
- LÚPULO
- LEVEDURA
- MICRORGANISMO
- ENVELHECIMENTO
- ADJUNTOS

VINHO TINTO, CARVALHO, BAUNILHA, FRUTADO, ESPECIARIAS, ADOCICADO, PÃO, BISCOITO, GRÃOS, MEL, CARAMELO, TOSTADO, TOFFEE, MELAÇO DE CANA, NUTS, CAFÉ, CHOCOLATE, MALTADO, DEFUMADO, FRUTAS CÍTRICAS, FRUTAS TROPICAIS, FRUTAS VERMELHAS, FLORAL, HERBAL, PINHO, CONDIMENTADO, TERROSO, PIMENTA, ESPECIARIAS, CRAVO, ÁLCOOL, DIACETIL, BANANA, PERA/MAÇÃ, FRUTADO, FRUTAS CÍTRICAS, FRUTAS SECAS, FRUTAS ESCURAS, ÁCIDO ACÉTICO, ÁCIDO LÁTICO, ESPECIARIAS, FRUTADO, COURO, ESTÁBULO, ACETO BALSÂMICO, VINHO DO PORTO, VINHO JEREZ, AMÊNDOA, NUTS, CEDRO

COPO

TEMPERATURA DE SERVIÇO

0° 1° 2° 3° 4° 5° 6° 7° 8° 9° 10° 11° 12°

TURBIDEZ

- LÍMPIDA
- LEVEMENTE TURVA
- TURVA

ESPUMA

- ALTA
- MÉDIA
- BAIXA

HARMONIZAÇÃO

Salsicha de cordeiro | Brisket na brasa | Bolo de maracujá com cobertura de limão

REFERÊNCIA COMERCIAL

Russian River Pliny the Elder
Estados Unidos

Elaborada em 1999, essa cerveja é hoje uma das mais populares e já recebeu inúmeros prêmios. Seu nome é uma homenagem ao Pliny, the Elder (Plínio, o Velho), que, segundo a cervejaria, criou o primeiro nome botânico do lúpulo, *Lupus salictarius*, hoje *Humulus lupulus*.

Outras:
Stone Ruination IPA
Capa Preta Diesel Double IPA
Bodebrown Perigosa Imperial IPA

COMPARAÇÃO COM OUTROS ESTILOS

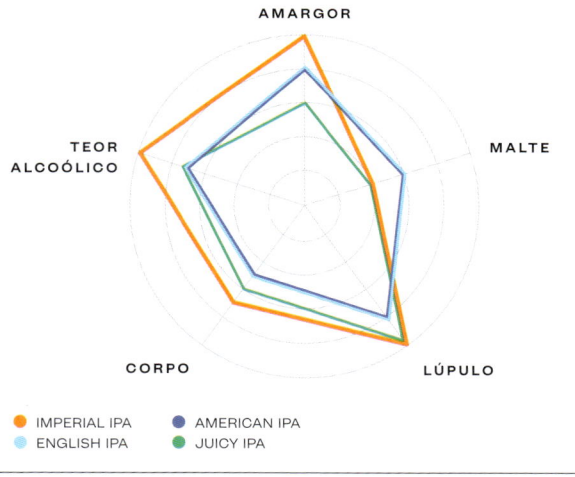

AMARGOR — MALTE — LÚPULO — CORPO — TEOR ALCOÓLICO

- IMPERIAL IPA
- AMERICAN IPA
- ENGLISH IPA
- JUICY IPA

CARACTERÍSTICAS ÚNICAS

História
Surgiu no final dos anos 1990, impulsionado pela tendência do mercado americano de buscar sempre "ultrapassar limites" e pelo número crescente dos aficionados por lúpulo

Paixão por lúpulo
Além do Imperial IPA (conhecido também como Double IPA), o fascínio pelo amargor deu origem a estilos mais leves e lupulados, como Session IPA e Hoppy Lager

Juicy IPA

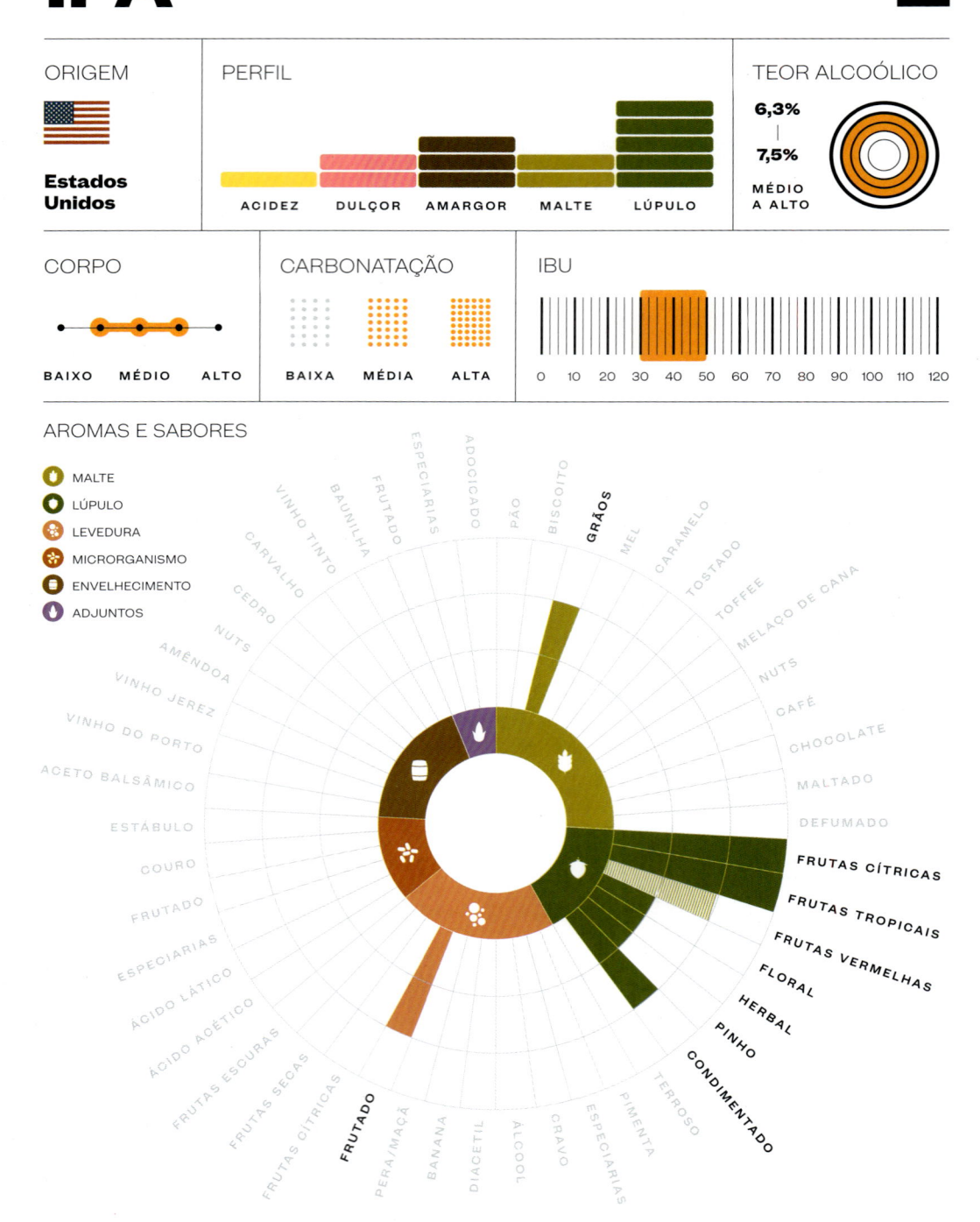

ALE

ORIGEM
Estados Unidos

PERFIL
ACIDEZ · DULÇOR · AMARGOR · MALTE · LÚPULO

TEOR ALCOÓLICO
6,3% — 7,5%
MÉDIO A ALTO

CORPO
BAIXO · **MÉDIO** · ALTO

CARBONATAÇÃO
BAIXA · **MÉDIA** · ALTA

IBU
0 10 20 30 40 50 60 70 80 90 100 110 120

AROMAS E SABORES

- MALTE
- LÚPULO
- LEVEDURA
- MICRORGANISMO
- ENVELHECIMENTO
- ADJUNTOS

Destacados: GRÃOS, FRUTAS CÍTRICAS, FRUTAS TROPICAIS, FRUTAS VERMELHAS, FLORAL, HERBAL, PINHO, CONDIMENTADO, FRUTADO

Outros: VINHO TINTO, BAUNILHA, FRUTADO, ESPECIARIAS, ADOCICADO, PÃO, BISCOITO, MEL, CARAMELO, TOSTADO, TOFFEE, MELAÇO DE CANA, NUTS, CAFÉ, CHOCOLATE, MALTADO, DEFUMADO, CARVALHO, CEDRO, NUTS, AMÊNDOA, VINHO JEREZ, VINHO DO PORTO, ACETO BALSÂMICO, ESTÁBULO, COURO, FRUTADO, ESPECIARIAS, ÁCIDO LÁTICO, ÁCIDO ACÉTICO, FRUTAS ESCURAS, FRUTAS SECAS, FRUTAS CÍTRICAS, PERA/MAÇÃ, BANANA, DIACETIL, ÁLCOOL, CRAVO, ESPECIARIAS, PIMENTA, TERROSO

COPO

TEMPERATURA DE SERVIÇO

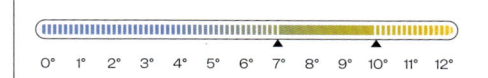

0° 1° 2° 3° 4° 5° 6° 7° 8° 9° 10° 11° 12°

TURBIDEZ

- LÍMPIDA
- LEVEMENTE TURVA
- **TURVA**

ESPUMA

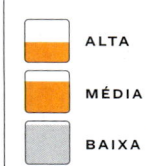

- ALTA
- MÉDIA
- BAIXA

HARMONIZAÇÃO

Cheddar | Barriga de porco | Mousse de limão-siciliano com manjericão

REFERÊNCIA COMERCIAL

**Heady Topper
The Alchemist
Vermont**
Estados Unidos

A The Alchemist começou como um pub em 2003 e, em 2011, abriu sua cervejaria. A Heady Tropper foi uma das primeiras receitas produzidas e logo se tornou um sucesso. Ela possui aromas intensos de lúpulo a cada gole. No site da cervejaria, ela é vendida como uma Double IPA (Imperial IPA).

Outras:
Trillium Congress Street IPA
Hocus Pocus Event Horizon
Three Monkeys Hop Dust

COMPARAÇÃO COM OUTROS ESTILOS

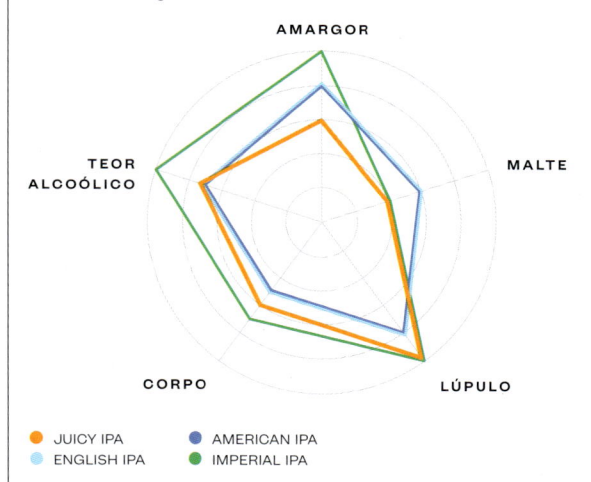

AMARGOR · MALTE · LÚPULO · CORPO · TEOR ALCOÓLICO

- JUICY IPA
- ENGLISH IPA
- AMERICAN IPA
- IMPERIAL IPA

CARACTERÍSTICAS ÚNICAS

História
Acredita-se que essa variação turva e extremamente aromática das IPAs tenha surgido com a cerveja Heady Tropper da The Alchemist, em Vermont, nos EUA, e se popularizado após 2010

**Hazy IPA,
New England IPA,
East Coast IPA
ou Vermont IPA**
Muitos nomes para se referir à mesma cerveja, que, desde 2011, caiu no gosto de pessoas do mundo todo

Kölsch

HÍBRIDA

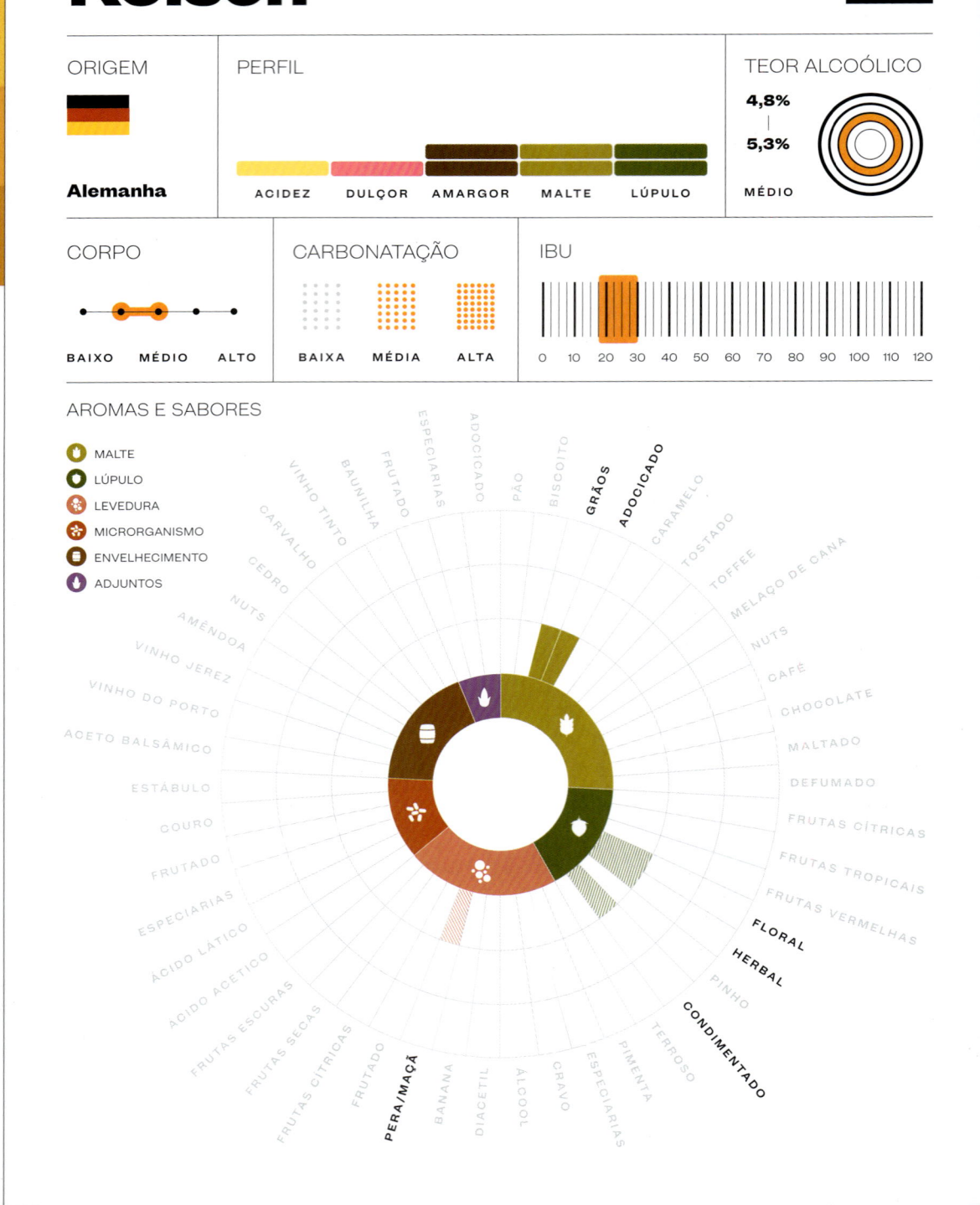

ORIGEM
🇩🇪
Alemanha

PERFIL
ACIDEZ · DULÇOR · AMARGOR · MALTE · LÚPULO

TEOR ALCOÓLICO
4,8%
—
5,3%

MÉDIO

CORPO
BAIXO · **MÉDIO** · ALTO

CARBONATAÇÃO
BAIXA · **MÉDIA** · ALTA

IBU
0 · 10 · 20 · 30 · 40 · 50 · 60 · 70 · 80 · 90 · 100 · 110 · 120

AROMAS E SABORES

- MALTE
- LÚPULO
- LEVEDURA
- MICRORGANISMO
- ENVELHECIMENTO
- ADJUNTOS

ESPECIARIAS · ADOCICADO · PÃO · BISCOITO · GRÃOS · ADOCICADO · CARAMELO · TOSTADO · TOFFEE · MELAÇO DE CANA · NUTS · CAFÉ · CHOCOLATE · MALTADO · DEFUMADO · FRUTAS CÍTRICAS · FRUTAS TROPICAIS · FRUTAS VERMELHAS · **FLORAL** · **HERBAL** · PINHO · CONDIMENTADO · TERROSO · PIMENTA · ESPECIARIAS · CRAVO · ÁLCOOL · DIACETIL · BANANA · **PERA/MAÇÃ** · FRUTADO · FRUTAS CÍTRICAS · FRUTAS SECAS · FRUTAS ESCURAS · ÁCIDO ACÉTICO · ÁCIDO LÁTICO · ESPECIARIAS · FRUTADO · COURO · ESTÁBULO · ACETO BALSÂMICO · VINHO DO PORTO · VINHO JEREZ · AMÊNDOA · NUTS · CEDRO · CARVALHO · VINHO TINTO · BAUNILHA · FRUTADO

COPO

TEMPERATURA DE SERVIÇO

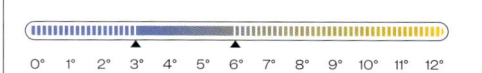

0° 1° 2° 3° 4° 5° 6° 7° 8° 9° 10° 11° 12°

TURBIDEZ

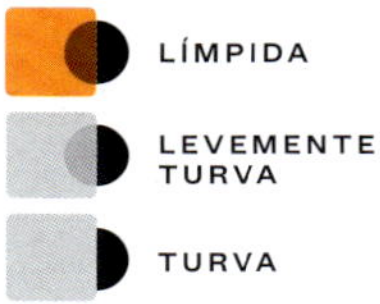

- LÍMPIDA
- LEVEMENTE TURVA
- TURVA

ESPUMA

- ALTA
- MÉDIA
- BAIXA

HARMONIZAÇÃO

Anéis de lula  | Ravióli de queijo com espinafre  | Torta de pêssego

REFERÊNCIA COMERCIAL

Früh Kölsch
Alemanha

Fundada por Peter Josef Früf em 1904, a cervejaria ficou famosa na região, mas sofreu muito durante a Segunda Guerra Mundial. Depois da guerra, a cervejaria familiar voltou a funcionar e hoje, já com maior porte, ultrapassa as fronteiras de Colônia e é exportada para todo o mundo.

Outras:
Reissdorf Kölsch
Gaffel Kölsch
Sion Kölsch

COMPARAÇÃO COM OUTROS ESTILOS

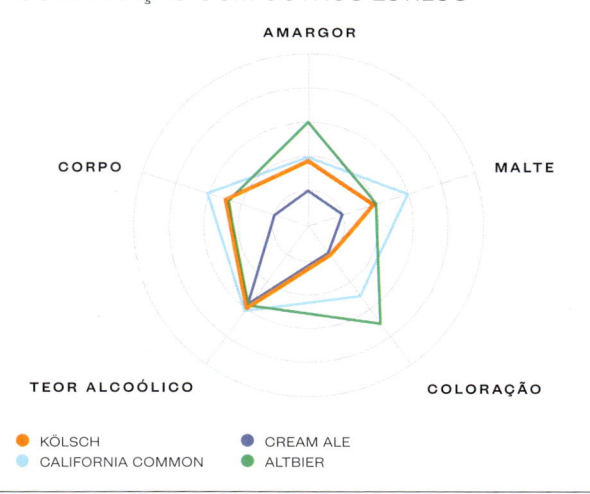

AMARGOR · MALTE · COLORAÇÃO · TEOR ALCOÓLICO · CORPO

- KÖLSCH
- CALIFORNIA COMMON
- CREAM ALE
- ALTBIER

CARACTERÍSTICAS ÚNICAS

História
Típico da cidade de Colônia, o estilo de alta fermentação da Idade Média tomou a forma que conhecemos hoje após o século XIX, quando as Lagers claras dominaram o mercado

Denominação protegida
Desde 1986, o estilo possui denominação de origem protegida pela Kölsch Konvention, e só cerca de 20 cervejarias da região podem, de fato, usar o nome Kölsch

Lambic

ESPONTÂNEA

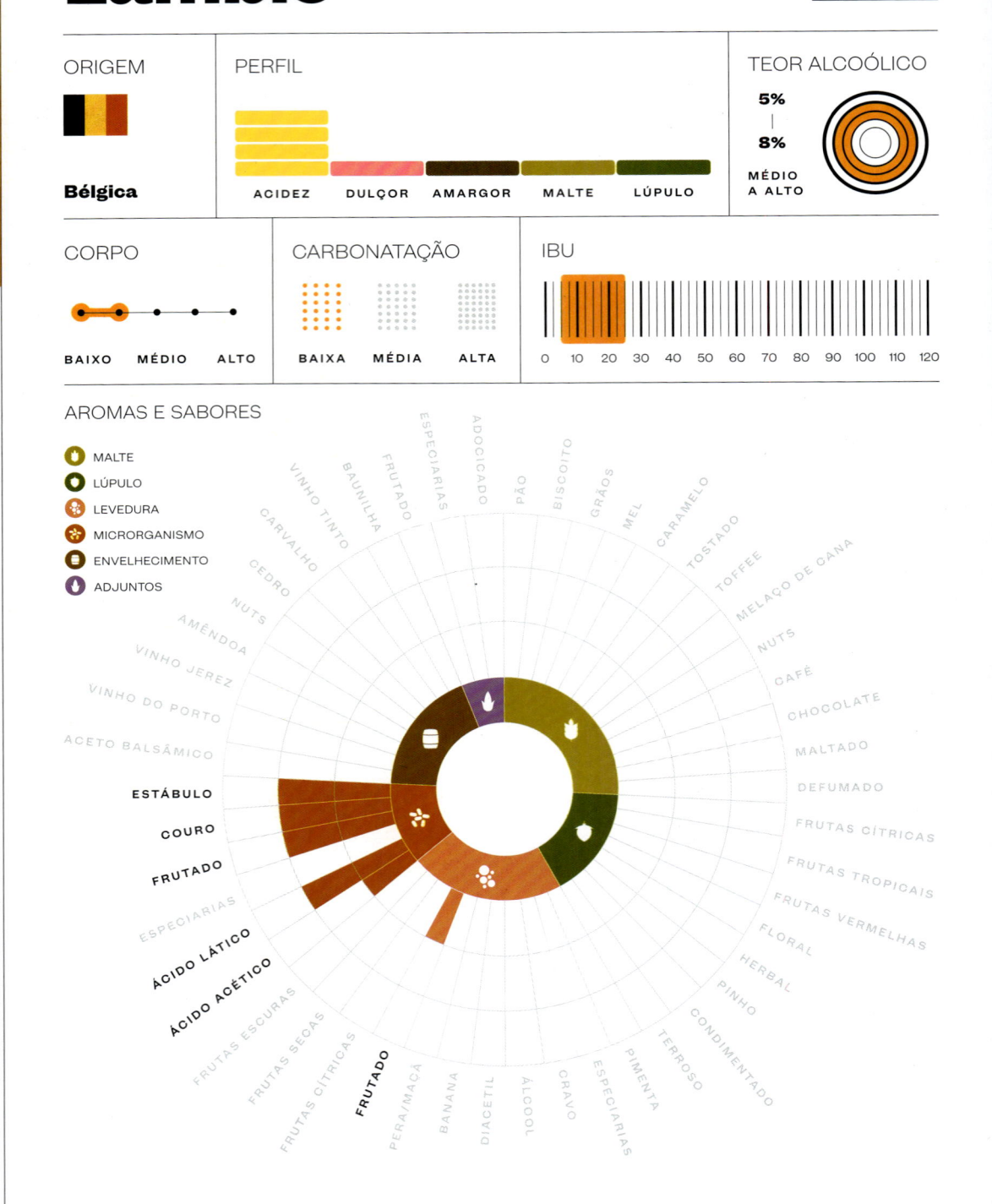

ORIGEM
Bélgica

PERFIL
ACIDEZ · DULÇOR · AMARGOR · MALTE · LÚPULO

TEOR ALCOÓLICO
5% — 8%
MÉDIO A ALTO

CORPO
BAIXO · MÉDIO · ALTO

CARBONATAÇÃO
BAIXA · MÉDIA · ALTA

IBU
0 10 20 30 40 50 60 70 80 90 100 110 120

AROMAS E SABORES

- MALTE
- LÚPULO
- LEVEDURA
- MICRORGANISMO
- ENVELHECIMENTO
- ADJUNTOS

VINHO TINTO · BAUNILHA · FRUTADO · ESPECIARIAS · ADOCICADO · PÃO · BISCOITO · GRÃOS · MEL · CARAMELO · TOSTADO · TOFFEE · MELAÇO DE CANA · NUTS · CAFÉ · CHOCOLATE · MALTADO · DEFUMADO · FRUTAS CÍTRICAS · FRUTAS TROPICAIS · FRUTAS VERMELHAS · FLORAL · HERBAL · PINHO · CONDIMENTADO · TERROSO · PIMENTA · ESPECIARIAS · CRAVO · ÁLCOOL · DIACETIL · BANANA · PERA/MAÇÃ · FRUTADO · FRUTAS CÍTRICAS · FRUTAS SECAS · FRUTAS ESCURAS · ÁCIDO ACÉTICO · ÁCIDO LÁTICO · ESPECIARIAS · FRUTADO · COURO · ESTÁBULO · ACETO BALSÂMICO · VINHO DO PORTO · VINHO JEREZ · AMÊNDOA · NUTS · CEDRO · CARVALHO

COPO

TEMPERATURA DE SERVIÇO

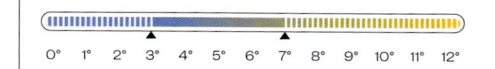

0° 1° 2° 3° 4° 5° 6° 7° 8° 9° 10° 11° 12°

TURBIDEZ

- LÍMPIDA
- LEVEMENTE TURVA
- TURVA

ESPUMA

- ALTA
- MÉDIA
- BAIXA

HARMONIZAÇÃO

Moules frites | Suflê de queijo | Cheesecake de frutas vermelhas

REFERÊNCIA COMERCIAL

Cantillon Grand Cru Bruocsella
Bélgica

Uma Lambic envelhecida três anos em barris de carvalho, extremamente complexa, frequentemente comparada a um Chardonnay de Borgonha. A Cantillon, fundada em 1900, é uma grande referência na produção de Lambics e mantém até hoje diversos métodos de produção e maquinários daquela época.

Outras:
Timmermans Lambicus Blanche
De Cam Lambiek Special
Lindemans Faro

COMPARAÇÃO COM OUTROS ESTILOS

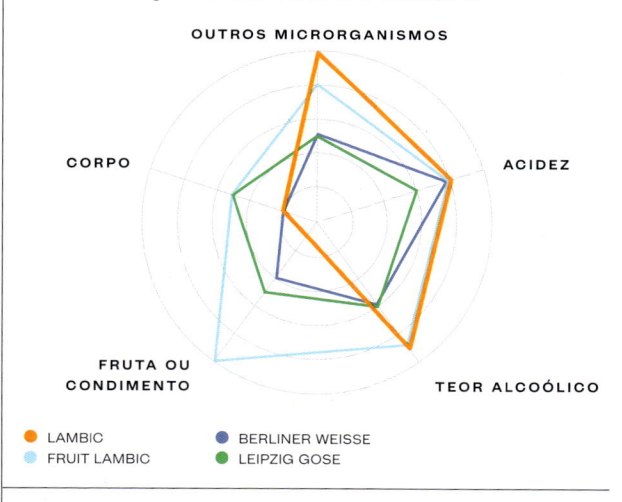

Eixos: OUTROS MICRORGANISMOS, ACIDEZ, TEOR ALCOÓLICO, FRUTA OU CONDIMENTO, CORPO

- LAMBIC
- FRUIT LAMBIC
- BERLINER WEISSE
- LEIPZIG GOSE

CARACTERÍSTICAS ÚNICAS

História
De Bruxelas, essa típica cerveja de fermentação espontânea é complexa graças às bactérias e leveduras do ambiente. Demora, no mínimo, dois anos para ficar pronta

Faro
Muito comum no século XX, é uma Lambic com adição de açúcar. Antigamente era feita com extrações fracas da tina de filtração e possuía baixo teor alcoólico

Leipzig Gose

MISTA

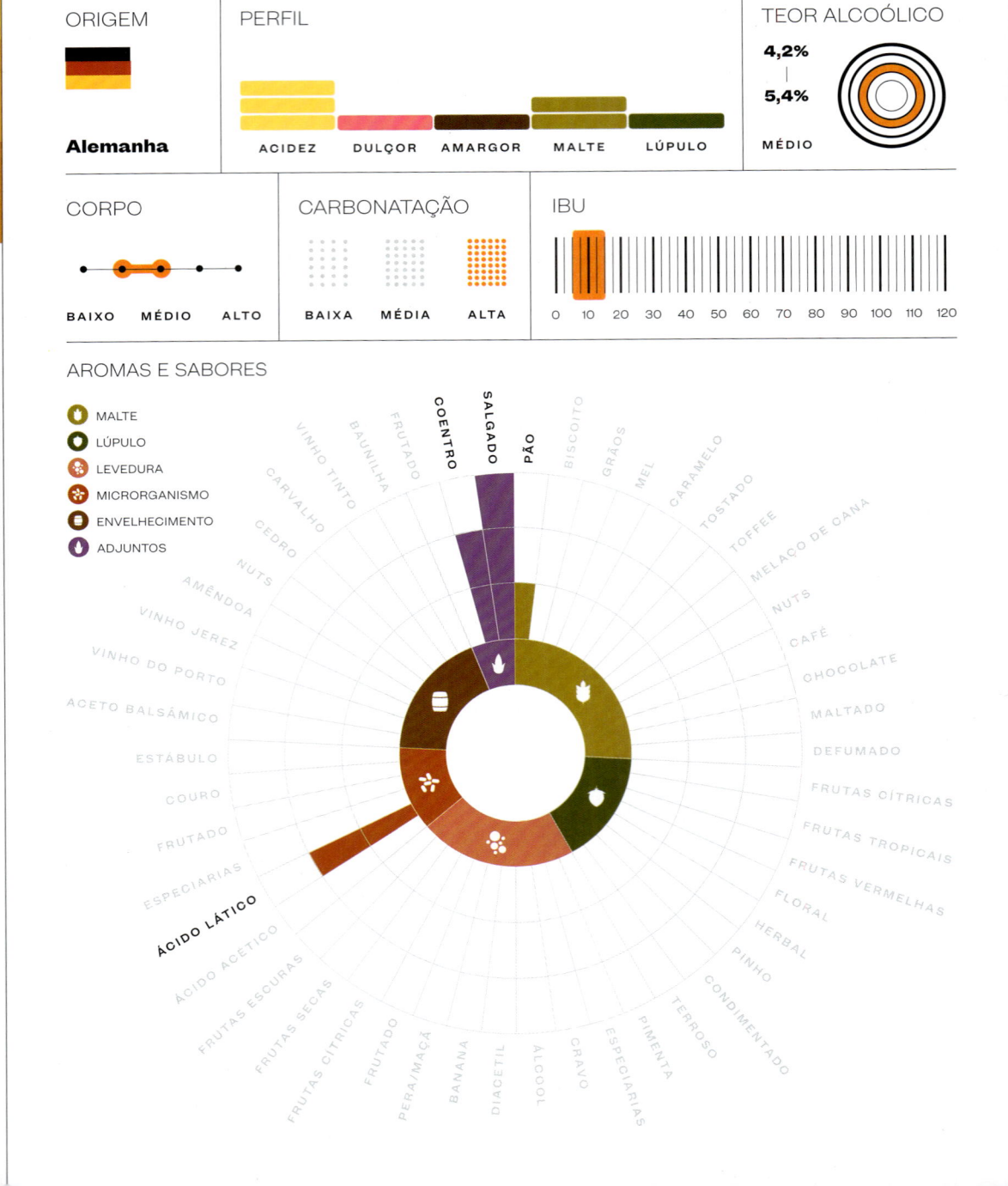

ORIGEM
Alemanha

PERFIL
ACIDEZ | DULÇOR | AMARGOR | MALTE | LÚPULO

TEOR ALCOÓLICO
4,2%
—
5,4%

MÉDIO

CORPO
BAIXO | MÉDIO | ALTO

CARBONATAÇÃO
BAIXA | MÉDIA | ALTA

IBU
0 10 20 30 40 50 60 70 80 90 100 110 120

AROMAS E SABORES

- MALTE
- LÚPULO
- LEVEDURA
- MICRORGANISMO
- ENVELHECIMENTO
- ADJUNTOS

COPO

TEMPERATURA DE SERVIÇO

0° 1° 2° 3° 4° 5° 6° 7° 8° 9° 10° 11° 12°

TURBIDEZ

- LÍMPIDA
- LEVEMENTE TURVA
- TURVA

ESPUMA

- ALTA
- MÉDIA
- BAIXA

HARMONIZAÇÃO

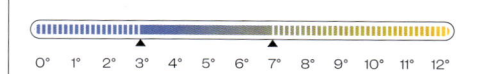

Queijo camembert

Risoto de alho-poró com salmão

Torta de chocolate belga

REFERÊNCIA COMERCIAL

Ritterguts Gose
Alemanha

Produzida no início na propriedade de Döllnitz, em 1824, com a receita do mestre cervejeiro Johann Philipp Lederman, a Ritterguts fez sucesso até a metade do século XX, quando houve o aumento da popularidade das Pilsens e o início da Segunda Guerra. Até então, sua venda era considerável na região de Leipzig e Halle.

Outras:
Bayerischer Bahnhof
Leipziger Gose
Anderson Valley Highway 128

COMPARAÇÃO COM OUTROS ESTILOS

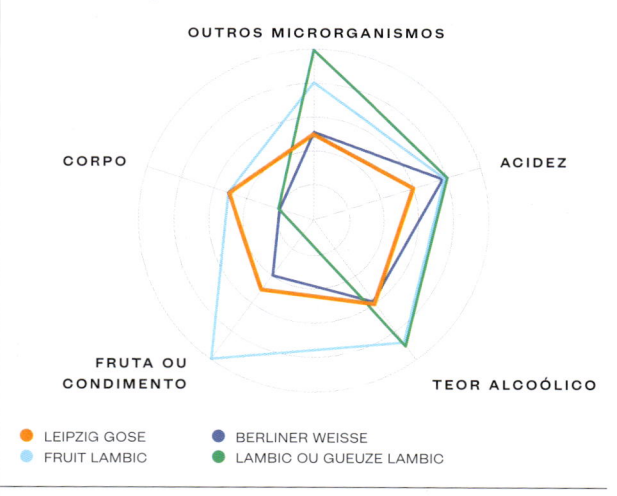

OUTROS MICRORGANISMOS · CORPO · ACIDEZ · FRUTA OU CONDIMENTO · TEOR ALCOÓLICO

- LEIPZIG GOSE
- FRUIT LAMBIC
- BERLINER WEISSE
- LAMBIC OU GUEUZE LAMBIC

CARACTERÍSTICAS ÚNICAS

História
Surgiu na cidade de Goslar na Idade Média, e hoje, em sua produção, são utilizados malte Pilsen e de trigo, além da adição de sal, sementes de coentro e *lactobacillus*

Curiosidade
O sabor levemente salgado é uma característica do estilo, pois, próximo ao rio Gose, fonte utilizada para a produção na época, havia minas de sal

Munich Helles

LAGER

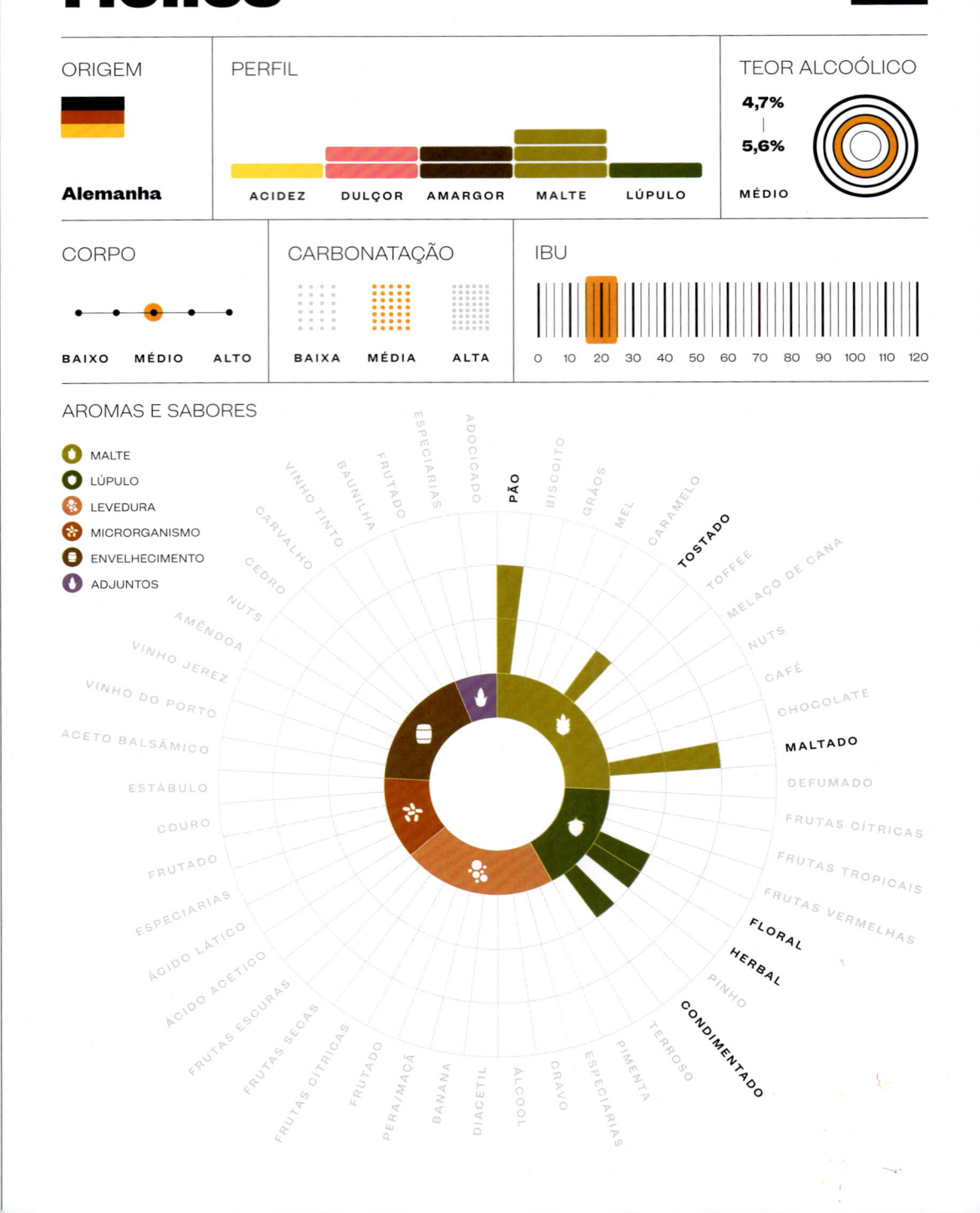

ORIGEM
Alemanha

PERFIL
ACIDEZ | DULÇOR | AMARGOR | MALTE | LÚPULO

TEOR ALCOÓLICO
4,7% — 5,6%
MÉDIO

CORPO
BAIXO | **MÉDIO** | ALTO

CARBONATAÇÃO
BAIXA | **MÉDIA** | ALTA

IBU
0 10 20 30 40 50 60 70 80 90 100 110 120

AROMAS E SABORES

- MALTE
- LÚPULO
- LEVEDURA
- MICRORGANISMO
- ENVELHECIMENTO
- ADJUNTOS

ESPECIARIAS · ADOCICADO · PÃO · BISCOITO · GRÃOS · MEL · CARAMELO · TOSTADO · TOFFEE · MELAÇO DE CANA · NUTS · CAFÉ · CHOCOLATE · MALTADO · DEFUMADO · FRUTAS CÍTRICAS · FRUTAS TROPICAIS · FRUTAS VERMELHAS · FLORAL · HERBAL · PINHO · CONDIMENTADO · TERROSO · PIMENTA · ESPECIARIAS · CRAVO · ÁLCOOL · DIACETIL · BANANA · FRUTADO · PERA/MAÇÃ · FRUTAS CÍTRICAS · FRUTAS SECAS · FRUTAS ESCURAS · ÁCIDO ACÉTICO · ÁCIDO LÁTICO · ESPECIARIAS · FRUTADO · COURO · ESTÁBULO · ACETO BALSÂMICO · VINHO DO PORTO · VINHO JEREZ · AMÊNDOA · NUTS · CEDRO · CARVALHO · VINHO TINTO · BAUNILHA · FRUTADO

COPO

TEMPERATURA DE SERVIÇO

0° 1° 2° 3° 4° 5° 6° 7° 8° 9° 10° 11° 12°

3,5
5,5

TURBIDEZ

- LÍMPIDA
- LEVEMENTE TURVA
- TURVA

ESPUMA

- ALTA
- MÉDIA
- BAIXA

HARMONIZAÇÃO

Salada caesar | Batata rosti | Baklava

REFERÊNCIA COMERCIAL

Hofbräu München Original
Alemanha

A Hofbräuhaus München é uma cervejaria histórica criada pelo duque da Baviera Guilherme V, em 1589. Até hoje a cervejaria pertence à prefeitura de Munique e exporta para vários países diversos rótulos, entre eles o Hofbräu Original, uma Munich Helles aclamada mundialmente, que apresenta corpo, aroma e sabor ideais para ser uma referência do estilo.

Outras:
Paulaner Münchner Hell
Hacker-Pschorr Münchner Hell
Weihenstephaner Original

COMPARAÇÃO COM OUTROS ESTILOS

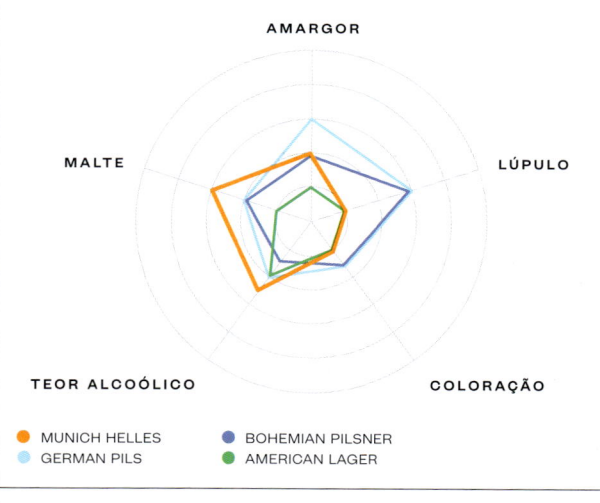

AMARGOR — LÚPULO — COLORAÇÃO — TEOR ALCOÓLICO — MALTE

- MUNICH HELLES
- GERMAN PILS
- BOHEMIAN PILSNER
- AMERICAN LAGER

CARACTERÍSTICAS ÚNICAS

História
Foi criada em 1894, pela cervejaria Spaten, em resposta às Pilsners que estavam se disseminando rapidamente no mercado. Em pouco tempo, se popularizou no sul da Alemanha

Resposta às Pilsners
Costuma ser comparada às Pilsners devido a seu perfil sensorial. No entanto, seu malte predomina sobre o lúpulo, e seu corpo apresenta maior peso

Oktoberfest

LAGER

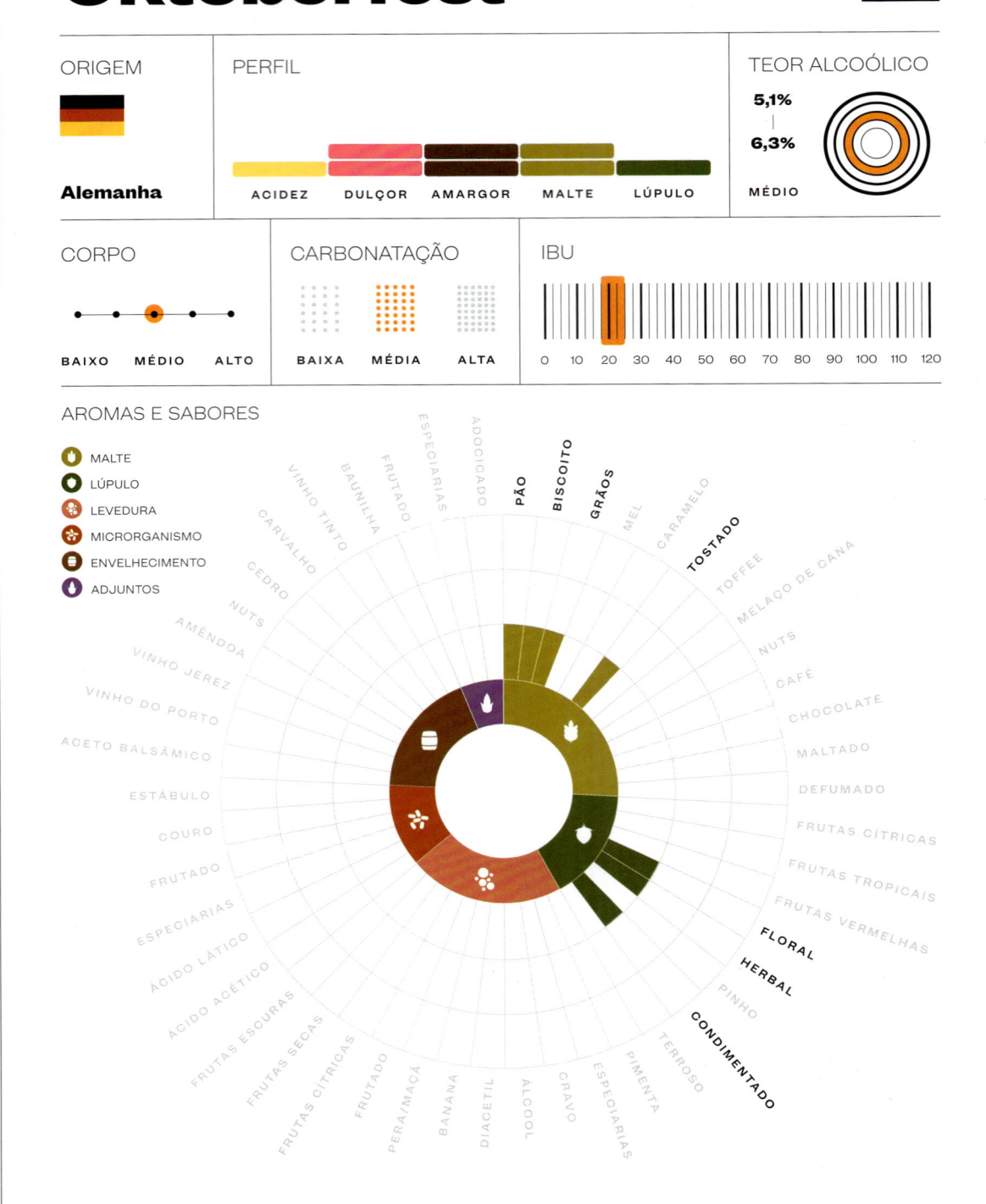

ORIGEM
Alemanha

PERFIL
- ACIDEZ
- DULÇOR
- AMARGOR
- MALTE
- LÚPULO

TEOR ALCOÓLICO
5,1% — 6,3%
MÉDIO

CORPO
BAIXO — **MÉDIO** — ALTO

CARBONATAÇÃO
BAIXA — **MÉDIA** — ALTA

IBU
0 10 **20** 30 40 50 60 70 80 90 100 110 120

AROMAS E SABORES

- MALTE
- LÚPULO
- LEVEDURA
- MICRORGANISMO
- ENVELHECIMENTO
- ADJUNTOS

ESPECIARIAS · ADOCICADO · PÃO · BISCOITO · GRÃOS · MEL · CARAMELO · TOSTADO · TOFFEE · MELAÇO DE CANA · NUTS · CAFÉ · CHOCOLATE · MALTADO · DEFUMADO · FRUTAS CÍTRICAS · FRUTAS TROPICAIS · FRUTAS VERMELHAS · FLORAL · HERBAL · PINHO · CONDIMENTADO · TERROSO · PIMENTA · ESPECIARIAS · CRAVO · ÁLCOOL · DIACETIL · BANANA · PERA/MAÇÃ · FRUTADO · FRUTAS CÍTRICAS · FRUTAS SECAS · FRUTAS ESCURAS · ÁCIDO ACÉTICO · ÁCIDO LÁTICO · ESPECIARIAS · FRUTADO · COURO · ESTÁBULO · ACETO BALSÂMICO · VINHO DO PORTO · VINHO JEREZ · AMÊNDOA · NUTS · CEDRO · CARVALHO · VINHO TINTO · BAUNILHA · FRUTADO

COPO

TEMPERATURA DE SERVIÇO

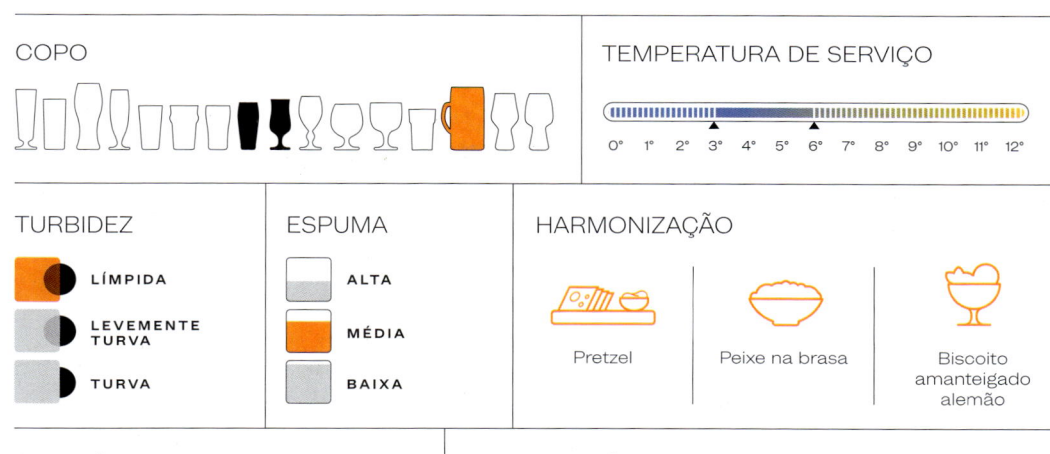

0° 1° 2° 3° 4° 5° 6° 7° 8° 9° 10° 11° 12°

TURBIDEZ
- LÍMPIDA
- LEVEMENTE TURVA
- TURVA

ESPUMA
- ALTA
- MÉDIA
- BAIXA

HARMONIZAÇÃO
- Pretzel
- Peixe na brasa
- Biscoito amanteigado alemão

REFERÊNCIA COMERCIAL

Augustiner Oktoberfest
Alemanha

Fundada em 1328, a Augustiner-Bräu é a mais antiga cervejaria independente em atividade de Munique e uma das seis cervejarias presentes na Oktoberfest. Acredita-se que a primeira vez que a cerveja, tal como é hoje, fez parte da festa foi em 1953. Atualmente ela só é produzida para o evento e é servida apenas em barris de madeira.

Outras:
Löwenbräu Oktoberfestbier
Hacker-Pschorr Superior Festbier
Paulaner Oktoberfestbier

COMPARAÇÃO COM OUTROS ESTILOS

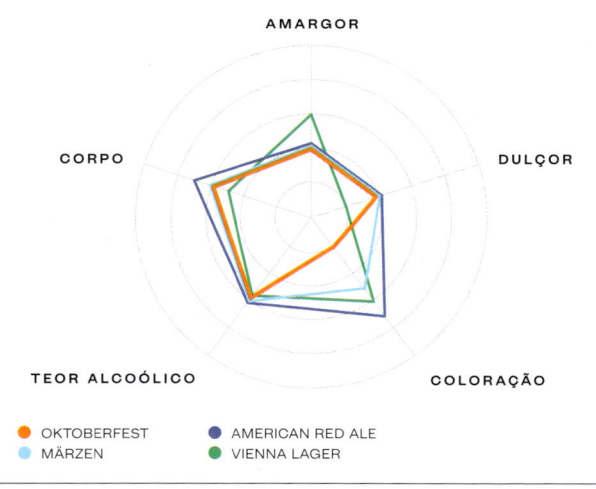

AMARGOR — DULÇOR — COLORAÇÃO — TEOR ALCOÓLICO — CORPO

- OKTOBERFEST
- MÄRZEN
- AMERICAN RED ALE
- VIENNA LAGER

CARACTERÍSTICAS ÚNICAS

História
Servida no festival Oktoberfest, deriva historicamente de uma Märzen, sendo chamada também de Festbier. No festival, apenas algumas cervejarias de Munique podem comercializar

Do cobre a ouro
Depois de 1872, cervejas acobreadas eram servidas em todas as tendas da Oktoberfest, mas, na década de 1990, a cerveja se tornou mais clara, o que define o estilo atualmente

Saison

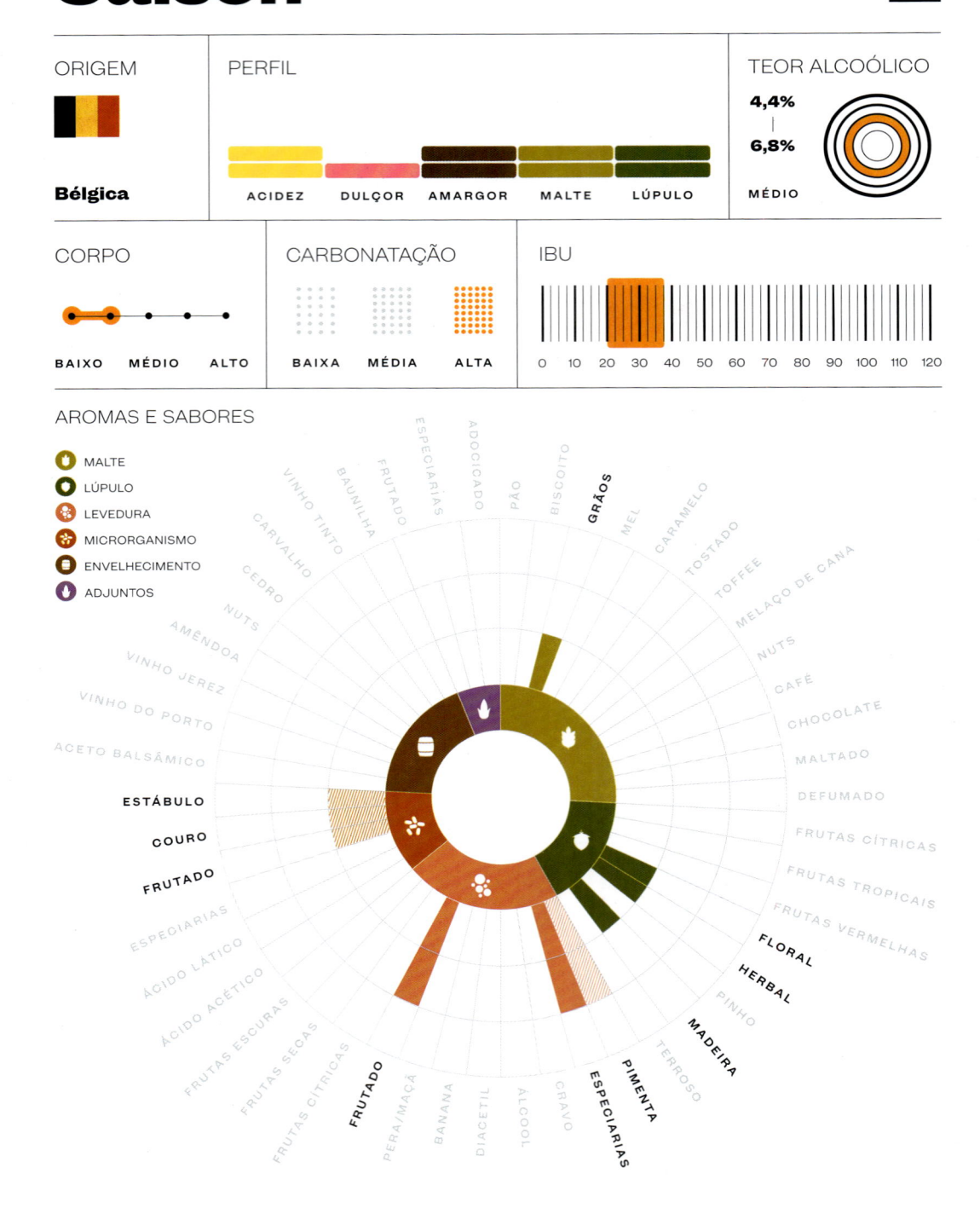

ALE

ORIGEM
Bélgica

PERFIL
ACIDEZ · DULÇOR · AMARGOR · MALTE · LÚPULO

TEOR ALCOÓLICO
4,4% — 6,8%
MÉDIO

CORPO
BAIXO · MÉDIO · ALTO

CARBONATAÇÃO
BAIXA · MÉDIA · ALTA

IBU
0 10 20 30 40 50 60 70 80 90 100 110 120

AROMAS E SABORES

- MALTE
- LÚPULO
- LEVEDURA
- MICRORGANISMO
- ENVELHECIMENTO
- ADJUNTOS

ESPECIARIAS · ADOCICADO · PÃO · BISCOITO · GRÃOS · MEL · CARAMELO · TOSTADO · TOFFEE · MELAÇO DE CANA · NUTS · CAFÉ · CHOCOLATE · MALTADO · DEFUMADO · FRUTAS CÍTRICAS · FRUTAS TROPICAIS · FRUTAS VERMELHAS · FLORAL · HERBAL · PINHO · MADEIRA · TERROSO · PIMENTA · ESPECIARIAS · CRAVO · ÁLCOOL · DIACETIL · BANANA · PERA/MAÇÃ · FRUTADO · FRUTAS CÍTRICAS · FRUTAS SECAS · FRUTAS ESCURAS · ÁCIDO ACÉTICO · ÁCIDO LÁTICO · ESPECIARIAS · FRUTADO · COURO · ESTÁBULO · ACETO BALSÂMICO · VINHO DO PORTO · VINHO JEREZ · AMÊNDOA · NUTS · CEDRO · CARVALHO · VINHO TINTO · BAUNILHA · FRUTADO

COPO

TEMPERATURA DE SERVIÇO

0° 1° 2° 3° 4° 5° 6° 7° 8° 9° 10° 11° 12°

TURBIDEZ

- LÍMPIDA
- LEVEMENTE TURVA
- TURVA

ESPUMA

- ALTA
- MÉDIA
- BAIXA

HARMONIZAÇÃO

Focaccia | Pad thai | Torta com merengue de limão-siciliano

REFERÊNCIA COMERCIAL

Saison Dupont
Bélgica

Produzida pela Brasserie Dupont desde 1844 — antes só durante o inverno para consumo dos trabalhadores agrícolas no verão —, tem final seco, amargor médio e toda a complexidade das leveduras e do lúpulo. Como outras belgas, é refermentada na garrafa.

Outras:
St. Feuillien Saison
Fantôme Saison
Motim Brew Canudos Saison

COMPARAÇÃO COM OUTROS ESTILOS

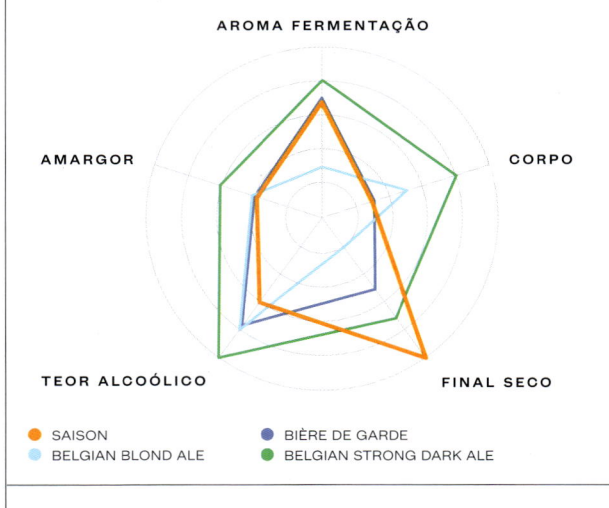

AROMA FERMENTAÇÃO
CORPO
FINAL SECO
TEOR ALCOÓLICO
AMARGOR

- SAISON
- BELGIAN BLOND ALE
- BIÈRE DE GARDE
- BELGIAN STRONG DARK ALE

CARACTERÍSTICAS ÚNICAS

História
Começou sendo produzida na Valônia, região da Bélgica que faz fronteira com a França. Era consumida pelos trabalhadores agrícolas e possuía menos teor alcoólico do que hoje

Versões mais escuras
Pode ter leve presença de sabores de pão, biscoito e chocolate, junto à complexidade da levedura, do lúpulo e da sensação de final seco, característicos do estilo

Tripel

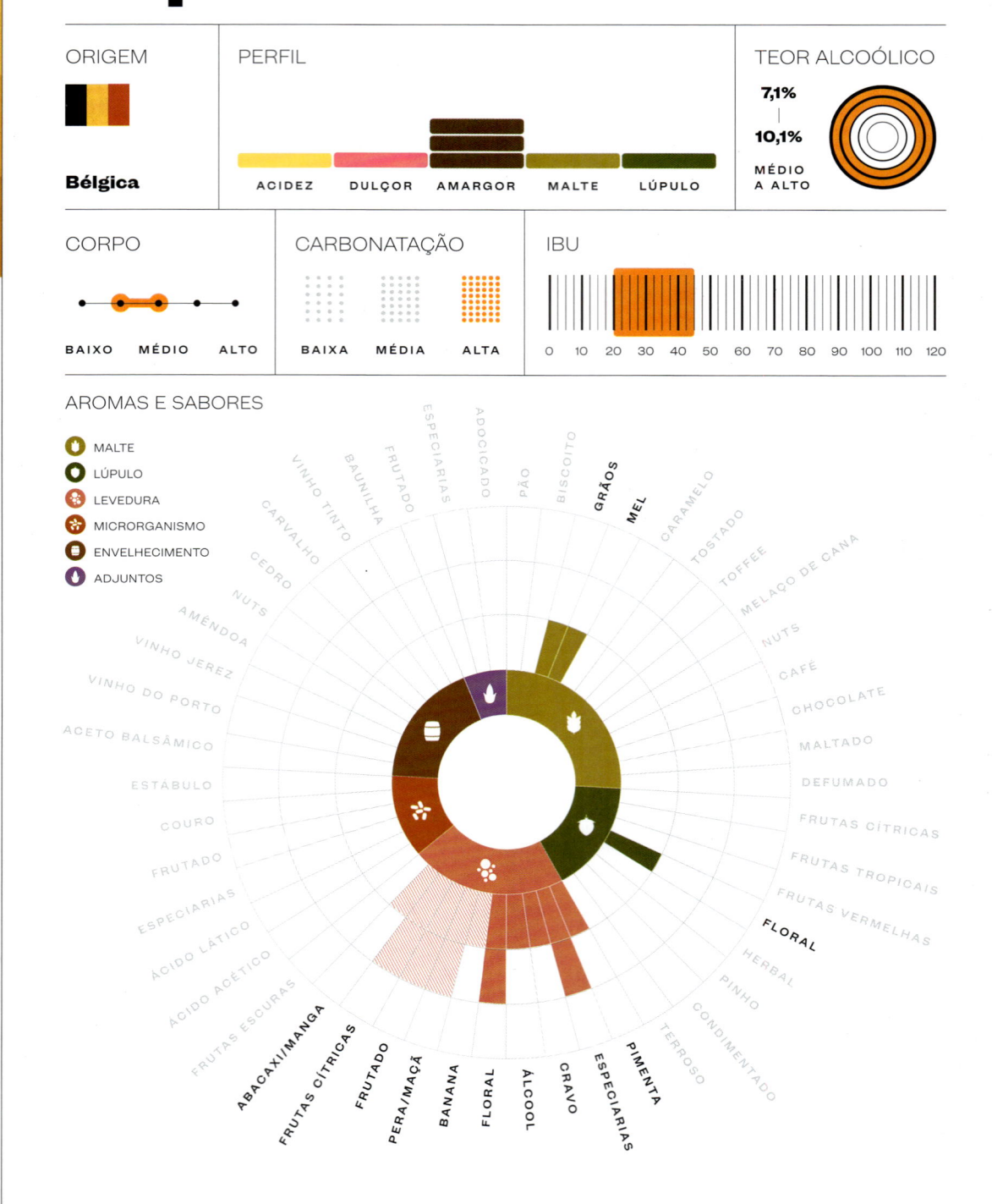

ALE

ORIGEM
Bélgica

PERFIL
ACIDEZ · DULÇOR · AMARGOR · MALTE · LÚPULO

TEOR ALCOÓLICO
7,1% — 10,1%
MÉDIO A ALTO

CORPO
BAIXO · **MÉDIO** · ALTO

CARBONATAÇÃO
BAIXA · MÉDIA · **ALTA**

IBU
0 10 20 30 40 50 60 70 80 90 100 110 120

AROMAS E SABORES

- MALTE
- LÚPULO
- LEVEDURA
- MICRORGANISMO
- ENVELHECIMENTO
- ADJUNTOS

ESPECIARIAS · ADOCICADO · PÃO · BISCOITO · GRÃOS · MEL · CARAMELO · TOSTADO · TOFFEE · MELAÇO DE CANA · NUTS · CAFÉ · CHOCOLATE · MALTADO · DEFUMADO · FRUTAS CÍTRICAS · FRUTAS TROPICAIS · FRUTAS VERMELHAS · FLORAL · HERBAL · PINHO · CONDIMENTADO · TERROSO · ESPECIARIAS · PIMENTA · CRAVO · ÁLCOOL · FLORAL · BANANA · PERA/MAÇÃ · FRUTADO · FRUTAS CÍTRICAS · ABACAXI/MANGA · FRUTAS ESCURAS · ÁCIDO ACÉTICO · ÁCIDO LÁTICO · ESPECIARIAS · FRUTADO · COURO · ESTÁBULO · ACETO BALSÂMICO · VINHO DO PORTO · VINHO JEREZ · AMÊNDOA · NUTS · CEDRO · CARVALHO · VINHO TINTO · BAUNILHA · FRUTADO

COPO

TEMPERATURA DE SERVIÇO

0° 1° 2° 3° 4° 5° 6° 7° 8° 9° 10° 11° 12°

TURBIDEZ

- **LÍMPIDA**
- LEVEMENTE TURVA
- TURVA

ESPUMA

- **ALTA**
- MÉDIA
- BAIXA

HARMONIZAÇÃO

Lula à dorê | Bobó de camarão | Torta de brie com damasco

REFERÊNCIA COMERCIAL

Tripel Karmeliet
Bélgica

Produzida pela Brouwerij Buggenhout Bosteels, segue a mesma receita desde 1679. Utiliza cevada, aveia e trigo e possui um perfil com aromas florais, frutados e cítricos oriundos da fermentação e dos lúpulos. É de corpo médio-leve, alta carbonatação e é aveludada, atenuada e levemente seca ao final do gole.

Outras:
St. Bernardus Tripel
Westmalle Tripel
Affligem Tripel

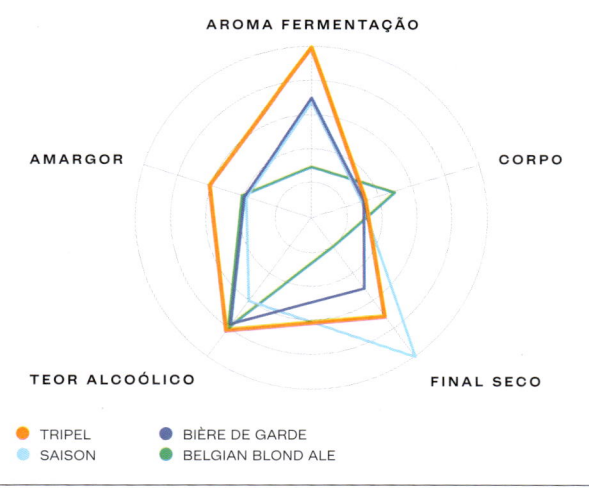

COMPARAÇÃO COM OUTROS ESTILOS

AROMA FERMENTAÇÃO — CORPO — FINAL SECO — TEOR ALCOÓLICO — AMARGOR

- TRIPEL
- SAISON
- BIÈRE DE GARDE
- BELGIAN BLOND ALE

CARACTERÍSTICAS ÚNICAS

História
A primeira aparição foi pelo nome Witkap Peter (Trappist Beer), que legalizou o uso de Trappist como marca. Foi popularizada pela Westmalle sob o nome de Tripel em 1956

Teoria sobre o termo
Na Idade Média, para diferenciar as cervejas conforme os açúcares fermentáveis do malte no mosto, marcavam-se os barris com X. A Tripel, por ser mais encorpada, tinha XXX

Weissbier

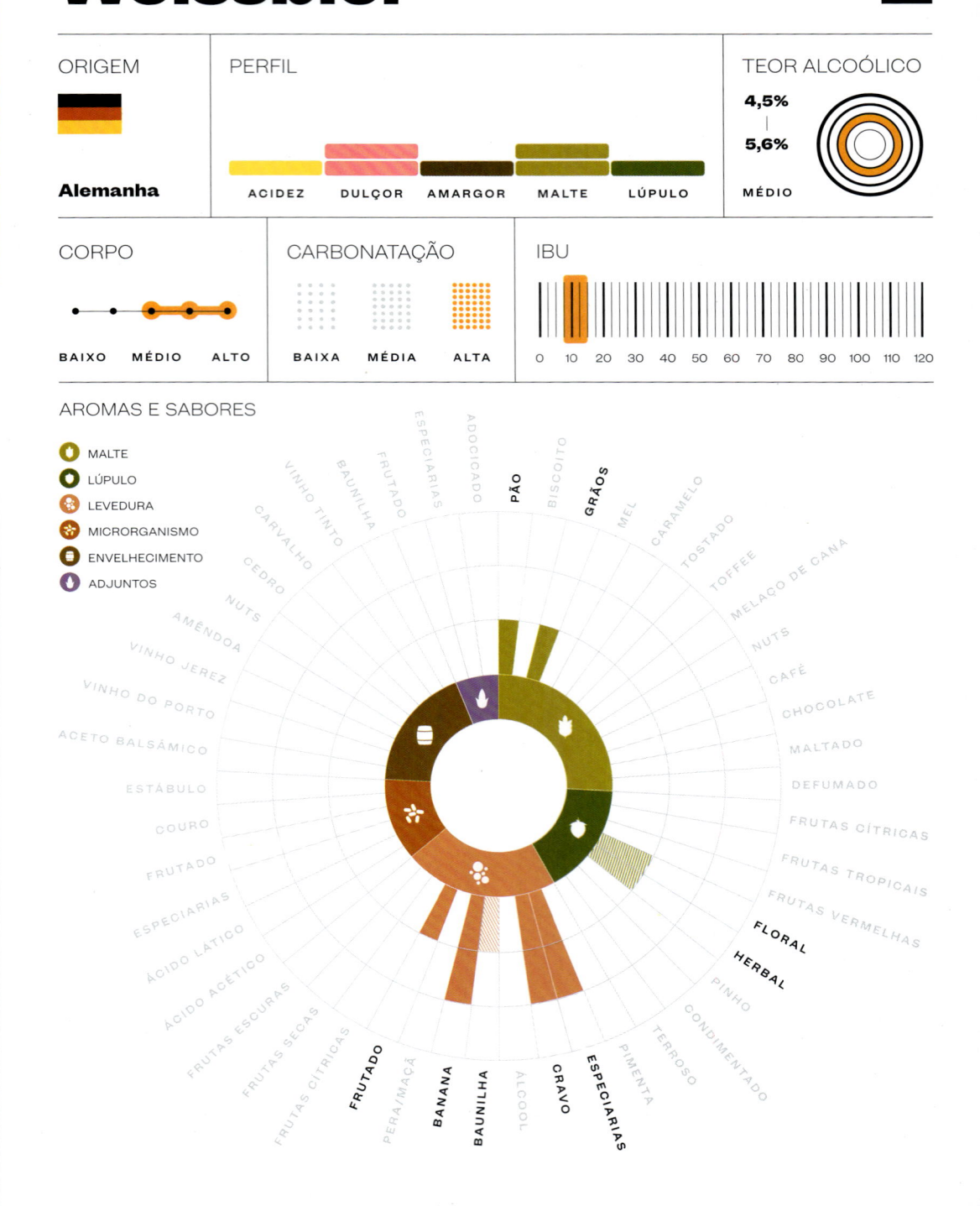

ALE

ORIGEM
Alemanha

PERFIL
ACIDEZ · DULÇOR · AMARGOR · MALTE · LÚPULO

TEOR ALCOÓLICO
4,5% — 5,6%
MÉDIO

CORPO
BAIXO · MÉDIO · ALTO

CARBONATAÇÃO
BAIXA · MÉDIA · ALTA

IBU
0 10 20 30 40 50 60 70 80 90 100 110 120

AROMAS E SABORES

- MALTE
- LÚPULO
- LEVEDURA
- MICRORGANISMO
- ENVELHECIMENTO
- ADJUNTOS

Aromas destacados: PÃO, FRUTADO, PERA/MAÇÃ, BANANA, BAUNILHA, ÁLCOOL, CRAVO, ESPECIARIAS, FLORAL, HERBAL

Outros descritores (roda): ESPECIARIAS, BAUNILHA, FRUTADO, ADOCICADO, BISCOITO, GRÃOS, MEL, CARAMELO, TOSTADO, TOFFEE, MELAÇO DE CANA, NUTS, CAFÉ, CHOCOLATE, MALTADO, DEFUMADO, FRUTAS CÍTRICAS, FRUTAS TROPICAIS, FRUTAS VERMELHAS, PINHO, CONDIMENTADO, TERROSO, PIMENTA, FRUTAS CÍTRICAS, FRUTAS SECAS, FRUTAS ESCURAS, ÁCIDO ACÉTICO, ÁCIDO LÁTICO, ESPECIARIAS, FRUTADO, COURO, ESTÁBULO, ACETO BALSÂMICO, VINHO DO PORTO, VINHO JEREZ, AMÊNDOA, NUTS, CEDRO, CARVALHO, VINHO TINTO, BAUNILHA

COPO

TEMPERATURA DE SERVIÇO

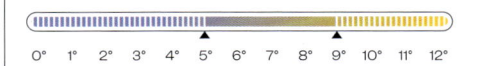

0° 1° 2° 3° 4° 5° 6° 7° 8° 9° 10° 11° 12°

TURBIDEZ

- LÍMPIDA
- LEVEMENTE TURVA
- TURVA

ESPUMA

- ALTA
- MÉDIA
- BAIXA

HARMONIZAÇÃO

Café da manhã bávaro: bretzel e weisswurst

Peixe empanado ao molho hollandaise

Banana pudding

REFERÊNCIA COMERCIAL

Weihenstephaner Hefe Weissbier
Alemanha

Considerada a cervejaria comercial mais antiga do mundo, tendo sua produção comercial iniciada em 1040, surgiu em um mosteiro beneditino fundado em 725. Hoje a cervejaria funciona como um importante centro de ensino cervejeiro universitário. Sua Weissbier possui diversas medalhas em campeonatos mundiais e é considerada uma das melhores cervejas do estilo.

Outras:
Paulaner Hefe-Weizen Naturtrüb
Schneider Weisse Tap 7
Franziskaner Hefe-Weissbier

COMPARAÇÃO COM OUTROS ESTILOS

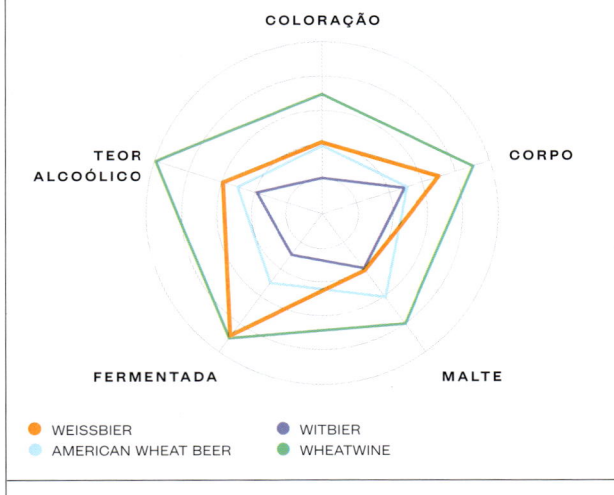

(COLORAÇÃO, CORPO, MALTE, FERMENTADA, TEOR ALCOÓLICO)

- WEISSBIER
- WITBIER
- AMERICAN WHEAT BEER
- WHEATWINE

CARACTERÍSTICAS ÚNICAS

História
Estilo centenário da Baviera, que, por 200 anos, foi monopólio de uma família nobre bávara. A produção declinou no século XIX, ressurgindo em 1960 graças também à Schneider Weisse

Variações
Kristallweizen é uma variedade filtrada e apresenta menos corpo e aromas mais sutis de levedura. Já a Weizen Rauchbier possui coloração mais escura e notas defumadas

Witbier

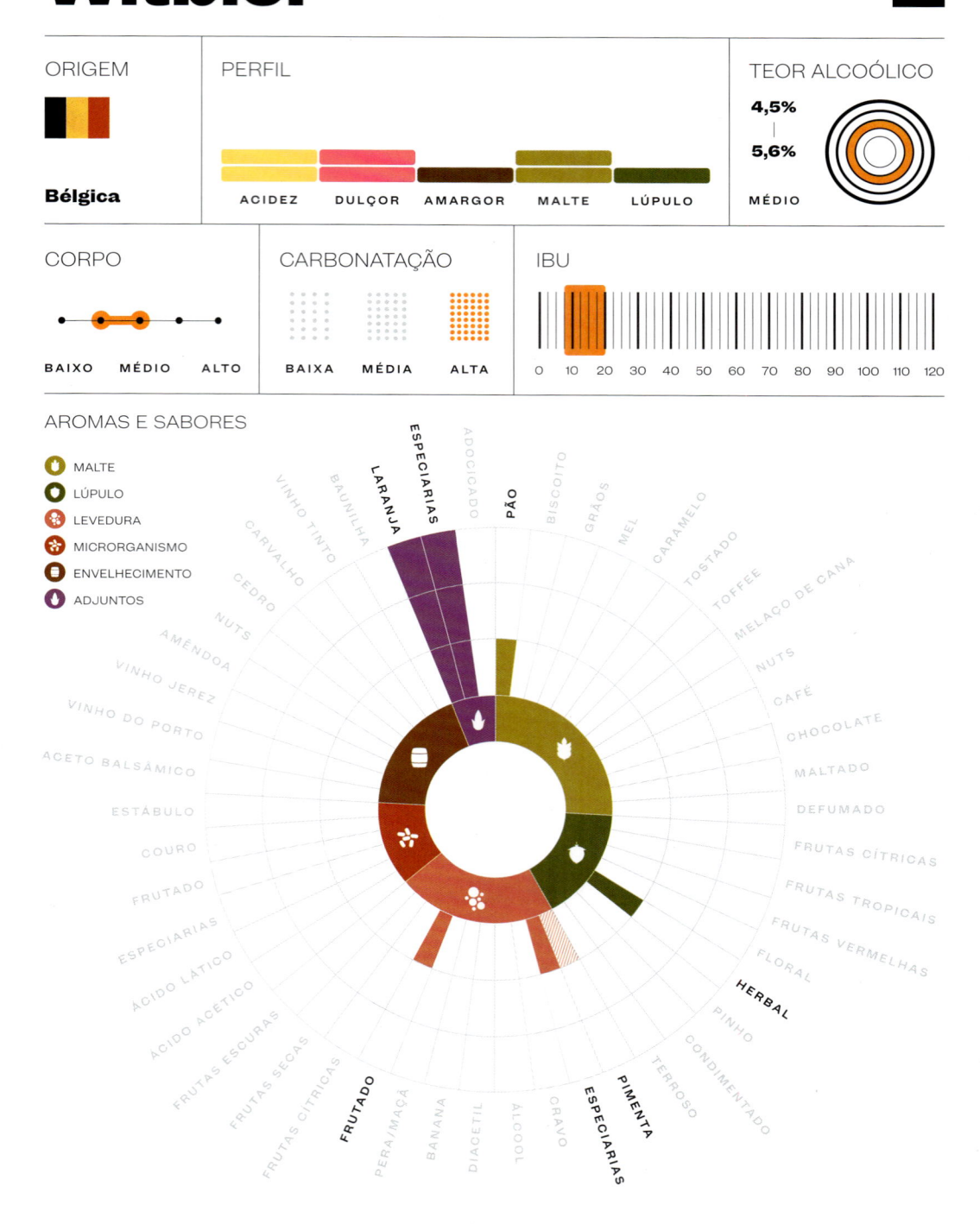

ALE

ORIGEM
Bélgica

PERFIL
ACIDEZ · DULÇOR · AMARGOR · MALTE · LÚPULO

TEOR ALCOÓLICO
4,5% — 5,6%
MÉDIO

CORPO
BAIXO · MÉDIO · ALTO

CARBONATAÇÃO
BAIXA · MÉDIA · ALTA

IBU
0 10 20 30 40 50 60 70 80 90 100 110 120

AROMAS E SABORES

- MALTE
- LÚPULO
- LEVEDURA
- MICRORGANISMO
- ENVELHECIMENTO
- ADJUNTOS

ESPECIARIAS, LARANJA, ADOCICADO, PÃO, BAUNILHA, VINHO TINTO, BISCOITO, GRÃOS, MEL, CARAMELO, CARVALHO, TOSTADO, CEDRO, TOFFEE, NUTS, MELAÇO DE CANA, AMÊNDOA, NUTS, VINHO JEREZ, CAFÉ, VINHO DO PORTO, CHOCOLATE, ACETO BALSÂMICO, MALTADO, ESTÁBULO, DEFUMADO, COURO, FRUTAS CÍTRICAS, FRUTADO, FRUTAS TROPICAIS, ESPECIARIAS, FRUTAS VERMELHAS, ÁCIDO LÁTICO, FLORAL, ÁCIDO ACÉTICO, HERBAL, FRUTAS ESCURAS, PINHO, FRUTAS SECAS, CONDIMENTADO, FRUTAS CÍTRICAS, TERROSO, FRUTADO, PIMENTA, PERA/MAÇÃ, ESPECIARIAS, BANANA, DIACETIL, ÁLCOOL, CRAVO

COPO

TEMPERATURA DE SERVIÇO

0° 1° 2° 3° 4° 5° 6° 7° 8° 9° 10° 11° 12°

TURBIDEZ

- LÍMPIDA
- LEVEMENTE TURVA
- TURVA

ESPUMA

- ALTA
- MÉDIA
- BAIXA

HARMONIZAÇÃO

Queijo de cabra | Sopa de frutos do mar | Fondue de chocolate branco com morango

REFERÊNCIA COMERCIAL

Hoegaarden Wit
Bélgica

Em 1966, Pierre Celis criou a Brouwerij Celis, que começou a produzir uma cerveja branca de trigo não maltado nomeada Hoegaarden em homenagem à sua cidade. Após um grande incêndio em 1985, Celis recebeu investimento para reconstrução da grande multinacional Anheuser-Bush InBev, que, cinco anos depois, virou a nova dona.

Outras:
Celis White
St. Bernardus Witbier
Blanche de Bruxelles

COMPARAÇÃO COM OUTROS ESTILOS

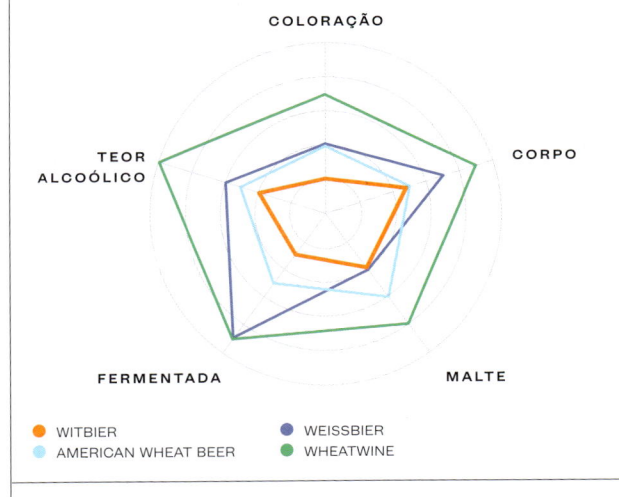

COLORAÇÃO · CORPO · MALTE · FERMENTADA · TEOR ALCOÓLICO

- WITBIER
- WEISSBIER
- AMERICAN WHEAT BEER
- WHEATWINE

CARACTERÍSTICAS ÚNICAS

História
O estilo surgiu durante a Idade Média em Hoegaarden, na Bélgica, e foi uma especialidade da região até sua quase extinção em 1950, com a introdução das cervejas Lagers no território belga

Cerveja coringa
A essa cerveja de trigo geralmente são adicionadas casca de laranja e semente de coentro, tornando-a extremamente versátil para diversos tipos de harmonização

4.b Engana-se quem pensa que são todas iguais. De perfil leve ou moderadamente alto de malte, os estilos podem variar de aromas de pão doce e caramelo até defumado e tostado intenso. Por vezes, se misturam com subprodutos da fermentação, gerando aromas de frutas passas ou escuras, e podem estar presentes de forma leve em diversos estilos ou de forma secundária, evidenciando aromas lupulados e/ou de fermentação.

Âmbar profundo ao castanho

- Altbier — P.134
- American Barley Wine — P.136
- American IPA — P.138
- American Red Ale — P.140
- Belgian Pale Ale — P.142
- Bière de Garde — P.144
- Bock — P.146
- California Common — P.148
- Dubbel — P.150
- English Bitter — P.152
- English Brown Ale — P.154
- English IPA — P.156
- Flanders Red Ale — P.158
- Helles Bock — P.160
- Irish Red Ale — P.162
- Märzen Rauchbier — P.164
- Märzen — P.166
- Munich Dunkel — P.168
- Old Ale — P.170
- Oud Bruin — P.172
- Pumpkin Ale — P.174
- Vienna Lager — P.176
- Weizenbock — P.178
- Wheatwine — P.180

Altbier

HÍBRIDA

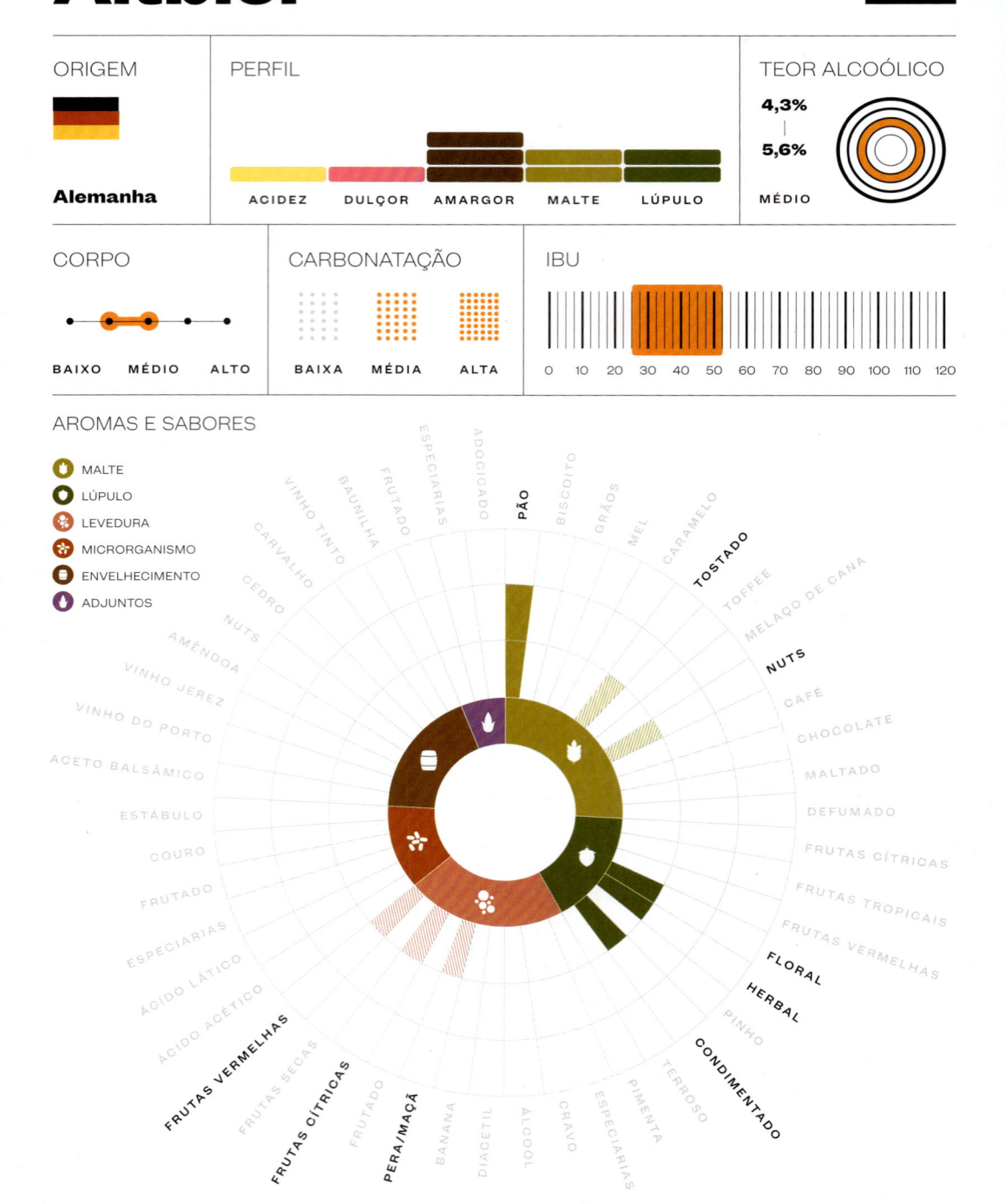

ORIGEM
Alemanha

PERFIL
ACIDEZ | DULÇOR | AMARGOR | MALTE | LÚPULO

TEOR ALCOÓLICO
4,3% — 5,6%
MÉDIO

CORPO
BAIXO | MÉDIO | ALTO

CARBONATAÇÃO
BAIXA | MÉDIA | ALTA

IBU
0 10 20 30 40 50 60 70 80 90 100 110 120

AROMAS E SABORES

- MALTE
- LÚPULO
- LEVEDURA
- MICRORGANISMO
- ENVELHECIMENTO
- ADJUNTOS

ESPECIARIAS · BAUNILHA · FRUTADO · ADOCICADO · PÃO · BISCOITO · GRÃOS · MEL · CARAMELO · TOSTADO · TOFFEE · MELAÇO DE CANA · NUTS · CAFÉ · CHOCOLATE · MALTADO · DEFUMADO · FRUTAS CÍTRICAS · FRUTAS TROPICAIS · FRUTAS VERMELHAS · FLORAL · HERBAL · PINHO · CONDIMENTADO · TERROSO · PIMENTA · ESPECIARIAS · CRAVO · ÁLCOOL · DIACETIL · BANANA · PERA/MAÇÃ · FRUTADO · FRUTAS CÍTRICAS · FRUTAS SECAS · FRUTAS VERMELHAS · ÁCIDO ACÉTICO · ÁCIDO LÁTICO · ESPECIARIAS · FRUTADO · COURO · ESTÁBULO · ACETO BALSÂMICO · VINHO DO PORTO · VINHO JEREZ · AMÊNDOA · NUTS · CEDRO · CARVALHO · VINHO TINTO

COPO

TEMPERATURA DE SERVIÇO

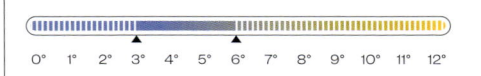

0° 1° 2° 3° 4° 5° 6° 7° 8° 9° 10° 11° 12°

TURBIDEZ

- LÍMPIDO
- LEVEMENTE TURVA
- TURVA

ESPUMA

- ALTA
- MÉDIA
- BAIXA

HARMONIZAÇÃO

Burrito | Kassler | Bolo amanteigado alemão

REFERÊNCIA COMERCIAL

Bolten Alt
Alemanha

A Bolten, uma das mais antigas cervejarias a produzir Altbier, surgiu em 1266. Ela manteve o rótulo com a mesma essência, apesar de ter sido ameaçada pela popularidade das Lagers. Seu diferencial, segundo a marca, é ter uma receita que utiliza uma cepa de levedura própria, com maltes e lúpulos que proporcionam uma ótima experiência.

Outras:
Uerige Altbier
Original Schlüssel Alt
Schlösser Alt

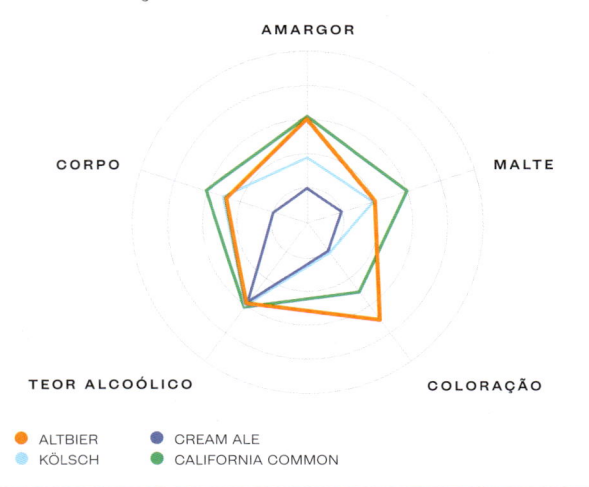

COMPARAÇÃO COM OUTROS ESTILOS

AMARGOR — MALTE — COLORAÇÃO — TEOR ALCOÓLICO — CORPO

- ALTBIER
- KÖLSCH
- CREAM ALE
- CALIFORNIA COMMON

CARACTERÍSTICAS ÚNICAS

História
Estilo clássico da região de Düsseldorf, na Alemanha, é híbrida, pois sua fermentação é feita com leveduras Ale em temperatura de Lager (antes mesmo de essa levedura ser isolada)

Rivalidade
Altbier é uma cerveja muito regional, assim como a Kölsch, de Colônia. Historicamente, há uma rivalidade entre as duas cidades sobre qual seria a melhor cerveja

American Barley Wine

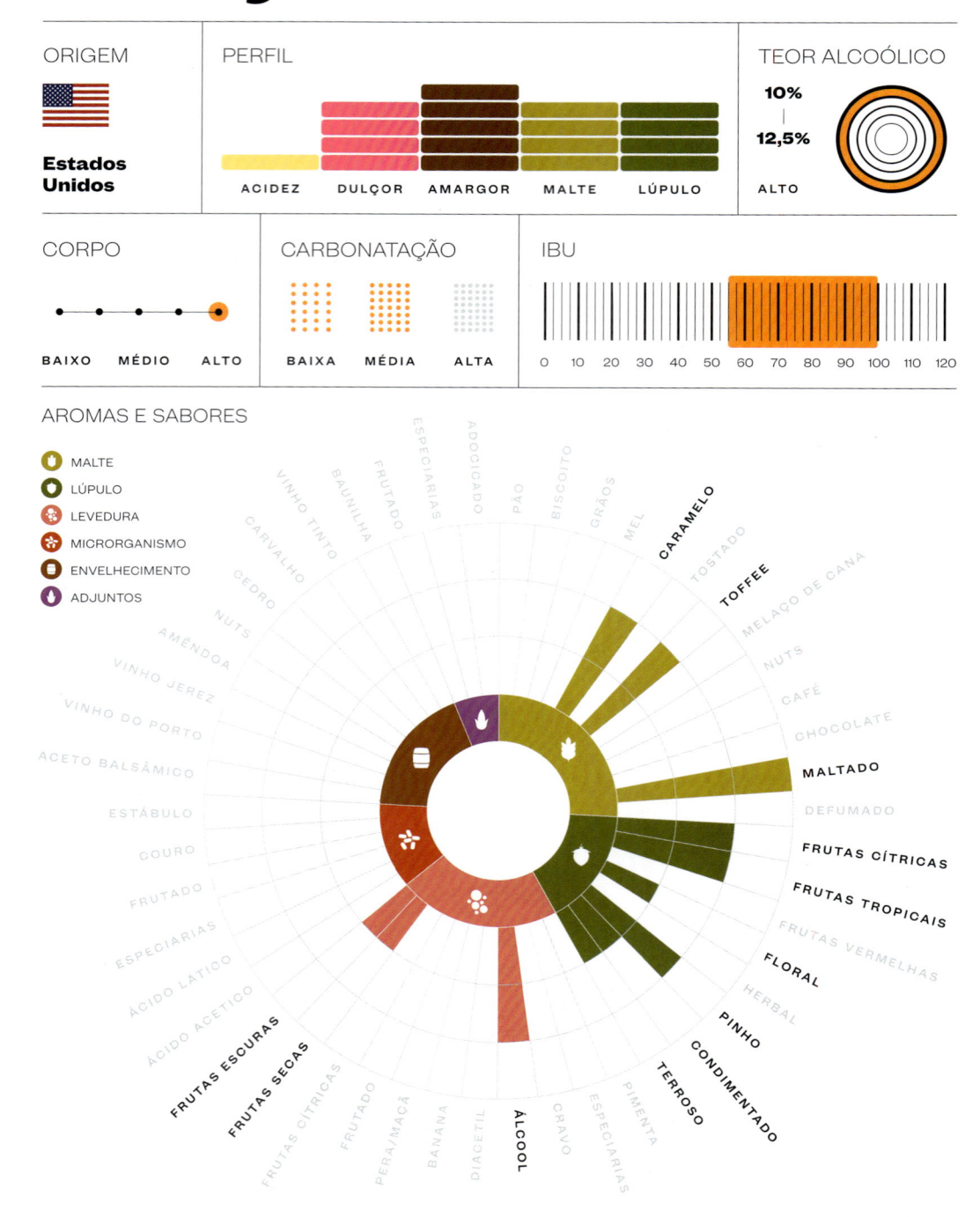

ALE

ORIGEM
Estados Unidos

PERFIL
ACIDEZ · DULÇOR · AMARGOR · MALTE · LÚPULO

TEOR ALCOÓLICO
10% — 12,5%
ALTO

CORPO
BAIXO · MÉDIO · **ALTO**

CARBONATAÇÃO
BAIXA · MÉDIA · ALTA

IBU
0 10 20 30 40 50 60 70 80 90 100 110 120

AROMAS E SABORES

- MALTE
- LÚPULO
- LEVEDURA
- MICRORGANISMO
- ENVELHECIMENTO
- ADJUNTOS

VINHO TINTO · CARVALHO · CEDRO · NUTS · AMÊNDOA · VINHO JEREZ · VINHO DO PORTO · ACETO BALSÂMICO · ESTÁBULO · COURO · FRUTADO · ESPECIARIAS · ÁCIDO LÁTICO · ÁCIDO ACÉTICO · FRUTAS ESCURAS · FRUTAS SECAS · FRUTAS CÍTRICAS · FRUTADO · PERA/MAÇÃ · BANANA · DIACETIL · ÁLCOOL · CRAVO · ESPECIARIAS · PIMENTA · TERROSO · CONDIMENTADO · PINHO · HERBAL · FLORAL · FRUTAS VERMELHAS · FRUTAS TROPICAIS · FRUTAS CÍTRICAS · DEFUMADO · MALTADO · CHOCOLATE · CAFÉ · NUTS · MELAÇO DE CANA · TOFFEE · TOSTADO · CARAMELO · MEL · GRÃOS · BISCOITO · PÃO · ADOCICADO · FRUTADO · ESPECIARIAS · BAUNILHA

COPO

TEMPERATURA DE SERVIÇO

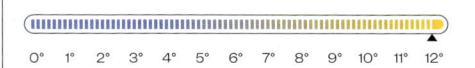

0° 1° 2° 3° 4° 5° 6° 7° 8° 9° 10° 11° 12°

TURBIDEZ

- LÍMPIDO
- LEVEMENTE TURVA
- TURVA

ESPUMA

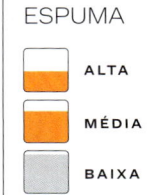

- ALTA
- MÉDIA
- BAIXA

HARMONIZAÇÃO

Queijo Maytag Blue  | Pulled pork  | Brownie de chocolate com castanhas

REFERÊNCIA COMERCIAL

Anchor Old Foghorn
Estados Unidos

Produzida em 1975 e engarrafada um ano depois, a Old Foghorn foi a primeira American Barley Wine do país. Com base nos exemplares ingleses, se diferenciou pela receita com personalidade norte-americana, utilizando o lúpulo Cascade na receita e um processo de dry-hopping enquanto envelhece nas adegas.

Outras:
Rogue Old Crustacean
Sierra Nevada Bigfoot
Antuérpia Velvet Barley Wine

COMPARAÇÃO COM OUTROS ESTILOS

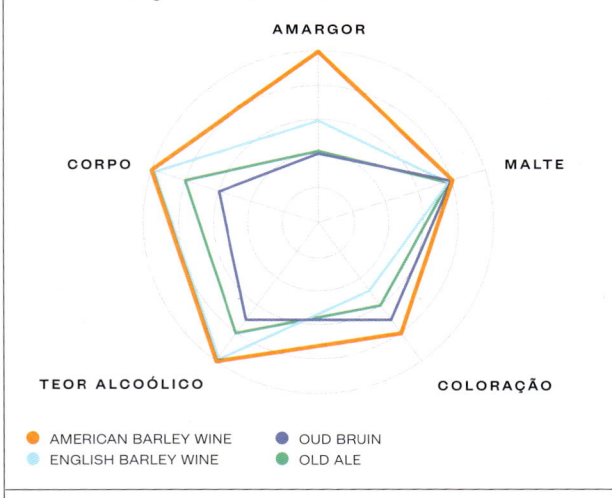

AMARGOR · MALTE · COLORAÇÃO · TEOR ALCOÓLICO · CORPO

- AMERICAN BARLEY WINE
- ENGLISH BARLEY WINE
- OUD BRUIN
- OLD ALE

CARACTERÍSTICAS ÚNICAS

História
Produzida nos Estados Unidos no final do século XX, é uma versão dos exemplares britânicos com mais amargor e aroma de lúpulos americanos

Wood and Barrel Aged
Hoje é comum encontrar exemplares envelhecidos em barricas de carvalho pelos quais passaram bourbon e/ou outras bebidas, proporcionando mais complexidade

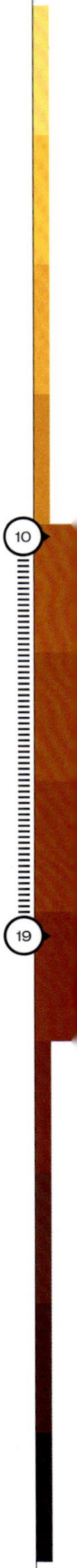

American IPA

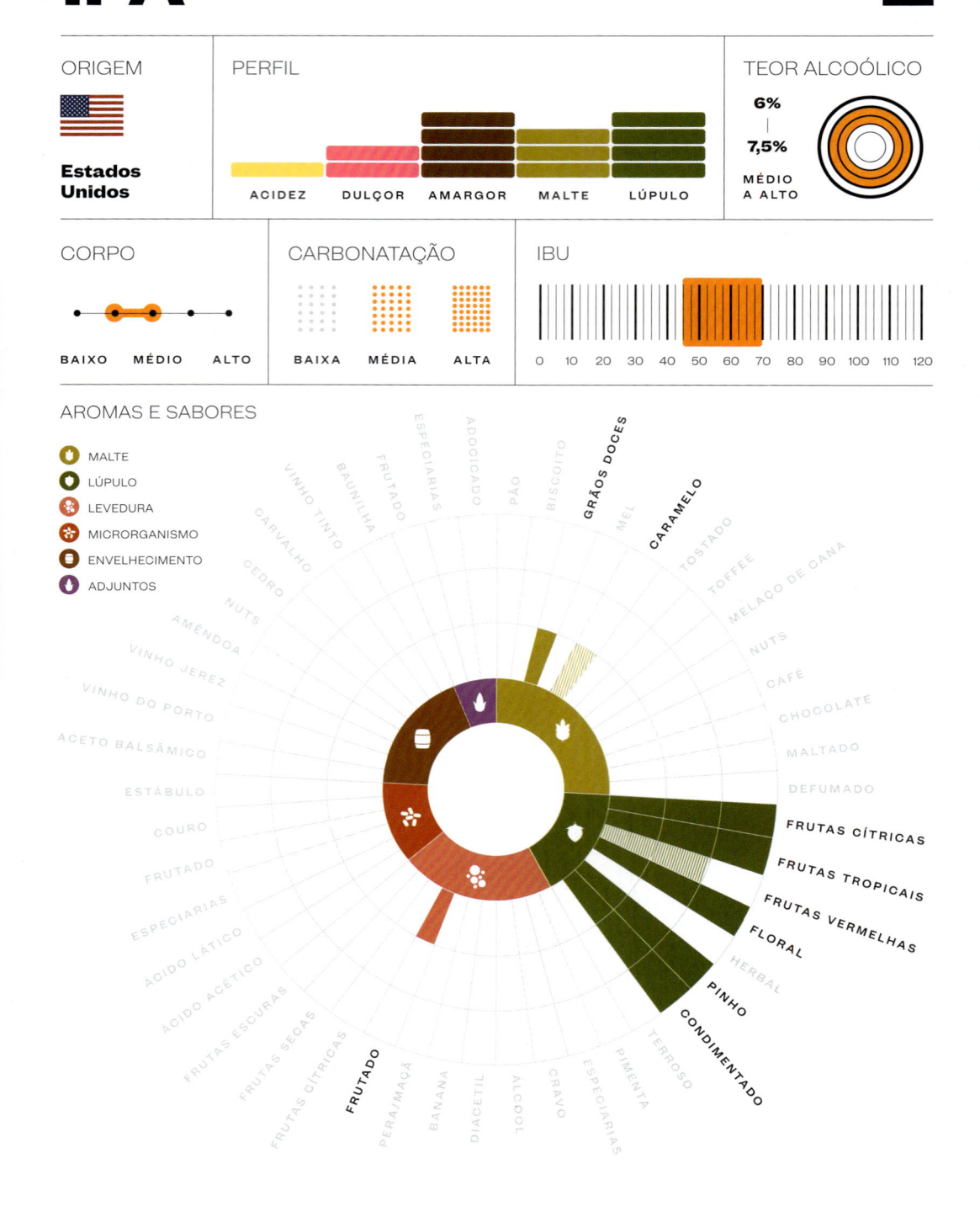

ALE

ORIGEM
Estados Unidos

PERFIL
- ACIDEZ
- DULÇOR
- AMARGOR
- MALTE
- LÚPULO

TEOR ALCOÓLICO
6% — 7,5%
MÉDIO A ALTO

CORPO
BAIXO — **MÉDIO** — ALTO

CARBONATAÇÃO
BAIXA — **MÉDIA** — ALTA

IBU
0 10 20 30 40 50 60 70 80 90 100 110 120

AROMAS E SABORES
- MALTE
- LÚPULO
- LEVEDURA
- MICRORGANISMO
- ENVELHECIMENTO
- ADJUNTOS

Aromas e sabores destacados:
- CARAMELO
- FRUTAS CÍTRICAS
- FRUTAS TROPICAIS
- FRUTAS VERMELHAS
- FLORAL
- PINHO
- CONDIMENTADO
- FRUTADO

Outros (menos destacados): ESPECIARIAS, ADOCICADO, PÃO, BISCOITO, GRÃOS DOCES, MEL, TOSTADO, TOFFEE, MELAÇO DE CANA, NUTS, CAFÉ, CHOCOLATE, MALTADO, DEFUMADO, HERBAL, TERROSO, PIMENTA, CRAVO, ESPECIARIAS, ÁLCOOL, DIACETIL, BANANA, PERA/MAÇÃ, FRUTAS CÍTRICAS, FRUTAS SECAS, FRUTAS ESCURAS, ÁCIDO ACÉTICO, ÁCIDO LÁTICO, ESPECIARIAS, FRUTADO, COURO, ESTÁBULO, ACETO BALSÂMICO, VINHO DO PORTO, VINHO JEREZ, AMÊNDOA, NUTS, CEDRO, CARVALHO, VINHO TINTO, BAUNILHA, FRUTADO

COPO

TEMPERATURA DE SERVIÇO

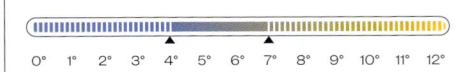

0° 1° 2° 3° 4° 5° 6° 7° 8° 9° 10° 11° 12°

TURBIDEZ

- LÍMPIDA
- LEVEMENTE TURVA
- TURVA

ESPUMA

- ALTA
- MÉDIA
- BAIXA

HARMONIZAÇÃO

Onion Rings | Cheeseburger | Mousse de maracujá com crumble de limão

REFERÊNCIA COMERCIAL

Lagunitas IPA
Estados Unidos

A Lagunitas Brewing Company surgiu em 1993, na Califórnia, e lançou, em 1995, a IPA que viria a ser uma das cervejas mais vendidas do mundo. De perfil cítrico, frutado, floral e leve base maltada, hoje é distribuída e produzida em diversas partes do globo, inclusive no Brasil, devido à aquisição da marca pelo grupo Heineken.

Outras:
Firestone Walker Union Jack
Stone IPA
Hocus Pocus Interstellar

COMPARAÇÃO COM OUTROS ESTILOS

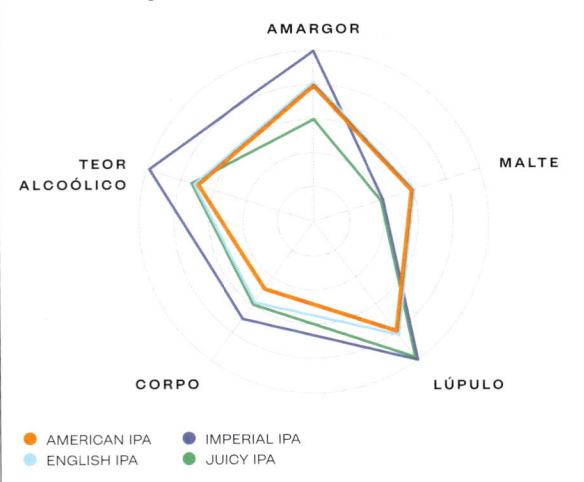

AMARGOR · MALTE · LÚPULO · CORPO · TEOR ALCOÓLICO

- AMERICAN IPA
- IMPERIAL IPA
- ENGLISH IPA
- JUICY IPA

CARACTERÍSTICAS ÚNICAS

História
Em 1975, os americanos decidiram reviver o estilo inglês, já em decadência. Com uma versão mais amarga e aromática, as American IPAs se popularizaram e ganharam o mundo

A inspiração
A Ballantine, uma cerveja envelhecida superlupulada, foi inspiração para americanos, que começaram a usar seus lúpulos para criar cervejas frescas e lupuladas

American Red Ale

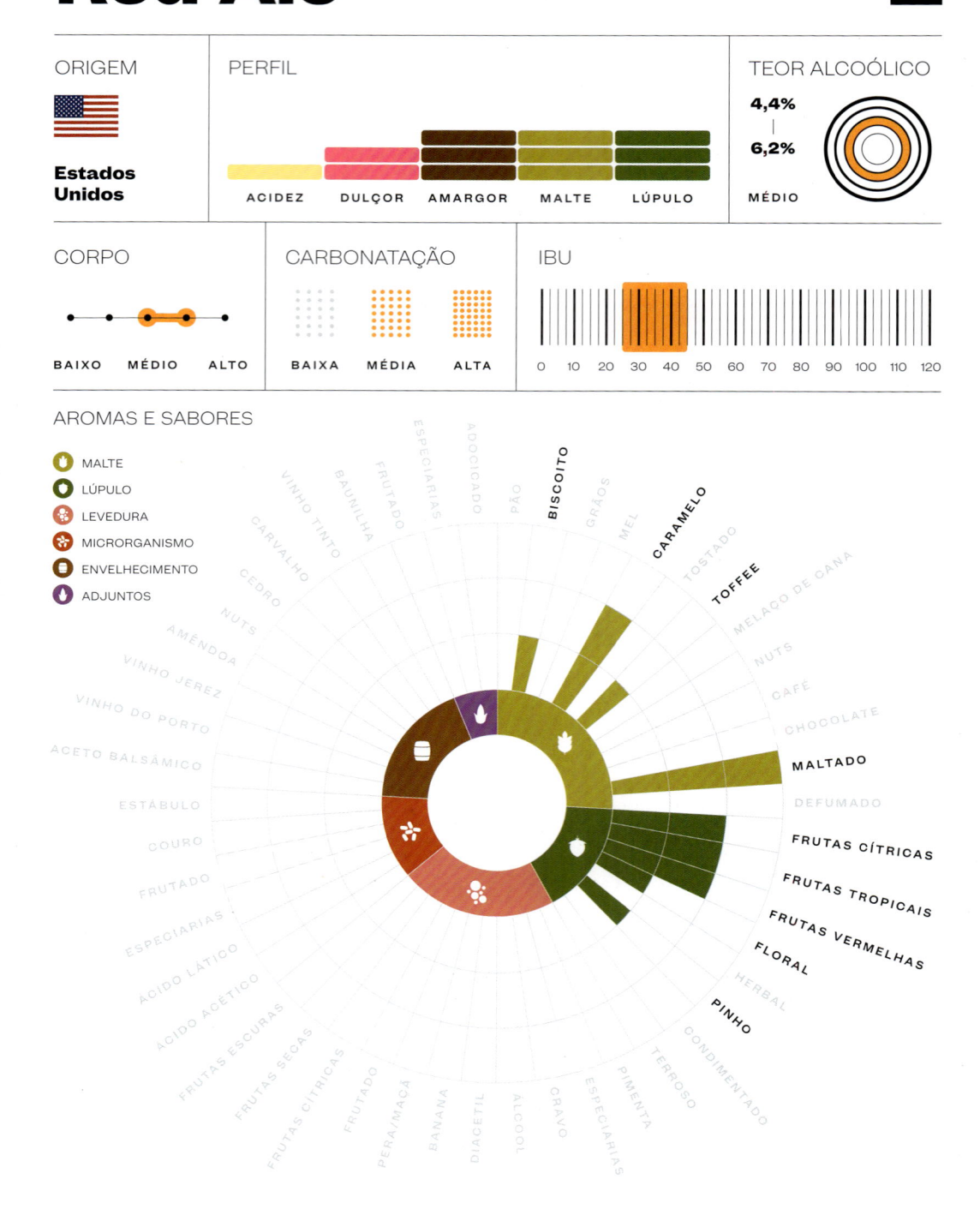

ALE

ORIGEM
Estados Unidos

PERFIL
ACIDEZ · DULÇOR · AMARGOR · MALTE · LÚPULO

TEOR ALCOÓLICO
4,4% — 6,2%
MÉDIO

CORPO
BAIXO · MÉDIO · ALTO

CARBONATAÇÃO
BAIXA · MÉDIA · ALTA

IBU
0 10 20 30 40 50 60 70 80 90 100 110 120

AROMAS E SABORES

- MALTE
- LÚPULO
- LEVEDURA
- MICRORGANISMO
- ENVELHECIMENTO
- ADJUNTOS

ESPECIARIAS · ADOCICADO · PÃO · BISCOITO · GRÃOS · MEL · CARAMELO · TOSTADO · TOFFEE · MELAÇO DE CANA · NUTS · CAFÉ · CHOCOLATE · MALTADO · DEFUMADO · FRUTAS CÍTRICAS · FRUTAS TROPICAIS · FRUTAS VERMELHAS · FLORAL · HERBAL · PINHO · CONDIMENTADO · TERROSO · PIMENTA · ESPECIARIAS · CRAVO · ÁLCOOL · DIACETIL · BANANA · PERA/MAÇÃ · FRUTADO · FRUTAS CÍTRICAS · FRUTAS SECAS · FRUTAS ESCURAS · ÁCIDO ACÉTICO · ÁCIDO LÁTICO · ESPECIARIAS · FRUTADO · COURO · ESTÁBULO · ACETO BALSÂMICO · VINHO DO PORTO · VINHO JEREZ · AMÊNDOA · NUTS · CEDRO · CARVALHO · VINHO TINTO · BAUNILHA · FRUTADO

COPO

TEMPERATURA DE SERVIÇO

0° 1° 2° 3° 4° 5° 6° 7° 8° 9° 10° 11° 12°

TURBIDEZ
- LÍMPIDA
- LEVEMENTE TURVA
- TURVA

ESPUMA
- ALTA
- MÉDIA
- BAIXA

HARMONIZAÇÃO
- Queijo gruyère
- Taco
- Cookie recheado de doce de leite

REFERÊNCIA COMERCIAL

Rogue American Amber Ale
Estados Unidos

A cervejaria Rogue Ales surgiu em Oregon, em 1988, e é uma das primeiras microcervejarias dos EUA. Essa American Amber Ale, como também são chamadas as Red Ales americanas, foi criada pelo mestre cervejeiro John Maier no mesmo ano de sua fundação. Apesar disso, hoje é uma cerveja sazonal, produzida poucos meses ao ano.

Outras:
Amber Smashed Face 3 Floyds
Lavaman Red Ale Kona
Madalena Amber Ale

COMPARAÇÃO COM OUTROS ESTILOS

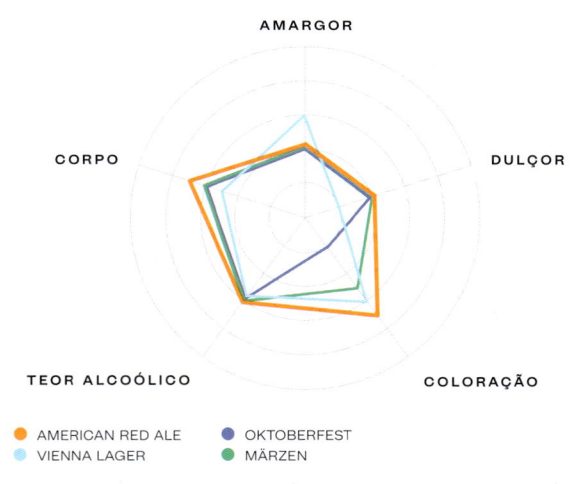

AMARGOR · DULÇOR · COLORAÇÃO · TEOR ALCOÓLICO · CORPO

- AMERICAN RED ALE
- VIENNA LAGER
- OKTOBERFEST
- MÄRZEN

CARACTERÍSTICAS ÚNICAS

História
Com perfil entre Pale Ale e a Brown Ale dos EUA, se popularizou em 1980 entre as artesanais, criando um estilo diferente dos exemplares europeus

American *versus* Irish
Apesar de ser comparada à Irish Red, a versão americana tende a ser mais escura, com um sabor mais acentuado de caramelo, além de ter mais corpo e usar lúpulos próprios

Belgian Pale Ale

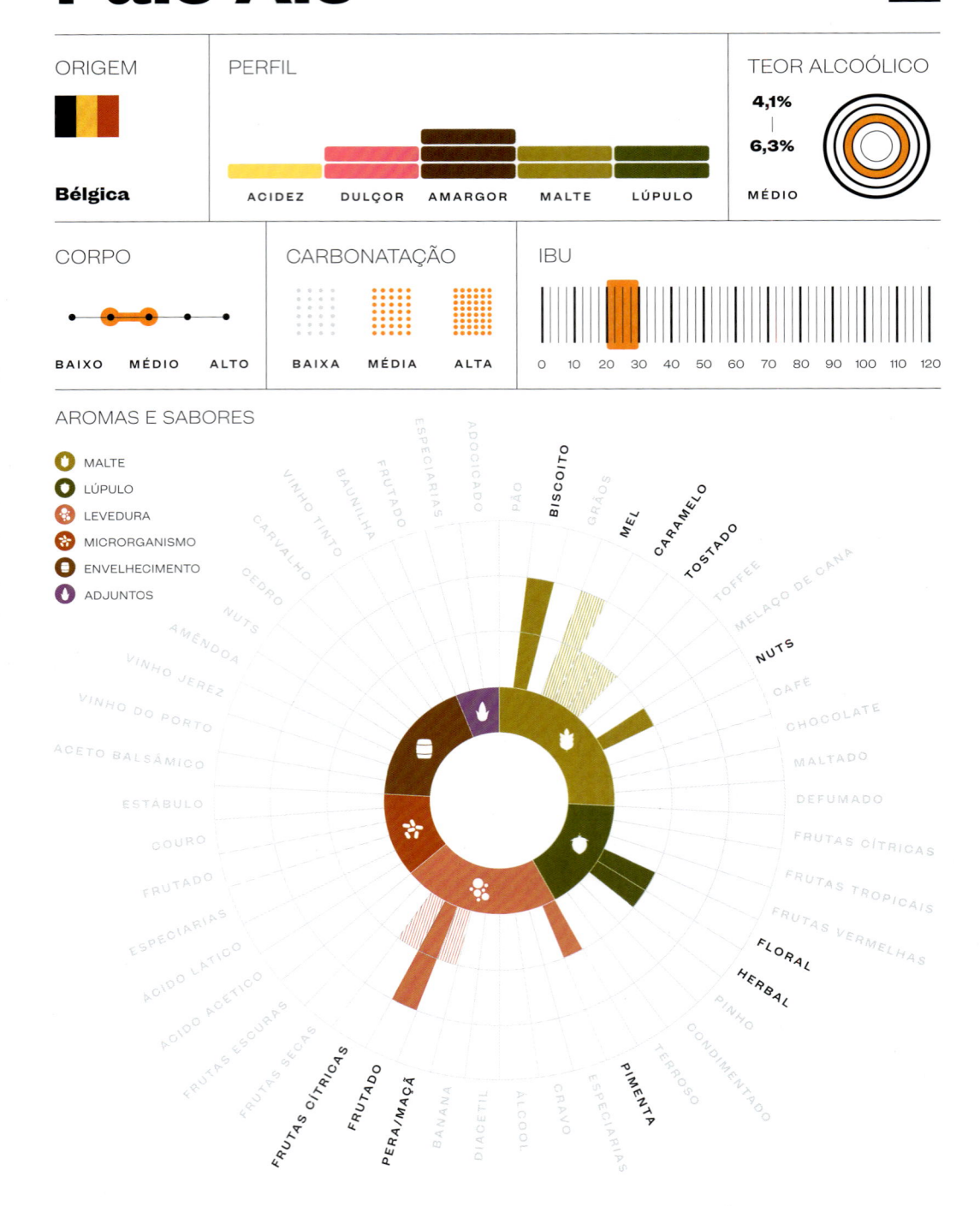

ALE

ORIGEM
Bélgica

PERFIL
ACIDEZ · DULÇOR · AMARGOR · MALTE · LÚPULO

TEOR ALCOÓLICO
4,1% — 6,3%
MÉDIO

CORPO
BAIXO · MÉDIO · ALTO

CARBONATAÇÃO
BAIXA · MÉDIA · ALTA

IBU
0 10 20 30 40 50 60 70 80 90 100 110 120

AROMAS E SABORES

- MALTE
- LÚPULO
- LEVEDURA
- MICRORGANISMO
- ENVELHECIMENTO
- ADJUNTOS

ESPECIARIAS, ADOCICADO, PÃO, BISCOITO, GRÃOS, MEL, CARAMELO, TOSTADO, TOFFEE, MELAÇO DE CANA, NUTS, CAFÉ, CHOCOLATE, MALTADO, DEFUMADO, FRUTAS CÍTRICAS, FRUTAS TROPICAIS, FRUTAS VERMELHAS, FLORAL, HERBAL, PINHO, CONDIMENTADO, TERROSO, PIMENTA, ESPECIARIAS, CRAVO, ÁLCOOL, DIACETIL, BANANA, PERA/MAÇÃ, FRUTADO, FRUTAS CÍTRICAS, FRUTAS SECAS, FRUTAS ESCURAS, ÁCIDO ACÉTICO, ÁCIDO LÁTICO, ESPECIARIAS, FRUTADO, COURO, ESTÁBULO, ÁCETO BALSÂMICO, VINHO DO PORTO, VINHO JEREZ, AMÊNDOA, NUTS, CEDRO, CARVALHO, VINHO TINTO, BAUNILHA, FRUTADO

COPO

TEMPERATURA DE SERVIÇO

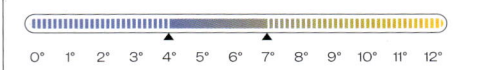

0° 1° 2° 3° 4° 5° 6° 7° 8° 9° 10° 11° 12°

TURBIDEZ

- LÍMPIDA
- LEVEMENTE TURVA
- TURVA

ESPUMA

- ALTA
- MÉDIA
- BAIXA

HARMONIZAÇÃO

Steak tartare | Manjubinha frita | Waffles de Liège

REFERÊNCIA COMERCIAL

Bolleke De Koninck
Bélgica

Produzida desde 1952, essa Belgian Pale Ale é descrita pela cervejaria como o "sabor da Antuérpia nas noites de verão". Possui 5,2% ABV e caráter maltado com leves notas de caramelo, seguido de lúpulo Saaz. A De Koninck é uma cervejaria histórica belga, em atividade desde 1833. Era chamada de De Hand até ser renomeada em 1912.

Outras:
Eisenbahn Pale Ale
Noi Avena

COMPARAÇÃO COM OUTROS ESTILOS

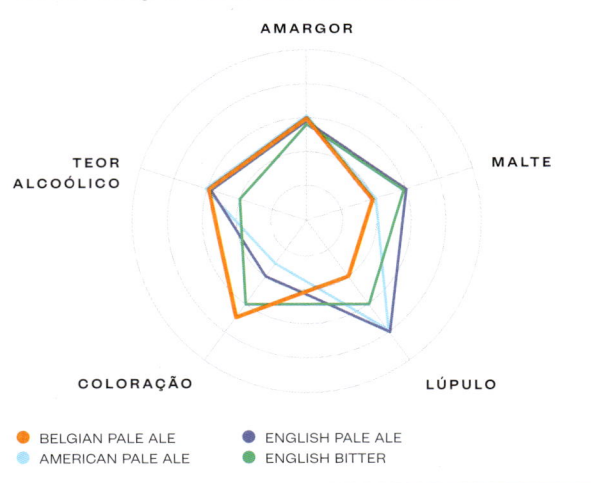

AMARGOR · MALTE · LÚPULO · COLORAÇÃO · TEOR ALCOÓLICO

- BELGIAN PALE ALE
- AMERICAN PALE ALE
- ENGLISH PALE ALE
- ENGLISH BITTER

CARACTERÍSTICAS ÚNICAS

História
Criada no início do século XX para competir com cervejas britânicas e outros estilos, se destacou pelo perfil, que traduz toda uma essência da cultura cervejeira belga

Versatilidade acessível
Apesar de ter características bem variáveis, o estilo é perfeito para quem está iniciando no mundo das cervejas um pouco mais amargas e complexas sensorialmente

Bière de Garde

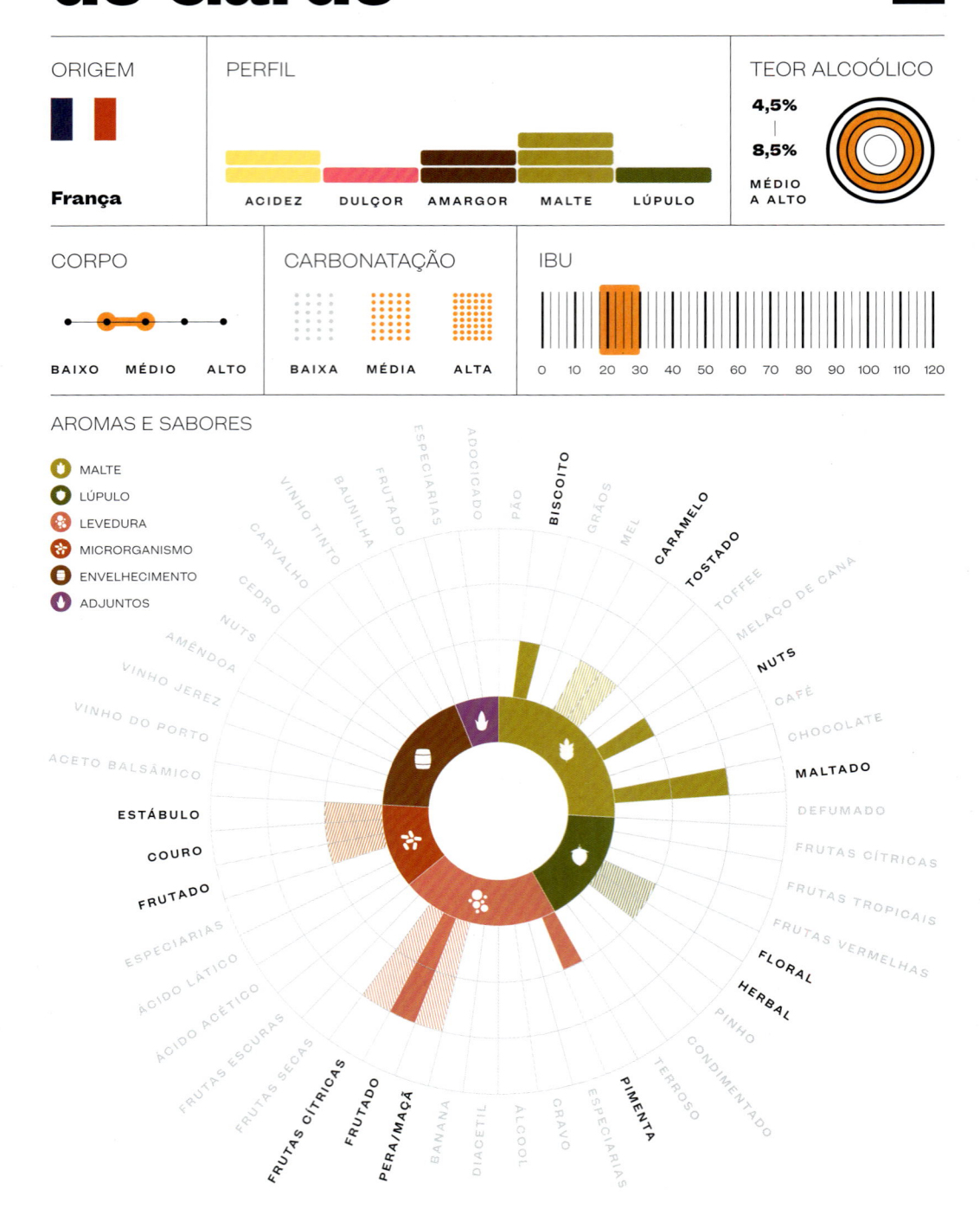

ALE

ORIGEM
França

PERFIL
ACIDEZ · DULÇOR · AMARGOR · MALTE · LÚPULO

TEOR ALCOÓLICO
4,5% — 8,5%
MÉDIO A ALTO

CORPO
BAIXO · MÉDIO · ALTO

CARBONATAÇÃO
BAIXA · MÉDIA · ALTA

IBU
0 10 20 30 40 50 60 70 80 90 100 110 120

AROMAS E SABORES

- MALTE
- LÚPULO
- LEVEDURA
- MICRORGANISMO
- ENVELHECIMENTO
- ADJUNTOS

ESPECIARIAS · ADOCICADO · PÃO · BISCOITO · GRÃOS · MEL · CARAMELO · TOSTADO · TOFFEE · MELAÇO DE CANA · NUTS · CAFÉ · CHOCOLATE · MALTADO · DEFUMADO · FRUTAS CÍTRICAS · FRUTAS TROPICAIS · FRUTAS VERMELHAS · FLORAL · HERBAL · PINHO · CONDIMENTADO · TERROSO · ESPECIARIAS · CRAVO · ÁLCOOL · DIACETIL · BANANA · PERA/MAÇÃ · FRUTADO · FRUTAS CÍTRICAS · FRUTAS SECAS · FRUTAS ESCURAS · ÁCIDO ACÉTICO · ÁCIDO LÁTICO · ESPECIARIAS · FRUTADO · COURO · ESTÁBULO · ACETO BALSÂMICO · VINHO DO PORTO · VINHO JEREZ · AMÊNDOA · NUTS · CEDRO · CARVALHO · VINHO TINTO · BAUNILHA · FRUTADO · PIMENTA

COPO

TEMPERATURA DE SERVIÇO

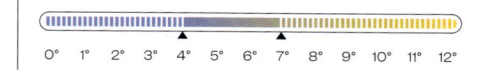

0° 1° 2° 3° 4° 5° 6° 7° 8° 9° 10° 11° 12°

TURBIDEZ
- LÍMPIDA 
- LEVEMENTE TURVA
- TURVA

ESPUMA
- ALTA
- MÉDIA
- BAIXA

HARMONIZAÇÃO
- Queijo de cabra azul 
- Paleta de cordeiro com molho de hortelã 
- Torta de noz-pecã

REFERÊNCIA COMERCIAL

Jenlain Blonde
Bélgica

Jenlain, nome que serviu de inspiração, é um vilarejo em Hainaut, na região da Valônia. A Jenlain Blonde possui o típico perfil de uma Bière de Garde clara, com a complexidade da levedura, final adocicado e seco e 6,8% ABV. A Jenlain Ambrée é âmbar e, além dessas mesmas características, possui caráter de malte torrado, nuts e caramelo e 7,5% ABV.

Outras:
La Choulette Blonde/Ambree
Saint Sylvestre 3 Monts Blonde
Page 24 Réserve Hildegarde Blonde

COMPARAÇÃO COM OUTROS ESTILOS

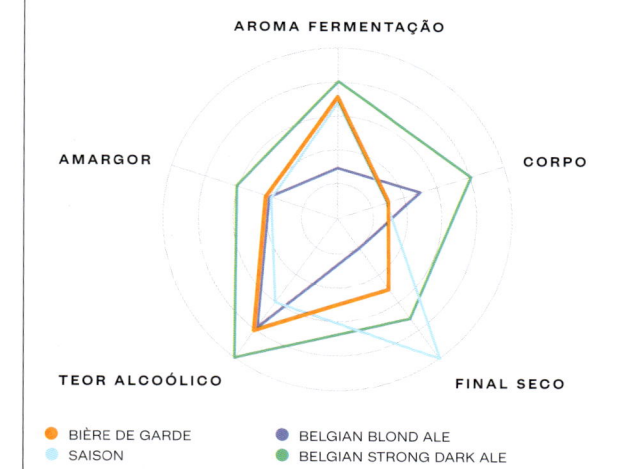

AROMA FERMENTAÇÃO • CORPO • FINAL SECO • TEOR ALCOÓLICO • AMARGOR

- BIÈRE DE GARDE
- SAISON
- BELGIAN BLOND ALE
- BELGIAN STRONG DARK ALE

CARACTERÍSTICAS ÚNICAS

História
Cerveja típica do norte da França, era produzida na primavera e armazenada em caves frias para ser consumida nos dias mais quentes de verão

Variações
Blonde, Brune e Ambrée são as variações dentro do estilo devido aos maltes utilizados na produção. Apresentam, portanto, diferenças de perfil sensorial

Bock

LAGER

ORIGEM
Alemanha

PERFIL
ACIDEZ · DULÇOR · AMARGOR · MALTE · LÚPULO

TEOR ALCOÓLICO
6,3% — 7,6%
MÉDIO A ALTO

CORPO
BAIXO · **MÉDIO** · ALTO

CARBONATAÇÃO
BAIXA · **MÉDIA** · ALTA

IBU
0 · 10 · 20 · 30 · 40 · 50 · 60 · 70 · 80 · 90 · 100 · 110 · 120

AROMAS E SABORES

- MALTE
- LÚPULO
- LEVEDURA
- MICRORGANISMO
- ENVELHECIMENTO
- ADJUNTOS

PÃO · BISCOITO · GRÃOS · MEL · CARAMELO · TOSTADO · TOFFEE · MELAÇO DE CANA · NUTS · CAFÉ · CHOCOLATE · **MALTADO** · DEFUMADO · FRUTAS CÍTRICAS · FRUTAS TROPICAIS · FRUTAS VERMELHAS · FLORAL · HERBAL · PINHO · CONDIMENTADO · TERROSO · PIMENTA · CRAVO · ESPECIARIAS · ÁLCOOL · DIACETIL · BANANA · PERA/MAÇÃ · FRUTADO · FRUTAS CÍTRICAS · FRUTAS SECAS · FRUTAS ESCURAS · ÁCIDO ACÉTICO · ÁCIDO LÁTICO · ESPECIARIAS · FRUTADO · COURO · ESTÁBULO · ACETO BALSÂMICO · VINHO DO PORTO · VINHO JEREZ · AMÊNDOA · NUTS · CEDRO · CARVALHO · VINHO TINTO · BAUNILHA · FRUTADO · ESPECIARIAS · ADOCICADO

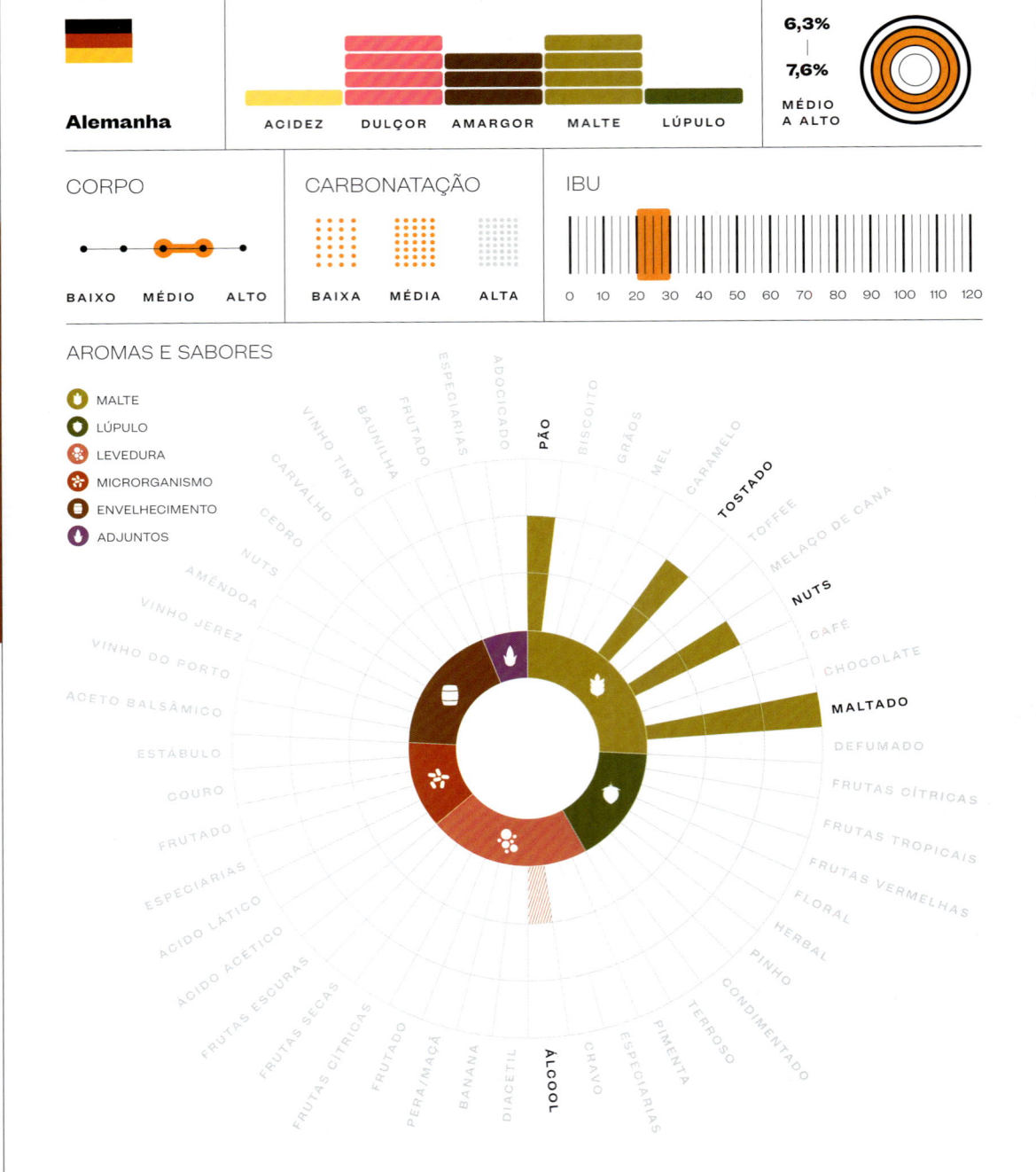

COPO

TEMPERATURA DE SERVIÇO

0° 1° 2° 3° 4° 5° 6° 7° 8° 9° 10° 11° 12°

TURBIDEZ

- LÍMPIDA
- LEVEMENTE TURVA
- TURVA

ESPUMA

- ALTA
- MÉDIA
- BAIXA

HARMONIZAÇÃO

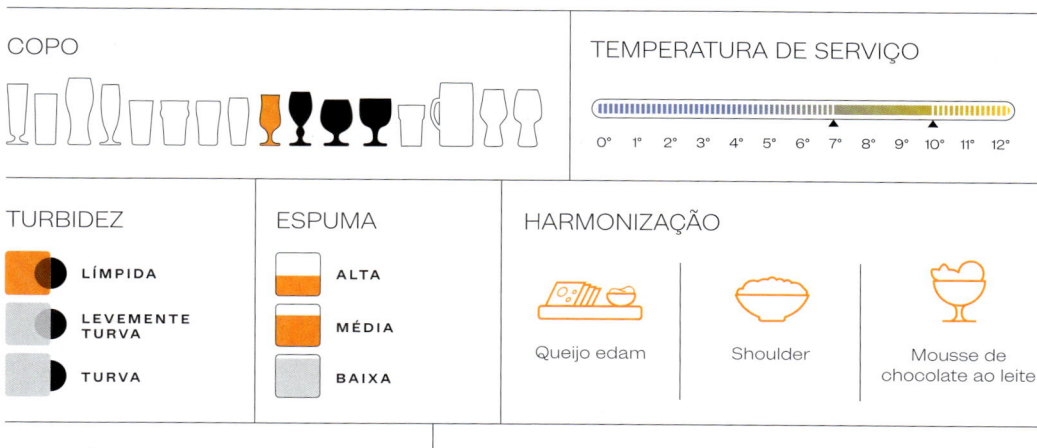

Queijo edam | Shoulder | Mousse de chocolate ao leite

REFERÊNCIA COMERCIAL

Einbecker Ur-Bock Dunkel
Alemanha

A Einbecker surgiu em 1378 na cidade de Einbeck e passou por diversas transformações e fusões desde então. Hoje seu portfólio é composto por uma grande variedade de Bocks, sendo a Einbecker Ur-Bock Dunkel uma clássica Bock com 6,5% de teor alcoólico. O rótulo possui a riqueza do malte e o equilíbrio entre malte e lúpulo característico do estilo.

Outras:
Altstadthof Dunkler Bock
La Trappe Bockbier
Baden Baden Bock

COMPARAÇÃO COM OUTROS ESTILOS

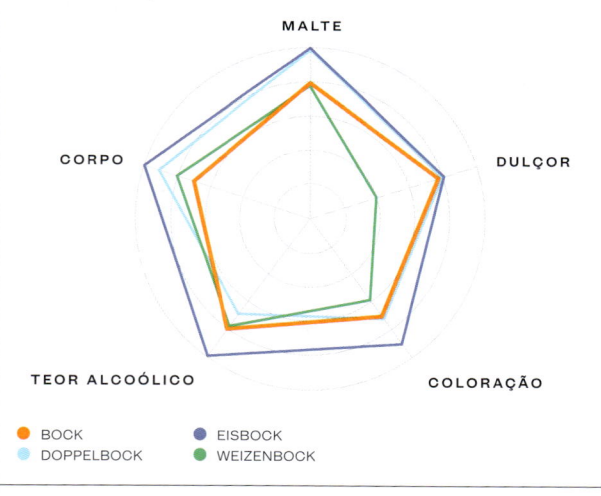

MALTE — DULÇOR — COLORAÇÃO — TEOR ALCOÓLICO — CORPO

- BOCK
- DOPPELBOCK
- EISBOCK
- WEIZENBOCK

CARACTERÍSTICAS ÚNICAS

História
Sua cidade de origem, Einbeck, ficou conhecida por produzir cervejas intensas em sabor e de alta qualidade. Esse estilo é bastante comercializado desde a Idade Média

Variação
Helles Bock, Bock clara ou MaiBock, é uma variação de coloração mais clara e malte menos intenso que a Dunkles Bock e com perfil de lúpulo pouco pronunciado, ainda que presente

California Common

HÍBRIDA

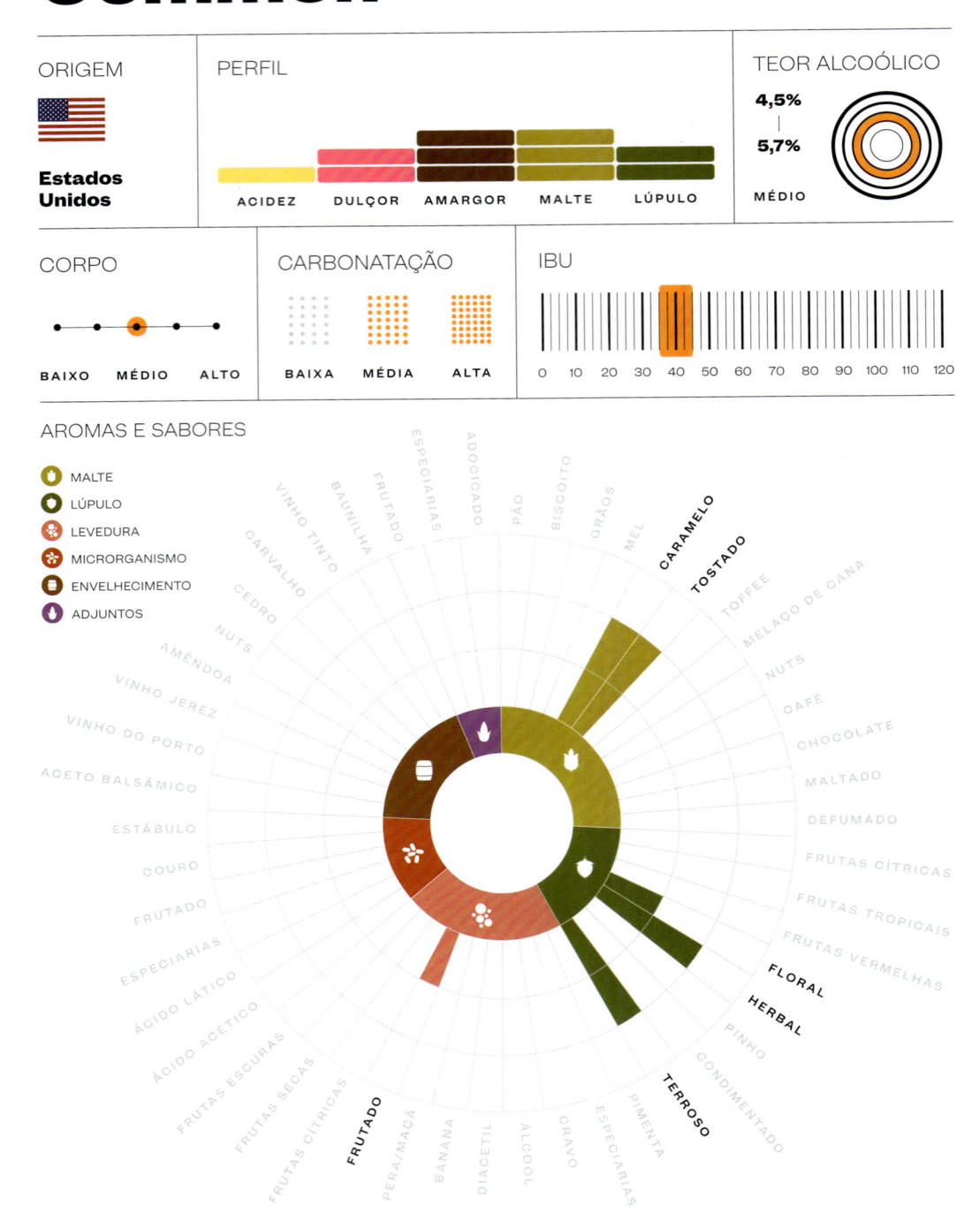

ORIGEM
Estados Unidos

PERFIL
ACIDEZ · DULÇOR · AMARGOR · MALTE · LÚPULO

TEOR ALCOÓLICO
4,5% — 5,7%
MÉDIO

CORPO
BAIXO · MÉDIO · ALTO

CARBONATAÇÃO
BAIXA · MÉDIA · ALTA

IBU
0 10 20 30 40 50 60 70 80 90 100 110 120

AROMAS E SABORES

- MALTE
- LÚPULO
- LEVEDURA
- MICRORGANISMO
- ENVELHECIMENTO
- ADJUNTOS

CARAMELO, TOSTADO, FRUTADO, TERROSO, FLORAL, HERBAL

Toffee, Melaço de cana, Nuts, Café, Chocolate, Maltado, Defumado, Frutas cítricas, Frutas tropicais, Frutas vermelhas, Pinho, Condimentado, Especiarias, Pimenta, Cravo, Álcool, Diacetil, Banana, Pera/Maçã, Frutas cítricas, Frutas secas, Frutas escuras, Ácido acético, Ácido lático, Especiarias, Frutado, Couro, Estábulo, Aceto balsâmico, Vinho do Porto, Vinho Jerez, Amêndoa, Nuts, Cedro, Carvalho, Vinho tinto, Baunilha, Frutado, Especiarias, Adocicado, Pão, Biscoito, Grãos, Mel

COPO

TEMPERATURA DE SERVIÇO

0° 1° 2° 3° 4° 5° 6° 7° 8° 9° 10° 11° 12°

TURBIDEZ

- LÍMPIDA
- LEVEMENTE TURVA
- TURVA

ESPUMA

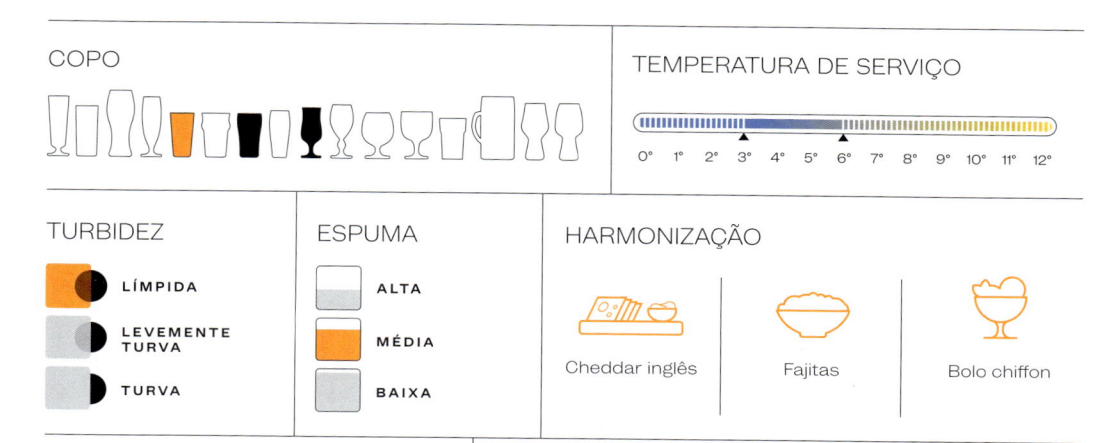

- ALTA
- MÉDIA
- BAIXA

HARMONIZAÇÃO

Cheddar inglês | Fajitas | Bolo chiffon

REFERÊNCIA COMERCIAL

Anchor Steam Beer
Estados Unidos

Um grande exemplar do estilo é da famosa e aclamada Anchor Brewing, fundada em 1896. A cervejaria foi pioneira do movimento "craftbeer" local e, em 1971, começou a se modernizar, o que possibilitou, pela primeira vez, engarrafar a Anchor Steam Beer, que é o nome original do estilo.

Outras:
Steamworks Brewing Steam
Steam Engine Lager
Flying Dog Old Scratch Amber Lager

COMPARAÇÃO COM OUTROS ESTILOS

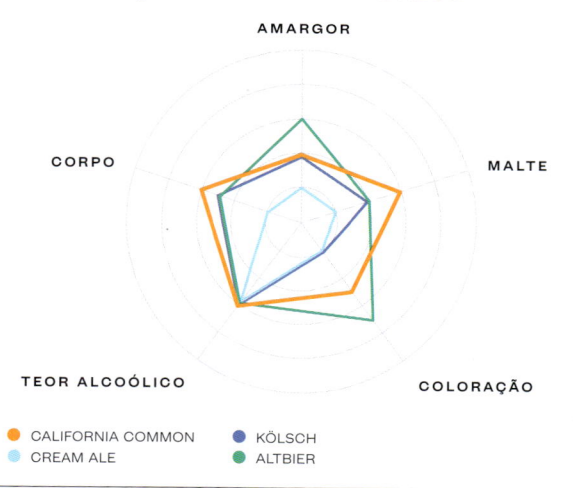

AMARGOR · MALTE · COLORAÇÃO · TEOR ALCOÓLICO · CORPO

- CALIFORNIA COMMON
- CREAM ALE
- KÖLSCH
- ALTBIER

CARACTERÍSTICAS ÚNICAS

História
Esse estilo nasceu na época em que o acesso à refrigeração era escasso. Portanto, a cerveja é produzida com levedura Lager fermentando a altas temperaturas

Nome do estilo
O estilo se chama Steam Beer, mas, após registrar a marca, apenas a Anchor tem o direito de utilizar a palavra "Steam" para cervejas nos EUA

Dubbel

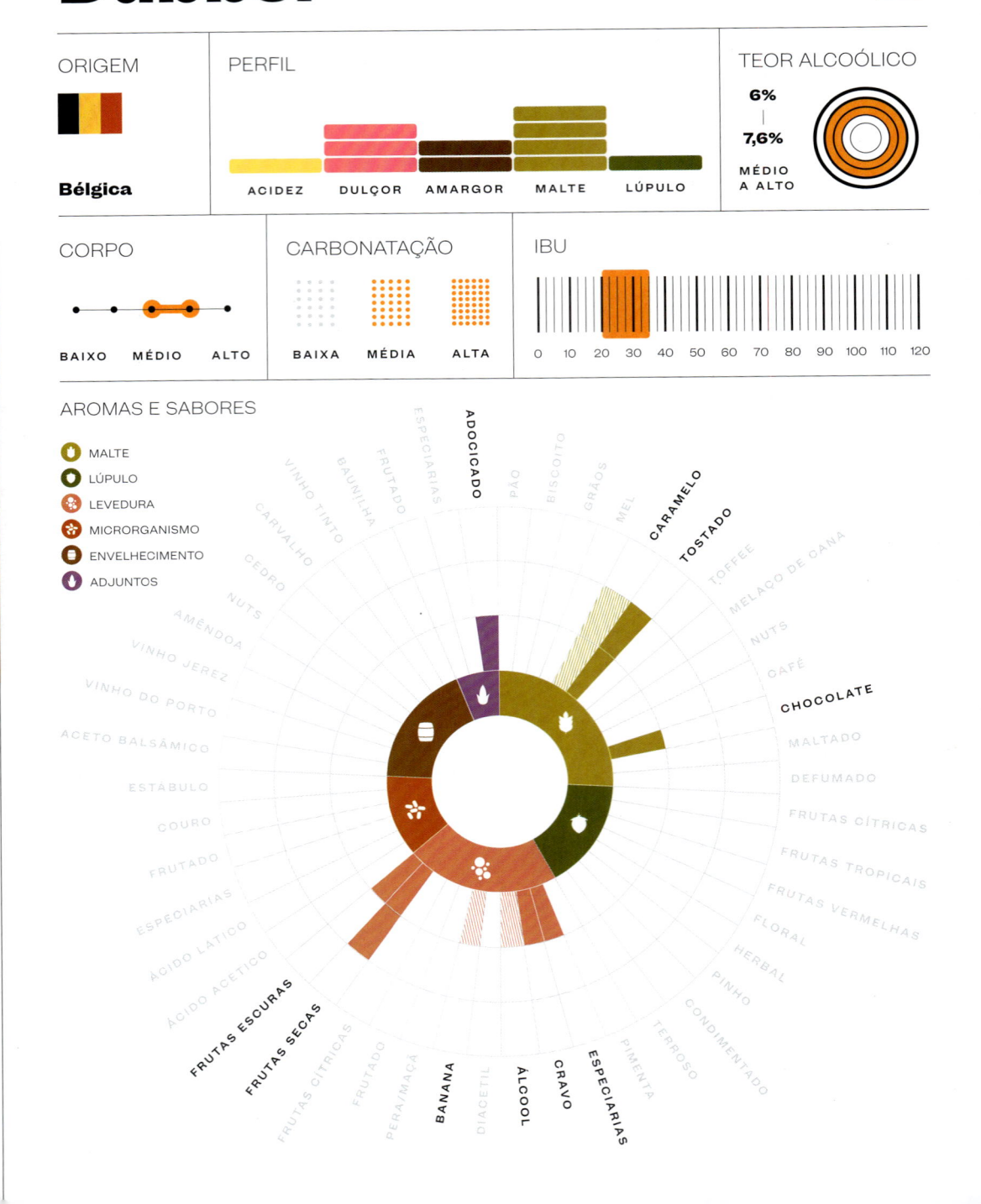

ALE

ORIGEM
Bélgica

PERFIL
ACIDEZ | DULÇOR | AMARGOR | MALTE | LÚPULO

TEOR ALCOÓLICO
6% — 7,6%
MÉDIO A ALTO

CORPO
BAIXO | MÉDIO | ALTO

CARBONATAÇÃO
BAIXA | MÉDIA | ALTA

IBU
0 10 20 30 40 50 60 70 80 90 100 110 120

AROMAS E SABORES

- MALTE
- LÚPULO
- LEVEDURA
- MICRORGANISMO
- ENVELHECIMENTO
- ADJUNTOS

ESPECIARIAS · BAUNILHA · FRUTADO · ADOCICADO · PÃO · BISCOITO · GRÃOS · MEL · CARAMELO · TOSTADO · TOFFEE · MELAÇO DE CANA · NUTS · CAFÉ · CHOCOLATE · MALTADO · DEFUMADO · FRUTAS CÍTRICAS · FRUTAS TROPICAIS · FRUTAS VERMELHAS · FLORAL · HERBAL · PINHO · CONDIMENTADO · TERROSO · PIMENTA · ESPECIARIAS · CRAVO · ÁLCOOL · DIACETIL · BANANA · PERA/MAÇÃ · FRUTADO · FRUTAS CÍTRICAS · FRUTAS SECAS · FRUTAS ESCURAS · ÁCIDO ACÉTICO · ÁCIDO LÁTICO · ESPECIARIAS · FRUTADO · COURO · ESTÁBULO · ACETO BALSÂMICO · VINHO DO PORTO · VINHO JEREZ · AMÊNDOA · NUTS · CEDRO · CARVALHO · VINHO TINTO

COPO

TEMPERATURA DE SERVIÇO

0° 1° 2° 3° 4° 5° 6° 7° 8° 9° 10° 11° 12°

TURBIDEZ

- LÍMPIDA
- LEVEMENTE TURVA
- TURVA

ESPUMA

- ALTA
- MÉDIA
- BAIXA

HARMONIZAÇÃO

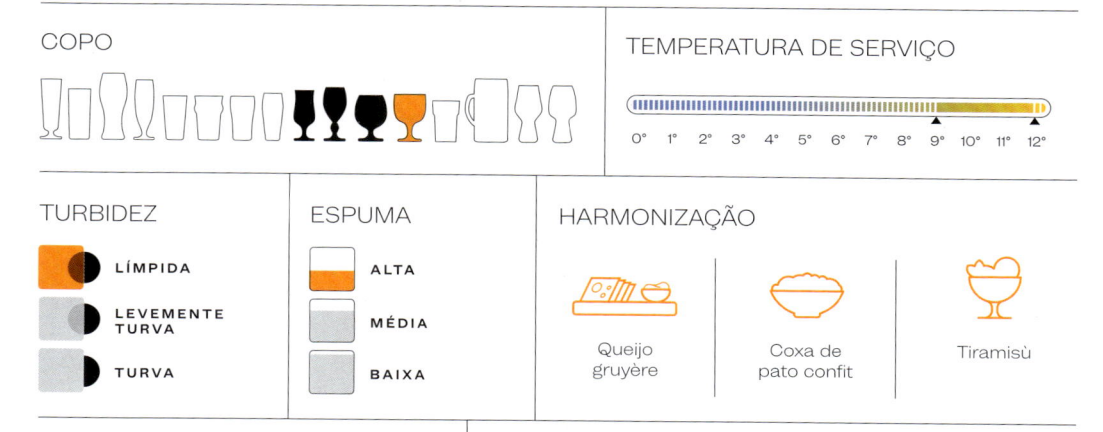

Queijo gruyère | Coxa de pato confit | Tiramisù

REFERÊNCIA COMERCIAL

Chimay Red
Bélgica

Trata-se de uma grande referência quando o assunto é o estilo Dubbel. Produzida pela abadia de Scourmont, fundada em 1850, foi a primeira cerveja do estilo, datada de 1862, por isso leva o nome "Première" em suas garrafas de 750 ml. A Chimay seguiu lançando outros rótulos anos depois, bem como queijos de casca lavada produzidos com suas bebidas.

Outras:
Affligem Dubbel
Trappistes Rochefort 6
Westmalle Dubbel

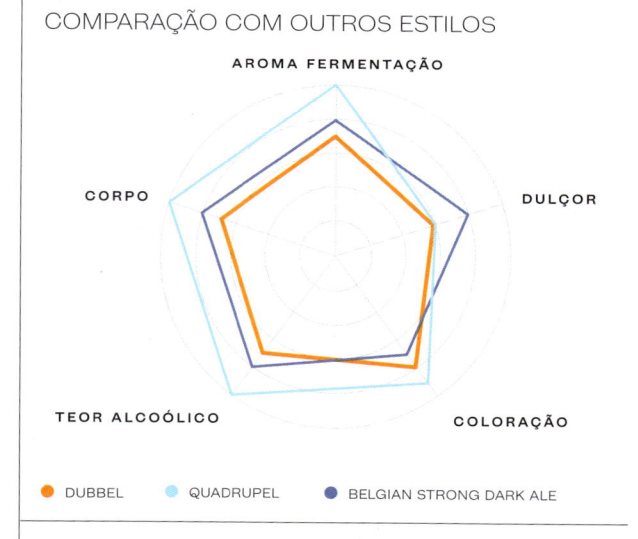

COMPARAÇÃO COM OUTROS ESTILOS

AROMA FERMENTAÇÃO · DULÇOR · COLORAÇÃO · TEOR ALCOÓLICO · CORPO

● DUBBEL ● QUADRUPEL ● BELGIAN STRONG DARK ALE

CARACTERÍSTICAS ÚNICAS

História
Seu nome é uma alusão à sua potência alcoólica. Refermentada na garrafa, surgiu em mosteiros trapistas e teve sua versão moderna desenvolvida em 1926, pela Westmalle

Candi Sugar
Diferente de outros estilos, cuja coloração vem dos maltes e do processo, a Dubbel tem adição de candi sugar, um açúcar caramelizado em geral colocado na fervura

English Bitter

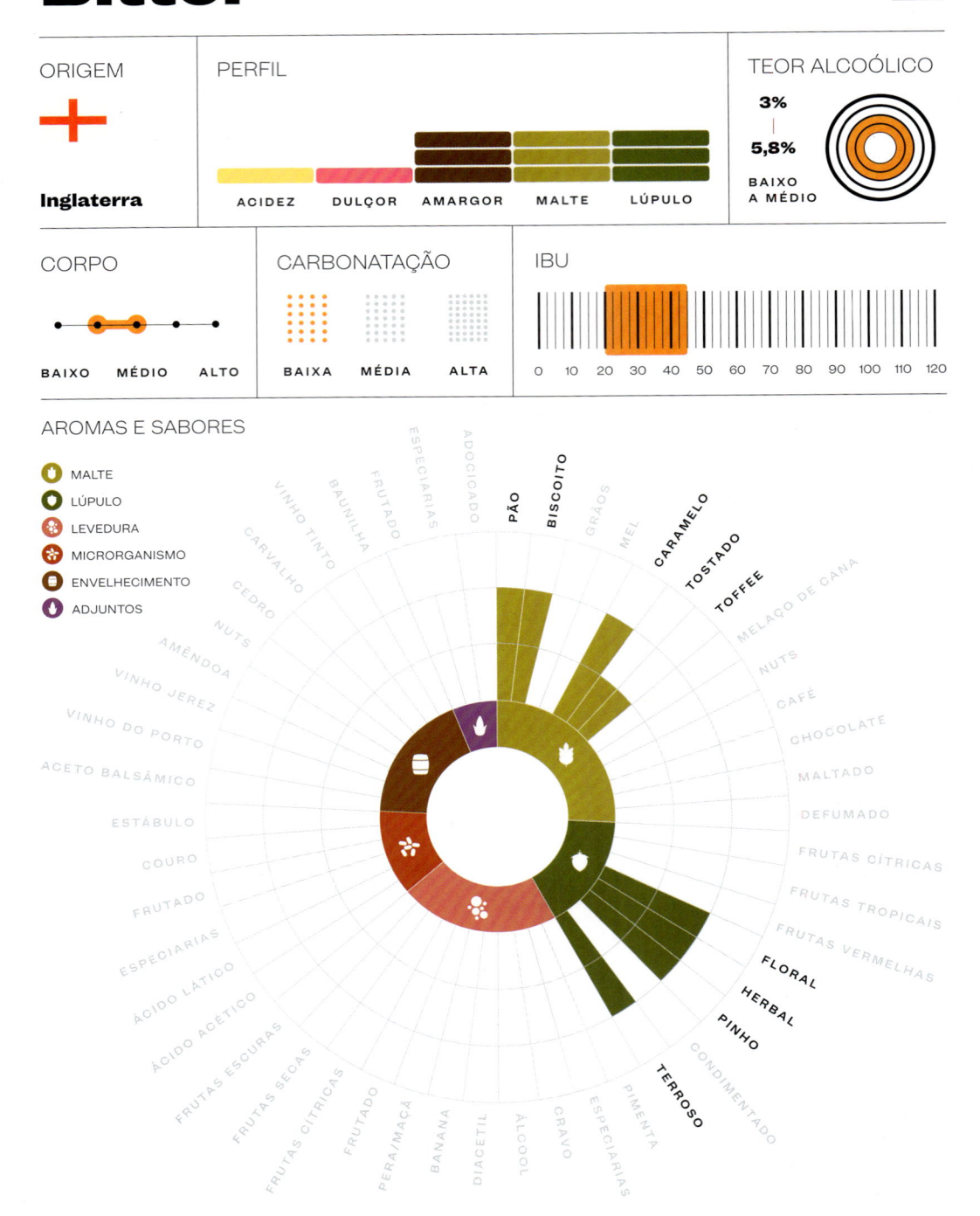

ALE

ORIGEM
Inglaterra

PERFIL
ACIDEZ · DULÇOR · AMARGOR · MALTE · LÚPULO

TEOR ALCOÓLICO
3% – 5,8%
BAIXO A MÉDIO

CORPO
BAIXO · **MÉDIO** · ALTO

CARBONATAÇÃO
BAIXA · MÉDIA · ALTA

IBU
0 10 20 30 40 50 60 70 80 90 100 110 120

AROMAS E SABORES

- MALTE
- LÚPULO
- LEVEDURA
- MICRORGANISMO
- ENVELHECIMENTO
- ADJUNTOS

CARVALHO · VINHO TINTO · BAUNILHA · FRUTADO · ESPECIARIAS · ADOCICADO · PÃO · BISCOITO · GRÃOS · MEL · CARAMELO · TOSTADO · TOFFEE · MELAÇO DE CANA · NUTS · CAFÉ · CHOCOLATE · MALTADO · DEFUMADO · FRUTAS CÍTRICAS · FRUTAS TROPICAIS · FRUTAS VERMELHAS · FLORAL · HERBAL · PINHO · TERROSO · CONDIMENTADO · ESPECIARIAS · PIMENTA · CRAVO · ÁLCOOL · DIACETIL · BANANA · PERA/MAÇÃ · FRUTADO · FRUTAS CÍTRICAS · FRUTAS SECAS · FRUTAS ESCURAS · ÁCIDO ACÉTICO · ÁCIDO LÁTICO · ESPECIARIAS · FRUTADO · COURO · ESTÁBULO · ACETO BALSÂMICO · VINHO DO PORTO · VINHO JEREZ · AMÊNDOA · NUTS · CEDRO

COPO

TEMPERATURA DE SERVIÇO
0° 1° 2° 3° 4° 5° 6° 7° 8° 9° 10° 11° 12°

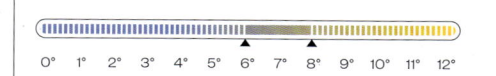

TURBIDEZ
- LÍMPIDA
- LEVEMENTE TURVA
- TURVA

ESPUMA
- ALTA
- MÉDIA
- BAIXA

HARMONIZAÇÃO
- Carpaccio de carne 
- Shepherd's pie 
- Torta mousse de chocolate branco

REFERÊNCIA COMERCIAL

Young's Bitter
Eagle Brewery
Inglaterra

A Cervejaria Wells surgiu em 1831 e hoje pertence à Eagle Brewery. Sua Bitter é fabricada desde o início, e sua receita segue sendo produzida com os lúpulos Fuggle e Golding, mantendo a tradição. Atualmente é uma cerveja de barril bastante popular na Inglaterra.

Outras:
Bathams Best Bitter
Eagle Brewery Bombardier
Baden Baden 1999

COMPARAÇÃO COM OUTROS ESTILOS

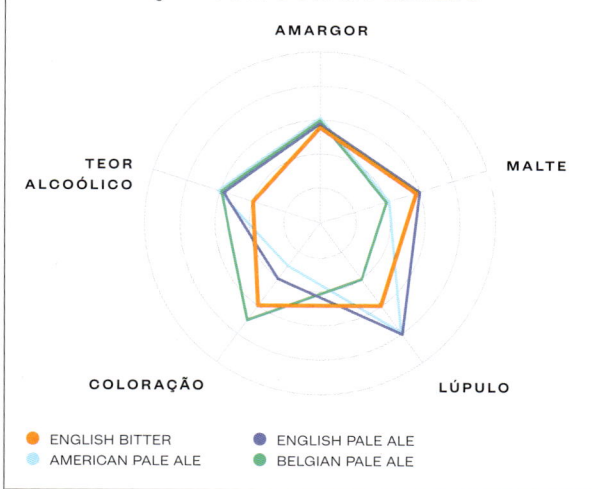

AMARGOR — MALTE — LÚPULO — COLORAÇÃO — TEOR ALCOÓLICO

- ENGLISH BITTER
- AMERICAN PALE ALE
- ENGLISH PALE ALE
- BELGIAN PALE ALE

CARACTERÍSTICAS ÚNICAS

História
Sua primeira menção é de 1842. Faz parte de um grande grupo de cervejas amargas, incluindo Pale Ales, IPAs, entre outras. Em geral, são refermentadas em barris

As subcategorias
As Bitters são subdivididas, geralmente, em três categorias: Ordinary Bitter, Best Bitter e Extra Special Bitter, nessa ordem crescente de amargor e teor alcoólico

English Brown Ale

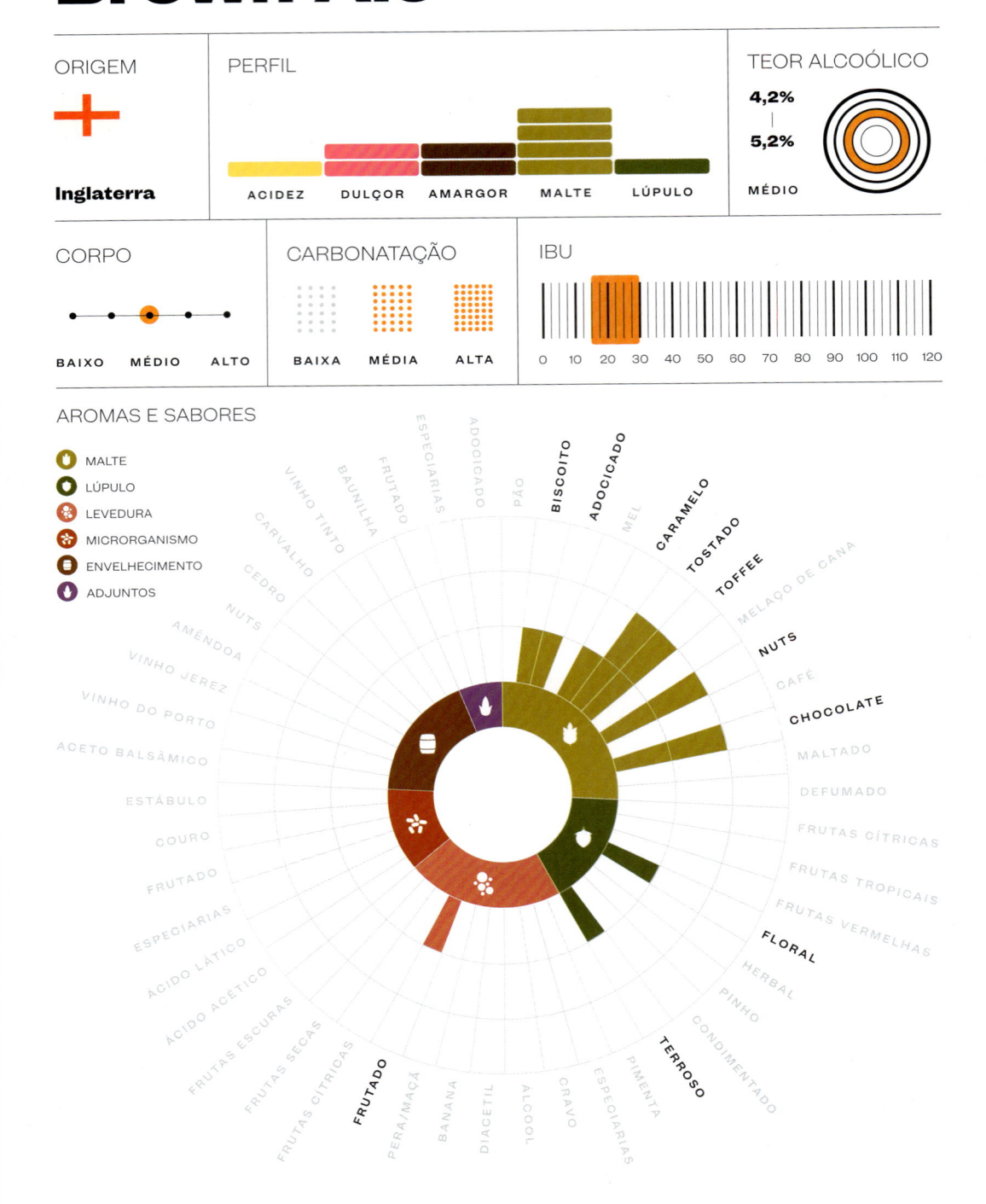

ALE

ORIGEM
Inglaterra

PERFIL
ACIDEZ · DULÇOR · AMARGOR · MALTE · LÚPULO

TEOR ALCOÓLICO
4,2%
—
5,2%

MÉDIO

CORPO
BAIXO · MÉDIO · ALTO

CARBONATAÇÃO
BAIXA · MÉDIA · ALTA

IBU
0 · 10 · 20 · 30 · 40 · 50 · 60 · 70 · 80 · 90 · 100 · 110 · 120

AROMAS E SABORES

- MALTE
- LÚPULO
- LEVEDURA
- MICRORGANISMO
- ENVELHECIMENTO
- ADJUNTOS

ESPECIARIAS · ADOCICADO · PÃO · BISCOITO · ADOCICADO · CARAMELO · MEL · TOSTADO · TOFFEE · MELAÇO DE CANA · NUTS · CAFÉ · CHOCOLATE · MALTADO · DEFUMADO · FRUTAS CÍTRICAS · FRUTAS TROPICAIS · FRUTAS VERMELHAS · FLORAL · HERBAL · PINHO · CONDIMENTADO · TERROSO · PIMENTA · ESPECIARIAS · CRAVO · ÁLCOOL · DIACETIL · BANANA · PERA/MAÇÃ · FRUTADO · FRUTAS CÍTRICAS · FRUTAS SECAS · FRUTAS ESCURAS · ÁCIDO ACÉTICO · ÁCIDO LÁTICO · ESPECIARIAS · FRUTADO · COURO · ESTÁBULO · ACETO BALSÂMICO · VINHO DO PORTO · VINHO JEREZ · AMÊNDOA · NUTS · CEDRO · CARVALHO · VINHO TINTO · BAUNILHA · FRUTADO

COPO

TEMPERATURA DE SERVIÇO

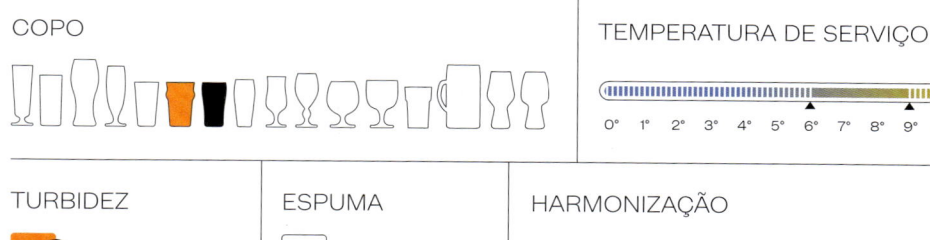

0° 1° 2° 3° 4° 5° 6° 7° 8° 9° 10° 11° 12°

TURBIDEZ

- LÍMPIDA
- LEVEMENTE TURVA
- TURVA

ESPUMA

- ALTA
- MÉDIA
- BAIXA

HARMONIZAÇÃO

Queijo gouda maturado  | Espaguete com almôndega  | Mince pie

REFERÊNCIA COMERCIAL

Newcastle Brown Ale
Inglaterra

A Brown Ale foi lançada em 1972, após três anos de testes com a receita. Ganhou popularidade ao rivalizar com as Pale Ales de Burton-on-Trent e chegou a receber, em 1996, o selo de Indicação Geográfica Protegida, que estabelecia que ela só poderia ser produzida na região de Newcastle, mas o perdeu em 2005, após a fábrica mudar de endereço.

Outras:
Wychwood Hobgoblin
Nut Brown Ale Samuel Smith Old Brewery

COMPARAÇÃO COM OUTROS ESTILOS

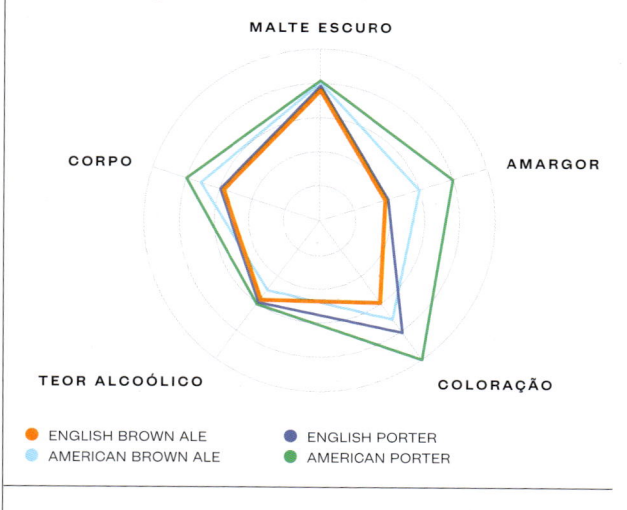

MALTE ESCURO · AMARGOR · COLORAÇÃO · TEOR ALCOÓLICO · CORPO

- ENGLISH BROWN ALE
- AMERICAN BROWN ALE
- ENGLISH PORTER
- AMERICAN PORTER

CARACTERÍSTICAS ÚNICAS

História
Antes do século XVIII, diversas cervejas eram consideradas Brown Ales. No início, eram feitas exclusivamente com malte marrom e sem blends com maltes claros

Variações
Apesar de definirmos o estilo em um padrão sensorial, essas cervejas, assim como em outros estilos, podem variar quanto à sensação de dulçor, secura, álcool e até mesmo aromas

English IPA

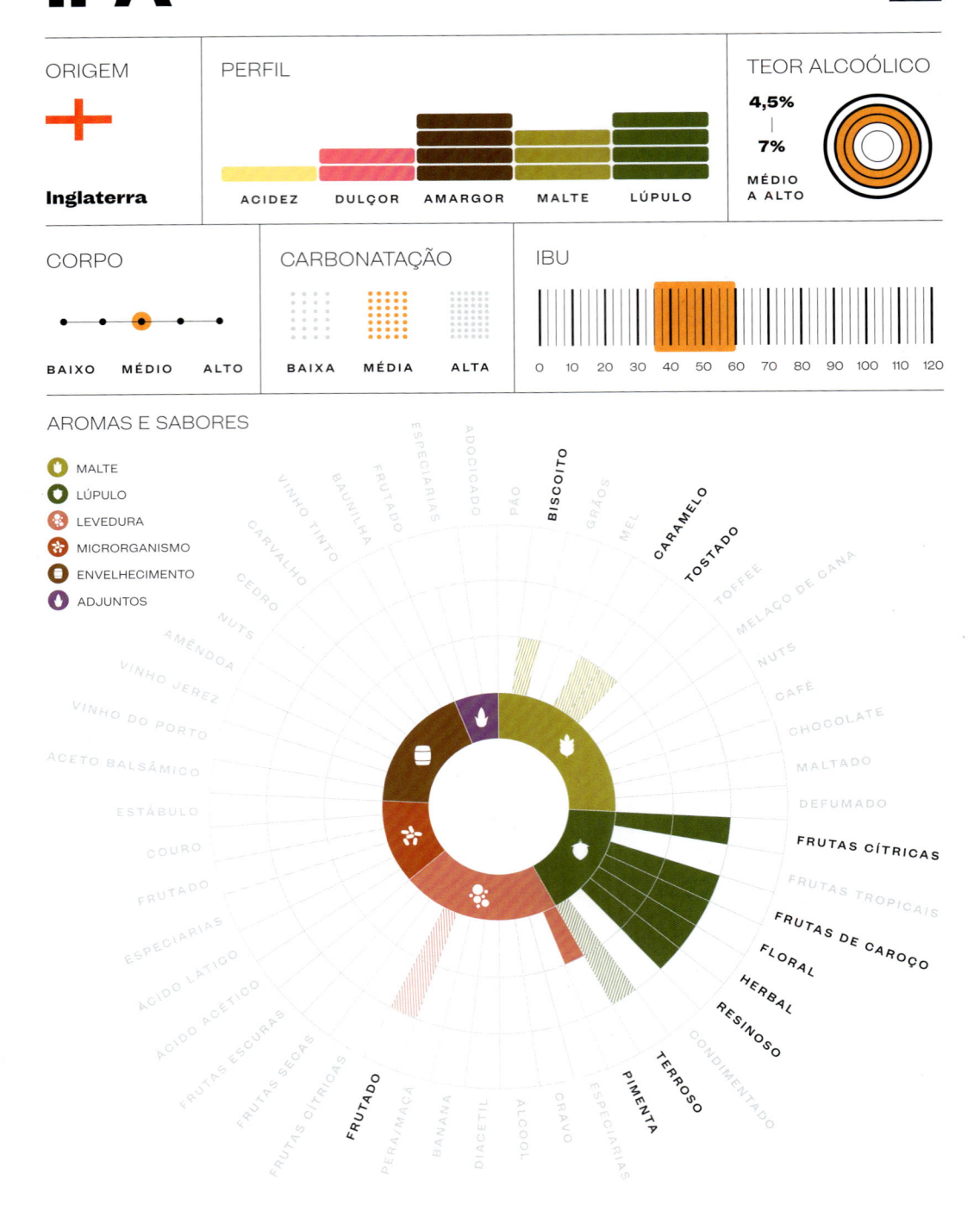

ALE

ORIGEM
Inglaterra

PERFIL
ACIDEZ · DULÇOR · AMARGOR · MALTE · LÚPULO

TEOR ALCOÓLICO
4,5% – 7%
MÉDIO A ALTO

CORPO
BAIXO · **MÉDIO** · ALTO

CARBONATAÇÃO
BAIXA · **MÉDIA** · ALTA

IBU
0 · 10 · 20 · 30 · **40 · 50 · 60** · 70 · 80 · 90 · 100 · 110 · 120

AROMAS E SABORES

- MALTE
- LÚPULO
- LEVEDURA
- MICRORGANISMO
- ENVELHECIMENTO
- ADJUNTOS

ESPECIARIAS · ADOCICADO · PÃO · BISCOITO · GRÃOS · MEL · CARAMELO · TOSTADO · TOFFEE · MELAÇO DE CANA · NUTS · CAFÉ · CHOCOLATE · MALTADO · DEFUMADO · FRUTAS CÍTRICAS · FRUTAS TROPICAIS · FRUTAS DE CAROÇO · FLORAL · HERBAL · RESINOSO · TERROSO · CONDIMENTADO · PIMENTA · ESPECIARIAS · CRAVO · ÁLCOOL · DIACETIL · BANANA · PERA/MAÇÃ · FRUTADO · FRUTAS CÍTRICAS · FRUTAS SECAS · FRUTAS ESCURAS · ÁCIDO ACÉTICO · ÁCIDO LÁTICO · ESPECIARIAS · FRUTADO · COURO · ESTÁBULO · ACETO BALSÂMICO · VINHO DO PORTO · VINHO JEREZ · AMÊNDOA · NUTS · CEDRO · CARVALHO · VINHO TINTO · BAUNILHA · FRUTADO

COPO

TEMPERATURA DE SERVIÇO

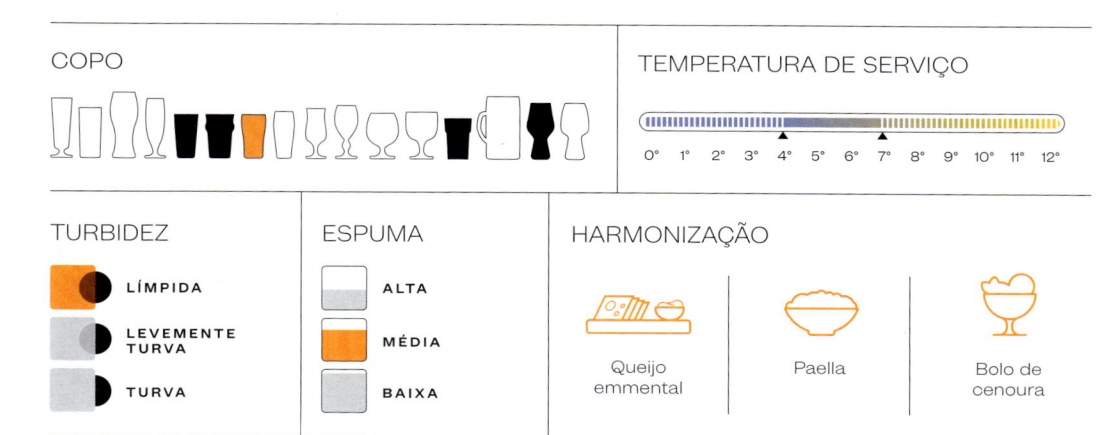

0° 1° 2° 3° 4° 5° 6° 7° 8° 9° 10° 11° 12°

TURBIDEZ
- LÍMPIDA
- LEVEMENTE TURVA
- TURVA

ESPUMA
- ALTA
- MÉDIA
- BAIXA

HARMONIZAÇÃO
- Queijo emmental
- Paella
- Bolo de cenoura

REFERÊNCIA COMERCIAL

Fuller's IPA
Inglaterra

A Fuller's IPA é uma versão específica, para exportação, da famosa Bengal Lancer, criada para homenagear a cavalaria britânica de mesmo nome, que esteve envolvida na colonização no norte da Índia. É um exemplo clássico do estilo, com notas de geleia de laranja, florais e picantes do lúpulo inglês e amargor assertivo.

Outras:
Meantime India Pale Ale
Fuller's Bengal Lancer
Falke Bier Estrada Real IPA

COMPARAÇÃO COM OUTROS ESTILOS

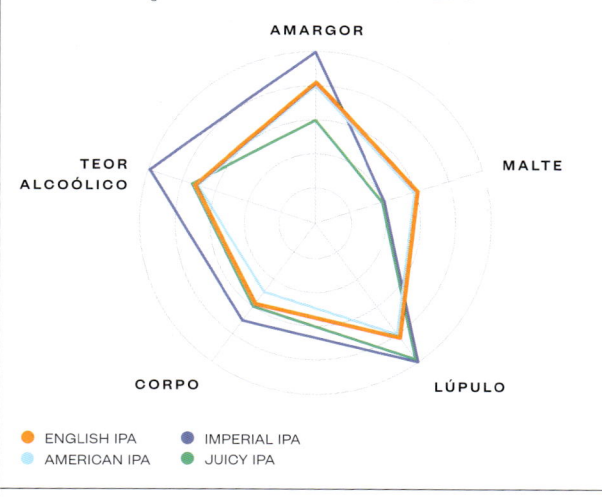

AMARGOR · MALTE · LÚPULO · CORPO · TEOR ALCOÓLICO

- ENGLISH IPA
- AMERICAN IPA
- IMPERIAL IPA
- JUICY IPA

CARACTERÍSTICAS ÚNICAS

História
Os primeiros registros do estilo são de 1830. É uma versão mais intensa e lupulada das Pale Ales já disseminadas no mercado, tornando mais palatável e duradoura para viagens mais longas

A mãe das IPAs
Depois de uma época esquecido, o estilo voltou a se popularizar a partir de 1980. Foi um dos pontos de partida da revolução do mercado cervejeiro americano e da febre das IPAs

Flanders Red Ale

MISTA

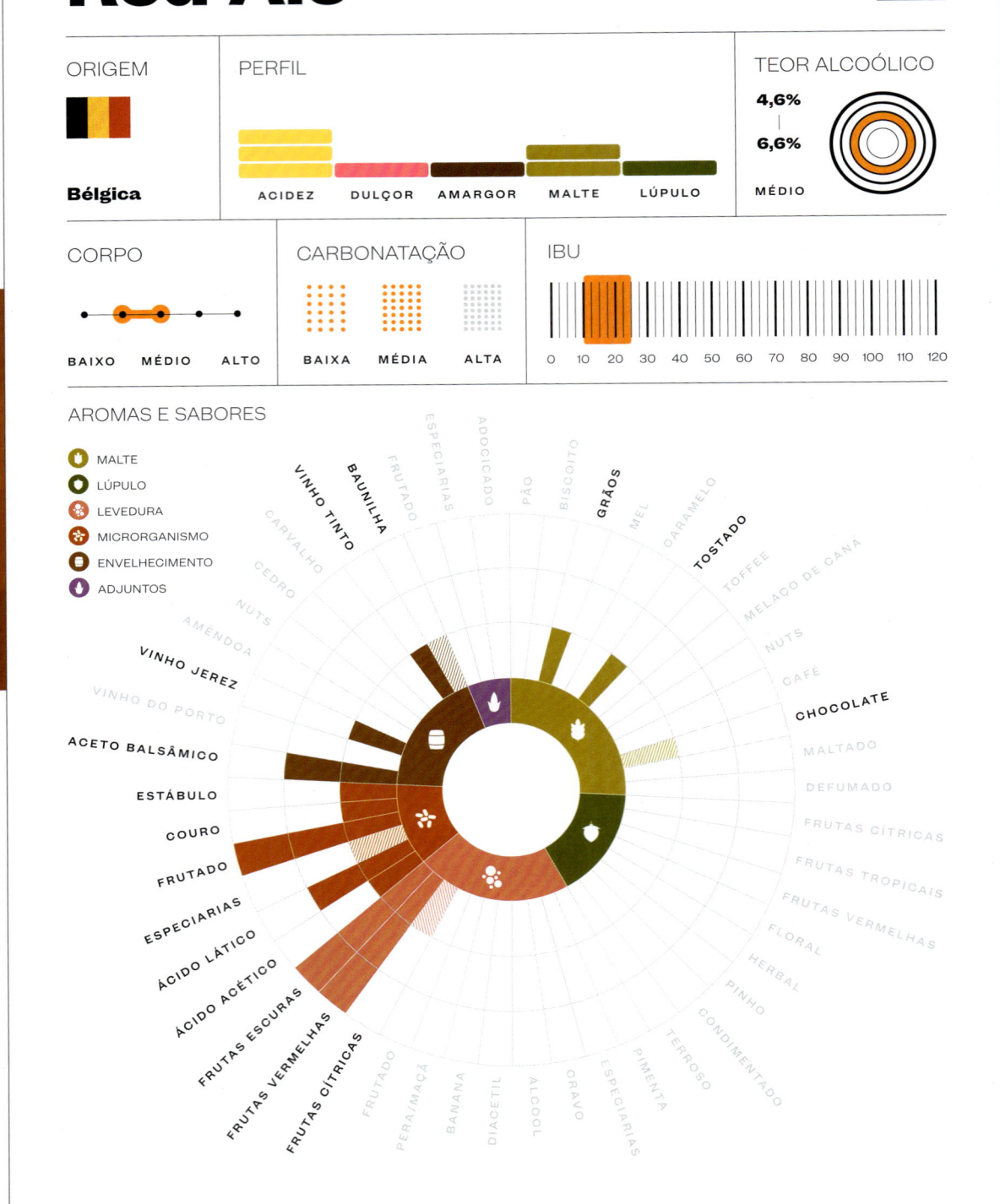

ORIGEM
Bélgica

PERFIL
ACIDEZ · DULÇOR · AMARGOR · MALTE · LÚPULO

TEOR ALCOÓLICO
4,6% — 6,6%
MÉDIO

CORPO
BAIXO · MÉDIO · ALTO

CARBONATAÇÃO
BAIXA · MÉDIA · ALTA

IBU
0 10 20 30 40 50 60 70 80 90 100 110 120

AROMAS E SABORES

- MALTE
- LÚPULO
- LEVEDURA
- MICRORGANISMO
- ENVELHECIMENTO
- ADJUNTOS

CARVALHO · VINHO TINTO · BAUNILHA · FRUTADO · ESPECIARIAS · ADOCICADO · PÃO · BISCOITO · GRÃOS · MEL · CARAMELO · TOSTADO · TOFFEE · MELAÇO DE CANA · NUTS · CAFÉ · CHOCOLATE · MALTADO · DEFUMADO · FRUTAS CÍTRICAS · FRUTAS TROPICAIS · FRUTAS VERMELHAS · FLORAL · HERBAL · PINHO · CONDIMENTADO · TERROSO · ESPECIARIAS · PIMENTA · CRAVO · ÁLCOOL · DIACETIL · BANANA · PERA/MAÇÃ · FRUTADO · FRUTAS CÍTRICAS · FRUTAS VERMELHAS · FRUTAS ESCURAS · ÁCIDO ACÉTICO · ÁCIDO LÁTICO · ESPECIARIAS · FRUTADO · COURO · ESTÁBULO · ACETO BALSÂMICO · VINHO DO PORTO · VINHO JEREZ · AMÊNDOA · NUTS · CEDRO

COPO

TEMPERATURA DE SERVIÇO

0° 1° 2° 3° 4° 5° 6° 7° 8° 9° 10° 11° 12°

TURBIDEZ

- LÍMPIDA
- LEVEMENTE TURVA
- TURVA

ESPUMA

- ALTA
- MÉDIA
- BAIXA

HARMONIZAÇÃO

Gravlax de salmão com beterraba

Carbonade flamande

Naked cake com buttercream e frutas vermelhas

REFERÊNCIA COMERCIAL

Rodenbach Classic
Bélgica

A Rodenbach Classic é uma das Flanders feitas a partir do blend de cervejas jovens e uma menor parte de cerveja envelhecida em barris de carvalho, proporcionando equilíbrio. Reconhecida como produto tradicional local da região, é comparada ao vinho devido ao seu sabor agridoce, ácido e frutado complexo.

Outras:
Duchesse de Bourgogne
Rodenbach Grand Cru
Cuvée des Jacobins Rouge

COMPARAÇÃO COM OUTROS ESTILOS

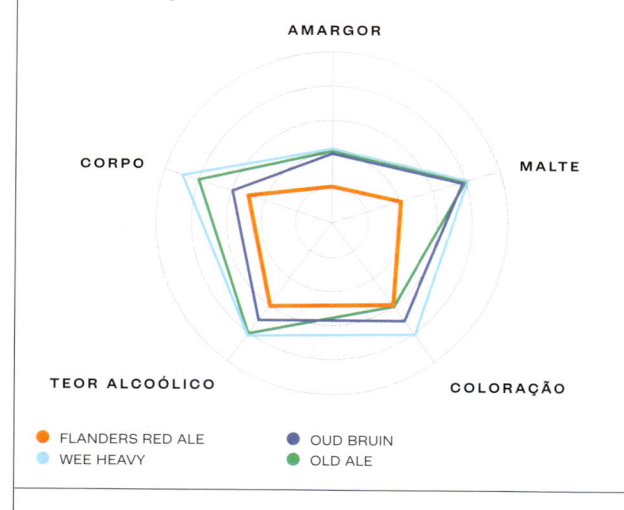

AMARGOR · MALTE · COLORAÇÃO · TEOR ALCOÓLICO · CORPO

- FLANDERS RED ALE
- WEE HEAVY
- OUD BRUIN
- OLD ALE

CARACTERÍSTICAS ÚNICAS

História
Surgiu na região de Flanders, na Bélgica, e tem como características o envelhecimento em barricas e a ação de bactérias e leveduras que trazem o perfil sensorial ácido e complexo

O velho e o novo
O líquido final é um blend de cervejas recém-produzidas e envelhecidas, sendo a figura do master blended importante para criar a padronização e a harmonia ideais

Helles Bock

LAGER

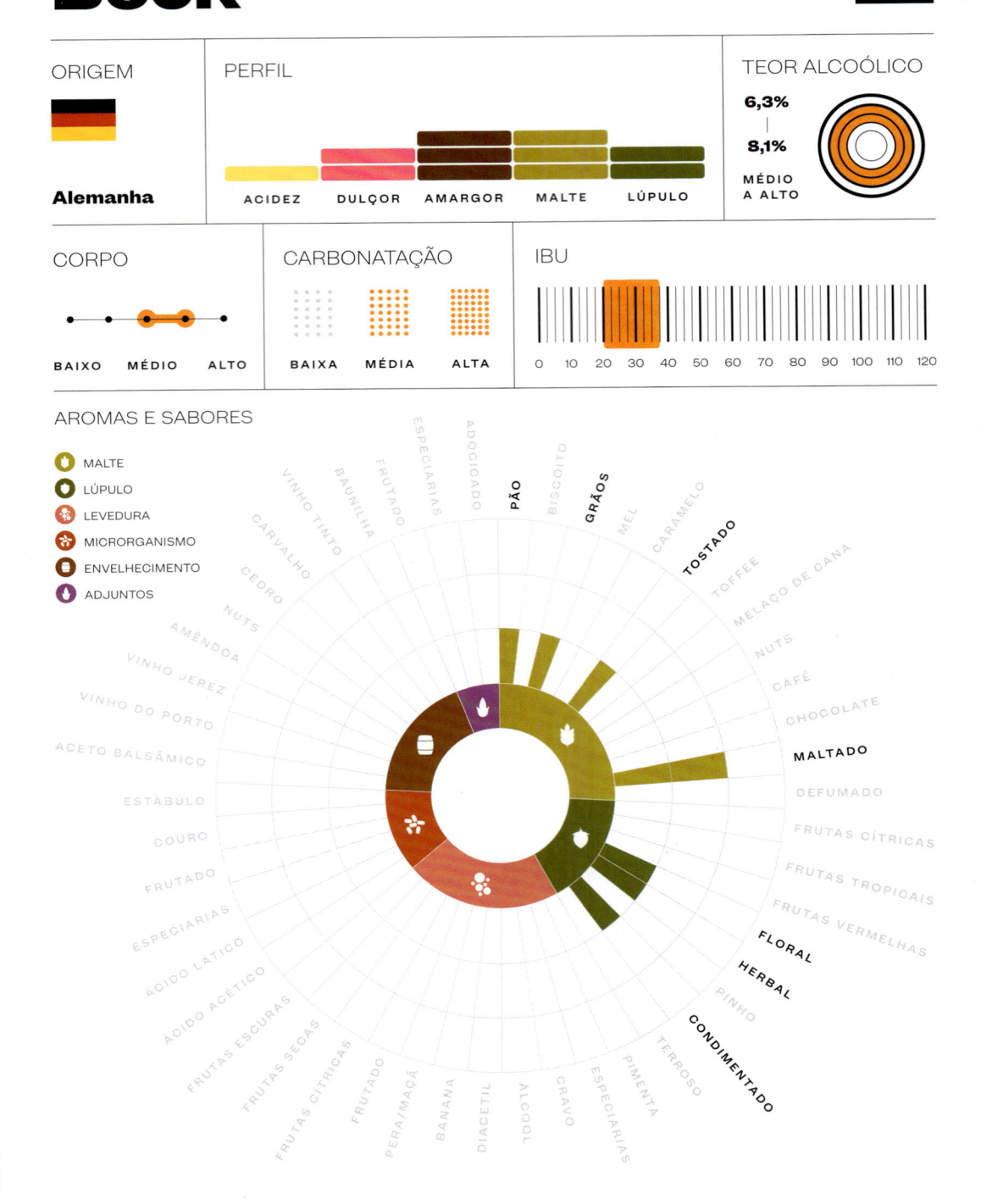

ORIGEM
Alemanha

PERFIL
ACIDEZ · DULÇOR · AMARGOR · MALTE · LÚPULO

TEOR ALCOÓLICO
6,3% — 8,1%
MÉDIO A ALTO

CORPO
BAIXO · MÉDIO · ALTO

CARBONATAÇÃO
BAIXA · MÉDIA · ALTA

IBU
0 10 20 30 40 50 60 70 80 90 100 110 120

AROMAS E SABORES

- MALTE
- LÚPULO
- LEVEDURA
- MICRORGANISMO
- ENVELHECIMENTO
- ADJUNTOS

ESPECIARIAS · BAUNILHA · FRUTADO · ADOCICADO · PÃO · BISCOITO · GRÃOS · MEL · CARAMELO · TOSTADO · TOFFEE · MELAÇO DE CANA · NUTS · CAFÉ · CHOCOLATE · MALTADO · DEFUMADO · FRUTAS CÍTRICAS · FRUTAS TROPICAIS · FRUTAS VERMELHAS · FLORAL · HERBAL · PINHO · CONDIMENTADO · TERROSO · PIMENTA · CRAVO · ESPECIARIAS · ÁLCOOL · DIACETIL · BANANA · PERA/MAÇÃ · FRUTADO · FRUTAS CÍTRICAS · FRUTAS SECAS · FRUTAS ESCURAS · ÁCIDO ACÉTICO · ÁCIDO LÁTICO · ESPECIARIAS · FRUTADO · COURO · ESTÁBULO · ACETO BALSÂMICO · VINHO DO PORTO · VINHO JEREZ · AMÊNDOA · NUTS · CEDRO · CARVALHO · VINHO TINTO

COPO

TEMPERATURA DE SERVIÇO

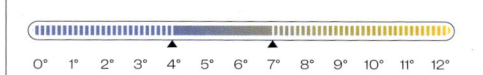

0° 1° 2° 3° 4° 5° 6° 7° 8° 9° 10° 11° 12°

TURBIDEZ
- LÍMPIDA
- LEVEMENTE TURVA
- TURVA

ESPUMA
- ALTA
- MÉDIA
- BAIXA

HARMONIZAÇÃO

Canapé de camarão | Risoto de brie com parma | Petit gâteau de doce de leite

REFERÊNCIA COMERCIAL

Hofbräu Maibock
Alemanha

A Hofbräu Maibock é uma das Bocks mais antigas de Munique. Ela foi desenvolvida em 1614, pouco mudou e permanece bastante popular até os dias de hoje, além de ser uma referência para o estilo.

Outras:
Paulaner Maibock
Spaten Maibock
Bamberg Maibaum

COMPARAÇÃO COM OUTROS ESTILOS

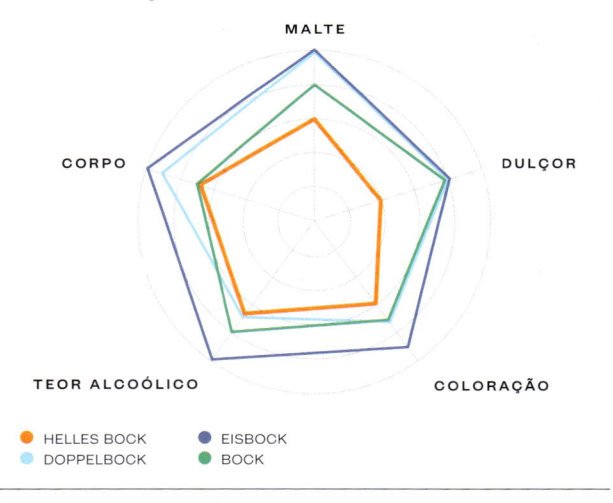

MALTE · DULÇOR · COLORAÇÃO · TEOR ALCOÓLICO · CORPO

- HELLES BOCK
- DOPPELBOCK
- EISBOCK
- BOCK

CARACTERÍSTICAS ÚNICAS

História
Foi criada para ser consumida na primavera, quando a temperatura ainda é fria para consumir, de forma agradável, cervejas menos alcoólicas e menos intensas

Maibock
Também é o termo utilizado para falar do estilo, que é produzido para ser consumido em maio. O perfil de malte é menos intenso do que na Bock (Dunkles Bock)

Irish Red Ale

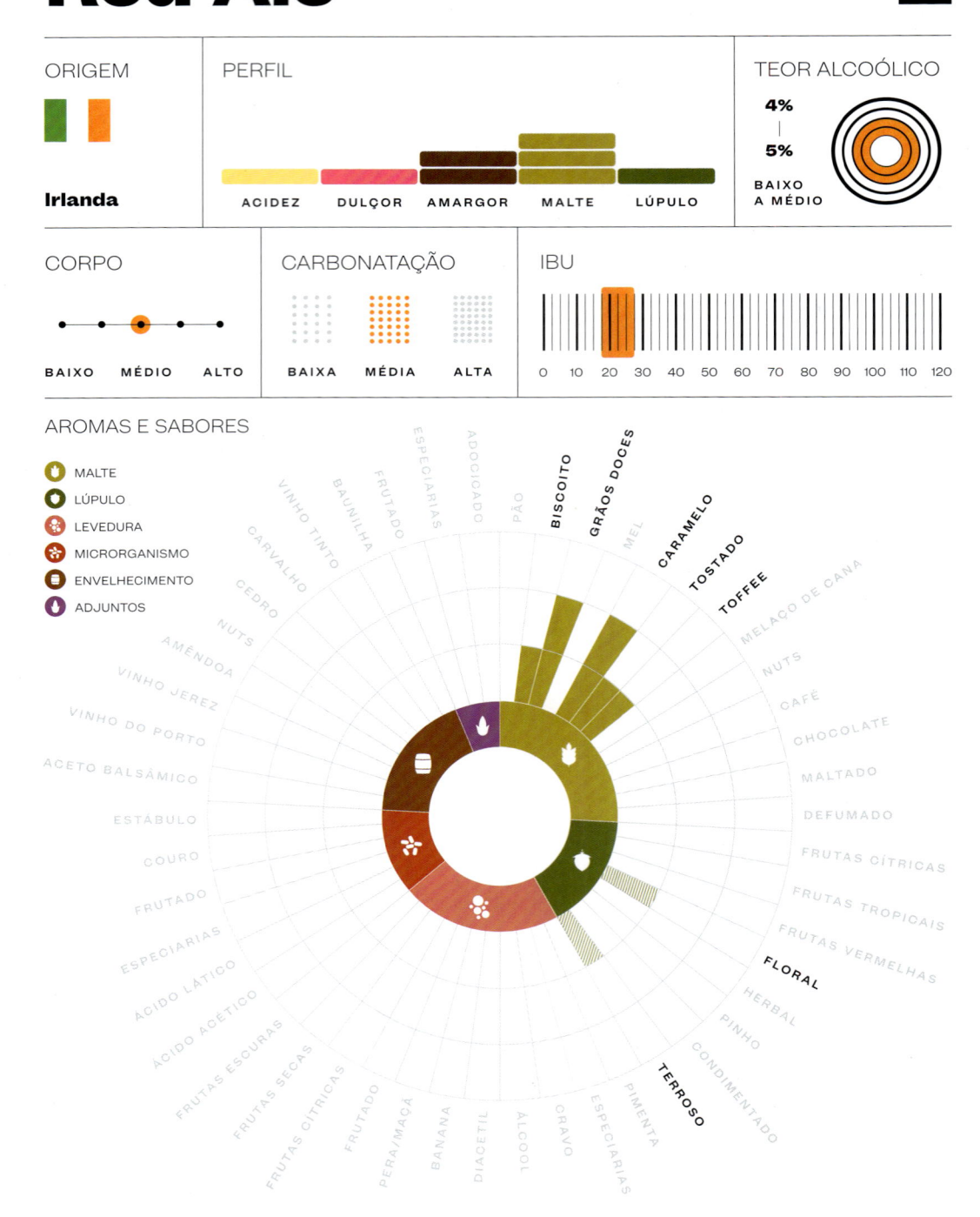

ALE

ORIGEM
Irlanda

PERFIL
ACIDEZ · DULÇOR · AMARGOR · MALTE · LÚPULO

TEOR ALCOÓLICO
4% – 5%
BAIXO A MÉDIO

CORPO
BAIXO · **MÉDIO** · ALTO

CARBONATAÇÃO
BAIXA · **MÉDIA** · ALTA

IBU
0 10 20 30 40 50 60 70 80 90 100 110 120

AROMAS E SABORES
- MALTE
- LÚPULO
- LEVEDURA
- MICRORGANISMO
- ENVELHECIMENTO
- ADJUNTOS

BISCOITO · GRÃOS DOCES · CARAMELO · TOSTADO · TOFFEE · FLORAL · TERROSO

COPO

TEMPERATURA DE SERVIÇO

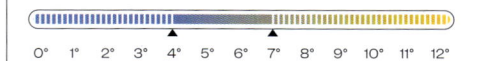

0° 1° 2° 3° 4° 5° 6° 7° 8° 9° 10° 11° 12°

TURBIDEZ

- LÍMPIDA
- LEVEMENTE TURVA
- TURVA

ESPUMA

- ALTA
- MÉDIA
- BAIXA

HARMONIZAÇÃO

Breakfast roll | Carne temperada à moda irlandesa | Cheesecake de caramelo

REFERÊNCIA COMERCIAL

Caffrey's Irish Red Ale
Irlanda

A cervejaria Caffrey's surgiu em 1850, em Dublin, mas foi apenas em 1994 que a Caffrey's Irish Red Ale foi relançada e comercializada. Devido ao seu sucesso, a marca foi comprada em 2001 pela Molson Coors, uma das 5 maiores multinacionais cervejeiras do mundo. Atualmente ela é comercializada no Reino Unido e no Canadá.

Outras:
Samuel Adams Irish Red
The Crafty Brewing Company Irish Red Ale, Antuérpia

COMPARAÇÃO COM OUTROS ESTILOS

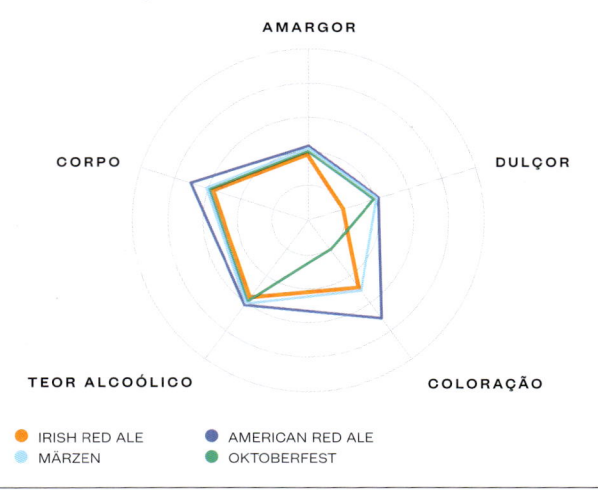

AMARGOR · CORPO · TEOR ALCOÓLICO · COLORAÇÃO · DULÇOR

- IRISH RED ALE
- MÄRZEN
- AMERICAN RED ALE
- OKTOBERFEST

CARACTERÍSTICAS ÚNICAS

História
O estilo surgiu bem depois das famosas Stouts e Pale Ales da Grã-Bretanha. É considerado uma versão mais escura, tostada e menos lupulada de uma Bitter inglesa

Curiosidade
Os irlandeses não utilizam esse nome para se referir a sua cerveja avermelhada. Quem disseminou o termo foi a Coors, que lançou uma cerveja que virou febre nos Estados Unidos

Märzen

LAGER

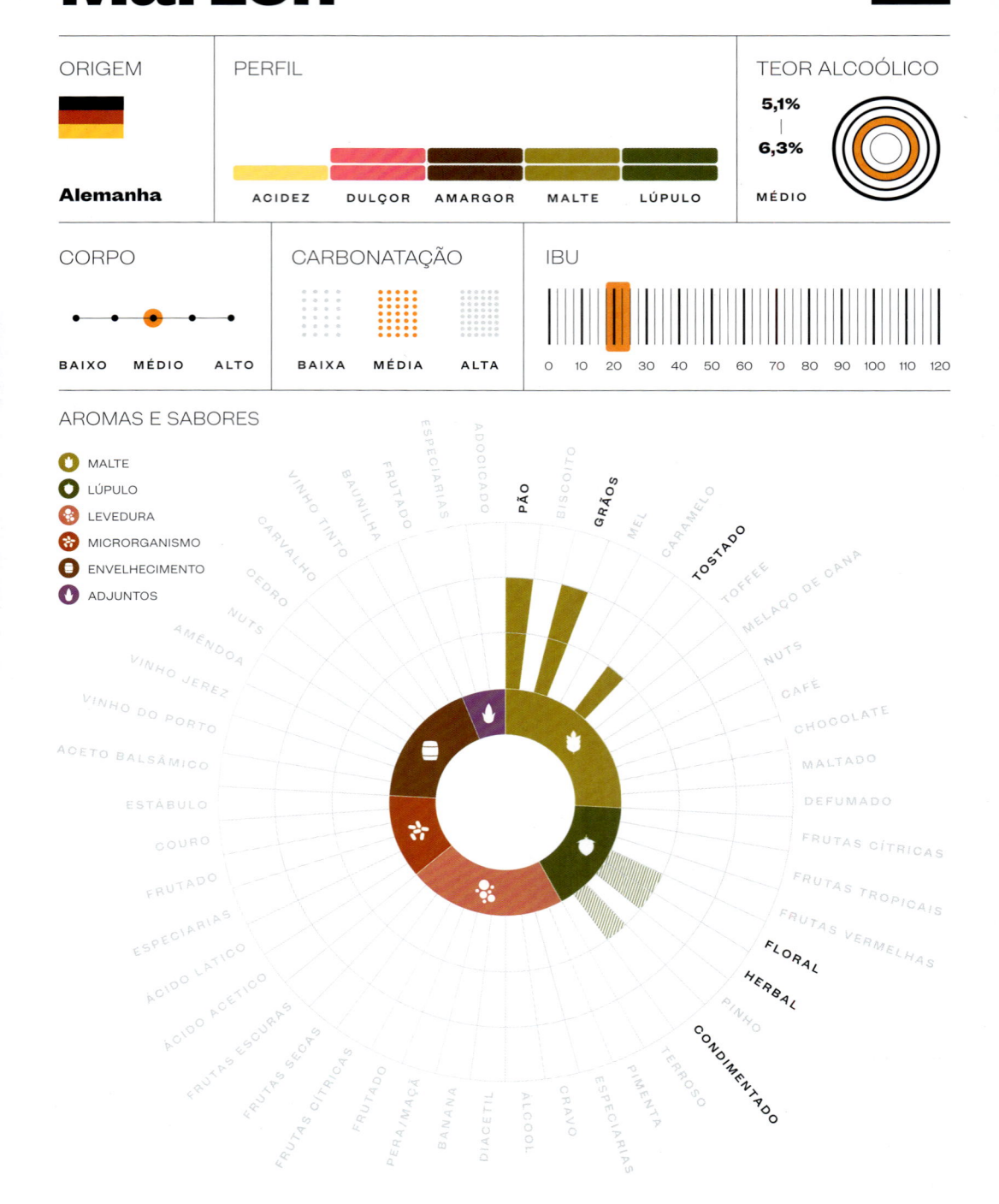

ORIGEM
Alemanha

PERFIL
ACIDEZ · DULÇOR · AMARGOR · MALTE · LÚPULO

TEOR ALCOÓLICO
5,1%
—
6,3%

MÉDIO

CORPO
BAIXO · **MÉDIO** · ALTO

CARBONATAÇÃO
BAIXA · **MÉDIA** · ALTA

IBU
0 10 20 30 40 50 60 70 80 90 100 110 120

AROMAS E SABORES

- MALTE
- LÚPULO
- LEVEDURA
- MICRORGANISMO
- ENVELHECIMENTO
- ADJUNTOS

ESPECIARIAS · ADOCICADO · PÃO · BISCOITO · GRÃOS · MEL · CARAMELO · TOSTADO · TOFFEE · MELAÇO DE CANA · NUTS · CAFÉ · CHOCOLATE · MALTADO · DEFUMADO · FRUTAS CÍTRICAS · FRUTAS TROPICAIS · FRUTAS VERMELHAS · FLORAL · HERBAL · PINHO · CONDIMENTADO · TERROSO · PIMENTA · ESPECIARIAS · CRAVO · ÁLCOOL · DIACETIL · BANANA · PERA/MAÇÃ · FRUTADO · FRUTAS CÍTRICAS · FRUTAS SECAS · FRUTAS ESCURAS · ÁCIDO ACÉTICO · ÁCIDO LÁTICO · ESPECIARIAS · FRUTADO · COURO · ESTÁBULO · ACETO BALSÂMICO · VINHO DO PORTO · VINHO JEREZ · AMÊNDOA · NUTS · CEDRO · CARVALHO · VINHO TINTO · BAUNILHA · FRUTADO

COPO

TEMPERATURA DE SERVIÇO

0° 1° 2° 3° 4° 5° 6° 7° 8° 9° 10° 11° 12°

TURBIDEZ

- LÍMPIDA
- LEVEMENTE TURVA
- TURVA

ESPUMA

- ALTA
- MÉDIA
- BAIXA

HARMONIZAÇÃO

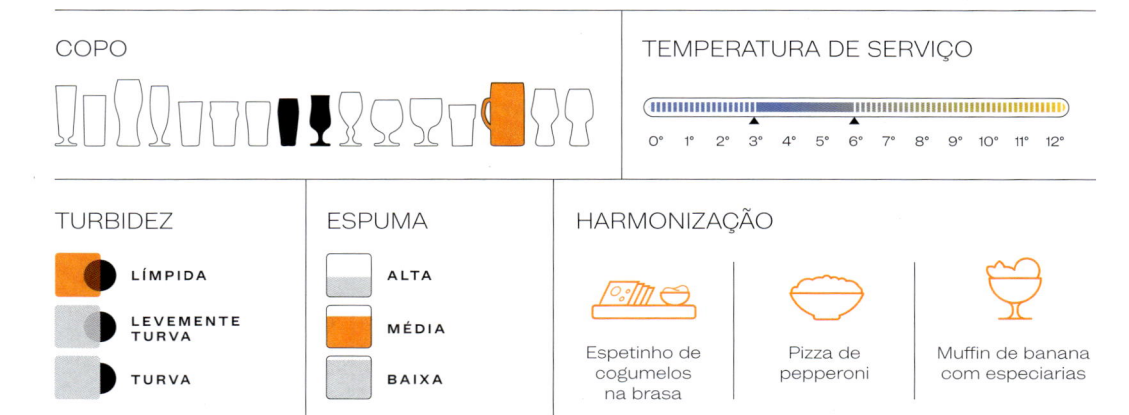

Espetinho de cogumelos na brasa

Pizza de pepperoni

Muffin de banana com especiarias

REFERÊNCIA COMERCIAL

Hacker-Pschorr Original Oktoberfest Märzen
Alemanha

A Hacker-Pschorr, de 1417, faz parte das cervejarias mais antigas de Munique. Produzida somente em março para ser consumida em outubro, a Original Oktoberfest recebe esse nome porque recria a receita das primeiras cervejas servidas na festividade, sendo mais forte e mais maltada do que os exemplares do estilo Oktoberfest que encontramos atualmente.

Outras:
Ayinger Oktober Fest-Märzen
Weltenburger Kloster Anno 1050
Augustiner Bräu Märzen Bier

COMPARAÇÃO COM OUTROS ESTILOS

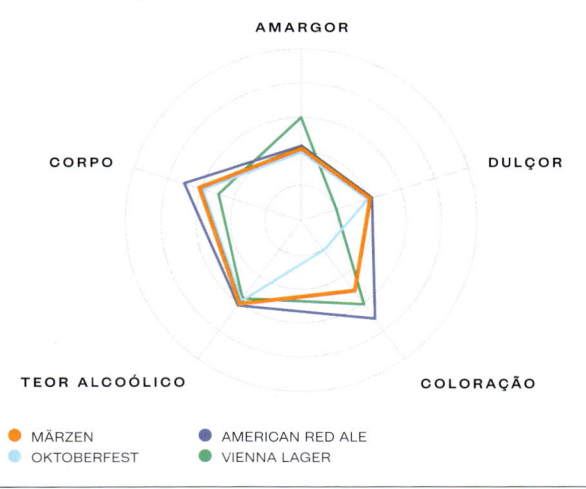

AMARGOR · DULÇOR · COLORAÇÃO · TEOR ALCOÓLICO · CORPO

- MÄRZEN
- OKTOBERFEST
- AMERICAN RED ALE
- VIENNA LAGER

CARACTERÍSTICAS ÚNICAS

História
Produzida na primavera e mantida em caves frias durante o verão, a cerveja era bebida em meados de outubro, principalmente na Oktoberfest

Märzen x Oktoberfest
Por muitos ainda são considerados o mesmo estilo, apesar de diversos exemplares possuírem diferenças e particularidades sensoriais, sendo a cor a principal delas

Märzen Rauchbier

LAGER

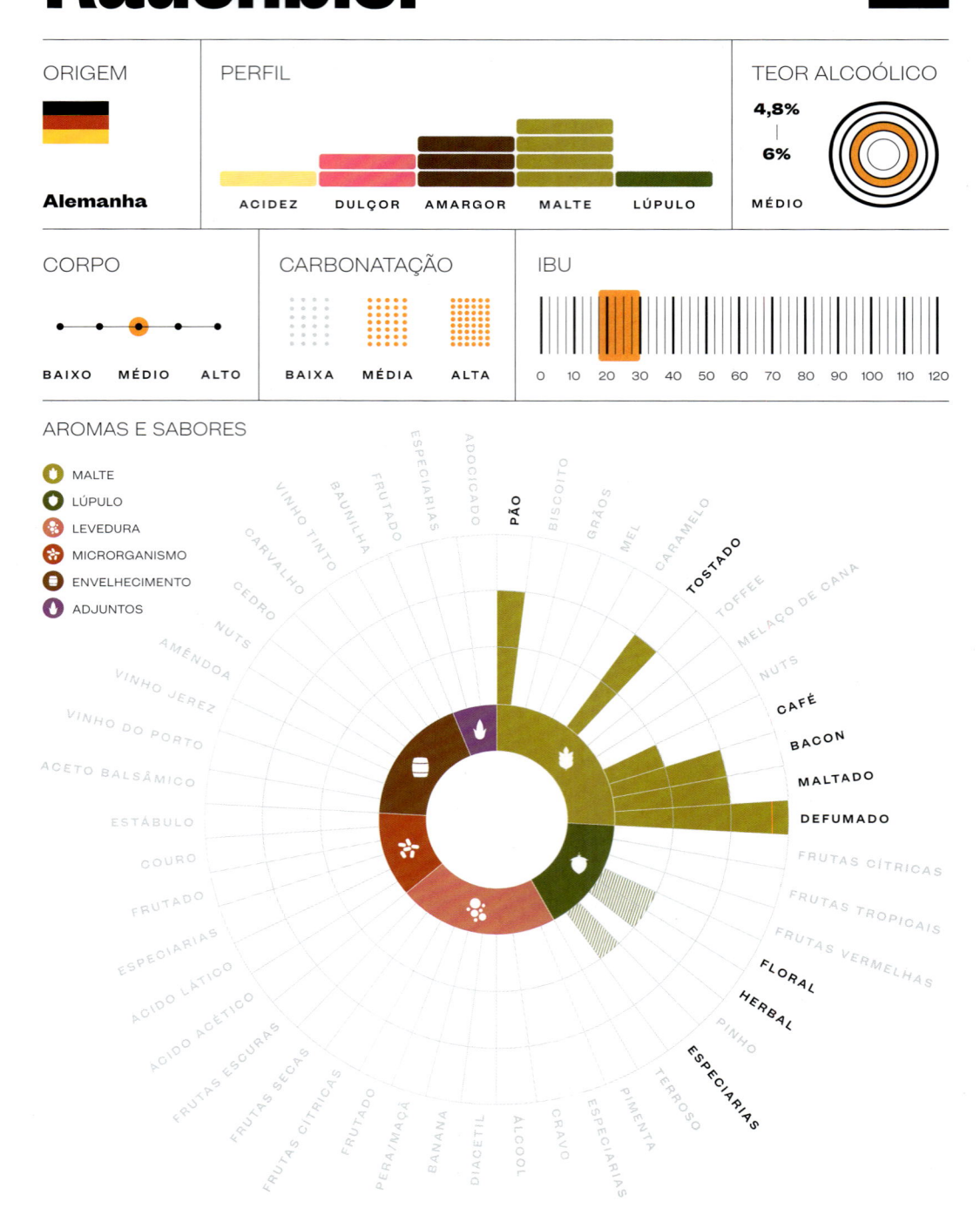

ORIGEM
🇩🇪
Alemanha

PERFIL
ACIDEZ | DULÇOR | AMARGOR | MALTE | LÚPULO

TEOR ALCOÓLICO
4,8% — 6%
MÉDIO

CORPO
BAIXO — **MÉDIO** — ALTO

CARBONATAÇÃO
BAIXA — **MÉDIA** — ALTA

IBU
0 | 10 | **20** | **30** | 40 | 50 | 60 | 70 | 80 | 90 | 100 | 110 | 120

AROMAS E SABORES

- 🟢 MALTE
- 🟢 LÚPULO
- 🔴 LEVEDURA
- 🟠 MICRORGANISMO
- ⚫ ENVELHECIMENTO
- 🟣 ADJUNTOS

Descritores (roda de aromas)

- VINHO TINTO
- BAUNILHA
- FRUTADO
- ESPECIARIAS
- ADOCICADO
- PÃO
- BISCOITO
- GRÃOS
- MEL
- CARAMELO
- TOSTADO
- TOFFEE
- MELAÇO DE CANA
- NUTS
- CAFÉ
- BACON
- MALTADO
- DEFUMADO
- FRUTAS CÍTRICAS
- FRUTAS TROPICAIS
- FRUTAS VERMELHAS
- FLORAL
- HERBAL
- PINHO
- ESPECIARIAS
- TERROSO
- PIMENTA
- ESPECIARIAS
- CRAVO
- ÁLCOOL
- DIACETIL
- BANANA
- PERA/MAÇÃ
- FRUTADO
- FRUTAS CÍTRICAS
- FRUTAS SECAS
- FRUTAS ESCURAS
- ÁCIDO ACÉTICO
- ÁCIDO LÁTICO
- ESPECIARIAS
- FRUTADO
- COURO
- ESTÁBULO
- ACETO BALSÂMICO
- VINHO DO PORTO
- VINHO JEREZ
- AMÊNDOA
- NUTS
- CEDRO
- CARVALHO

COPO

TEMPERATURA DE SERVIÇO

0° 1° 2° 3° 4° 5° 6° 7° 8° 9° 10° 11° 12°

TURBIDEZ

- **LÍMPIDA**
- LEVEMENTE TURVA
- TURVA

ESPUMA

- **ALTA**
- MÉDIA
- BAIXA

HARMONIZAÇÃO

Canapé de presunto curado e cream cheese

Eisbein (joelho de porco)

Bolo de chocolate meio amargo com calda de bourbon

REFERÊNCIA COMERCIAL

Schlenkerla Rauchbier Märzen
Alemanha

Sua primeira produção data de 1678, em Bamberg, e seu rótulo leva a expressão "Aecht", fazendo alusão a ser uma Rauchbier original. A cervejaria possui maltaria própria para preparo dos maltes, que são secos em secador aberto com queima de madeira de faia, gerando um malte com aromas intensamente defumados.

Outras:
Bamberg Rauchbier
Spezial Rauchbier Märzen

COMPARAÇÃO COM OUTROS ESTILOS

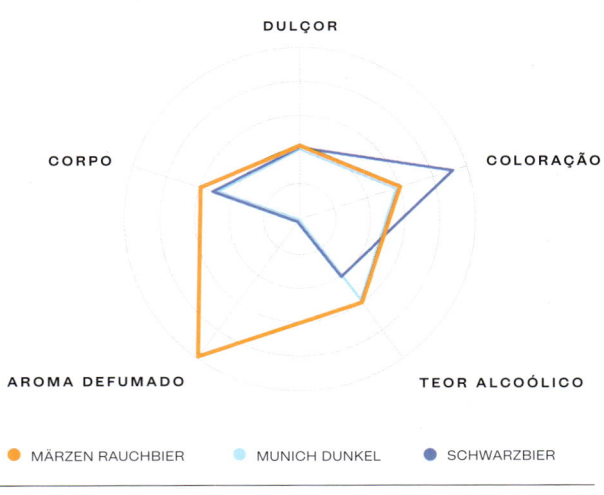

DULÇOR · COLORAÇÃO · TEOR ALCOÓLICO · AROMA DEFUMADO · CORPO

- MÄRZEN RAUCHBIER
- MUNICH DUNKEL
- SCHWARZBIER

CARACTERÍSTICAS ÚNICAS

História
Estilo popular na Francônia, comumente encontrado em Bamberg. Antes de secadores modernos para o malte, era difícil produzir cervejas com caráter defumado

Claras e defumadas
A evolução dos fornos e técnicas permitiu também que fossem produzidas Rauchbiers mais claras, como a Helles Rauchbier, uma Rauchbier com base de Helles e não Märzen

Munich Dunkel

LAGER

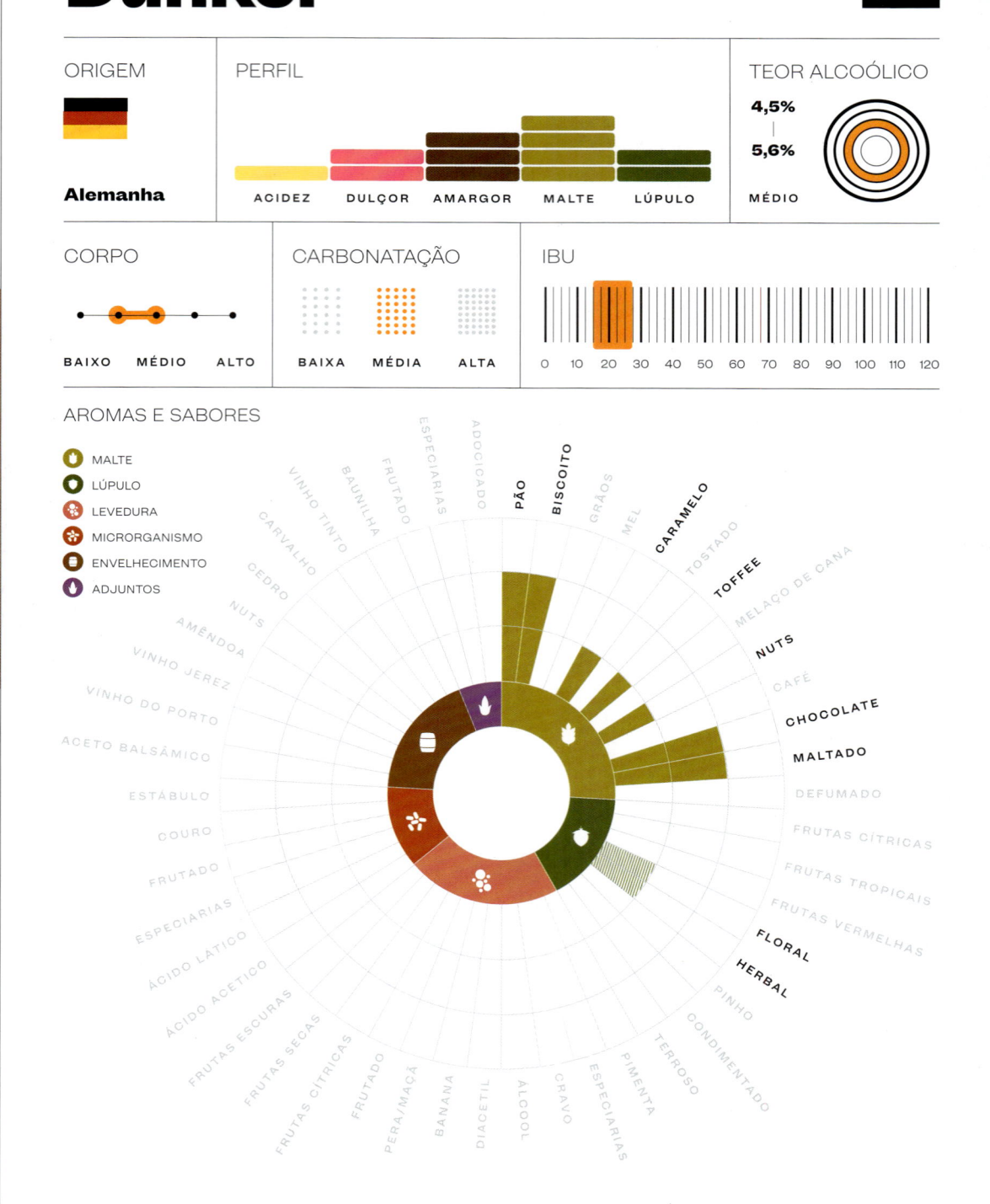

ORIGEM
Alemanha

PERFIL
ACIDEZ | DULÇOR | AMARGOR | MALTE | LÚPULO

TEOR ALCOÓLICO
4,5% — 5,6%
MÉDIO

CORPO
BAIXO | **MÉDIO** | ALTO

CARBONATAÇÃO
BAIXA | **MÉDIA** | ALTA

IBU
0 10 20 30 40 50 60 70 80 90 100 110 120

AROMAS E SABORES

- MALTE
- LÚPULO
- LEVEDURA
- MICRORGANISMO
- ENVELHECIMENTO
- ADJUNTOS

ESPECIARIAS · ADOCICADO · PÃO · BISCOITO · GRÃOS · MEL · CARAMELO · TOSTADO · TOFFEE · MELAÇO DE CANA · NUTS · CAFÉ · CHOCOLATE · MALTADO · DEFUMADO · FRUTAS CÍTRICAS · FRUTAS TROPICAIS · FRUTAS VERMELHAS · FLORAL · HERBAL · PINHO · CONDIMENTADO · TERROSO · PIMENTA · ESPECIARIAS · CRAVO · ÁLCOOL · DIACETIL · BANANA · PERA/MAÇÃ · FRUTADO · FRUTAS CÍTRICAS · FRUTAS SECAS · FRUTAS ESCURAS · ÁCIDO ACÉTICO · ÁCIDO LÁTICO · ESPECIARIAS · FRUTADO · COURO · ESTÁBULO · ACETO BALSÂMICO · VINHO DO PORTO · VINHO JEREZ · AMÊNDOA · NUTS · CEDRO · CARVALHO · VINHO TINTO · BAUNILHA · FRUTADO

COPO

TEMPERATURA DE SERVIÇO

0° 1° 2° 3° 4° 5° 6° 7° 8° 9° 10° 11° 12°

TURBIDEZ

- **LÍMPIDA**
- LEVEMENTE TURVA
- TURVA

ESPUMA

- ALTA
- **MÉDIA**
- BAIXA

HARMONIZAÇÃO

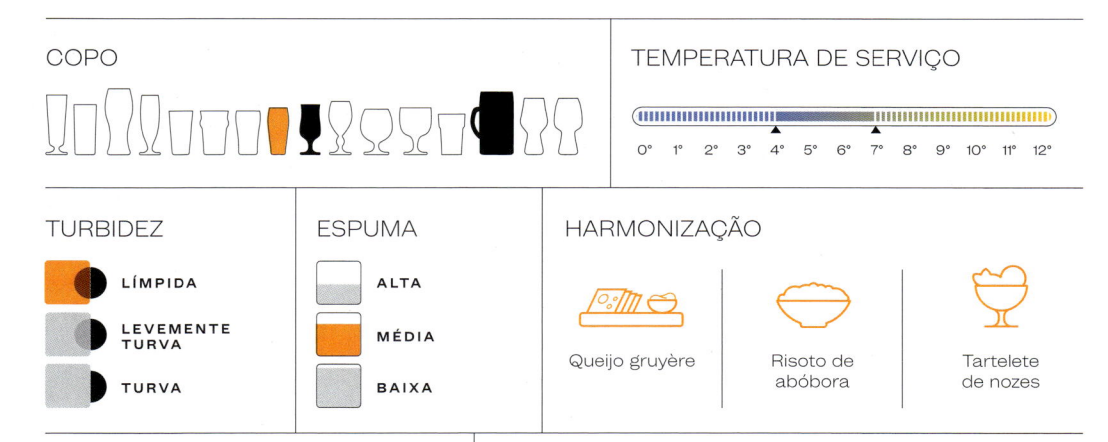

Queijo gruyère | Risoto de abóbora | Tartelete de nozes

REFERÊNCIA COMERCIAL

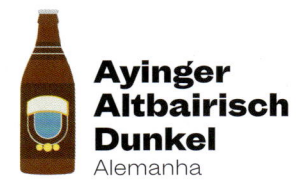

Ayinger Altbairisch Dunkel
Alemanha

Criada em 1878, a Ayinger Privatbrauerei é uma das cervejarias mais tradicionais da Baviera. O estilo Dunkel sempre foi bastante popular na região, e esse é um dos rótulos mais conhecidos da cervejaria. Considerada por Michael Jackson um ótimo exemplar do estilo, conta com um processo de dupla fermentação tradicional.

Outras:
Weltenburger Kloster Barock Dunkel
Samuel Adams Longshot A Dark Night in Munich

COMPARAÇÃO COM OUTROS ESTILOS

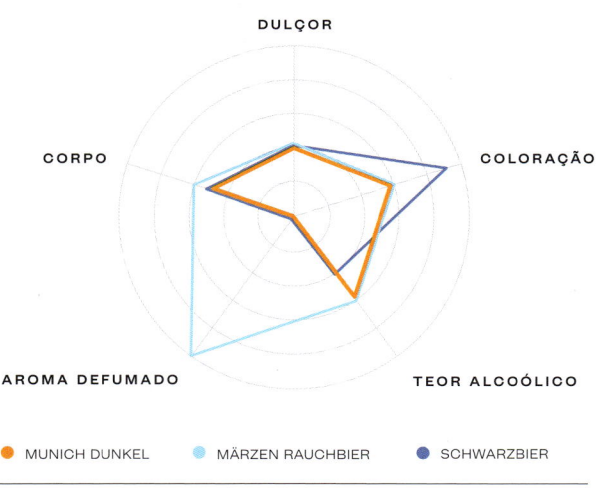

DULÇOR · COLORAÇÃO · TEOR ALCOÓLICO · AROMA DEFUMADO · CORPO

- MUNICH DUNKEL
- MÄRZEN RAUCHBIER
- SCHWARZBIER

CARACTERÍSTICAS ÚNICAS

História
As Dark Lagers foram, durante muito tempo, cervejas do dia a dia bávaro, até o surgimento das Pilsners e Helles. Em Munique, no entanto, a Dunkel manteve sua popularidade

Cervejas escuras
Até o desenvolvimento de novas tecnologias para secagem de malte, estilos com características de maltes mais escuros (como é o caso da Munich Dunkel) eram muito comuns

Old Ale

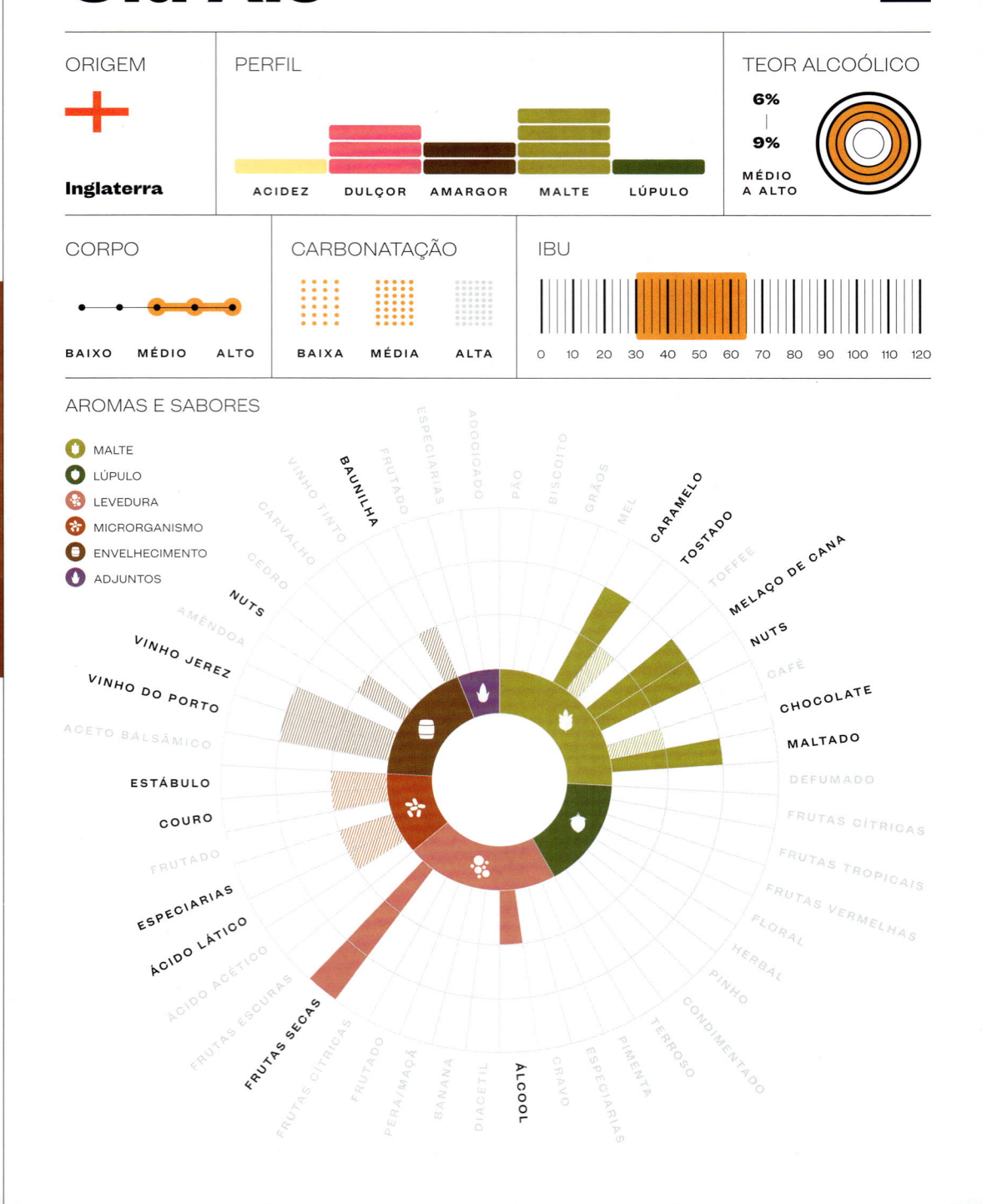

ALE

ORIGEM
Inglaterra

PERFIL
ACIDEZ · DULÇOR · AMARGOR · MALTE · LÚPULO

TEOR ALCOÓLICO
6% — 9%
MÉDIO A ALTO

CORPO
BAIXO · MÉDIO · ALTO

CARBONATAÇÃO
BAIXA · MÉDIA · ALTA

IBU
0 10 20 30 40 50 60 70 80 90 100 110 120

AROMAS E SABORES

- MALTE
- LÚPULO
- LEVEDURA
- MICRORGANISMO
- ENVELHECIMENTO
- ADJUNTOS

BAUNILHA, VINHO TINTO, CARVALHO, CEDRO, ESPECIARIAS, FRUTADO, ADOÇICADO, PÃO, BISCOITO, GRÃOS, MEL, CARAMELO, TOSTADO, TOFFEE, MELAÇO DE CANA, NUTS, CAFÉ, CHOCOLATE, MALTADO, DEFUMADO, FRUTAS CÍTRICAS, FRUTAS TROPICAIS, FRUTAS VERMELHAS, FLORAL, HERBAL, PINHO, CONDIMENTADO, TERROSO, CRAVO, PIMENTA, ESPECIARIAS, DIACETIL, ÁLCOOL, BANANA, PERA/MAÇÃ, FRUTADO, FRUTAS CÍTRICAS, FRUTAS SECAS, ÁCIDO ACÉTICO, ÁCIDO LÁTICO, ESPECIARIAS, FRUTADO, COURO, ESTÁBULO, ACETO BALSÂMICO, VINHO DO PORTO, VINHO JEREZ, AMÊNDOA, NUTS

COPO

TEMPERATURA DE SERVIÇO

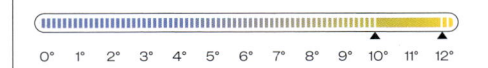

0° 1° 2° 3° 4° 5° 6° 7° 8° 9° 10° 11° 12°

TURBIDEZ

- LÍMPIDA
- LEVEMENTE TURVA
- TURVA

ESPUMA

- ALTA
- MÉDIA
- BAIXA

HARMONIZAÇÃO

Queijo camembert | Filé mignon ao molho madeira | Pudim de leite

REFERÊNCIA COMERCIAL

Greene King Strong Suffolk Dark Ale
Inglaterra

É um blend de duas outras cervejas produzidas pela Greene King: a Old 5X, uma cerveja forte, com 12% de teor alcoólico e envelhecida por, no mínimo, dois anos em barris de carvalho, e a BPA, uma cerveja escura e jovem, adicionada logo antes do envase. O resultado é uma cerveja única, forte (apesar de pouco teor alcoólico), escura e frutada.

Outras:
AleSmith Olde Ale
Old Expensive Ale Burton Bridge
Leopoldina Old Ale

COMPARAÇÃO COM OUTROS ESTILOS

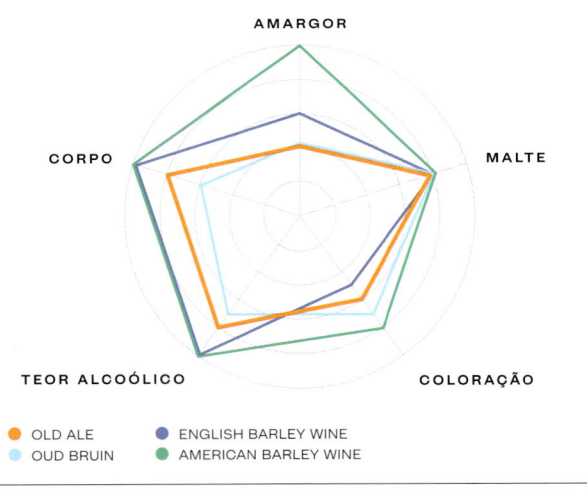

AMARGOR — MALTE — COLORAÇÃO — TEOR ALCOÓLICO — CORPO

- OLD ALE
- OUD BRUIN
- ENGLISH BARLEY WINE
- AMERICAN BARLEY WINE

CARACTERÍSTICAS ÚNICAS

História
Estilo britânico que se desenvolveu nos últimos dois séculos. Inicialmente eram cervejas envelhecidas em barris de madeira por meses ou anos, com acidez mais acentuada

De volta às origens
Apesar de cada vez mais difícil achar Old Ales envelhecidas com perfil mais lático, aos poucos as cervejarias estão voltando a produzir exemplares como antigamente

Oud Bruin

MISTA

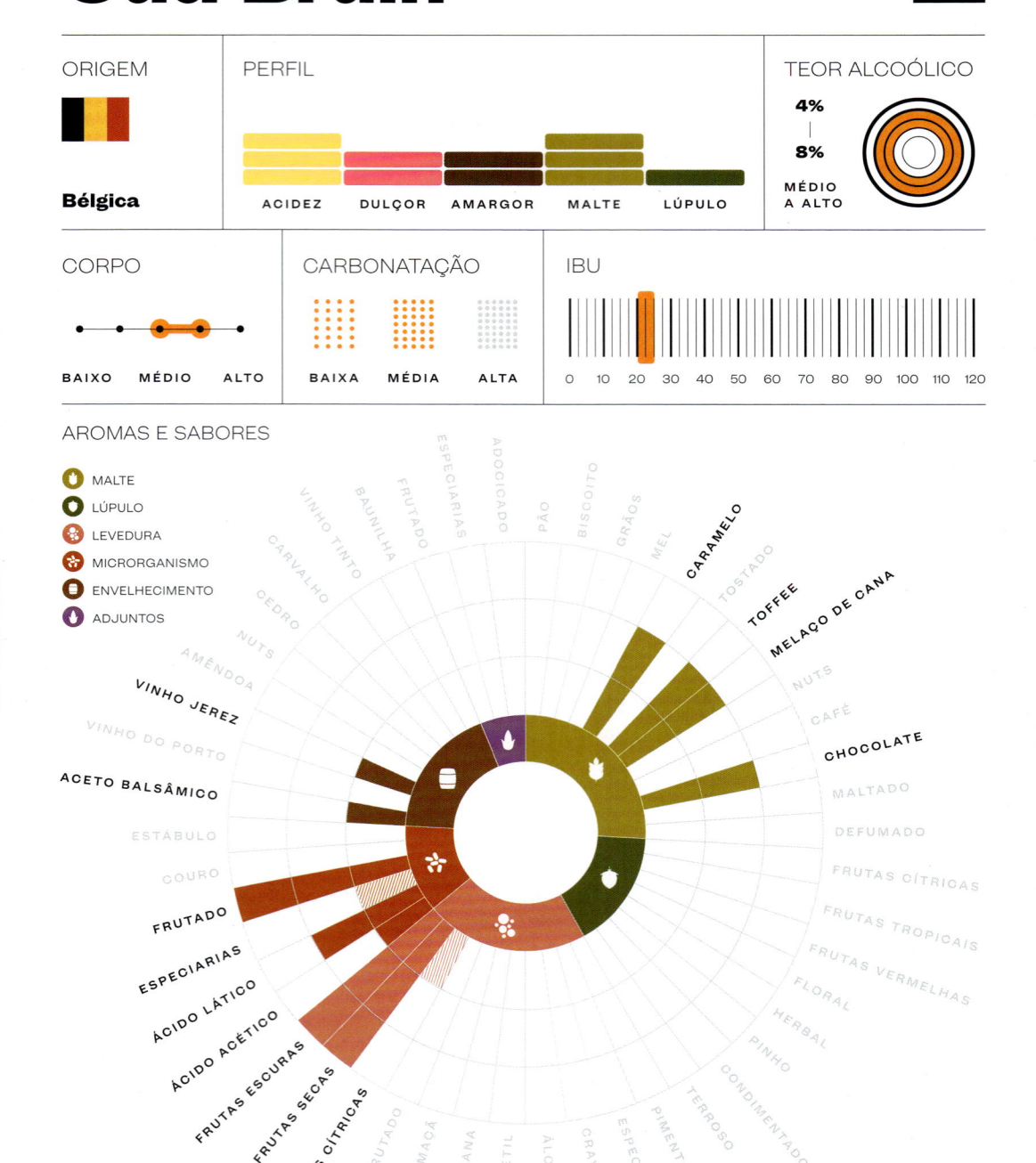

ORIGEM
Bélgica

PERFIL
ACIDEZ · DULÇOR · AMARGOR · MALTE · LÚPULO

TEOR ALCOÓLICO
4% – 8%
MÉDIO A ALTO

CORPO
BAIXO · **MÉDIO** · ALTO

CARBONATAÇÃO
BAIXA · MÉDIA · ALTA

IBU
0 10 20 30 40 50 60 70 80 90 100 110 120

AROMAS E SABORES

- MALTE
- LÚPULO
- LEVEDURA
- MICRORGANISMO
- ENVELHECIMENTO
- ADJUNTOS

CARAMELO, TOFFEE, MELAÇO DE CANA, NUTS, CAFÉ, CHOCOLATE, MALTADO, DEFUMADO, FRUTAS CÍTRICAS, FRUTAS TROPICAIS, FRUTAS VERMELHAS, FLORAL, HERBAL, PINHO, CONDIMENTADO, TERROSO, PIMENTA, ESPECIARIAS, CRAVO, ÁLCOOL, DIACETIL, BANANA, PERA/MAÇÃ, FRUTADO, FRUTAS CÍTRICAS, FRUTAS SECAS, FRUTAS ESCURAS, ÁCIDO ACÉTICO, ÁCIDO LÁTICO, ESPECIARIAS, FRUTADO, COURO, ESTÁBULO, ACETO BALSÂMICO, VINHO DO PORTO, VINHO JEREZ, AMÊNDOA, NUTS, CEDRO, CARVALHO, VINHO TINTO, BAUNILHA, FRUTADO, ESPECIARIAS, ADOCICADO, PÃO, BISCOITO, GRÃOS, MEL, TOSTADO

COPO

TEMPERATURA DE SERVIÇO

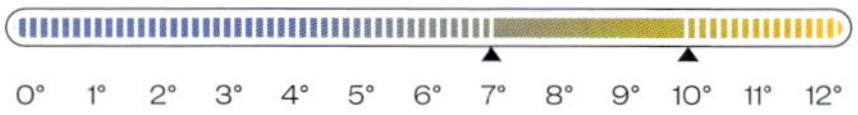

0° 1° 2° 3° 4° 5° 6° 7° 8° 9° 10° 11° 12°

TURBIDEZ

- LÍMPIDA
- LEVEMENTE TURVA
- TURVA

ESPUMA

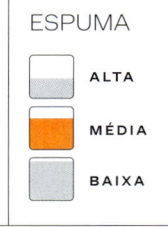

- ALTA
- MÉDIA
- BAIXA

HARMONIZAÇÃO

Queijo reblochon | Goulash  | Suflê de chocolate

REFERÊNCIA COMERCIAL

Liefmans Goudenband
Bélgica

Esse exemplar é uma ótima referência do estilo, sendo elaborado a partir de uma fermentação mista e envelhecido de 4 a 12 meses em barricas para adquirir aromas e sabores. O resultado é um líquido marrom-avermelhado com uma acidez proeminente, sabores caramelizados e de nuts, além de notas bem evidentes de passas e frutas escuras.

Outras:
Petrus Rood Bruin
Monk's Cafe Flemish Sour Ale
Bacchus Oud Bruin

COMPARAÇÃO COM OUTROS ESTILOS

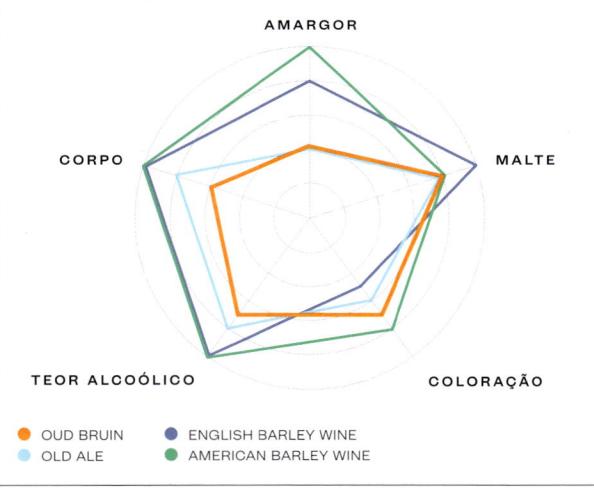

AMARGOR — MALTE — COLORAÇÃO — TEOR ALCOÓLICO — CORPO

- OUD BRUIN
- OLD ALE
- ENGLISH BARLEY WINE
- AMERICAN BARLEY WINE

CARACTERÍSTICAS ÚNICAS

História
Originária da região de Flanders, é feita a partir da mistura de uma cerveja jovem e doce com uma envelhecida, suavizando o caráter ácido e adquirindo novas nuances de sabor

Envelhecimento
Apesar de não ser incomum o envelhecimento em barris de madeira, atualmente é mais corriqueira a utilização de tanques de aço inox

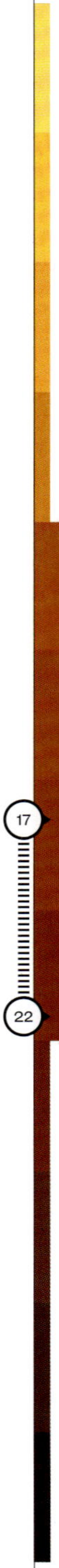

Pumpkin Ale

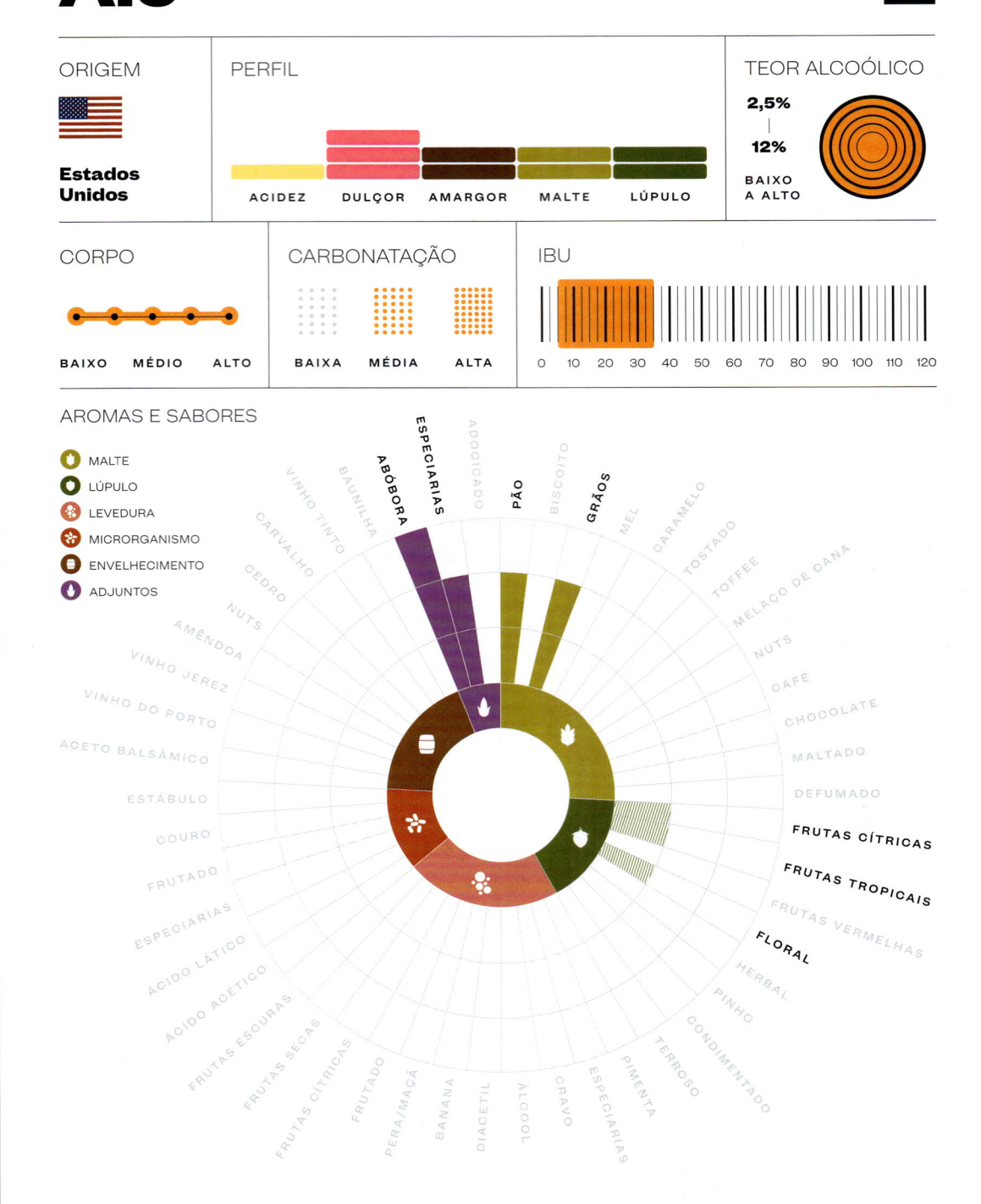

ALE

ORIGEM
Estados Unidos

PERFIL
ACIDEZ — DULÇOR — AMARGOR — MALTE — LÚPULO

TEOR ALCOÓLICO
2,5% — 12%
BAIXO A ALTO

CORPO
BAIXO — MÉDIO — ALTO

CARBONATAÇÃO
BAIXA — MÉDIA — ALTA

IBU
0 — 10 — 20 — 30 — 40 — 50 — 60 — 70 — 80 — 90 — 100 — 110 — 120

AROMAS E SABORES

- MALTE
- LÚPULO
- LEVEDURA
- MICRORGANISMO
- ENVELHECIMENTO
- ADJUNTOS

ABÓBORA, ESPECIARIAS, ADOCICADO, PÃO, BISCOITO, GRÃOS, MEL, CARAMELO, TOSTADO, TOFFEE, MELAÇO DE CANA, NUTS, CAFÉ, CHOCOLATE, MALTADO, DEFUMADO, FRUTAS CÍTRICAS, FRUTAS TROPICAIS, FRUTAS VERMELHAS, FLORAL, HERBAL, PINHO, CONDIMENTADO, TERROSO, PIMENTA, ESPECIARIAS, CRAVO, ÁLCOOL, DIACETIL, BANANA, PERA/MAÇÃ, FRUTADO, FRUTAS CÍTRICAS, FRUTAS SECAS, FRUTAS ESCURAS, ÁCIDO ACÉTICO, ÁCIDO LÁTICO, ESPECIARIAS, FRUTADO, COURO, ESTÁBULO, ACETO BALSÂMICO, VINHO DO PORTO, VINHO JEREZ, AMÊNDOA, NUTS, CEDRO, CARVALHO, VINHO TINTO, BAUNILHA

COPO

TEMPERATURA DE SERVIÇO

0° 1° 2° 3° 4° 5° 6° 7° 8° 9° 10° 11° 12°

TURBIDEZ

- LÍMPIDA
- LEVEMENTE TURVA
- TURVA

ESPUMA

- ALTA
- MÉDIA
- BAIXA

HARMONIZAÇÃO

Queijo cheddar | Peru assado | Creme de mascarpone com calda de laranja

REFERÊNCIA COMERCIAL

Dogfish Punkin Ale
Estados Unidos

A Punkin Ale, da cervejaria DogFish Head, surgiu em 1994, e sua receita leva, além da abóbora, especiarias e açúcar escuro. Vencedora de um concurso durante o Punkin Chunkin, evento realizado anualmente no sul de Delaware, costuma ser produzida uma vez ao ano para ser consumida no outono.

Outras:
Brooklyn Brewery Post Road
Cigar City Good Gourd Almighty
Marmota Santa Abóbra

COMPARAÇÃO COM OUTROS ESTILOS

ADJUNTOS • DULÇOR • COLORAÇÃO • TEOR ALCOÓLICO • CORPO

● PUMPKIN ALE   ● GINJO BEER   ● ITALIAN GRAPE ALE

CARACTERÍSTICAS ÚNICAS

História
As Pumpkin Ales começaram a ser fabricadas nos EUA no século XVIII pelos colonos ingleses. Hoje se tornou popular para ser consumida no Halloween

Torta de abóbora
As novas versões de Pumpkin Ales têm adição de especiarias, assim como é feito nas tortas de abóbora tradicionais. Elas geralmente têm canela, noz-moscada e pimenta

Vienna Lager

LAGER

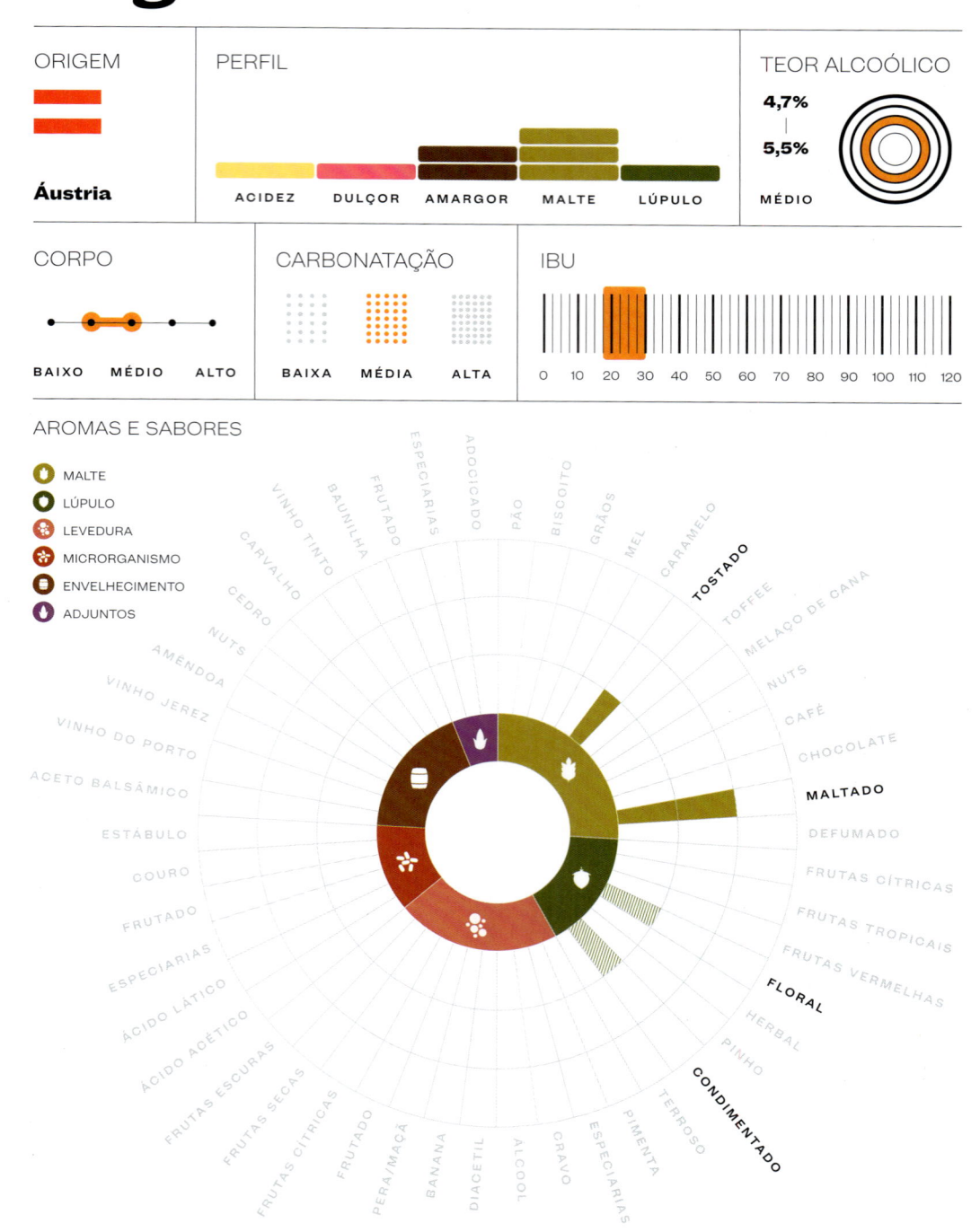

ORIGEM
Áustria

PERFIL
- ACIDEZ
- DULÇOR
- AMARGOR
- MALTE
- LÚPULO

TEOR ALCOÓLICO
4,7% — 5,5%
MÉDIO

CORPO
BAIXO — **MÉDIO** — ALTO

CARBONATAÇÃO
BAIXA — **MÉDIA** — ALTA

IBU
0 10 20 30 40 50 60 70 80 90 100 110 120

AROMAS E SABORES
- MALTE
- LÚPULO
- LEVEDURA
- MICRORGANISMO
- ENVELHECIMENTO
- ADJUNTOS

Destaques: TOSTADO, MALTADO, FLORAL, CONDIMENTADO

COPO

TEMPERATURA DE SERVIÇO

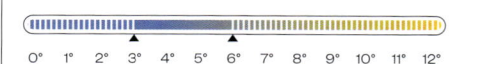

0° 1° 2° 3° 4° 5° 6° 7° 8° 9° 10° 11° 12°

TURBIDEZ

- LÍMPIDA
- LEVEMENTE TURVA
- TURVA

ESPUMA

- ALTA
- MÉDIA
- BAIXA

HARMONIZAÇÃO

Sanduíche de rosbife  | Penne salteado com cogumelos  | Crumble de maçã

REFERÊNCIA COMERCIAL

Samuel Adams Boston Lager
Estados Unidos

A Boston Beer Company surgiu em 1984, e o primeiro rótulo comercializado pela cervejaria foi a Boston Lager, baseada em uma receita do tataravô do sócio Jim Koch. Apesar de possuir diversos estilos em linha, esse continua sendo sucesso de vendas. Segundo eles, até hoje Jim testa todos os lotes para garantir que a qualidade seja mantida.

Outras:
Eliot Ness Great Lakes Brewing Co.
Bierland Vienna
Chuckanut Vienna Lager

COMPARAÇÃO COM OUTROS ESTILOS

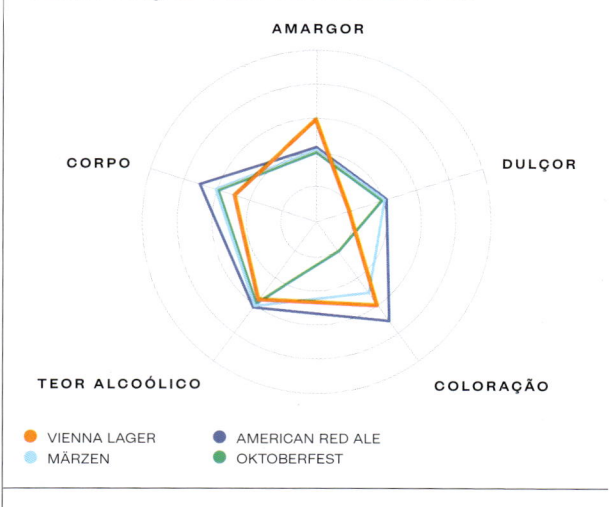

AMARGOR — DULÇOR — COLORAÇÃO — TEOR ALCOÓLICO — CORPO

- VIENNA LAGER
- MÄRZEN
- AMERICAN RED ALE
- OKTOBERFEST

CARACTERÍSTICAS ÚNICAS

História
Sua criação, em 1841, só foi possível graças ao forno de secagem indireta, que permitia a produção de maltes mais padronizados e menos tostados, resultando em cervejas menos escuras

Da Áustria para as Américas
O estilo conquistou os americanos e os mexicanos. As versões americanas podem ser mais secas e amargas, e as mexicanas, mais doces e com adjuntos

Weizenbock

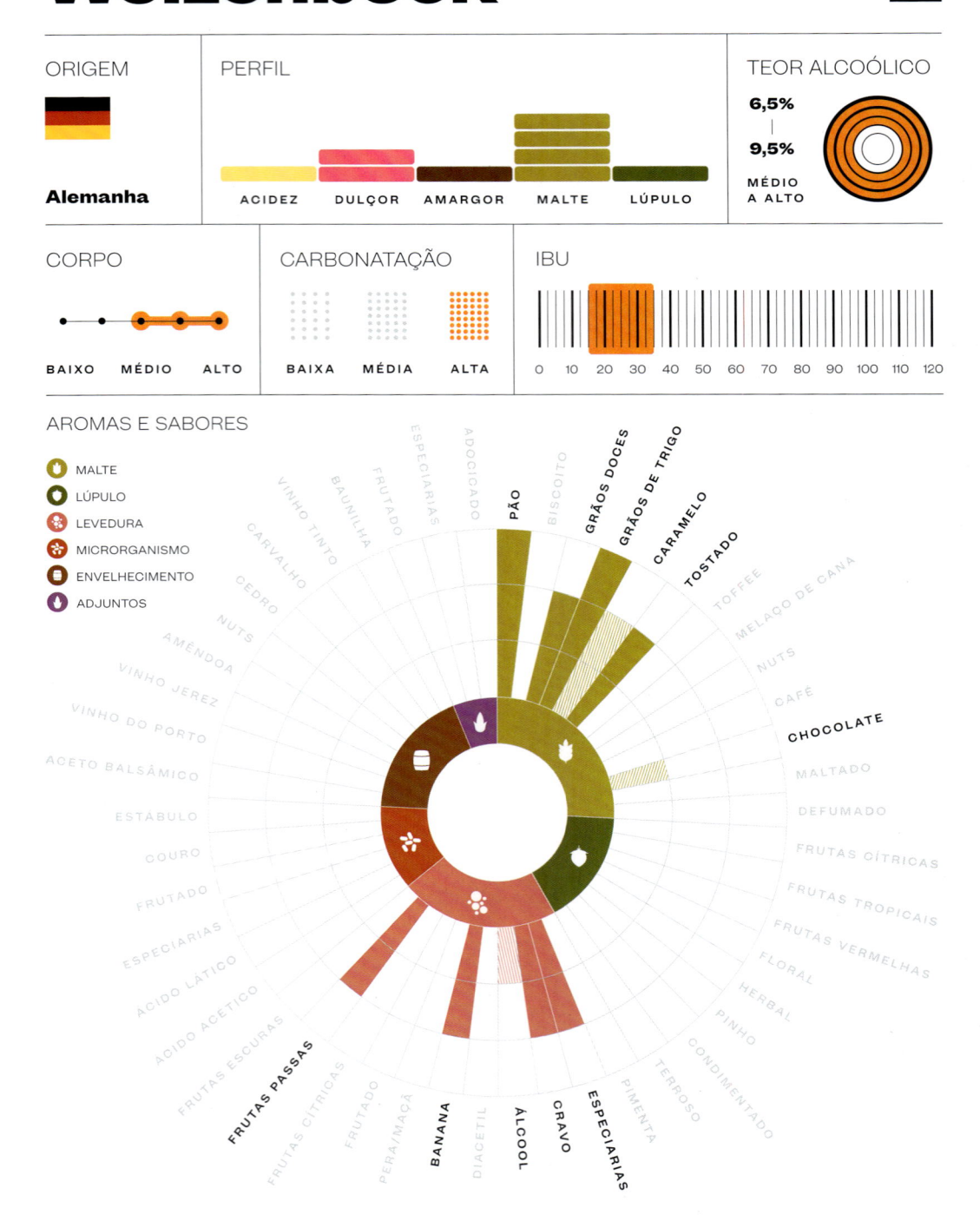

ALE

ORIGEM
Alemanha

PERFIL
ACIDEZ · DULÇOR · AMARGOR · MALTE · LÚPULO

TEOR ALCOÓLICO
6,5% — 9,5%
MÉDIO A ALTO

CORPO
BAIXO · **MÉDIO** · ALTO

CARBONATAÇÃO
BAIXA · MÉDIA · **ALTA**

IBU
0 10 20 30 40 50 60 70 80 90 100 110 120

AROMAS E SABORES

- MALTE
- LÚPULO
- LEVEDURA
- MICRORGANISMO
- ENVELHECIMENTO
- ADJUNTOS

ESPECIARIAS · VINHO TINTO · BAUNILHA · FRUTADO · ADOCIGADO · PÃO · BISCOITO · GRÃOS DOCES · GRÃOS DE TRIGO · CARAMELO · TOSTADO · TOFFEE · MELAÇO DE CANA · NUTS · CAFÉ · **CHOCOLATE** · MALTADO · DEFUMADO · FRUTAS CÍTRICAS · FRUTAS TROPICAIS · FRUTAS VERMELHAS · FLORAL · HERBAL · PINHO · CONDIMENTADO · TERROSO · PIMENTA · ESPECIARIAS · CRAVO · ÁLCOOL · DIACETIL · BANANA · FRUTADO · PERA/MAÇÃ · FRUTAS CÍTRICAS · **FRUTAS PASSAS** · FRUTAS ESCURAS · ÁCIDO ACÉTICO · ÁCIDO LÁTICO · ESPECIARIAS · FRUTADO · COURO · ESTÁBULO · ACETO BALSÂMICO · VINHO DO PORTO · VINHO JEREZ · AMÊNDOA · NUTS · CEDRO · CARVALHO

COPO

TEMPERATURA DE SERVIÇO

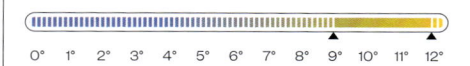

0° 1° 2° 3° 4° 5° 6° 7° 8° 9° 10° 11° 12°

TURBIDEZ

- LÍMPIDA
- LEVEMENTE TURVA
- **TURVA**

ESPUMA

- **ALTA**
- MÉDIA
- BAIXA

HARMONIZAÇÃO

Queijo epoisses | Pato laqueado | Strudel de maçã

REFERÊNCIA COMERCIAL

Schneider Weisse Aventinus Tap 6
Alemanha

Após a morte de seu marido Georg III, em 1905, Mathilde Schneider assumiu o controle da cervejaria. Ela teve a ideia de unir a popularidade das Weissbiers com a popularidade das Doppelbocks e criou a Aventinus, que foi lançada em 1907 e é produzida até hoje. Seu nome foi uma homenagem ao historiador bávaro Johannes Aventinus.

Outras:
Weihenstephaner Vitus
Erdinger Pikantus Weizenbock
Bamberg Weizenbock Dunkel

COMPARAÇÃO COM OUTROS ESTILOS

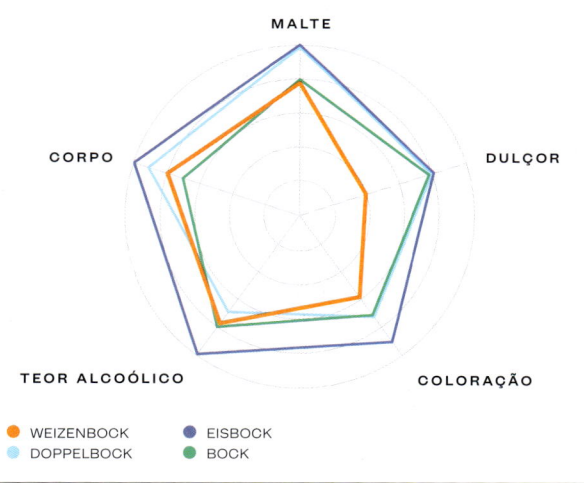

MALTE · DULÇOR · COLORAÇÃO · TEOR ALCOÓLICO · CORPO

- WEIZENBOCK
- DOPPELBOCK
- EISBOCK
- BOCK

CARACTERÍSTICAS ÚNICAS

História
Uma Weizenbier produzida para ter a intensidade de uma Bock, com maior teor alcoólico, sabores maltados e características de tosta e frutas escuras

Outras variações
Além de Weizenbocks mais claras com menos complexidade de malte e mais notas de lúpulo, existem ainda estilos como Weizendoppelbock, Weizeneisbock e Dunkelweizen

Wheatwine

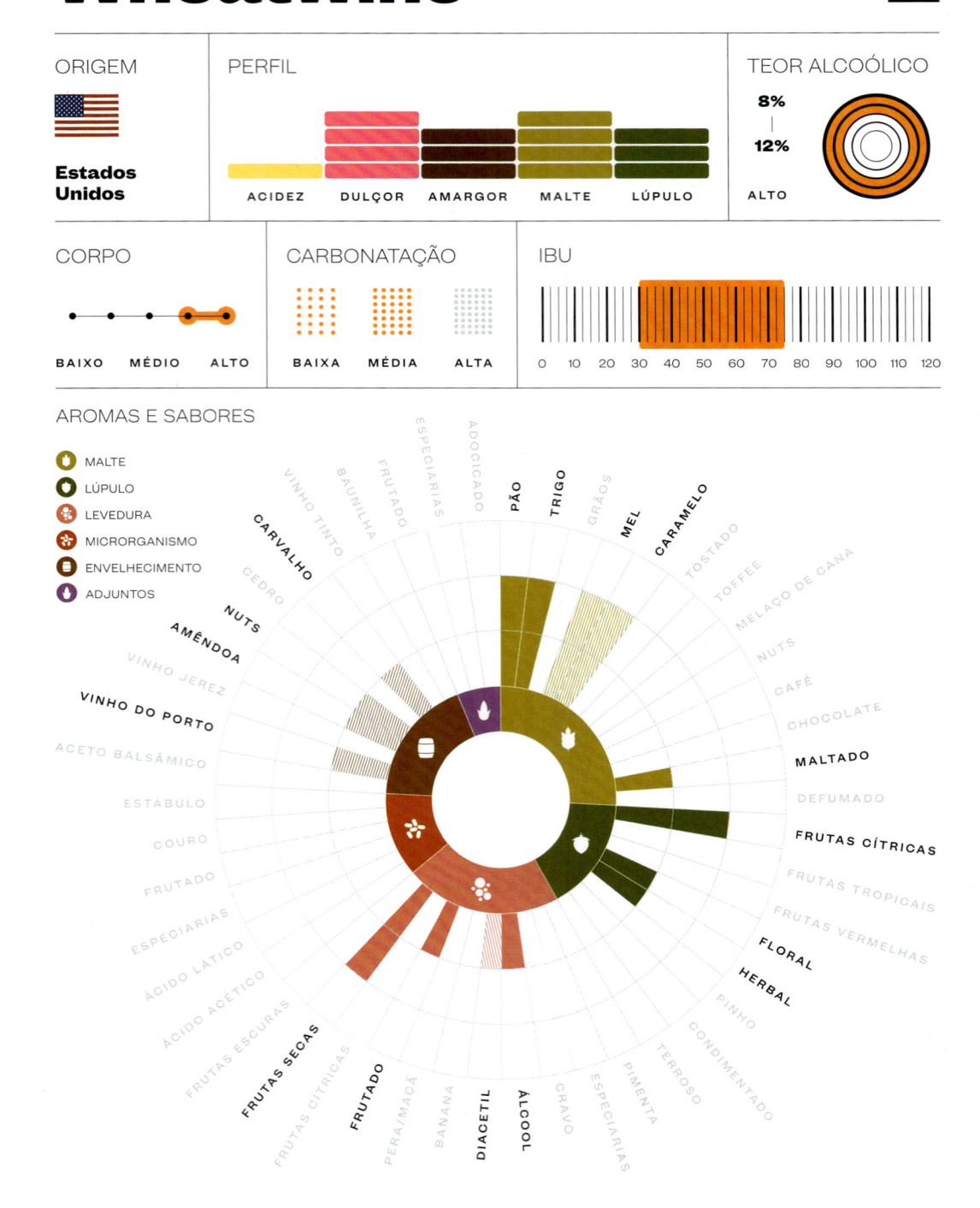

ALE

ORIGEM
Estados Unidos

PERFIL
ACIDEZ · DULÇOR · AMARGOR · MALTE · LÚPULO

TEOR ALCOÓLICO
8% — 12%
ALTO

CORPO
BAIXO · MÉDIO · **ALTO**

CARBONATAÇÃO
BAIXA · MÉDIA · ALTA

IBU
0 10 20 30 40 50 60 70 80 90 100 110 120

AROMAS E SABORES

- MALTE
- LÚPULO
- LEVEDURA
- MICRORGANISMO
- ENVELHECIMENTO
- ADJUNTOS

ESPECIARIAS · BAUNILHA · VINHO TINTO · FRUTADO · ADOCICADO · PÃO · TRIGO · GRÃOS · MEL · CARAMELO · TOSTADO · TOFFEE · MELAÇO DE CANA · NUTS · CAFÉ · CHOCOLATE · **MALTADO** · DEFUMADO · **FRUTAS CÍTRICAS** · FRUTAS TROPICAIS · FRUTAS VERMELHAS · FLORAL · HERBAL · PINHO · CONDIMENTADO · TERROSO · PIMENTA · ESPECIARIAS · CRAVO · ÁLCOOL · DIACETIL · BANANA · PERA/MAÇÃ · FRUTADO · FRUTAS CÍTRICAS · **FRUTAS SECAS** · FRUTAS ESCURAS · ÁCIDO ACÉTICO · ÁCIDO LÁTICO · ESPECIARIAS · FRUTADO · COURO · ESTÁBULO · ACETO BALSÂMICO · **VINHO DO PORTO** · VINHO JEREZ · AMÊNDOA · NUTS · CEDRO · CARVALHO

COPO

TEMPERATURA DE SERVIÇO

0° 1° 2° 3° 4° 5° 6° 7° 8° 9° 10° 11° 12°

TURBIDEZ

- LÍMPIDA
- LEVEMENTE TURVA
- TURVA

ESPUMA

- ALTA
- MÉDIA
- BAIXA

HARMONIZAÇÃO

Queijo gouda maturado | Chowder | Torta de noz-pecã

REFERÊNCIA COMERCIAL

Two Brothers Bare Tree Weiss Wine
Estados Unidos

Importante microcervejaria de Chicago que colaborou para a popularização de diversos estilos. Sua Wheatwine é sazonal e safrada, comercializada apenas em fevereiro. Possui as características clássicas do estilo, como corpo alto, dulçor, sabores frutados, perfil alcoólico presente e aromas de envelhecimento devido ao seu estágio em barricas.

Outras:
Anodyne Wheat Wine
Portsmouth Wheat Wine
Dádiva & Quatro Graus Entomology

COMPARAÇÃO COM OUTROS ESTILOS

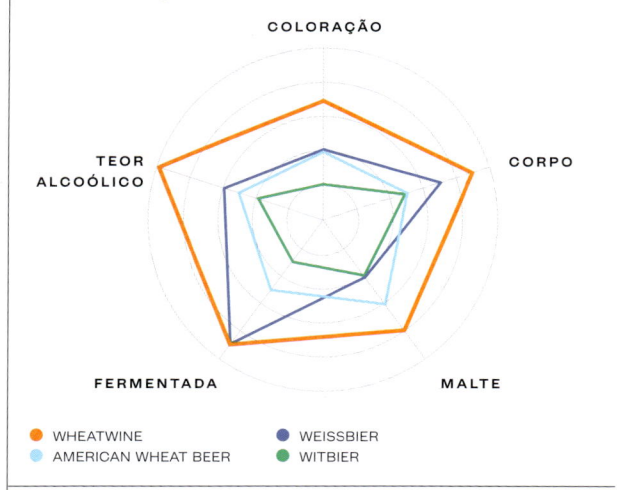

COLORAÇÃO — CORPO — MALTE — FERMENTADA — TEOR ALCOÓLICO

- WHEATWINE
- AMERICAN WHEAT BEER
- WEISSBIER
- WITBIER

CARACTERÍSTICAS ÚNICAS

História
Estilo recente disseminado após a revolução da cerveja artesanal em 1980, considerado uma versão norte-americana de uma Barley Wine de trigo

Características
Com pelo menos 50% de malte de trigo, esse estilo pode ser envelhecido para adicionar complexidade, resultando em um produto bem distinto e único

4.c Podem ser leves ou mais encorpadas, muito ou pouco alcoólicas. A coloração não significa necessariamente uma determinada característica sensorial; logo, entre as cervejas mais escuras, podemos encontrar tanto cervejas simples, leves e com alta drinkability, quanto mais doces, mais amargas e até mesmo quase licorosas.
Aromas maltados são evidentes em grande parte dos estilos, mas não excluem a complexidade que pode advir do lúpulo e da levedura.

Castanho-escuro ao negro opaco

- American Brown Ale — P.184
- American Porter — P.186
- American Stout — P.188
- Baltic Porter — P.190
- Belgian Strong Dark Ale — P.192
- Black IPA — P.194
- Doppelbock — P.196
- Eisbock — P.198
- English Barley Wine — P.200
- English Porter — P.202
- Irish Dry Stout — P.204
- Oatmeal Stout — P.206
- Quadrupel — P.208
- Russian Imperial Stout — P.210
- Schwarzbier — P.212
- Sweet Stout — P.214
- Wee Heavy — P.216

American Brown Ale

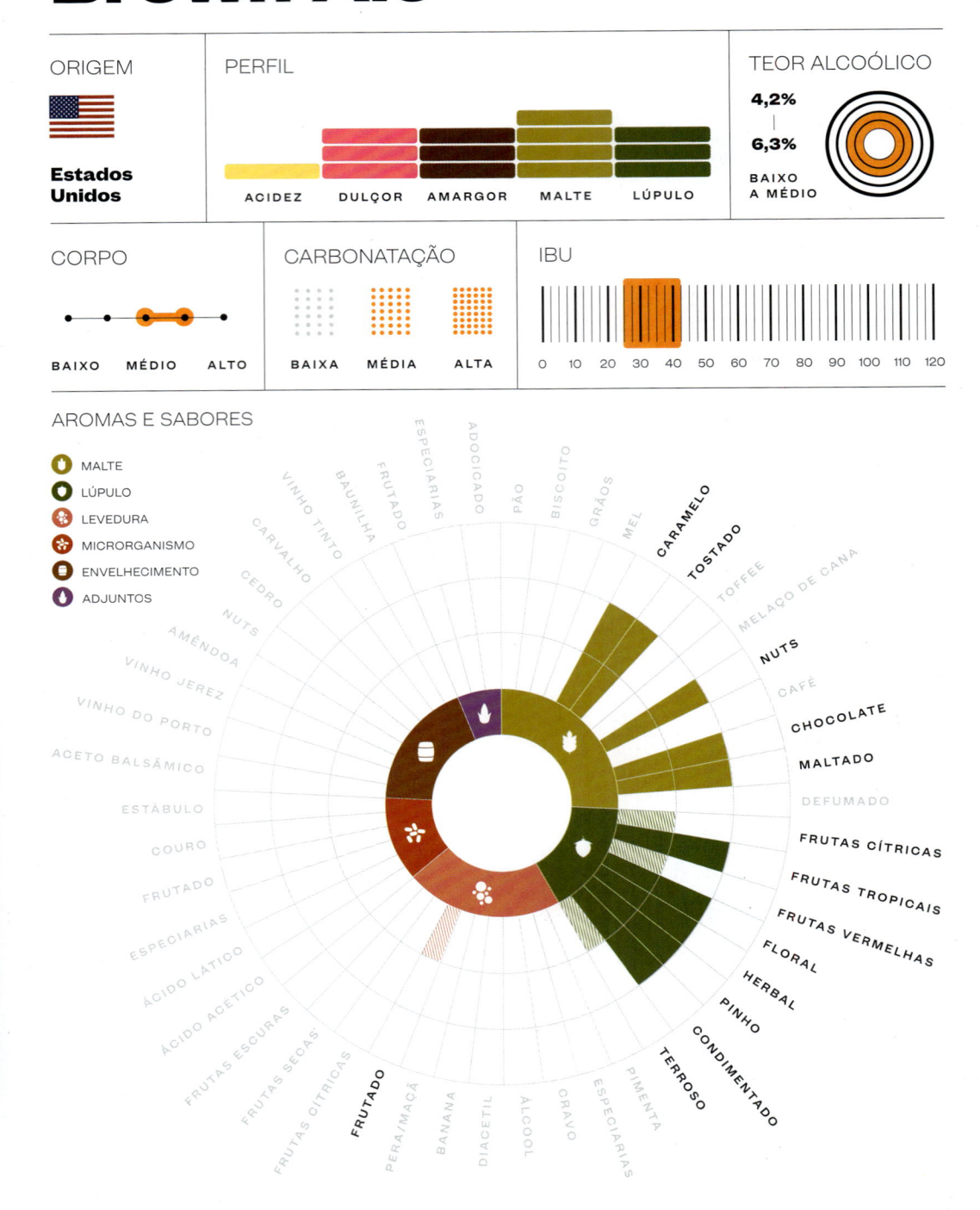

ALE

ORIGEM
🇺🇸
Estados Unidos

PERFIL
ACIDEZ — DULÇOR — AMARGOR — MALTE — LÚPULO

TEOR ALCOÓLICO
4,2%
—
6,3%
BAIXO A MÉDIO

CORPO
BAIXO — **MÉDIO** — ALTO

CARBONATAÇÃO
BAIXA — **MÉDIA** — ALTA

IBU
0 10 20 30 **40** 50 60 70 80 90 100 110 120

AROMAS E SABORES

- MALTE
- LÚPULO
- LEVEDURA
- MICRORGANISMO
- ENVELHECIMENTO
- ADJUNTOS

ESPECIARIAS · ADOCICADO · PÃO · BISCOITO · GRÃOS · MEL · CARAMELO · TOSTADO · TOFFEE · MELAÇO DE CANA · NUTS · CAFÉ · CHOCOLATE · MALTADO · DEFUMADO · FRUTAS CÍTRICAS · FRUTAS TROPICAIS · FRUTAS VERMELHAS · FLORAL · HERBAL · PINHO · CONDIMENTADO · TERROSO · PIMENTA · ESPECIARIAS · CRAVO · ÁLCOOL · DIACETIL · BANANA · PERA/MAÇÃ · FRUTADO · FRUTAS CÍTRICAS · FRUTAS SECAS · FRUTAS ESCURAS · ÁCIDO ACÉTICO · ÁCIDO LÁTICO · ESPECIARIAS · FRUTADO · COURO · ESTÁBULO · ACETO BALSÂMICO · VINHO DO PORTO · VINHO JEREZ · AMÊNDOA · NUTS · CEDRO · CARVALHO · VINHO TINTO · BAUNILHA · FRUTADO

COPO

TEMPERATURA DE SERVIÇO

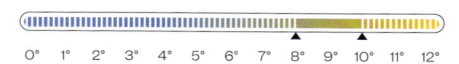

0° 1° 2° 3° 4° 5° 6° 7° 8° 9° 10° 11° 12°

TURBIDEZ

- LÍMPIDA
- LEVEMENTE TURVA
- TURVA

ESPUMA

- ALTA
- MÉDIA
- BAIXA

HARMONIZAÇÃO

Queijo gouda maturado

Bife Wellington

Bolo de cenoura com calda de chocolate

REFERÊNCIA COMERCIAL

Brooklyn Brown Ale
Estados Unidos

Foi produzida pela primeira vez como uma edição festiva limitada, mas, devido a seu sucesso, logo entrou para a lista das cervejas produzidas o ano inteiro. Foi uma combinação das variações de Brown Ales que existiam na Inglaterra com uma carga extra de lúpulo. Rapidamente se tornou uma das cervejas escuras mais populares no Nordeste dos EUA.

Outras:
Cigar City Maduro Brown Ale
Anchor Brekle's Brown
Blue Moon Cocoa Brown Ale

COMPARAÇÃO COM OUTROS ESTILOS

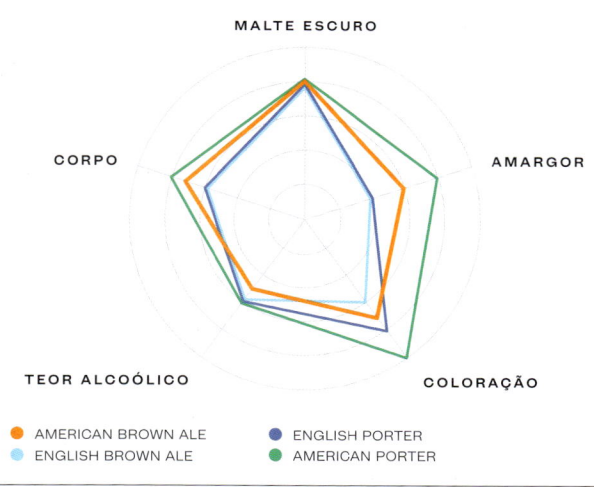

MALTE ESCURO — AMARGOR — COLORAÇÃO — TEOR ALCOÓLICO — CORPO

- AMERICAN BROWN ALE
- ENGLISH BROWN ALE
- ENGLISH PORTER
- AMERICAN PORTER

CARACTERÍSTICAS ÚNICAS

História
Cervejeiros americanos, durante a revolução pós-Lei Seca, se espelharam no clássico estilo inglês para criar uma variação mais forte, mais escura e mais amarga

Texas Brown
Inspiração para muitos homebrews, algumas versões mais lupuladas acabaram ganhando o nome de Texas Brown, mas hoje estariam mais próximas de uma Brown IPA

American Porter

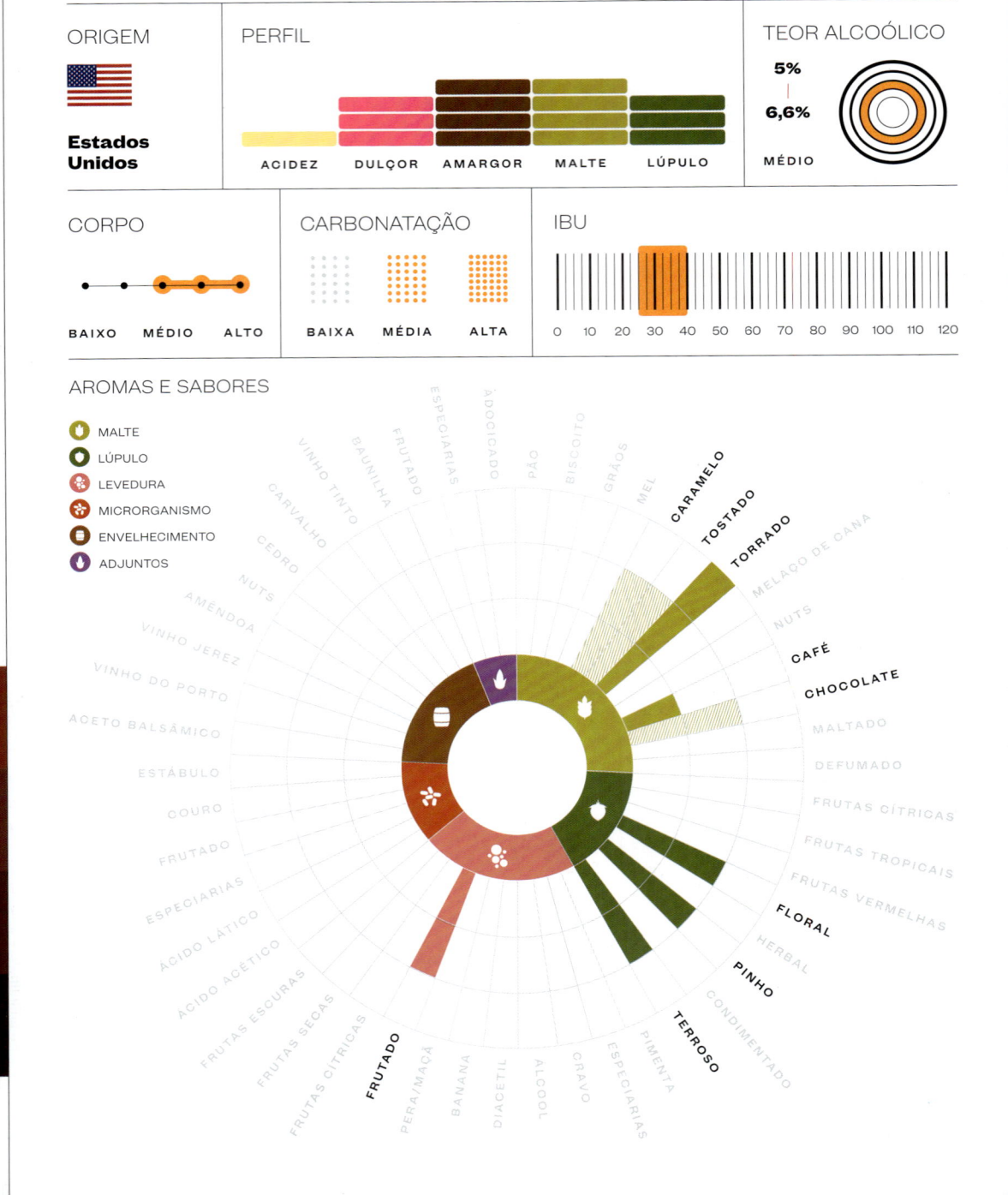

ALE

ORIGEM
Estados Unidos

PERFIL
ACIDEZ · DULÇOR · AMARGOR · MALTE · LÚPULO

TEOR ALCOÓLICO
5%
6,6%
MÉDIO

CORPO
BAIXO · MÉDIO · ALTO

CARBONATAÇÃO
BAIXA · MÉDIA · ALTA

IBU
0 10 20 30 40 50 60 70 80 90 100 110 120

AROMAS E SABORES

- MALTE
- LÚPULO
- LEVEDURA
- MICRORGANISMO
- ENVELHECIMENTO
- ADJUNTOS

CARAMELO, TOSTADO, TORRADO, MELAÇO DE CANA, NUTS, CAFÉ, CHOCOLATE, MALTADO, DEFUMADO, FRUTAS CÍTRICAS, FRUTAS TROPICAIS, FRUTAS VERMELHAS, FLORAL, HERBAL, PINHO, TERROSO, CONDIMENTADO, ESPECIARIAS, PIMENTA, CRAVO, ÁLCOOL, DIACETIL, BANANA, PERA/MAÇÃ, FRUTADO, FRUTAS CÍTRICAS, FRUTAS SECAS, FRUTAS ESCURAS, ÁCIDO ACÉTICO, ÁCIDO LÁTICO, ESPECIARIAS, FRUTADO, COURO, ESTÁBULO, ACETO BALSÂMICO, VINHO DO PORTO, VINHO JEREZ, AMÊNDOA, NUTS, CEDRO, CARVALHO, VINHO TINTO, BAUNILHA, FRUTADO, ESPECIARIAS, ADOCICADO, PÃO, BISCOITO, GRÃOS, MEL

COPO

TEMPERATURA DE SERVIÇO

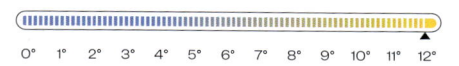

0° 1° 2° 3° 4° 5° 6° 7° 8° 9° 10° 11° 12°

TURBIDEZ
- LÍMPIDA
- LEVEMENTE TURVA
- TURVA

ESPUMA
- ALTA
- MÉDIA
- BAIXA

HARMONIZAÇÃO

Figo assado com gorgonzola, nozes e mel

Prime rib

Brigadeiro de colher com paçoca

REFERÊNCIA COMERCIAL

Founders Porter
Estados Unidos

Fez parte das quatro primeiras receitas produzidas pela Founders em 1997, seu ano de fundação. Era uma produção sazonal até que, em 2001, se tornou o que conhecemos hoje e passou a ser feita o ano inteiro. Ficou fora de linha durante dois anos para dar espaço a cervejas mais extremas, mas segue sendo produzida.

Outras:
Smuttynose Robust Porter
Dogma From Rejection to Oblivion N4
Sierra Nevada Porter

COMPARAÇÃO COM OUTROS ESTILOS

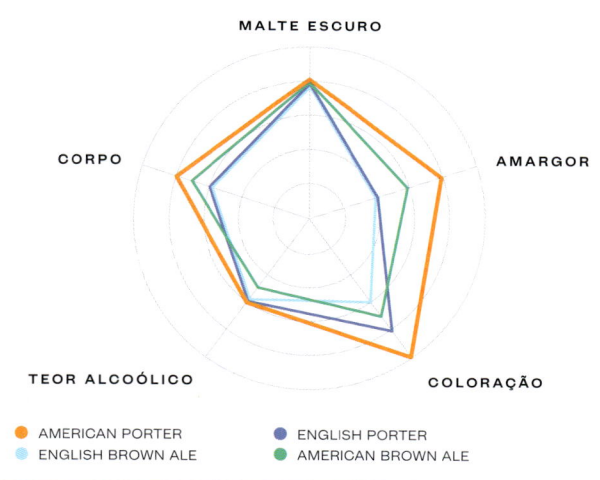

MALTE ESCURO · AMARGOR · COLORAÇÃO · TEOR ALCOÓLICO · CORPO

- AMERICAN PORTER
- ENGLISH PORTER
- ENGLISH BROWN ALE
- AMERICAN BROWN ALE

CARACTERÍSTICAS ÚNICAS

História
Baseada nas Porters inglesas, é uma cerveja mais torrada e lupulada, apresentando as características sensoriais dos tradicionais lúpulos americanos

Divergência dos guias
Embora, atualmente, o BJCP não apresente mais o estilo Robust Porter (foi dividido em American e English Porter), a Brewers Association ainda o considera válido

American Stout

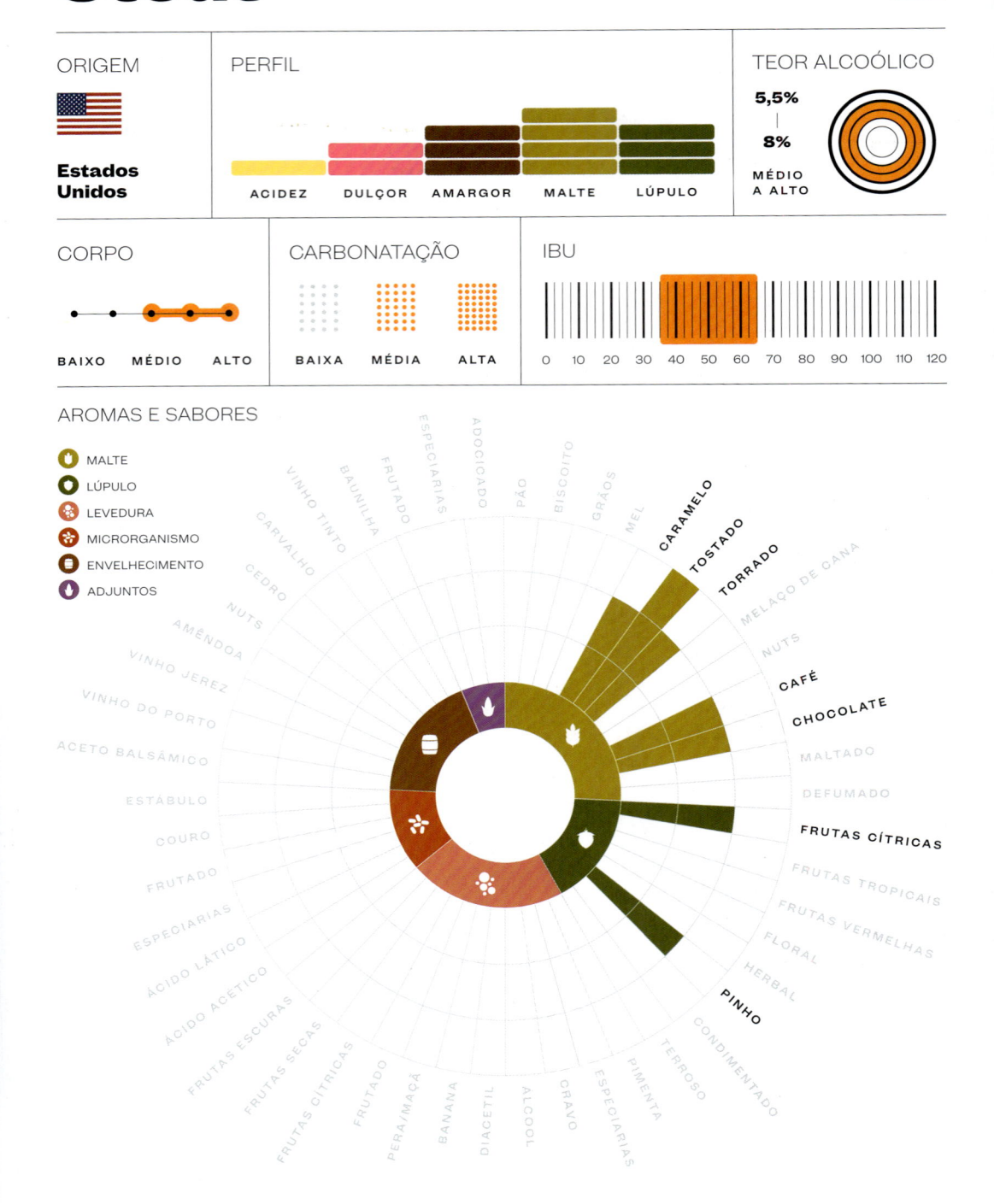

ALE

ORIGEM
Estados Unidos

PERFIL
ACIDEZ · DULÇOR · AMARGOR · MALTE · LÚPULO

TEOR ALCOÓLICO
5,5% — 8%
MÉDIO A ALTO

CORPO
BAIXO · **MÉDIO** · ALTO

CARBONATAÇÃO
BAIXA · MÉDIA · ALTA

IBU
0 10 20 30 40 50 60 70 80 90 100 110 120

AROMAS E SABORES
- MALTE
- LÚPULO
- LEVEDURA
- MICRORGANISMO
- ENVELHECIMENTO
- ADJUNTOS

ESPECIARIAS · ADOCICADO · PÃO · BISCOITO · GRÃOS · MEL · **CARAMELO** · **TOSTADO** · **TORRADO** · MELAÇO DE CANA · NUTS · **CAFÉ** · **CHOCOLATE** · MALTADO · DEFUMADO · **FRUTAS CÍTRICAS** · FRUTAS TROPICAIS · FRUTAS VERMELHAS · FLORAL · HERBAL · **PINHO** · CONDIMENTADO · TERROSO · PIMENTA · ESPECIARIAS · CRAVO · ÁLCOOL · DIACETIL · BANANA · PERA/MAÇÃ · FRUTADO · FRUTAS CÍTRICAS · FRUTAS SECAS · FRUTAS ESCURAS · ÁCIDO ACÉTICO · ÁCIDO LÁTICO · ESPECIARIAS · FRUTADO · COURO · ESTÁBULO · ACETO BALSÂMICO · VINHO DO PORTO · VINHO JEREZ · AMÊNDOA · NUTS · CEDRO · CARVALHO · VINHO TINTO · BAUNILHA · FRUTADO

COPO

TEMPERATURA DE SERVIÇO

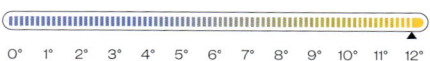

0° 1° 2° 3° 4° 5° 6° 7° 8° 9° 10° 11° 12°

TURBIDEZ
- LÍMPIDA
- LEVEMENTE TURVA
- TURVA

ESPUMA
- ALTA
- MÉDIA
- BAIXA

HARMONIZAÇÃO
- Queijo provolone
- Paillard com fettuccine ao gorgonzola
- Sorvete de creme

REFERÊNCIA COMERCIAL

Sierra Nevada Stout
Estados Unidos

Em novembro de 1980, a Sierra Nevada fazia sua primeira cerveja. Devido ao uso de equipamentos de laticínios reciclados, a testagem teve que ser manual, e, para isso, escolheram produzir uma American Stout, escura e mais pesada. Sua primeira produção durou cerca de 13 horas. Depois disso, pequenas mudanças foram feitas para equilibrar a receita.

Outras:
Avery Brewing Co. Out of Bounds
Ballast Point The Commodore
Maniacs Nitro Stout

COMPARAÇÃO COM OUTROS ESTILOS

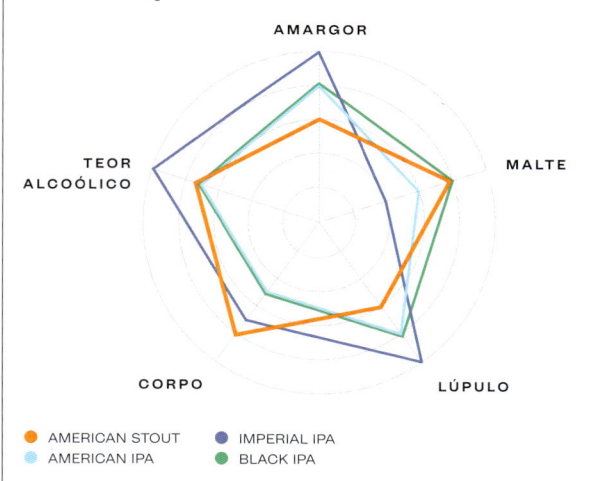

AMARGOR · MALTE · LÚPULO · CORPO · TEOR ALCOÓLICO

- AMERICAN STOUT
- AMERICAN IPA
- IMPERIAL IPA
- BLACK IPA

CARACTERÍSTICAS ÚNICAS

História
Trata-se de uma derivação americana que surgiu com os cervejeiros caseiros, que resolveram adicionar uma quantidade agressiva de lúpulos locais à receita de English ou Irish Stout

Quanto mais forte, melhor
Com a popularização das American Stouts, os americanos foram além e criaram uma versão mais alcoólica e mais forte, chamada de American Imperial Stout

Baltic Porter

LAGER

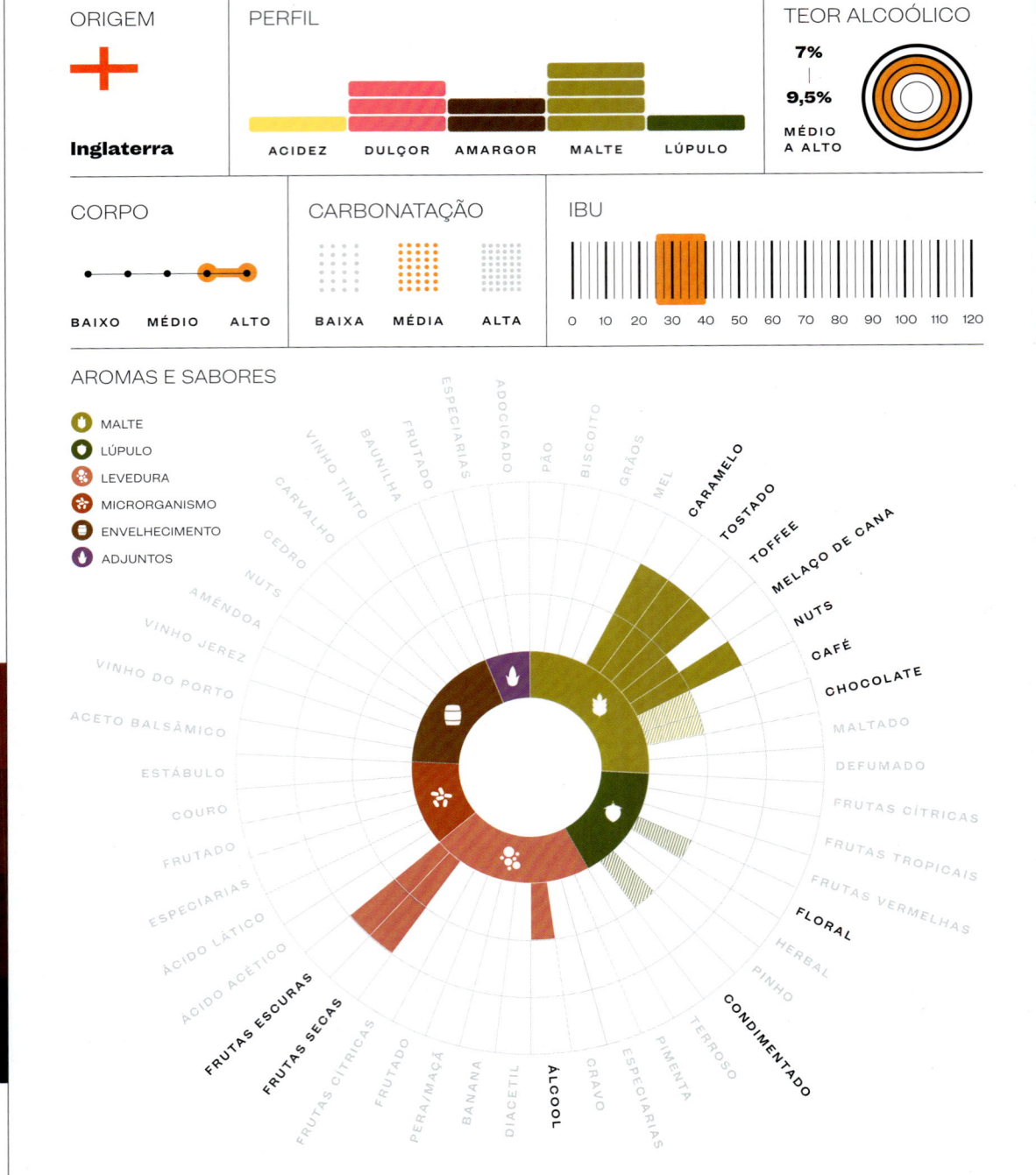

ORIGEM
Inglaterra

PERFIL
ACIDEZ · DULÇOR · AMARGOR · MALTE · LÚPULO

TEOR ALCOÓLICO
7% — 9,5%
MÉDIO A ALTO

CORPO
BAIXO · MÉDIO · **ALTO**

CARBONATAÇÃO
BAIXA · **MÉDIA** · ALTA

IBU
0 10 20 30 40 50 60 70 80 90 100 110 120

AROMAS E SABORES

- MALTE
- LÚPULO
- LEVEDURA
- MICRORGANISMO
- ENVELHECIMENTO
- ADJUNTOS

ESPECIARIAS · ADOCICADO · PÃO · BISCOITO · GRÃOS · MEL · **CARAMELO** · **TOSTADO** · **TOFFEE** · **MELAÇO DE CANA** · **NUTS** · **CAFÉ** · **CHOCOLATE** · MALTADO · DEFUMADO · FRUTAS CÍTRICAS · FRUTAS TROPICAIS · FRUTAS VERMELHAS · FLORAL · HERBAL · PINHO · CONDIMENTADO · TERROSO · PIMENTA · ESPECIARIAS · CRAVO · ÁLCOOL · DIACETIL · BANANA · PERA/MAÇÃ · FRUTADO · FRUTAS CÍTRICAS · **FRUTAS SECAS** · **FRUTAS ESCURAS** · ÁCIDO ACÉTICO · ÁCIDO LÁTICO · ESPECIARIAS · FRUTADO · COURO · ESTÁBULO · ACETO BALSÂMICO · VINHO DO PORTO · VINHO JEREZ · AMÊNDOA · NUTS · CEDRO · CARVALHO · VINHO TINTO · BAUNILHA · FRUTADO

COPO

TEMPERATURA DE SERVIÇO

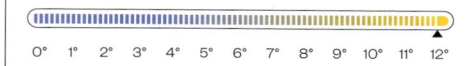

0° 1° 2° 3° 4° 5° 6° 7° 8° 9° 10° 11° 12°

TURBIDEZ

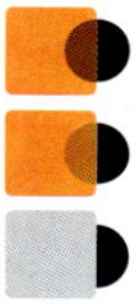

- LÍMPIDA
- LEVEMENTE TURVA
- TURVA

ESPUMA

- ALTA
- MÉDIA
- BAIXA

HARMONIZAÇÃO

Mix de linguiças defumadas

Cordeiro ao molho de uva

Bomba de creme com cobertura de chocolate

REFERÊNCIA COMERCIAL

Baltika #6 Porter
Rússia

Produzida com base nas receitas inglesas, mas com levedura Lager, a Baltika #6 foi lançada em 1994 e se tornou uma das cervejas russas mais premiadas e reconhecidas no mundo (é exportada para mais de 30 países). Em 2009, foi eleita a melhor Porter do mundo e é a única cerveja russa presente no *Great Beer Guide: 500 Classic Brews*, de Michael Jackson.

Outras:
Zywiec Porter
Nøgne Ø Porter
Narcose Baltic Porter

COMPARAÇÃO COM OUTROS ESTILOS

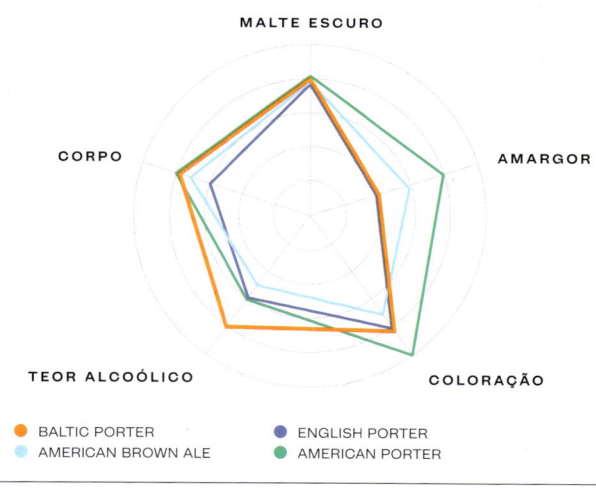

MALTE ESCURO — AMARGOR — COLORAÇÃO — TEOR ALCOÓLICO — CORPO

- BALTIC PORTER
- AMERICAN BROWN ALE
- ENGLISH PORTER
- AMERICAN PORTER

CARACTERÍSTICAS ÚNICAS

História
A partir das Porters exportadas pela Inglaterra, os países banhados pelo mar Báltico começaram, nos anos 1800, a produzir sua própria versão, só que usando levedura Lager

Lager entre as Ales
Devido à tradição dos países do mar Báltico com a baixa fermentação, o Baltic Porter é o único estilo de Porter reconhecido como uma Lager, não como uma Ale

Belgian Strong Dark Ale

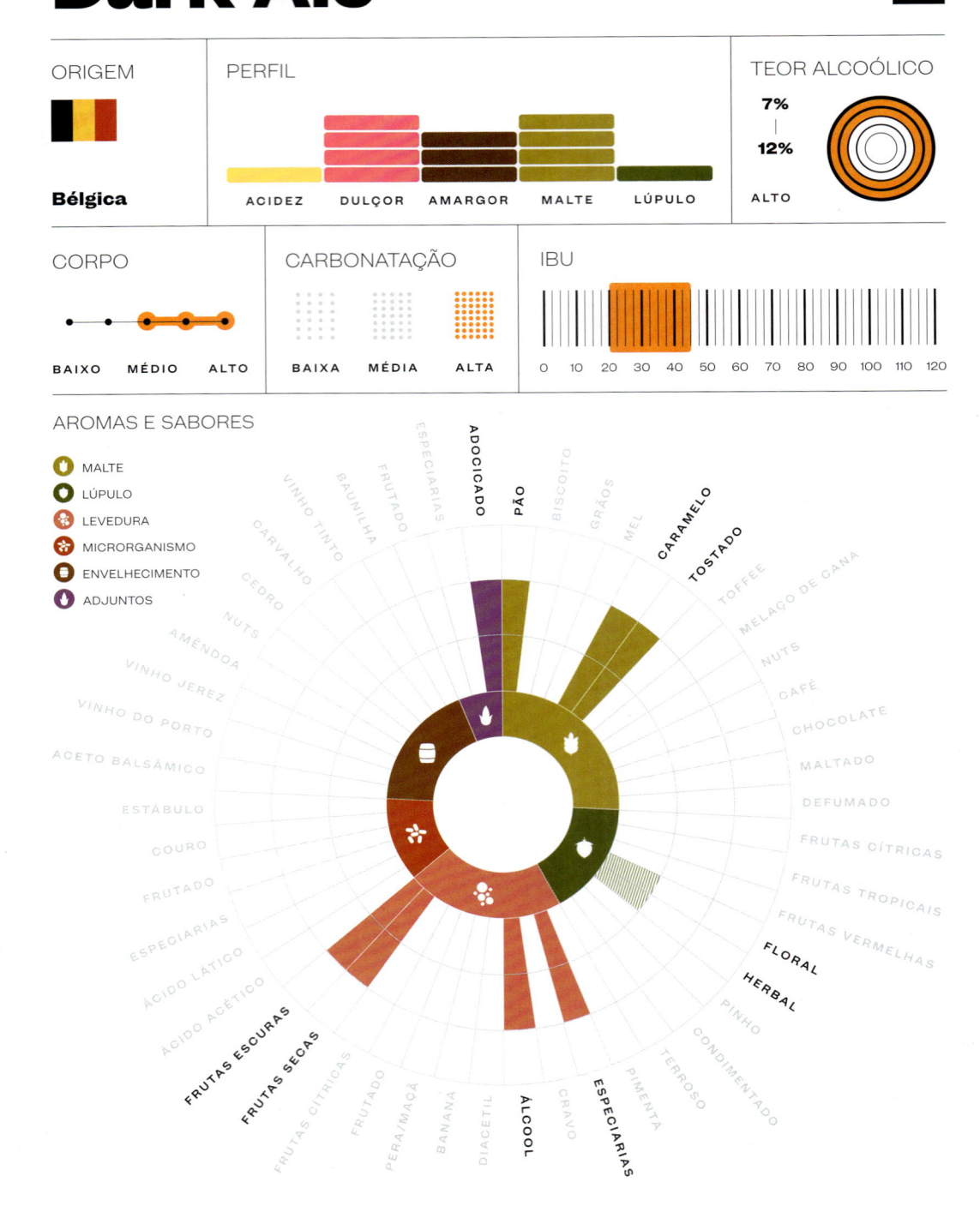

ALE

ORIGEM
Bélgica

PERFIL
ACIDEZ | DULÇOR | AMARGOR | MALTE | LÚPULO

TEOR ALCOÓLICO
7% — 12%
ALTO

CORPO
BAIXO | MÉDIO | ALTO

CARBONATAÇÃO
BAIXA | MÉDIA | ALTA

IBU
0 10 20 30 40 50 60 70 80 90 100 110 120

AROMAS E SABORES

- MALTE
- LÚPULO
- LEVEDURA
- MICRORGANISMO
- ENVELHECIMENTO
- ADJUNTOS

CARVALHO · VINHO TINTO · BAUNILHA · FRUTADO · ESPECIARIAS · ADOCICADO · PÃO · BISCOITO · GRÃOS · MEL · CARAMELO · TOSTADO · TOFFEE · MELAÇO DE CANA · NUTS · CAFÉ · CHOCOLATE · MALTADO · DEFUMADO · FRUTAS CÍTRICAS · FRUTAS TROPICAIS · FRUTAS VERMELHAS · FLORAL · HERBAL · PINHO · CONDIMENTADO · TERROSO · PIMENTA · CRAVO · ESPECIARIAS · ÁLCOOL · DIACETIL · BANANA · PERA/MAÇÃ · FRUTADO · FRUTAS CÍTRICAS · FRUTAS SECAS · FRUTAS ESCURAS · ÁCIDO ACÉTICO · ÁCIDO LÁTICO · ESPECIARIAS · FRUTADO · COURO · ESTÁBULO · ACETO BALSÂMICO · VINHO DO PORTO · VINHO JEREZ · AMÊNDOA · NUTS · CEDRO

COPO

TEMPERATURA DE SERVIÇO

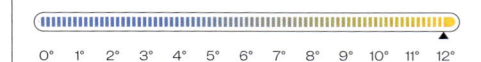

0° 1° 2° 3° 4° 5° 6° 7° 8° 9° 10° 11° 12°

TURBIDEZ
- LÍMPIDA
- LEVEMENTE TURVA
- TURVA

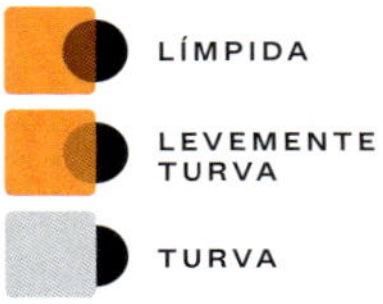

ESPUMA
- ALTA
- MÉDIA
- BAIXA

HARMONIZAÇÃO
- Queijo roquefort 
- Pernil de cordeiro 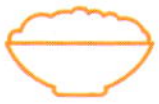
- Pavê de chocolate 

REFERÊNCIA COMERCIAL

Gouden Carolus Classic
Bélgica

No século XVI, em Mechelen, durante a época de caça às raposas, o imperador Carlos V servia uma cerveja para acompanhar as celebrações. A Het Anker usou essa cerveja de base quando, em 1962, produziu pela primeira vez a Gouden Carolus Classic. Seu nome é uma referência às moedas de ouro do império e uma homenagem àquele período.

Outras:
Chimay Blue
Struise Pannepot Reserva
Dama Bier Reserva 6

COMPARAÇÃO COM OUTROS ESTILOS

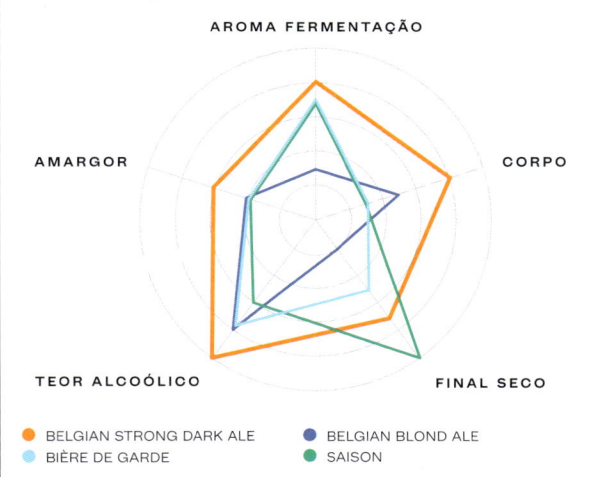

AROMA FERMENTAÇÃO · CORPO · FINAL SECO · TEOR ALCOÓLICO · AMARGOR

- BELGIAN STRONG DARK ALE
- BELGIAN BLOND ALE
- BIÈRE DE GARDE
- SAISON

CARACTERÍSTICAS ÚNICAS

História
É uma cerveja de tradição monástica, e acredita-se que tenha sido produzida pela primeira vez em algum momento dos anos 1830. No entanto, o estilo só foi reconhecido em 1991

Do mosteiro para o mundo
Começou a ser produzido em abadias e ganhou o mundo, sendo hoje feito por cervejarias de diversos países e fazendo sucesso como cerveja de guarda

Black IPA

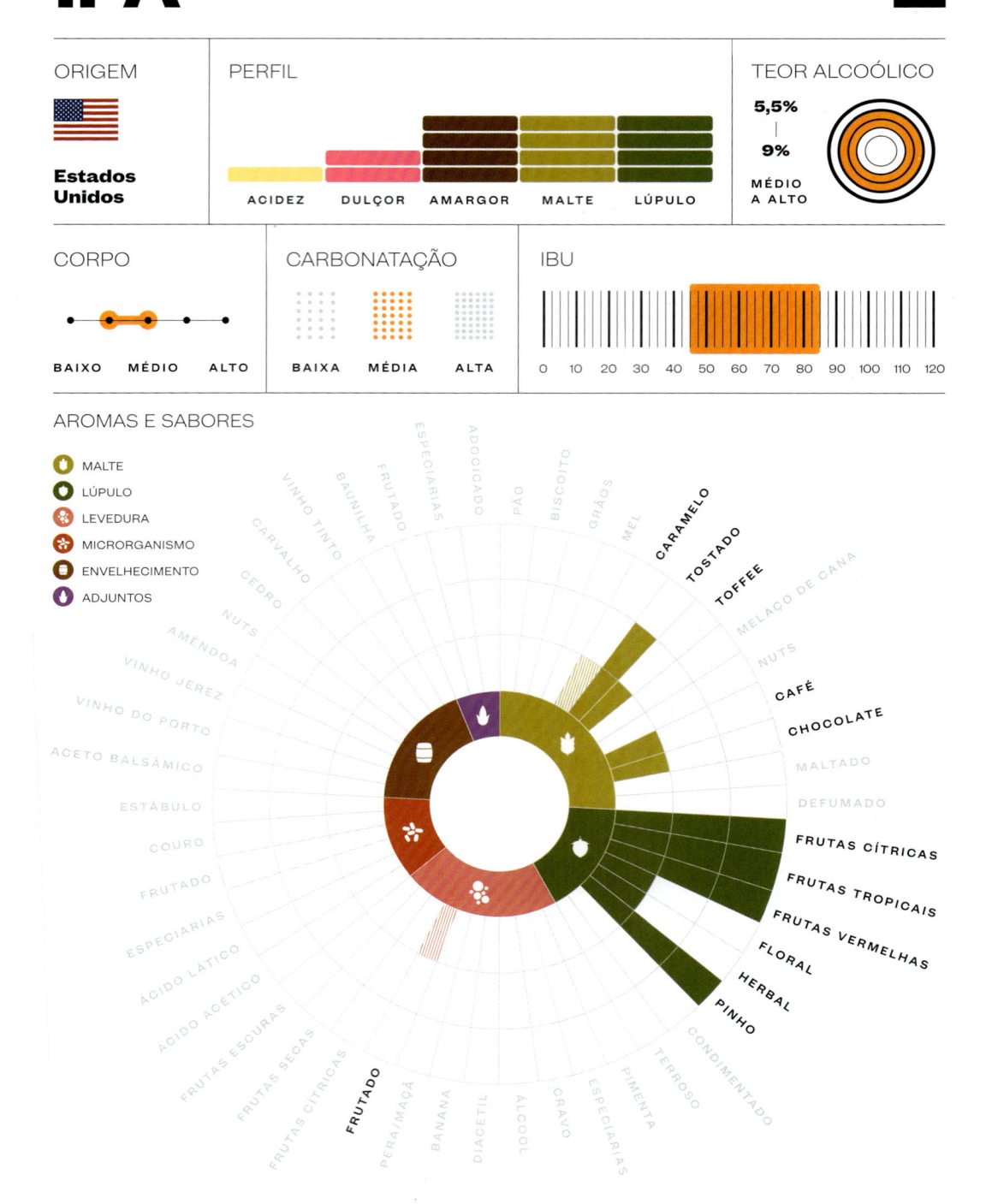

ALE

ORIGEM
Estados Unidos

PERFIL
- ACIDEZ
- DULÇOR
- AMARGOR
- MALTE
- LÚPULO

TEOR ALCOÓLICO
5,5% — 9%
MÉDIO A ALTO

CORPO
BAIXO — **MÉDIO** — ALTO

CARBONATAÇÃO
BAIXA — **MÉDIA** — ALTA

IBU
0 10 20 30 40 50 60 70 80 90 100 110 120

AROMAS E SABORES

- MALTE
- LÚPULO
- LEVEDURA
- MICRORGANISMO
- ENVELHECIMENTO
- ADJUNTOS

Destaques: CARAMELO, TOSTADO, TOFFEE, CAFÉ, CHOCOLATE, FRUTAS CÍTRICAS, FRUTAS TROPICAIS, FRUTAS VERMELHAS, FLORAL, HERBAL, PINHO

Outros: ESPECIARIAS, ADOCICADO, PÃO, BISCOITO, GRÃOS, MEL, MELAÇO DE CANA, NUTS, MALTADO, DEFUMADO, TERROSO, CONDIMENTADO, PIMENTA, CRAVO, ESPECIARIAS, ÁLCOOL, DIACETIL, BANANA, PERA/MAÇÃ, FRUTADO, FRUTAS CÍTRICAS, FRUTAS SECAS, FRUTAS ESCURAS, ÁCIDO ACÉTICO, ÁCIDO LÁTICO, ESPECIARIAS, FRUTADO, COURO, ESTÁBULO, ACETO BALSÂMICO, VINHO DO PORTO, VINHO JEREZ, AMÊNDOA, NUTS, CEDRO, CARVALHO, VINHO TINTO, BAUNILHA, FRUTADO, ESPECIARIAS

COPO

TEMPERATURA DE SERVIÇO

0° 1° 2° 3° 4° 5° 6° 7° 8° 9° 10° 11° 12°

TURBIDEZ

- LÍMPIDA
- LEVEMENTE TURVA
- TURVA

ESPUMA

- ALTA
- MÉDIA
- BAIXA

HARMONIZAÇÃO

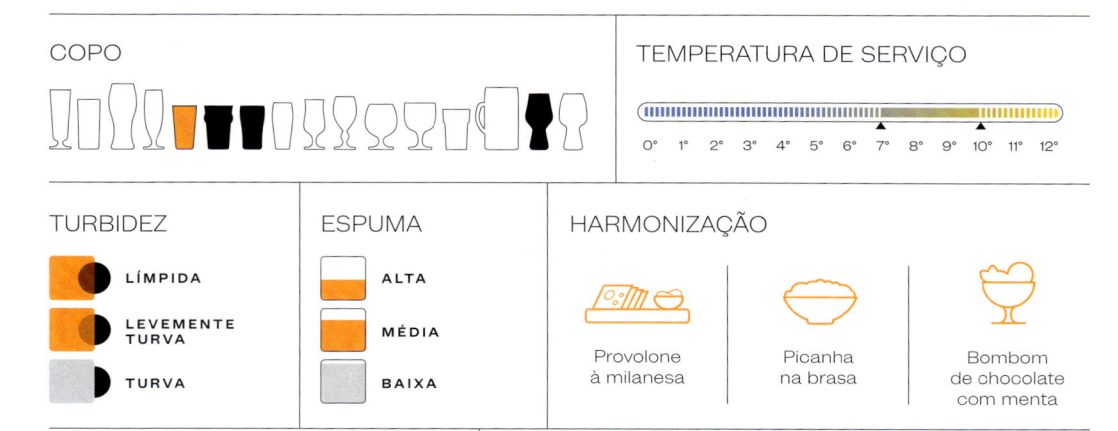

- Provolone à milanesa
- Picanha na brasa
- Bombom de chocolate com menta

REFERÊNCIA COMERCIAL

Stone Sublimely Self-Righteous
Estados Unidos

Produzida pela primeira vez em 2007 para celebrar os onze anos da cervejaria, tornou-se um sucesso instantâneo. Foram tantos os pedidos para que ela voltasse ao mercado que, em 2010, os produtores acabaram liberando mais um lote da cerveja. Atualmente, é vendida em garrafas de 350 ml.

Outras:
Pelican Brewing Bad Santa
Thornbridge Wild Raven
2 Cabeças Hi5

COMPARAÇÃO COM OUTROS ESTILOS

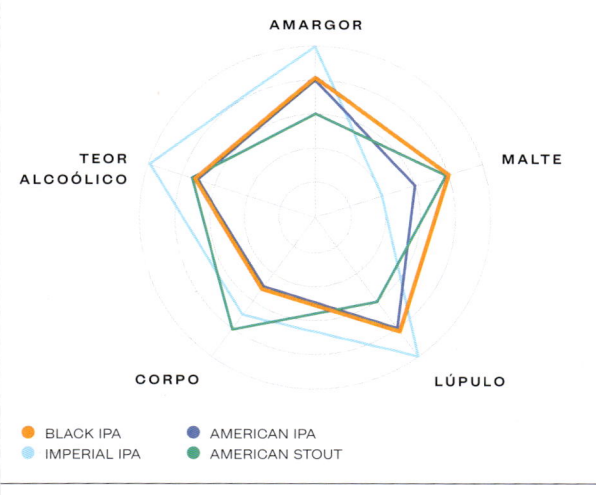

AMARGOR · MALTE · LÚPULO · CORPO · TEOR ALCOÓLICO

- BLACK IPA
- IMPERIAL IPA
- AMERICAN IPA
- AMERICAN STOUT

CARACTERÍSTICAS ÚNICAS

História
Estilo criado na década de 1990 e popularizado nos anos 2000, é uma versão de American IPA, conhecida em algumas regiões dos EUA como Cascadian Dark Ale

O dilema do nome
Desde que surgiu, não houve um consenso quanto ao seu nome: alguns defendem "Black IPA"; outros, "India Black Ale", "American-Style Black Ale" ou ainda "Cascadian Dark Ale"

Doppelbock

LAGER

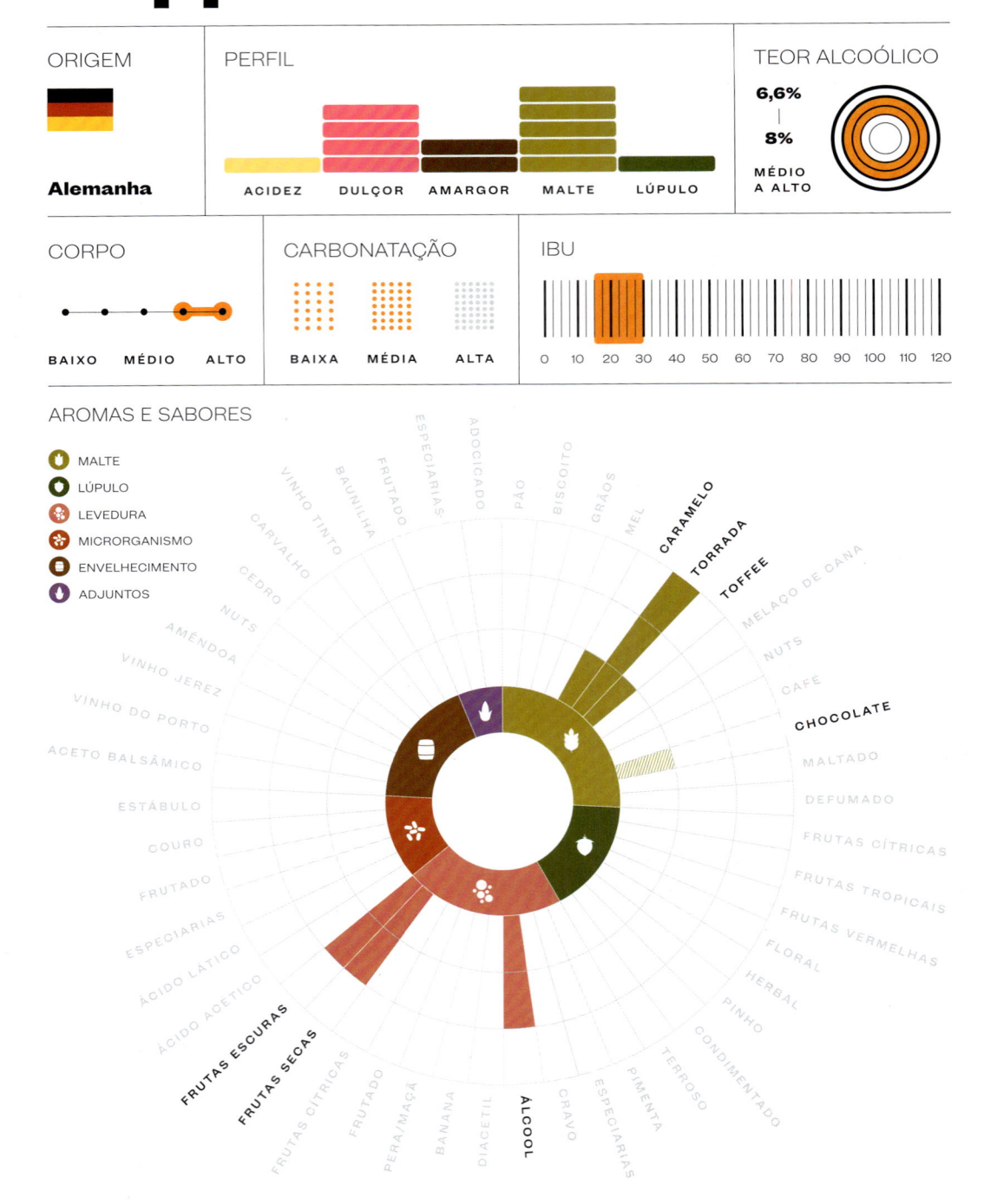

ORIGEM
Alemanha

PERFIL
ACIDEZ · DULÇOR · AMARGOR · MALTE · LÚPULO

TEOR ALCOÓLICO
6,6% — 8%
MÉDIO A ALTO

CORPO
BAIXO · MÉDIO · **ALTO**

CARBONATAÇÃO
BAIXA · MÉDIA · ALTA

IBU
0 10 20 30 40 50 60 70 80 90 100 110 120

AROMAS E SABORES

- MALTE
- LÚPULO
- LEVEDURA
- MICRORGANISMO
- ENVELHECIMENTO
- ADJUNTOS

ESPECIARIAS · ADOCICADO · PÃO · BISCOITO · GRÃOS · MEL · **CARAMELO** · **TORRADA** · **TOFFEE** · MELAÇO DE CANA · NUTS · CAFÉ · **CHOCOLATE** · MALTADO · DEFUMADO · FRUTAS CÍTRICAS · FRUTAS TROPICAIS · FRUTAS VERMELHAS · FLORAL · HERBAL · PINHO · CONDIMENTADO · TERROSO · ESPECIARIAS · PIMENTA · CRAVO · **ÁLCOOL** · DIACETIL · BANANA · PERA/MAÇÃ · FRUTADO · FRUTAS CÍTRICAS · **FRUTAS SECAS** · **FRUTAS ESCURAS** · ÁCIDO ACÉTICO · ÁCIDO LÁTICO · ESPECIARIAS · FRUTADO · COURO · ESTÁBULO · ACETO BALSÂMICO · VINHO DO PORTO · VINHO JEREZ · AMÊNDOA · NUTS · CEDRO · CARVALHO · VINHO TINTO · BAUNILHA · FRUTADO

COPO

TEMPERATURA DE SERVIÇO

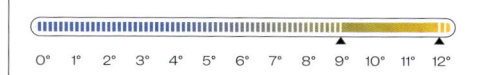

0° 1° 2° 3° 4° 5° 6° 7° 8° 9° 10° 11° 12°

TURBIDEZ

- ● LÍMPIDA
- ● LEVEMENTE TURVA
- ● TURVA

ESPUMA

- ● ALTA
- ● MÉDIA
- ● BAIXA

HARMONIZAÇÃO

Bruschetta de figo com queijo de cabra | Joelho de porco defumado | Pudim de ameixa

REFERÊNCIA COMERCIAL

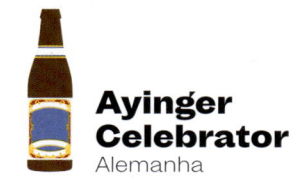

Ayinger Celebrator
Alemanha

Uma das grandes referências do estilo, possui um caráter intenso de malte, um corpo alto e muita complexidade. Grande medalhista em campeonatos cervejeiros, é um dos rótulos mais conhecidos dessa cervejaria familiar, que surgiu em 1878 em Munique. Ela tem outros grandes rótulos, como Ayinger Bräuweisse, Ayinger Weizenbock e Aynger Urweisse.

Outras:
Paulaner Salvator
Weihenstephaner Korbinian
Spaten Optimator

COMPARAÇÃO COM OUTROS ESTILOS

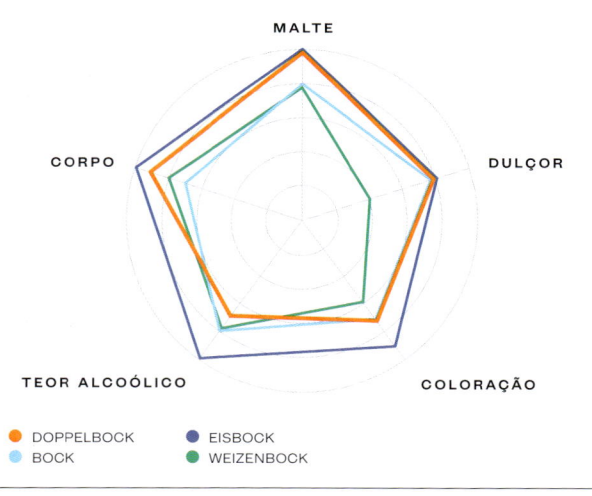

MALTE • DULÇOR • COLORAÇÃO • TEOR ALCOÓLICO • CORPO

- ● DOPPELBOCK
- ● EISBOCK
- ● BOCK
- ● WEIZENBOCK

CARACTERÍSTICAS ÚNICAS

História
Típica de Munique, surgiu pelas mãos dos monges beneditinos da ordem de São Francisco de Paula, que começaram a produzir uma cerveja tão forte quanto uma Bock

Sufixo "ator"
Por tempos, o nome "Salvator" foi usado pelas cervejarias, mas, por ser propriedade da Paulaner, foram obrigadas a mudá-lo. A saída foi usar outros nomes com o sufixo "ator"

Eisbock

LAGER

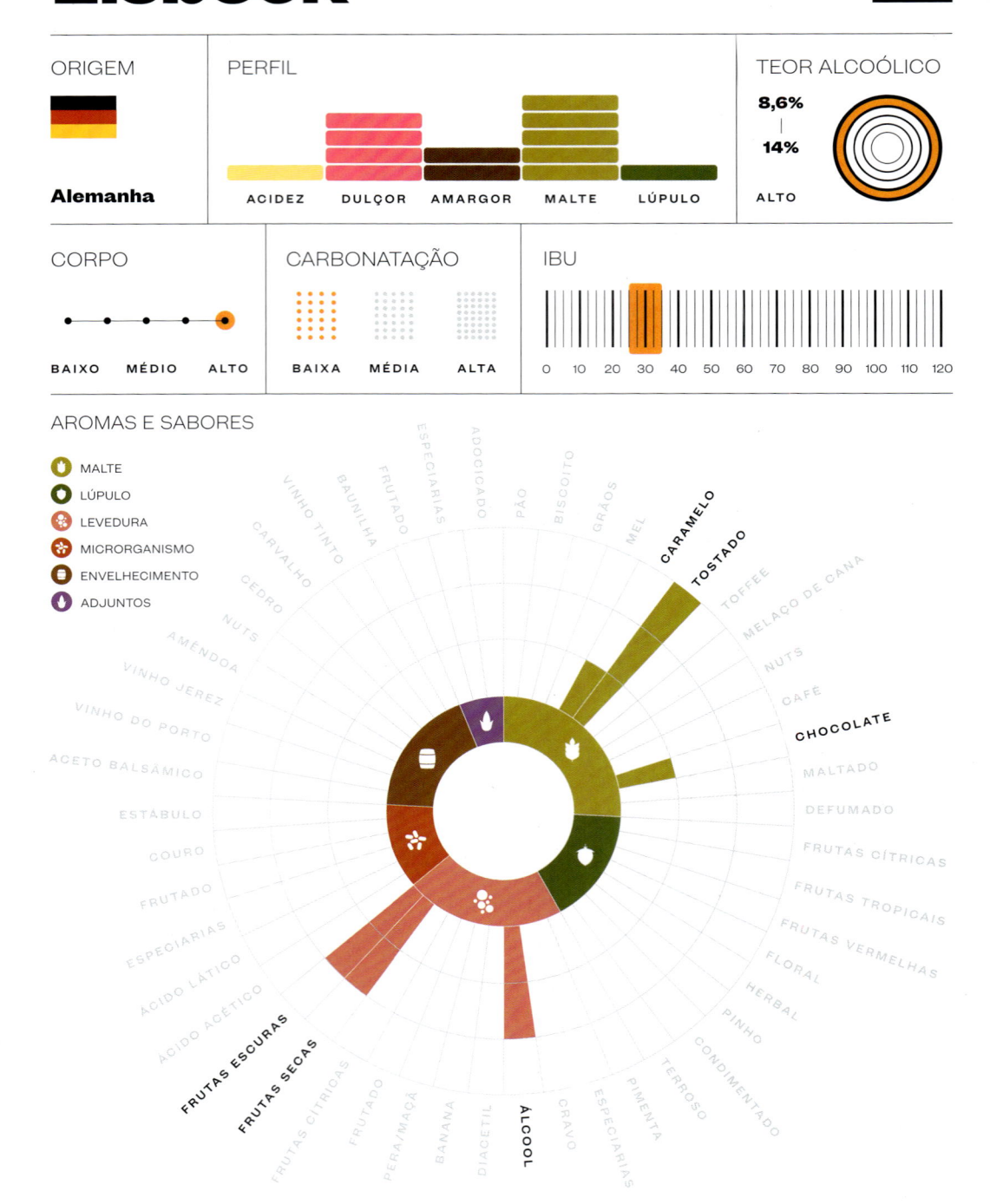

ORIGEM
Alemanha

PERFIL
ACIDEZ · DULÇOR · AMARGOR · MALTE · LÚPULO

TEOR ALCOÓLICO
8,6%
—
14%
ALTO

CORPO
BAIXO · MÉDIO · **ALTO**

CARBONATAÇÃO
BAIXA · MÉDIA · ALTA

IBU
0 10 20 30 40 50 60 70 80 90 100 110 120

AROMAS E SABORES
- MALTE
- LÚPULO
- LEVEDURA
- MICRORGANISMO
- ENVELHECIMENTO
- ADJUNTOS

CARAMELO, **TOSTADO**, **CHOCOLATE**, FRUTAS ESCURAS, FRUTAS SECAS, ÁLCOOL

COPO

TEMPERATURA DE SERVIÇO

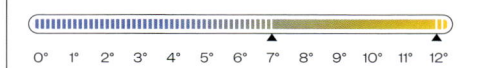

0° 1° 2° 3° 4° 5° 6° 7° 8° 9° 10° 11° 12°

TURBIDEZ

- LÍMPIDA
- LEVEMENTE TURVA
- TURVA

ESPUMA

- ALTA
- MÉDIA
- BAIXA

HARMONIZAÇÃO

Grana padano | Coq au vin | Bolo floresta negra

REFERÊNCIA COMERCIAL

Kulmbacher Eisbock
Alemanha

Primeiro rótulo do estilo no mundo, tornou-se uma referência. Descoberta ao acaso em 1900, hoje sua produção segue usando métodos modernos de fermentação e congelamento, buscando sempre manter o mesmo sabor. Sua excelência de qualidade já foi reconhecida em 2016 com medalha de platina no Meiningers International Craft Beer Award.

Outras:
Schneider Weisse Aventinus Weizen-Eisbock

COMPARAÇÃO COM OUTROS ESTILOS

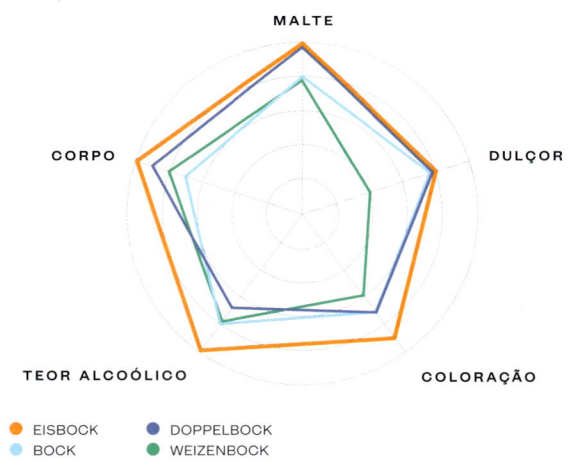

MALTE — DULÇOR — COLORAÇÃO — TEOR ALCOÓLICO — CORPO

- EISBOCK
- DOPPELBOCK
- BOCK
- WEIZENBOCK

CARACTERÍSTICAS ÚNICAS

História
Sua origem é um mistério, mas o mito é que foi ao acaso em 1900, quando um barril de cerveja ficou ao relento no inverno e nele surgiu um líquido mais espesso e de alto teor alcoólico

Eiswein ou Ice Wine
Na vitivinicultura, o congelamento das uvas nos cachos gera um vinho com alto dulçor e acidez. Surgiu provavelmente na Alemanha, a segunda maior produtora de Ice Wine depois do Canadá

English Barley Wine

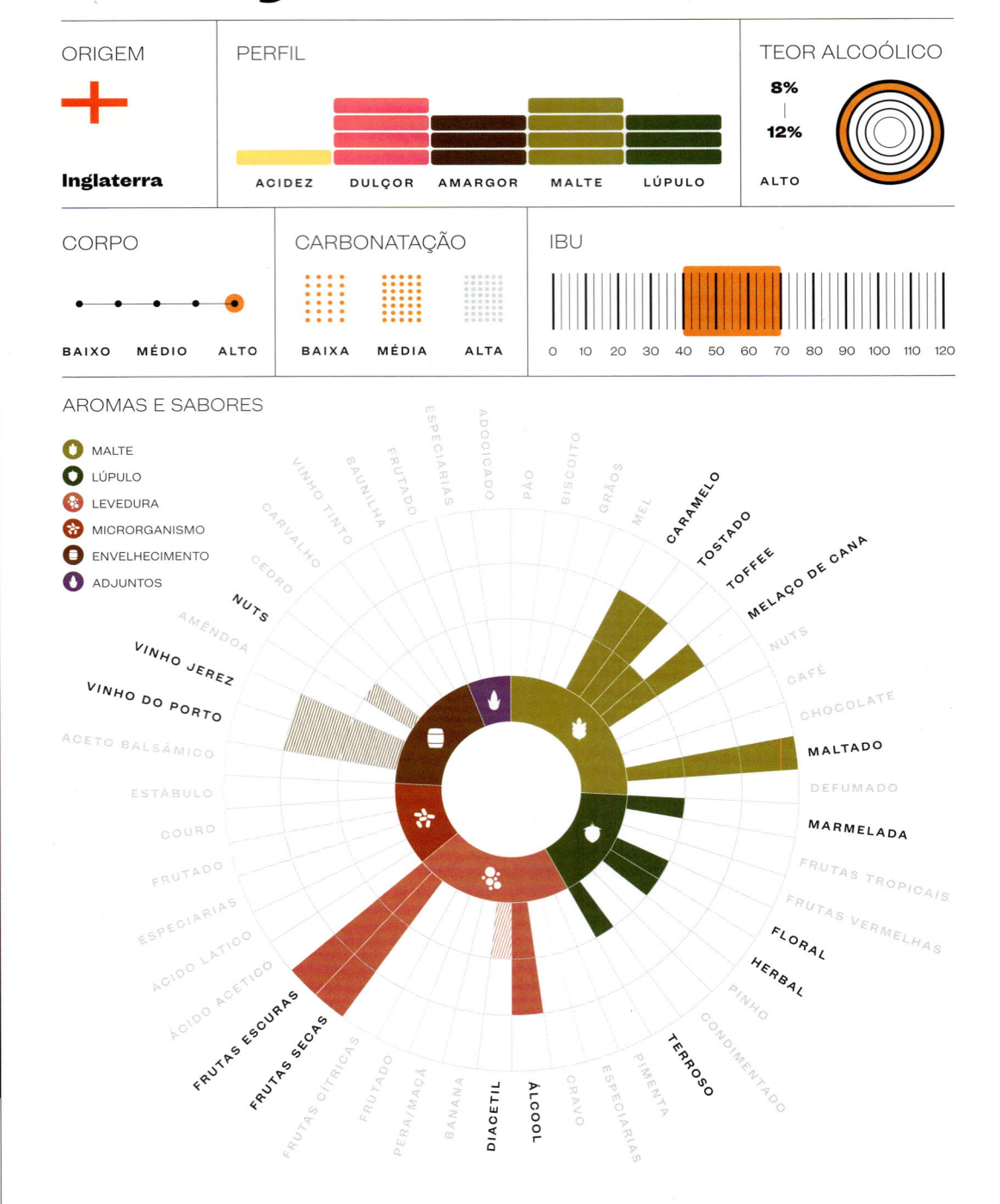

ALE

ORIGEM
Inglaterra

PERFIL
ACIDEZ · DULÇOR · AMARGOR · MALTE · LÚPULO

TEOR ALCOÓLICO
8% — 12%
ALTO

CORPO
BAIXO · MÉDIO · **ALTO**

CARBONATAÇÃO
BAIXA · MÉDIA · ALTA

IBU
0 · 10 · 20 · 30 · 40 · 50 · 60 · 70 · 80 · 90 · 100 · 110 · 120

AROMAS E SABORES

- MALTE
- LÚPULO
- LEVEDURA
- MICRORGANISMO
- ENVELHECIMENTO
- ADJUNTOS

Destacados: CARAMELO, TOSTADO, TOFFEE, MELAÇO DE CANA, MALTADO, MARMELADA, VINHO DO PORTO, VINHO JEREZ, NUTS, FRUTAS ESCURAS, FRUTAS SECAS

Secundários: ESPECIARIAS, VINHO TINTO, BAUNILHA, FRUTADO, ADOCICADO, PÃO, BISCOITO, GRÃOS, MEL, NUTS, CAFÉ, CHOCOLATE, DEFUMADO, FRUTAS TROPICAIS, FRUTAS VERMELHAS, FLORAL, HERBAL, PINHO, CONDIMENTADO, TERROSO, ESPECIARIAS, PIMENTA, CRAVO, ÁLCOOL, DIACETIL, BANANA, PERA/MAÇÃ, FRUTADO, FRUTAS CÍTRICAS, ÁCIDO ACÉTICO, ÁCIDO LÁTICO, ESPECIARIAS, FRUTADO, COURO, ESTÁBULO, ACETO BALSÂMICO, CARVALHO, CEDRO, AMÊNDOA

COPO

TEMPERATURA DE SERVIÇO

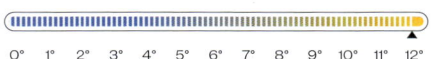

0° 1° 2° 3° 4° 5° 6° 7° 8° 9° 10° 11° 12°

TURBIDEZ

- LÍMPIDA
- LEVEMENTE TURVA
- TURVA

ESPUMA

- ALTA
- MÉDIA
- BAIXA

HARMONIZAÇÃO

Queijo stilton | Foie gras | Banoffee

REFERÊNCIA COMERCIAL

Fuller's Golden Pride
Inglaterra

Chamado pela cervejaria de "conhaque das cervejas", esse exemplar esbanja complexidade e potência. Sempre foi considerado um rótulo muito especial para a cervejaria e geralmente era presenteado aos donos de pubs, que mantinham um barril atrás do balcão e ofereciam para seus clientes na época do Natal.

Outras:
J.W. Lee's Vintage Harvest Ale
De Molen Bommen & Granaten
Siren Craft Beer Old Fashioned

COMPARAÇÃO COM OUTROS ESTILOS

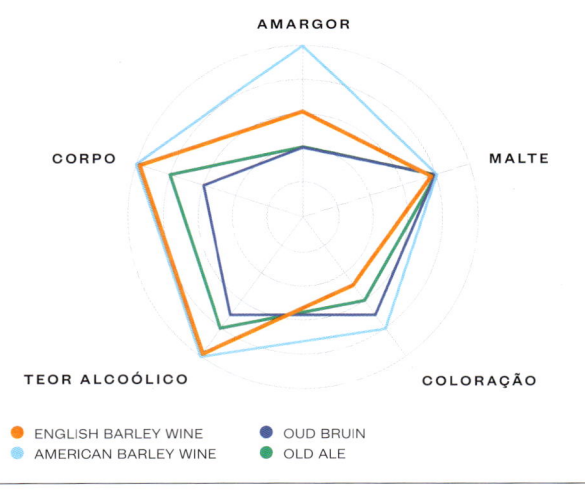

AMARGOR — MALTE — COLORAÇÃO — TEOR ALCOÓLICO — CORPO

- ENGLISH BARLEY WINE
- AMERICAN BARLEY WINE
- OUD BRUIN
- OLD ALE

CARACTERÍSTICAS ÚNICAS

História
O estilo teve origem em cervejarias ligadas à aristocracia inglesa, com cervejas mais complexas, alcoólicas e historicamente com o objetivo de se assemelhar a um vinho

Curiosidade
O estilo pode ser envelhecido ou não. Caso seja, pode ter notas vínicas e oxidativas e tende a perder a intensidade do caráter de lúpulos e percepção alcoólica

English Porter

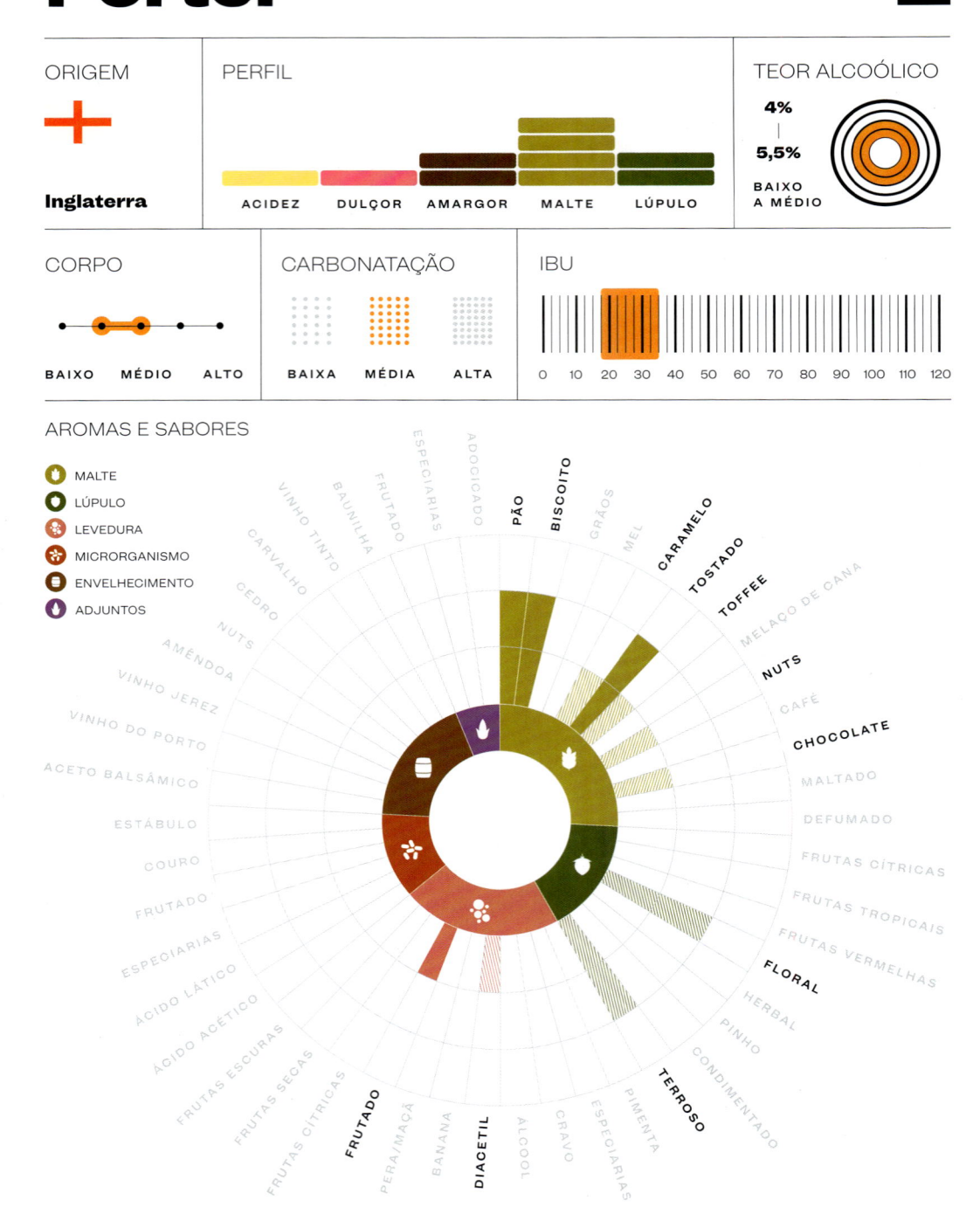

ALE

ORIGEM
Inglaterra

PERFIL
ACIDEZ · DULÇOR · AMARGOR · MALTE · LÚPULO

TEOR ALCOÓLICO
4% — 5,5%
BAIXO A MÉDIO

CORPO
BAIXO · **MÉDIO** · ALTO

CARBONATAÇÃO
BAIXA · **MÉDIA** · ALTA

IBU
0 10 20 30 40 50 60 70 80 90 100 110 120

AROMAS E SABORES

- MALTE
- LÚPULO
- LEVEDURA
- MICRORGANISMO
- ENVELHECIMENTO
- ADJUNTOS

ESPECIARIAS · ADOCICADO · PÃO · BISCOITO · GRÃOS · MEL · CARAMELO · TOSTADO · TOFFEE · MELAÇO DE CANA · NUTS · CAFÉ · CHOCOLATE · MALTADO · DEFUMADO · FRUTAS CÍTRICAS · FRUTAS TROPICAIS · FRUTAS VERMELHAS · FLORAL · HERBAL · PINHO · CONDIMENTADO · TERROSO · ESPECIARIAS · PIMENTA · CRAVO · ÁLCOOL · DIACETIL · BANANA · PERA/MAÇÃ · FRUTADO · FRUTAS CÍTRICAS · FRUTAS SECAS · FRUTAS ESCURAS · ÁCIDO ACÉTICO · ÁCIDO LÁTICO · ESPECIARIAS · FRUTADO · COURO · ESTÁBULO · ACETO BALSÂMICO · VINHO DO PORTO · VINHO JEREZ · AMÊNDOA · NUTS · CEDRO · CARVALHO · VINHO TINTO · BAUNILHA · FRUTADO

COPO

TEMPERATURA DE SERVIÇO

0° 1° 2° 3° 4° 5° 6° 7° 8° 9° 10° 11° 12°

TURBIDEZ

- **LÍMPIDA**
- LEVEMENTE TURVA
- TURVA

ESPUMA

- ALTA
- **MÉDIA**
- BAIXA

HARMONIZAÇÃO

Queijo Brie | Salmão grelhado | Torta moka

REFERÊNCIA COMERCIAL

Fuller's London Porter
Inglaterra

No início dos anos 1900, a Porter se despopularizou na região. Mas, em 1996, a Fuller's lançou a London Porter — uma releitura da versão mais tradicional do estilo — e o trouxe de volta à mesa dos consumidores. Já foi eleita, diversas vezes, a melhor Porter do mundo em vários campeonatos, incluindo o World Beer Awards.

Outras:
Burton Bridge Porter
Meantime London Porter
Samuel Smith Taddy Porter

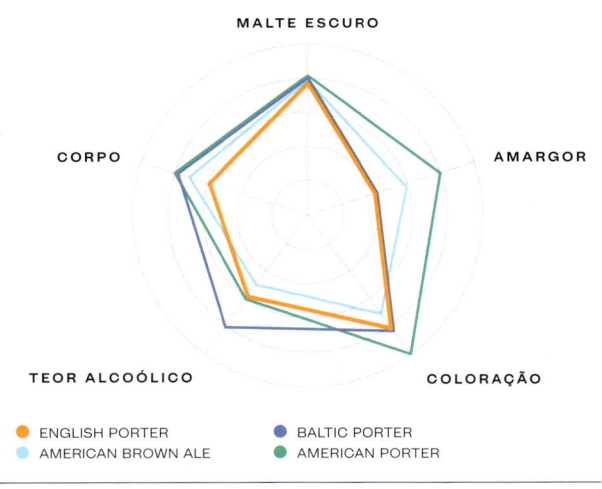

COMPARAÇÃO COM OUTROS ESTILOS

Eixos: MALTE ESCURO, AMARGOR, COLORAÇÃO, TEOR ALCOÓLICO, CORPO

- ENGLISH PORTER
- AMERICAN BROWN ALE
- BALTIC PORTER
- AMERICAN PORTER

CARACTERÍSTICAS ÚNICAS

História
Surgiu em Londres no século XVIII e se popularizou principalmente entre os trabalhadores e carregadores dos portos da cidade, por isso seu nome

Inspiração para ir além
Foi a base para outras Porters, como é o caso da Imperial Porter, que é mais alcoólica e intensa, tendo por vezes adição de adjuntos e envelhecimento em barril

Irish Dry Stout

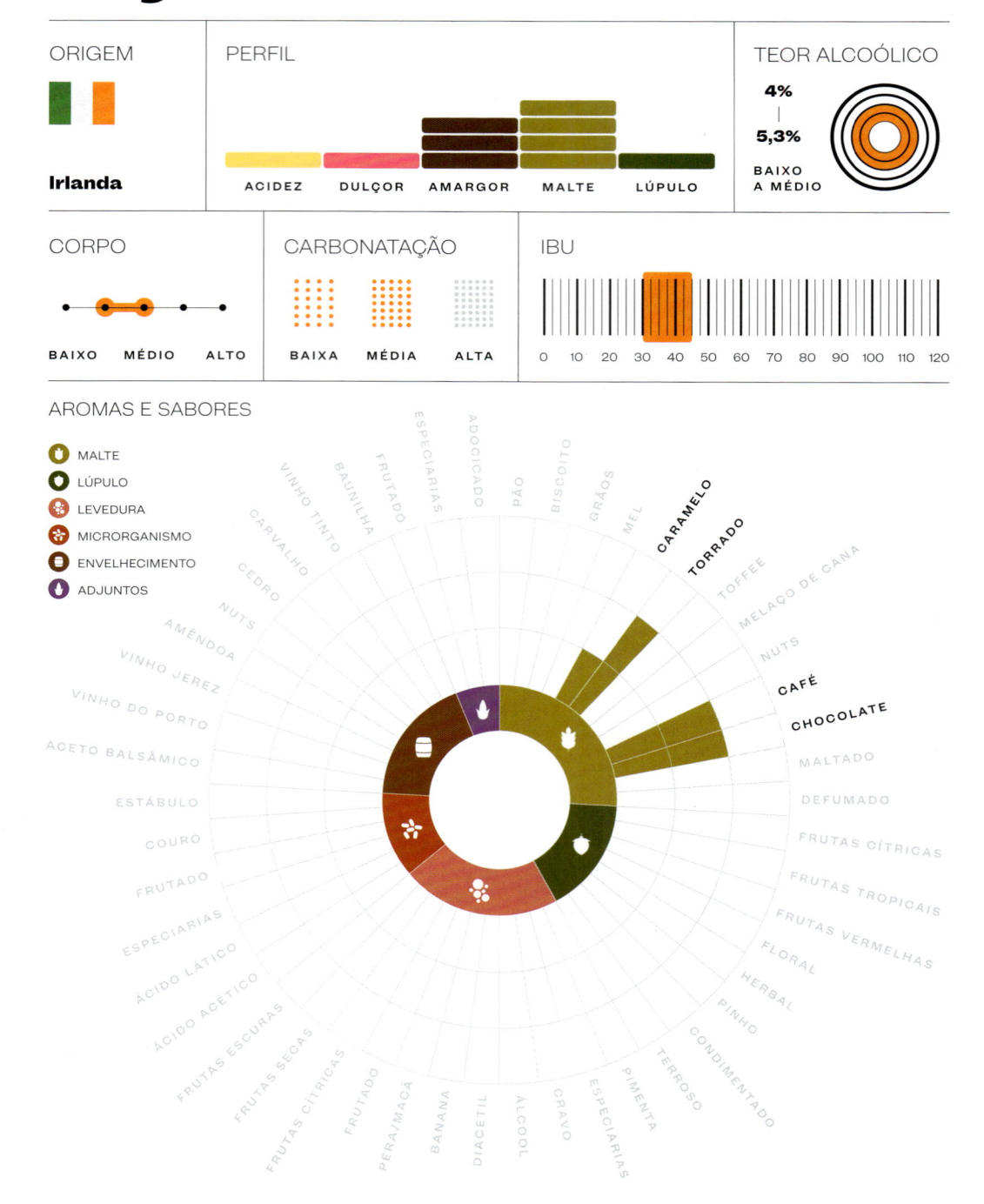

ALE

ORIGEM
Irlanda

PERFIL
ACIDEZ · DULÇOR · AMARGOR · MALTE · LÚPULO

TEOR ALCOÓLICO
4% — 5,3%
BAIXO A MÉDIO

CORPO
BAIXO · **MÉDIO** · ALTO

CARBONATAÇÃO
BAIXA · **MÉDIA** · ALTA

IBU
0 10 20 30 40 50 60 70 80 90 100 110 120

AROMAS E SABORES
- MALTE
- LÚPULO
- LEVEDURA
- MICRORGANISMO
- ENVELHECIMENTO
- ADJUNTOS

CARAMELO, **TORRADO**, **CAFÉ**, **CHOCOLATE**

COPO

TEMPERATURA DE SERVIÇO

0° 1° 2° 3° 4° 5° 6° 7° 8° 9° 10° 11° 12°

TURBIDEZ

- LÍMPIDA
- LEVEMENTE TURVA
- TURVA

ESPUMA

- ALTA
- MÉDIA
- BAIXA

HARMONIZAÇÃO

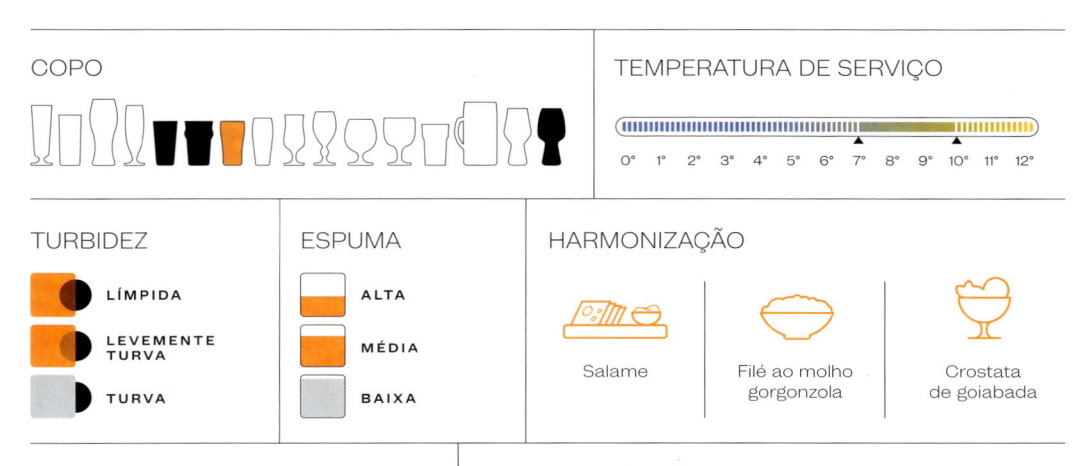

Salame | Filé ao molho gorgonzola | Crostata de goiabada

REFERÊNCIA COMERCIAL

Guinness Draught
Irlanda

Em 1759, Arthur Guinness assinou, em Dublin, um contrato de aluguel de 9 mil anos de duração. Duzentos anos depois, nasceu a Guinness Draught, criada especialmente para comemorar essa data. Usou a combinação de nitrogênio e CO_2 para alcançar uma textura lisa e aveludada. Tornou-se, rapidamente, a cerveja mais vendida da cervejaria.

Outras:
Murphy's Irish Stout
Fuller's Black Cab
O Motim Dubhlinn

COMPARAÇÃO COM OUTROS ESTILOS

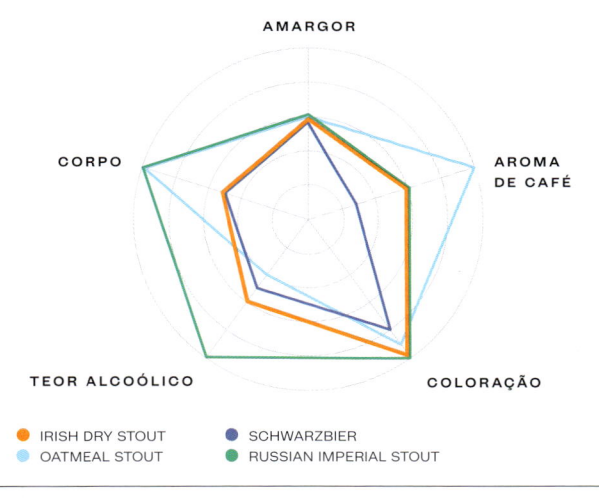

AMARGOR • AROMA DE CAFÉ • COLORAÇÃO • TEOR ALCOÓLICO • CORPO

- IRISH DRY STOUT
- SCHWARZBIER
- OATMEAL STOUT
- RUSSIAN IMPERIAL STOUT

CARACTERÍSTICAS ÚNICAS

História
O estilo surgiu com a intenção de surfar a mesma onda das Porters, porém com mais força, corpo e sabor, além de maior cremosidade. Popularizou-se graças à Guinness

Adição de nitrogênio
Possuem um efeito cascata devido à menor solubilidade do nitrogênio na cerveja, além de formar um colarinho persistente e uma sensação de cremosidade na boca

Oatmeal Stout

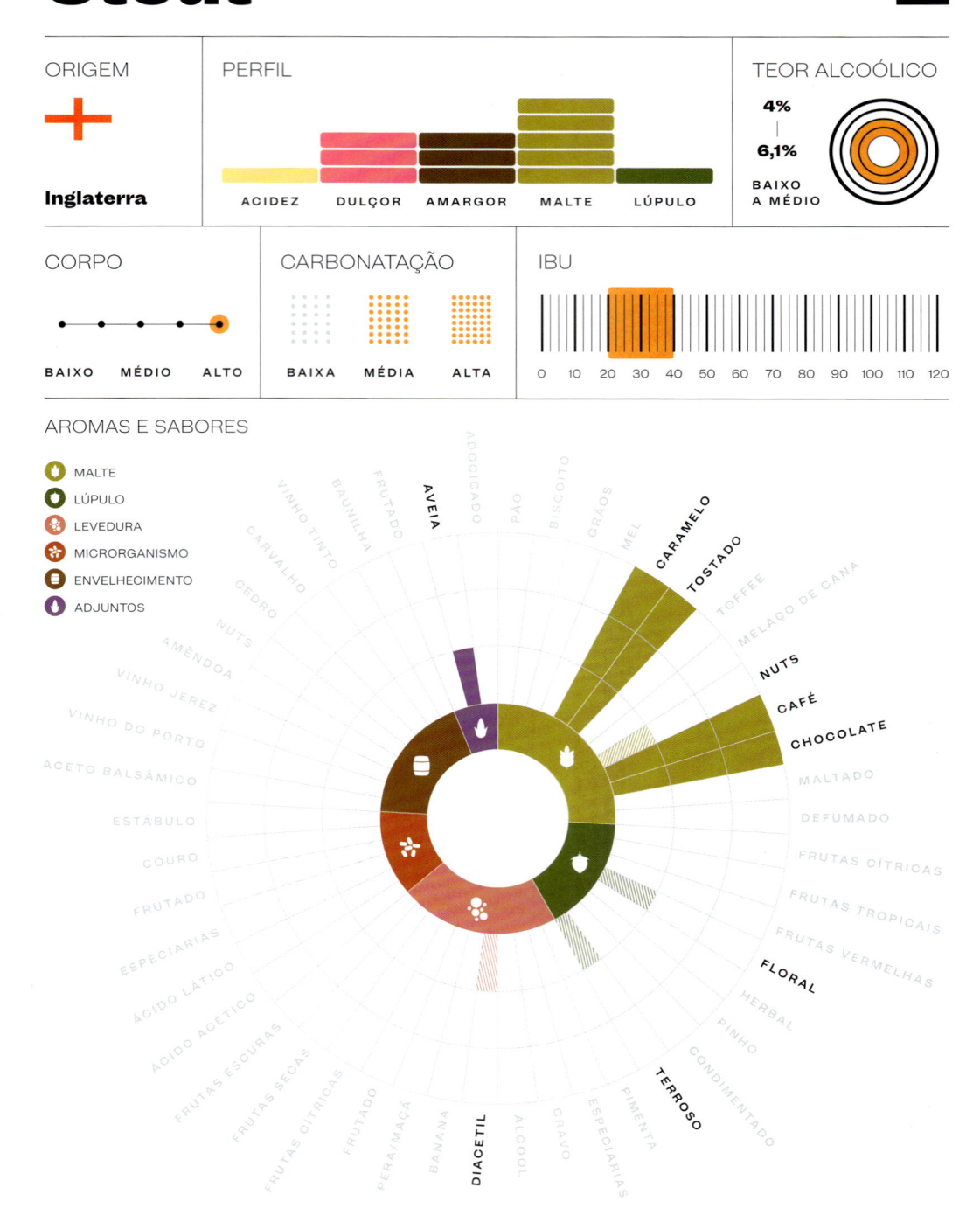

ALE

ORIGEM
Inglaterra

PERFIL
ACIDEZ | DULÇOR | AMARGOR | MALTE | LÚPULO

TEOR ALCOÓLICO
4% — 6,1%
BAIXO A MÉDIO

CORPO
BAIXO · MÉDIO · **ALTO**

CARBONATAÇÃO
BAIXA | MÉDIA | ALTA

IBU
0 10 20 30 40 50 60 70 80 90 100 110 120

AROMAS E SABORES

- MALTE
- LÚPULO
- LEVEDURA
- MICRORGANISMO
- ENVELHECIMENTO
- ADJUNTOS

AVEIA, ADOCICADO, PÃO, BISCOITO, GRÃOS, MEL, CARAMELO, TOSTADO, TOFFEE, MELAÇO DE CANA, NUTS, CAFÉ, CHOCOLATE, MALTADO, DEFUMADO, FRUTAS CÍTRICAS, FRUTAS TROPICAIS, FRUTAS VERMELHAS, FLORAL, HERBAL, PINHO, CONDIMENTADO, TERROSO, ESPECIARIAS, PIMENTA, CRAVO, ÁLCOOL, DIACETIL, BANANA, PERA/MAÇÃ, FRUTADO, FRUTAS CÍTRICAS, FRUTAS SECAS, FRUTAS ESCURAS, ÁCIDO ACÉTICO, ÁCIDO LÁTICO, ESPECIARIAS, FRUTADO, COURO, ESTÁBULO, ACETO BALSÂMICO, VINHO DO PORTO, VINHO JEREZ, AMÊNDOA, NUTS, CEDRO, CARVALHO, VINHO TINTO, BAUNILHA, FRUTADO

COPO

TEMPERATURA DE SERVIÇO

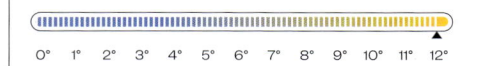

0° 1° 2° 3° 4° 5° 6° 7° 8° 9° 10° 11° 12°

TURBIDEZ

- LÍMPIDA
- LEVEMENTE TURVA
- TURVA

ESPUMA

- ALTA
- MÉDIA
- BAIXA

HARMONIZAÇÃO

- Queijo Dorset Blue Vinny
- Carne assada com especiarias e molho de Stout 
- Muffin de nozes com creme de mascarpone 

REFERÊNCIA COMERCIAL

Samuel Smith Oatmeal Stout
Inglaterra

Segundo a cervejaria, é produzida com água do poço original de 26 metros, datado de 1758. Essa cerveja foi uma das responsáveis pela internacionalização do estilo. Depois de sua repercussão no *The World Guide to Beer*, de Michael Jackson, um importador americano começou a exportar o rótulo.

Outras:
Young's Oatmeal Stout
Anderson Valley Barney Flats
Founder's Breakfast Stout

COMPARAÇÃO COM OUTROS ESTILOS

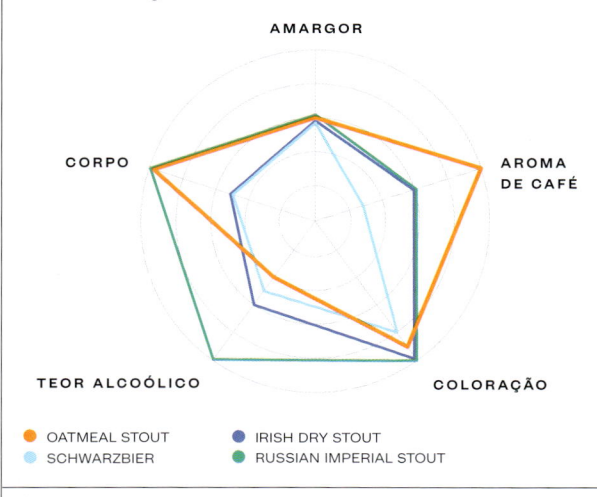

AMARGOR — AROMA DE CAFÉ — COLORAÇÃO — TEOR ALCOÓLICO — CORPO

- OATMEAL STOUT
- SCHWARZBIER
- IRISH DRY STOUT
- RUSSIAN IMPERIAL STOUT

CARACTERÍSTICAS ÚNICAS

História
Associada a bebidas saudáveis na época, tornou-se popular no século XIX na Inglaterra. Utiliza-se uma porcentagem de aveia para torná-la macia, complexa e nutritiva

Aveia
Adjunto-chave do estilo, proporciona sensação sedosa na boca, alguma percepção de nuts, complementar ao seu sabor característico, além de auxililar na formação de espuma

Quadrupel

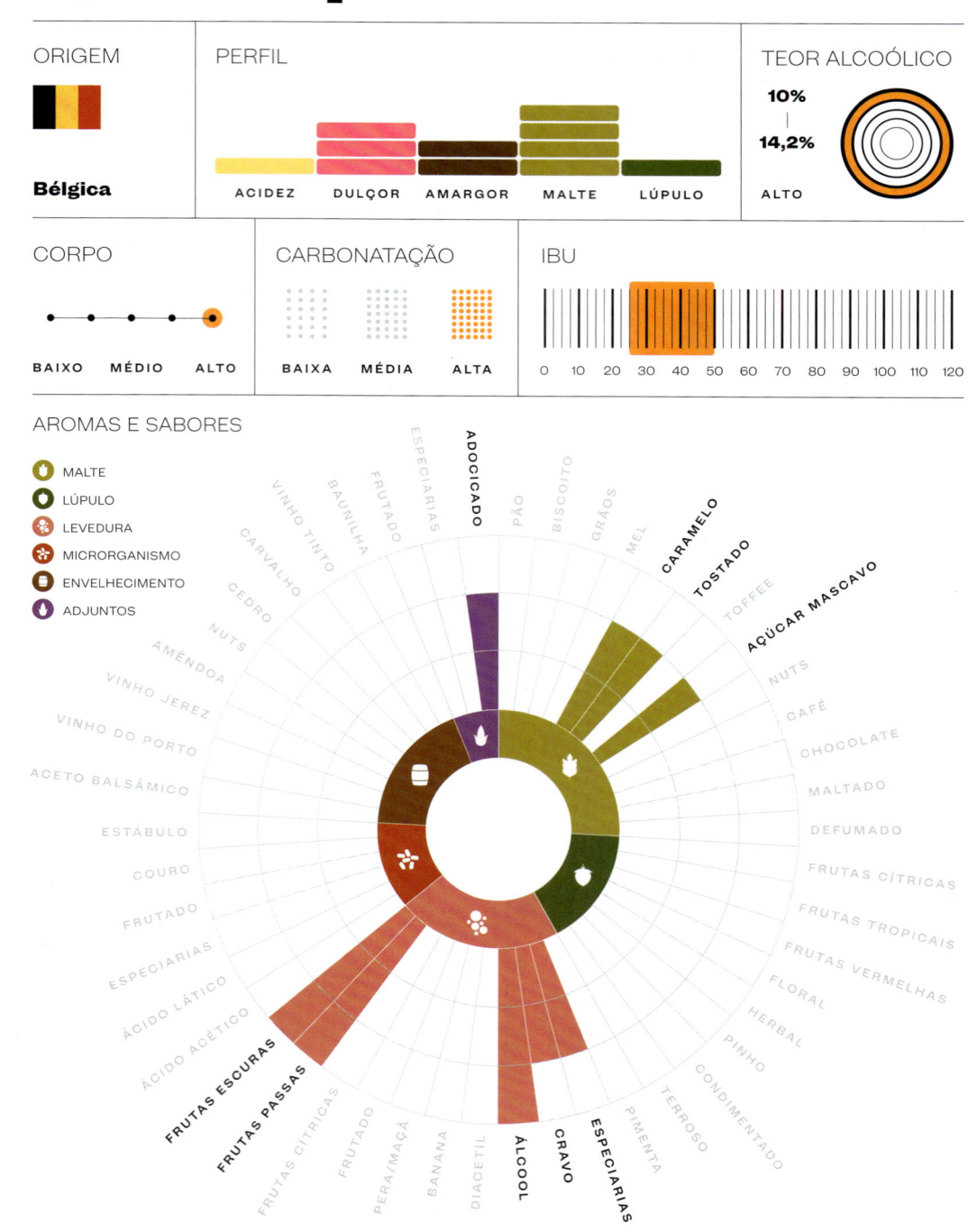

ALE

ORIGEM
Bélgica

PERFIL
ACIDEZ · DULÇOR · AMARGOR · MALTE · LÚPULO

TEOR ALCOÓLICO
10%
—
14,2%

ALTO

CORPO
BAIXO · MÉDIO · ALTO

CARBONATAÇÃO
BAIXA · MÉDIA · ALTA

IBU
0 10 20 30 40 50 60 70 80 90 100 110 120

AROMAS E SABORES
- MALTE
- LÚPULO
- LEVEDURA
- MICRORGANISMO
- ENVELHECIMENTO
- ADJUNTOS

ADOCICADO, CARAMELO, TOSTADO, TOFFEE, AÇÚCAR MASCAVO, NUTS, CAFÉ, CHOCOLATE, MALTADO, DEFUMADO, FRUTAS CÍTRICAS, FRUTAS TROPICAIS, FRUTAS VERMELHAS, FLORAL, HERBAL, PINHO, CONDIMENTADO, TERROSO, PIMENTA, ESPECIARIAS, CRAVO, ÁLCOOL, DIACETIL, BANANA, PERA/MAÇÃ, FRUTADO, FRUTAS CÍTRICAS, FRUTAS PASSAS, FRUTAS ESCURAS, ÁCIDO ACÉTICO, ÁCIDO LÁTICO, ESPECIARIAS, FRUTADO, COURO, ESTÁBULO, ACETO BALSÂMICO, VINHO DO PORTO, VINHO JEREZ, AMÊNDOA, NUTS, CEDRO, CARVALHO, VINHO TINTO, BAUNILHA, FRUTADO, ESPECIARIAS, PÃO, BISCOITO, GRÃOS, MEL

COPO

TEMPERATURA DE SERVIÇO

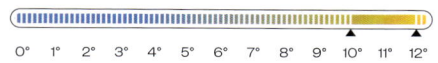

0° 1° 2° 3° 4° 5° 6° 7° 8° 9° 10° 11° 12°

TURBIDEZ

- LÍMPIDA
- **LEVEMENTE TURVA**
- TURVA

ESPUMA

- **ALTA**
- MÉDIA
- BAIXA

HARMONIZAÇÃO

Queijo camembert de cabra | Risoto de rabada | Torta de nozes

REFERÊNCIA COMERCIAL

Westvleteren 12
Bélgica

Possivelmente foi, junto com a La Trappe, uma das primeiras referências do estilo a serem produzidas. Para adquiri-la, é preciso marcar horário no mosteiro que a fabrica ou ir ao bar em frente a ele. Tornou-se um cálice sagrado cervejeiro: é tida por muitos como uma das melhores cervejas do mundo.

Outras:
St. Bernardus Abt 12
La Trappe Quadrupel
Wäls Quadruppel

COMPARAÇÃO COM OUTROS ESTILOS

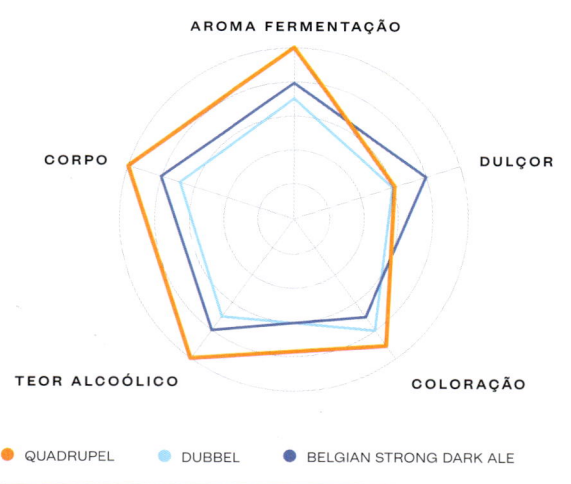

AROMA FERMENTAÇÃO · DULÇOR · COLORAÇÃO · TEOR ALCOÓLICO · CORPO

● QUADRUPEL   ● DUBBEL   ● BELGIAN STRONG DARK ALE

CARACTERÍSTICAS ÚNICAS

História
Tem origem nos mosteiros belgas e, apesar da crença de que tenha sido produzida em algum momento da Idade Média, considera-se que o estilo surgiu em meados de 1800

Quadrupel *versus* Belgian Dark Ale
Apesar de sua popularidade, há dúvidas se ela deveria ser classificada à parte das Belgian Dark Ales. Para muitos, ela só é uma versão extrema do estilo

Russian Imperial Stout

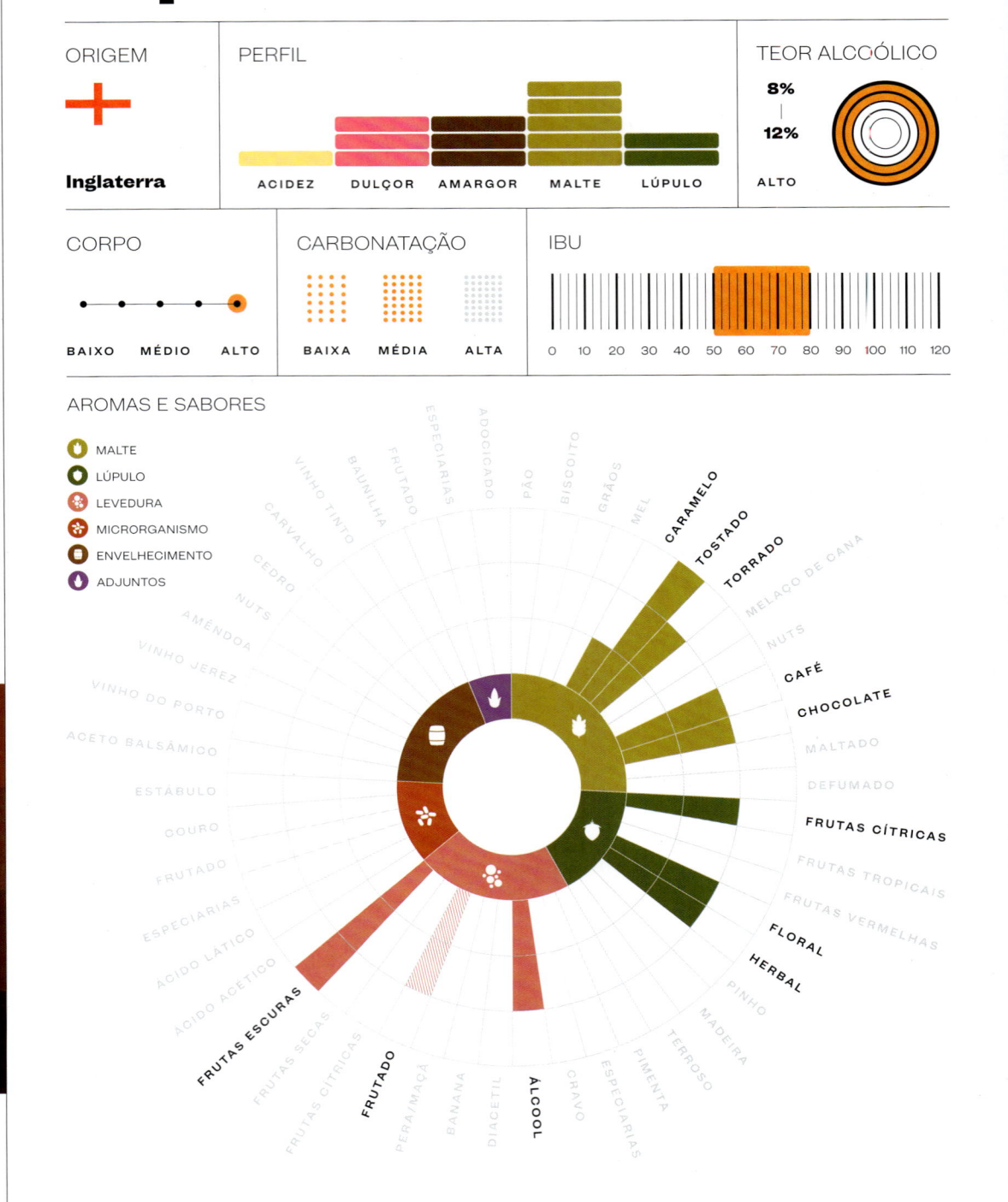

ALE

ORIGEM
Inglaterra

PERFIL
ACIDEZ · DULÇOR · AMARGOR · MALTE · LÚPULO

TEOR ALCOÓLICO
8% — 12%
ALTO

CORPO
BAIXO · MÉDIO · ALTO

CARBONATAÇÃO
BAIXA · MÉDIA · ALTA

IBU
0 10 20 30 40 50 60 70 80 90 100 110 120

AROMAS E SABORES

- MALTE
- LÚPULO
- LEVEDURA
- MICRORGANISMO
- ENVELHECIMENTO
- ADJUNTOS

CARVALHO · VINHO TINTO · BAUNILHA · FRUTADO · ESPECIARIAS · ADOCICADO · PÃO · BISCOITO · GRÃOS · MEL · CARAMELO · TOSTADO · TORRADO · MELAÇO DE CANA · NUTS · CAFÉ · CHOCOLATE · MALTADO · DEFUMADO · FRUTAS CÍTRICAS · FRUTAS TROPICAIS · FRUTAS VERMELHAS · FLORAL · HERBAL · PINHO · MADEIRA · TERROSO · PIMENTA · CRAVO · ESPECIARIAS · ÁLCOOL · DIACETIL · BANANA · PERA/MAÇÃ · FRUTADO · FRUTAS CÍTRICAS · FRUTAS SECAS · FRUTAS ESCURAS · ÁCIDO ACÉTICO · ÁCIDO LÁTICO · ESPECIARIAS · FRUTADO · COURO · ESTÁBULO · ACETO BALSÂMICO · VINHO DO PORTO · VINHO JEREZ · AMÊNDOA · NUTS · CEDRO

COPO

TEMPERATURA DE SERVIÇO

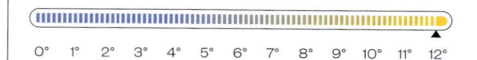

0° 1° 2° 3° 4° 5° 6° 7° 8° 9° 10° 11° 12°

TURBIDEZ

- LÍMPIDA
- LEVEMENTE TURVA
- TURVA

ESPUMA

- ALTA
- MÉDIA
- BAIXA

HARMONIZAÇÃO

Queijo pecorino  | Panceta à pururuca  | Petit gâteau de doce de leite

REFERÊNCIA COMERCIAL

North Coast Old Rasputin
Estados Unidos

Produzida pela cervejaria californiana North Coast Brewing Company, fundada em 1988, foi concebida para preservar a tradição das cervejas inglesas do século XVIII, que abasteciam a corte de Catarina, a Grande, da Rússia. Essa cerveja premiada leva em seu rótulo a imagem de Grigori Rasputin, místico russo influente no final do período imperial no país.

Outras:
Fuller's Imperial Stout
Courage Imperial Russian Stout
Dum Petroleum

COMPARAÇÃO COM OUTROS ESTILOS

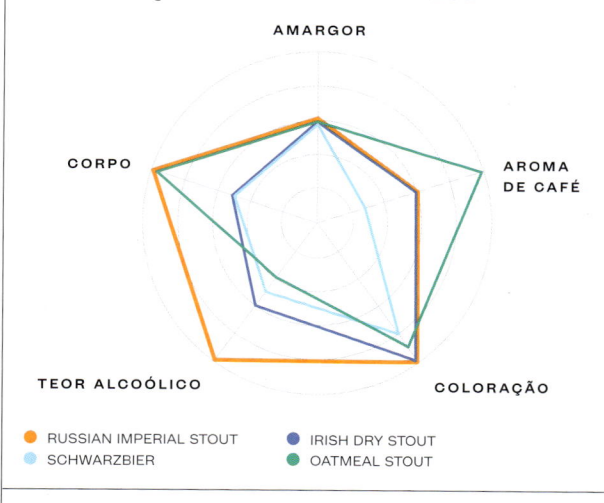

AMARGOR — AROMA DE CAFÉ — COLORAÇÃO — TEOR ALCOÓLICO — CORPO

- RUSSIAN IMPERIAL STOUT
- SCHWARZBIER
- IRISH DRY STOUT
- OATMEAL STOUT

CARACTERÍSTICAS ÚNICAS

História
Seu provável surgimento foi no século XVIII como uma Porter ainda mais alcoólica e intensa. Era exportada para os países bálticos e agradava e muito a corte russa

Da Europa às Américas
Além dos americanos, hoje o estilo dominou o coração das cervejarias brasileiras, que, apesar do clima tropical, criam Imperial Stouts envelhecidas ou com adjuntos

Schwarzbier

LAGER

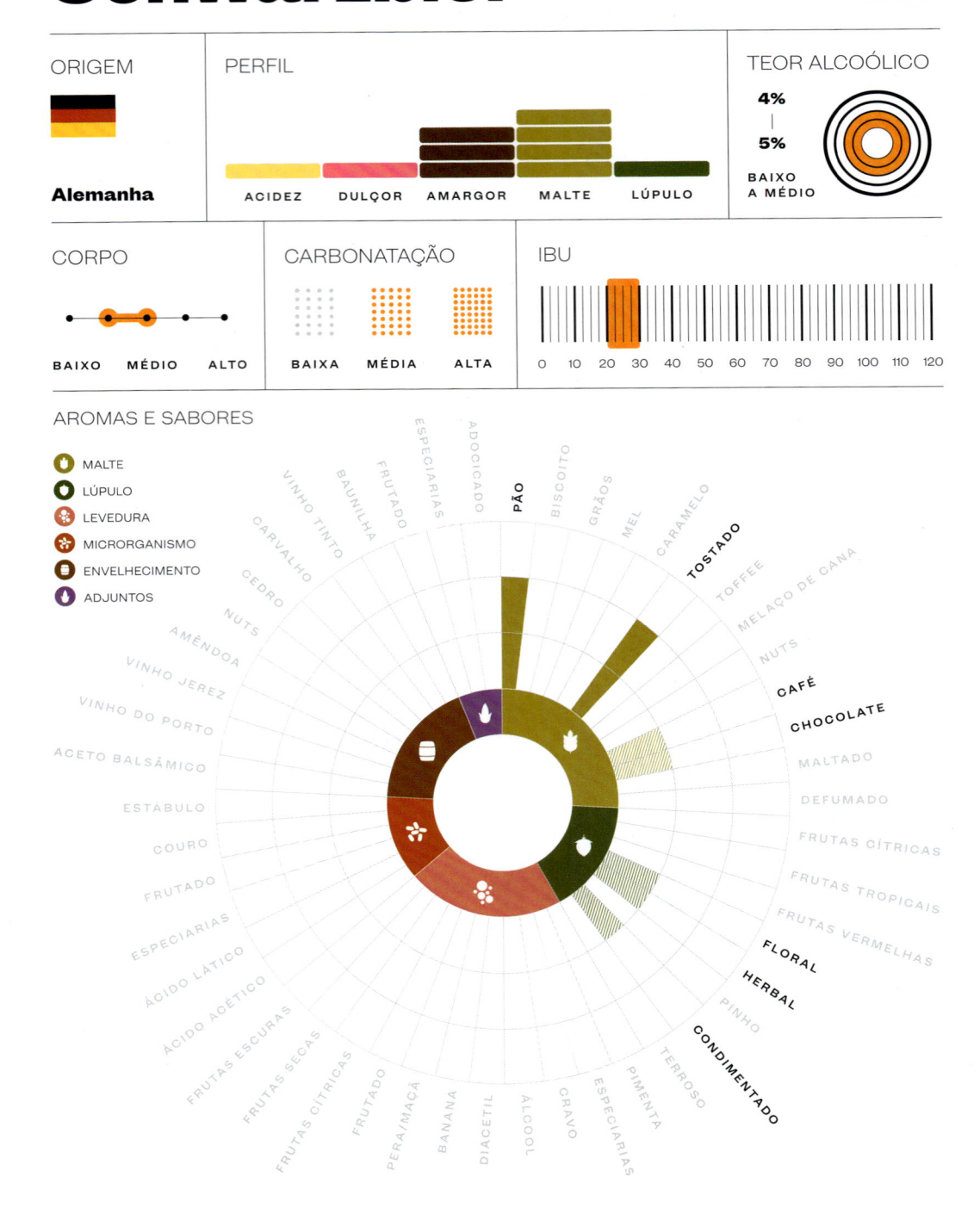

ORIGEM
Alemanha

PERFIL
ACIDEZ · DULÇOR · AMARGOR · MALTE · LÚPULO

TEOR ALCOÓLICO
4% — 5%
BAIXO A MÉDIO

CORPO
BAIXO · MÉDIO · ALTO

CARBONATAÇÃO
BAIXA · MÉDIA · ALTA

IBU
0 10 20 30 40 50 60 70 80 90 100 110 120

AROMAS E SABORES
- MALTE
- LÚPULO
- LEVEDURA
- MICRORGANISMO
- ENVELHECIMENTO
- ADJUNTOS

VINHO TINTO · CARVALHO · CEDRO · NUTS · AMÊNDOA · VINHO JEREZ · VINHO DO PORTO · ACETO BALSÂMICO · ESTÁBULO · COURO · FRUTADO · ESPECIARIAS · ÁCIDO LÁTICO · ÁCIDO ACÉTICO · FRUTAS ESCURAS · FRUTAS SECAS · FRUTAS CÍTRICAS · FRUTADO · PERA/MAÇÃ · BANANA · DIACETIL · ÁLCOOL · CRAVO · ESPECIARIAS · PIMENTA · TERROSO · **CONDIMENTADO** · PINHO · HERBAL · FLORAL · FRUTAS VERMELHAS · FRUTAS TROPICAIS · FRUTAS CÍTRICAS · DEFUMADO · MALTADO · **CHOCOLATE** · **CAFÉ** · NUTS · MELAÇO DE CANA · TOFFEE · **TOSTADO** · CARAMELO · MEL · GRÃOS · BISCOITO · **PÃO** · ADOCICADO · FRUTADO · ESPECIARIAS · BAUNILHA

COPO

TEMPERATURA DE SERVIÇO

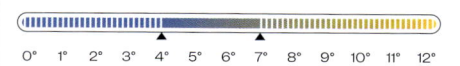

0° 1° 2° 3° 4° 5° 6° 7° 8° 9° 10° 11° 12°

TURBIDEZ

- LÍMPIDA
- LEVEMENTE TURVA
- TURVA

ESPUMA

- ALTA
- MÉDIA
- BAIXA

HARMONIZAÇÃO

Canapé de salmão defumado com cream cheese  | Risoto de funghi secchi  | Speculaas

REFERÊNCIA COMERCIAL

Köstritzer Schwarzbier
Alemanha

Referência clássica do estilo, é conhecida para além das fronteiras alemãs. Uma das mais antigas produtoras de Schwarzbier do país, a Köstritzer existe há séculos: a primeira menção à cervejaria é de 1543. Foram diversas mudanças ao longo do tempo, incluindo sua compra em 1991 pela Bitburger, o que impulsionou a marca.

Outras:
Einbecker Schwarzbier
Denninghoff's Hofjäger Schwarzbier
Bamberg Schwarzbier

COMPARAÇÃO COM OUTROS ESTILOS

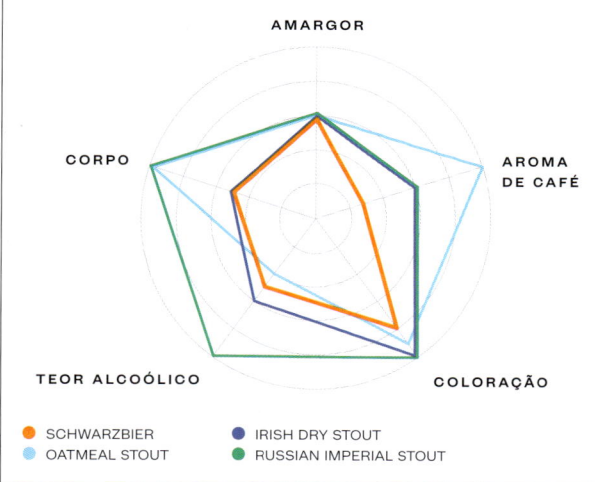

AMARGOR · AROMA DE CAFÉ · COLORAÇÃO · TEOR ALCOÓLICO · CORPO

- SCHWARZBIER
- OATMEAL STOUT
- IRISH DRY STOUT
- RUSSIAN IMPERIAL STOUT

CARACTERÍSTICAS ÚNICAS

História
Especialidade regional alemã da Saxônia, Francônia e Turíngia, é uma cerveja escura, seca, amarga e leve, que se tornou popular após a reunificação do país

Surpresa líquida
O estilo é um dos exemplos de cervejas escuras e tostadas que possuem alta drinkability graças ao seu corpo leve, amargor assertivo e teor alcoólico mediano

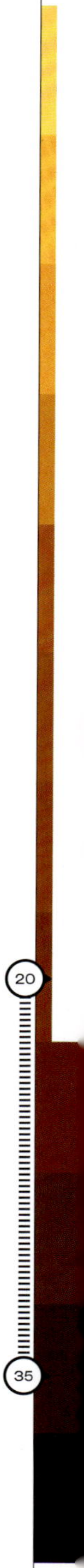

Sweet Stout

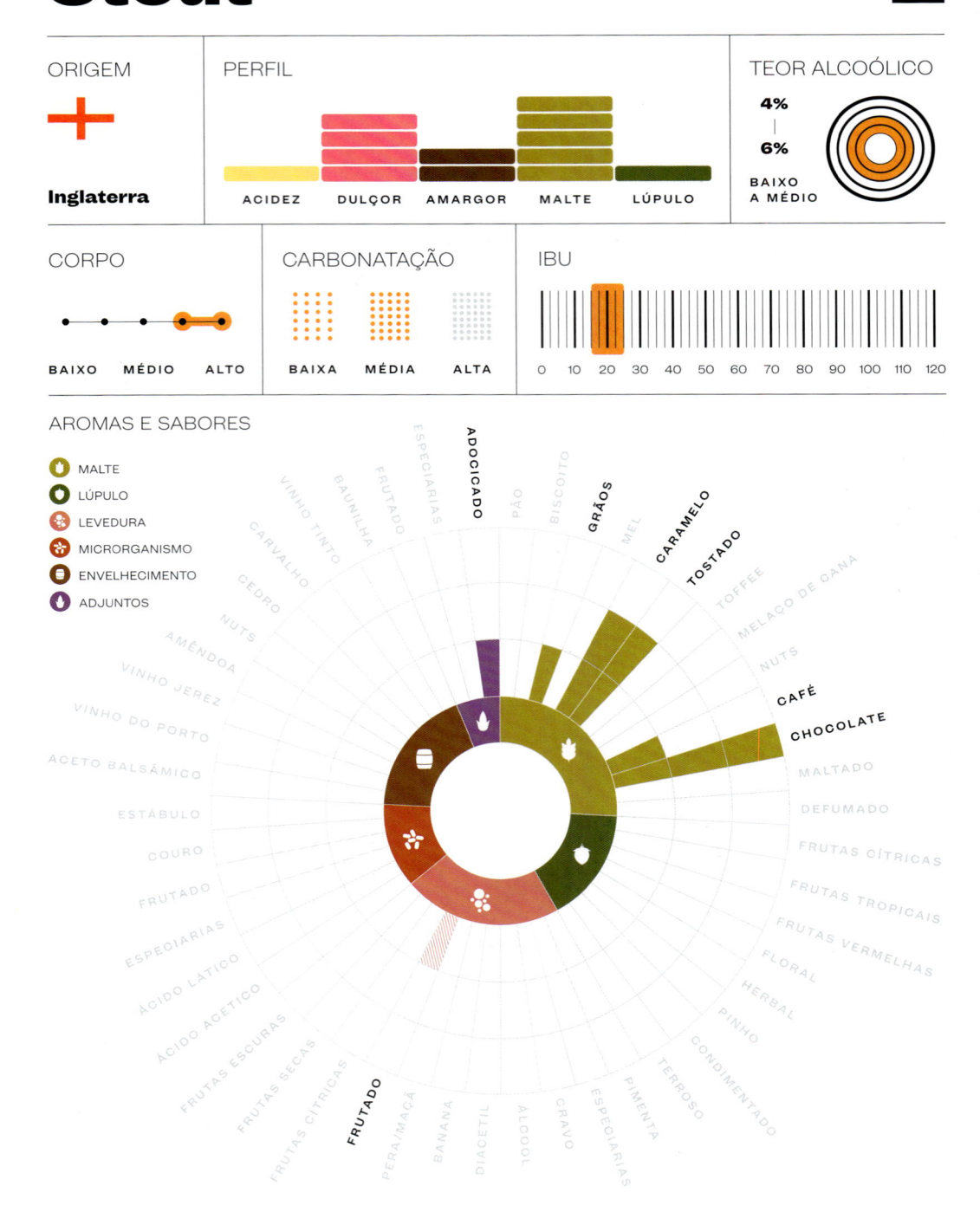

ALE

ORIGEM
Inglaterra

PERFIL
ACIDEZ · DULÇOR · AMARGOR · MALTE · LÚPULO

TEOR ALCOÓLICO
4% – 6%
BAIXO A MÉDIO

CORPO
BAIXO · MÉDIO · **ALTO**

CARBONATAÇÃO
BAIXA · MÉDIA · ALTA

IBU
0 10 20 30 40 50 60 70 80 90 100 110 120

AROMAS E SABORES
- MALTE
- LÚPULO
- LEVEDURA
- MICRORGANISMO
- ENVELHECIMENTO
- ADJUNTOS

ESPECIARIAS · VINHO TINTO · BAUNILHA · FRUTADO · ADOCICADO · PÃO · BISCOITO · GRÃOS · MEL · CARAMELO · TOSTADO · TOFFEE · MELAÇO DE CANA · CARVALHO · CEDRO · NUTS · NUTS · CAFÉ · CHOCOLATE · AMÊNDOA · MALTADO · VINHO JEREZ · DEFUMADO · VINHO DO PORTO · FRUTAS CÍTRICAS · ACETO BALSÂMICO · FRUTAS TROPICAIS · ESTÁBULO · FRUTAS VERMELHAS · COURO · FLORAL · FRUTADO · HERBAL · ESPECIARIAS · PINHO · ÁCIDO LÁTICO · CONDIMENTADO · ÁCIDO ACÉTICO · TERROSO · FRUTAS ESCURAS · PIMENTA · FRUTAS SECAS · CRAVO · FRUTAS CÍTRICAS · ESPECIARIAS · FRUTADO · PERA/MAÇÃ · BANANA · DIACETIL · ÁLCOOL

COPO

TEMPERATURA DE SERVIÇO

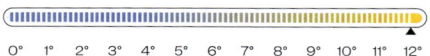

0° 1° 2° 3° 4° 5° 6° 7° 8° 9° 10° 11° 12°

TURBIDEZ
- LÍMPIDA
- LEVEMENTE TURVA
- TURVA

ESPUMA
- ALTA
- MÉDIA
- BAIXA

HARMONIZAÇÃO

Queijo gouda holandês  | Costela defumada  | Sticky toffee pudding

REFERÊNCIA COMERCIAL

Bristol Beer Factory Milk Stout
Inglaterra

Essa cerveja superpremiada possui a doçura característica do chocolate e uma textura cremosa e encorpada, sendo um excelente exemplar do estilo. É mais uma das diversas cervejas comercializadas em lata e barril pela Bistrol Beer Factory, uma cervejaria artesanal moderna localizada em Bristol, na Inglaterra.

Outras:
Mackeson Stout
Young's Double Chocolate Stout
Samuel Adams Cream Stout

COMPARAÇÃO COM OUTROS ESTILOS

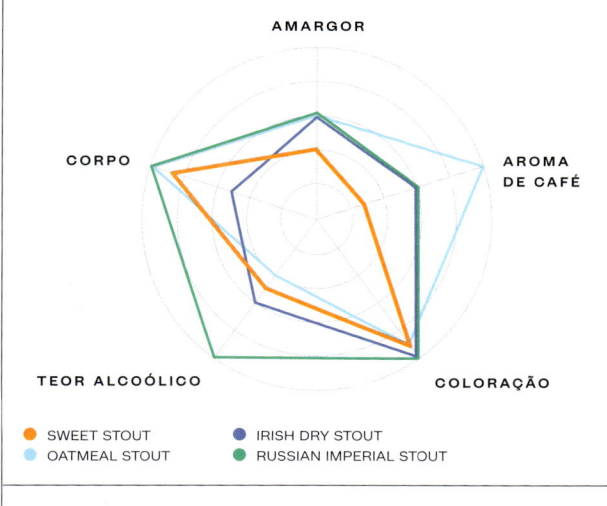

AMARGOR · AROMA DE CAFÉ · COLORAÇÃO · TEOR ALCOÓLICO · CORPO

- SWEET STOUT
- OATMEAL STOUT
- IRISH DRY STOUT
- RUSSIAN IMPERIAL STOUT

CARACTERÍSTICAS ÚNICAS

História
Como a Oatmeal Stout, foi por muito tempo associada a benefícios à saúde, popularizando-se na Segunda Guerra. Era conhecida como Milk ou Cream Stout, devido à adição de lactose

Lactose
Para agregar mais corpo e aumentar levemente o dulçor, é comum que se utilize como adjunto a lactose, um açúcar não fermentável que adiciona essas características ao produto

Wee Heavy

ALE

ORIGEM
Escócia

PERFIL
ACIDEZ · DULÇOR · AMARGOR · MALTE · LÚPULO

TEOR ALCOÓLICO
6,5% — 9%
MÉDIO A ALTO

CORPO
BAIXO · MÉDIO · **ALTO**

CARBONATAÇÃO
BAIXA · **MÉDIA** · ALTA

IBU
0 10 20 30 40 50 60 70 80 90 100 110 120

AROMAS E SABORES

- MALTE
- LÚPULO
- LEVEDURA
- MICRORGANISMO
- ENVELHECIMENTO
- ADJUNTOS

ESPECIARIAS · BAUNILHA · FRUTADO · ADOCICADO · PÃO · BISCOITO · GRÃOS · MEL · CARAMELO · TOSTADO · TOFFEE · MELAÇO DE CANA · NUTS · CAFÉ · CHOCOLATE · MALTADO · DEFUMADO · FRUTAS CÍTRICAS · FRUTAS TROPICAIS · FRUTAS VERMELHAS · FLORAL · HERBAL · PINHO · CONDIMENTADO · TERROSO · ESPECIARIAS · PIMENTA · CRAVO · ÁLCOOL · DIACETIL · BANANA · PERA/MAÇÃ · FRUTADO · FRUTAS CÍTRICAS · FRUTAS SECAS · FRUTAS ESCURAS · ÁCIDO ACÉTICO · ÁCIDO LÁTICO · ESPECIARIAS · FRUTADO · COURO · ESTÁBULO · ACETO BALSÂMICO · VINHO DO PORTO · VINHO JEREZ · AMÊNDOA · NUTS · CEDRO · CARVALHO · VINHO TINTO

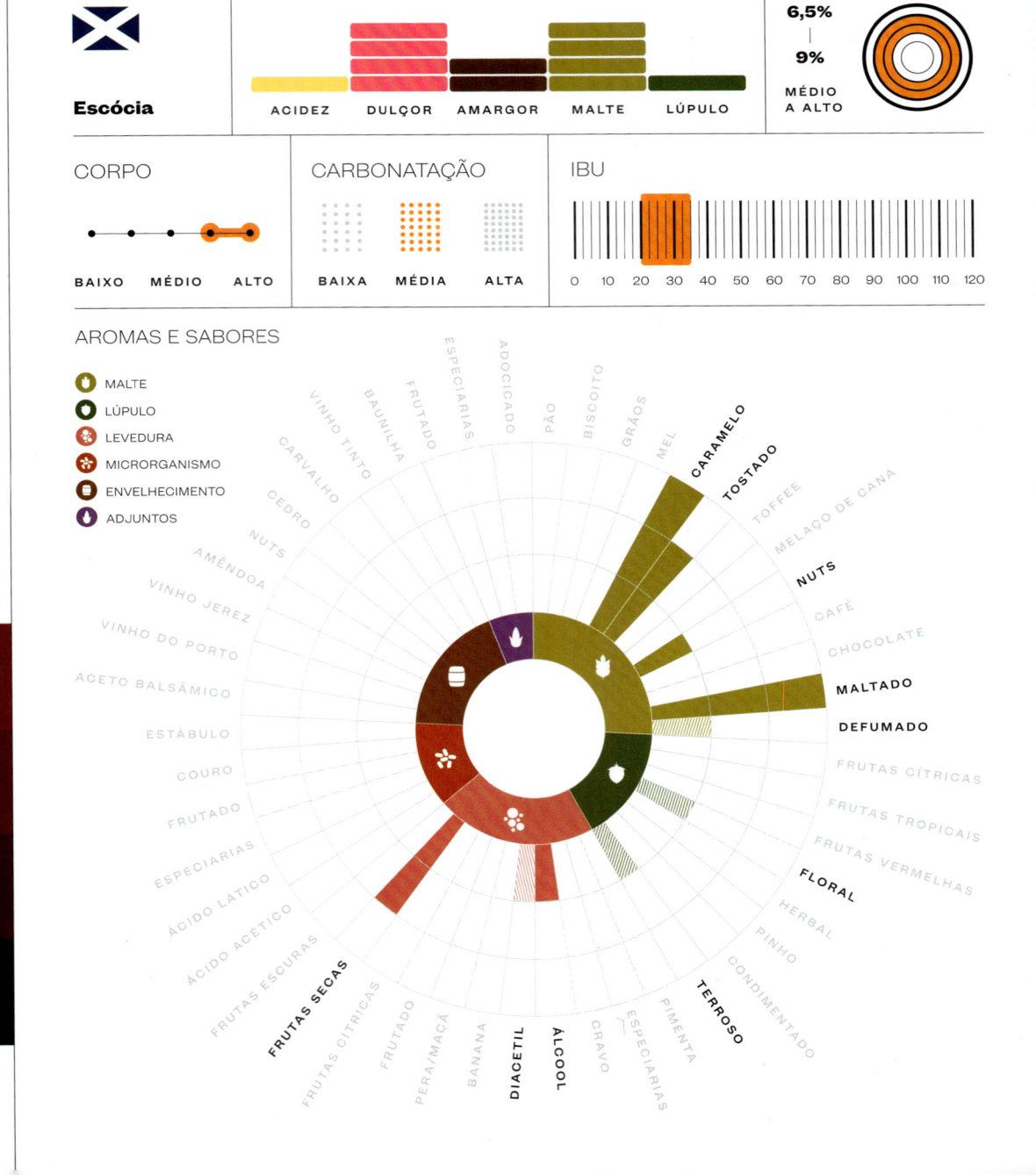

COPO

TEMPERATURA DE SERVIÇO

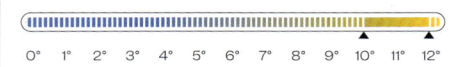

0° 1° 2° 3° 4° 5° 6° 7° 8° 9° 10° 11° 12°

TURBIDEZ

- LÍMPIDA
- LEVEMENTE TURVA
- TURVA

ESPUMA

- ALTA
- MÉDIA
- BAIXA

HARMONIZAÇÃO

Brie com nozes caramelizadas | Costela de porco glaceada | Crème brûlée

REFERÊNCIA COMERCIAL

Belhaven Wee Heavy
Escócia

Fundada em 1719, a Belhaven é a cervejaria mais antiga ainda em atividade na Escócia. Sua Wee Heavy é um excelente exemplo do estilo, criada a partir de receitas antigas, mantendo a tradição. É uma cerveja doce, porém bastante equilibrada e calorosa. Os lúpulos presentes, Challenge e Goldings, trazem complexidade aromática e picância.

Outras:
Gordon Highland Scotch Ale
Founders Backwoods Bastards
Bodebrown Wee Heavy

COMPARAÇÃO COM OUTROS ESTILOS

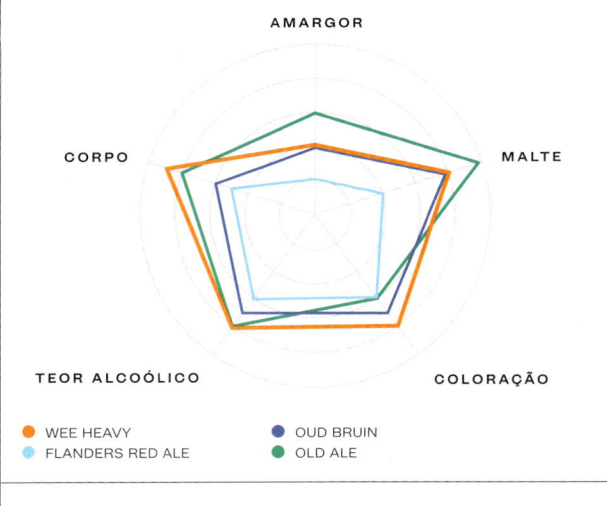

- WEE HEAVY
- FLANDERS RED ALE
- OUD BRUIN
- OLD ALE

CARACTERÍSTICAS ÚNICAS

História
Um produto de seu tempo e localidade. Surgiu no século XVIII na Escócia, um país sem lúpulos nativos, mas com uma produção grande e de qualidade de malte

As Scotchs Ales
São variações de Scotch Ale: Light (abaixo de 3,5% ABV); Heavy (entre 3,5% e 4% ABV); Export (entre 4% e 6% ABV) e Strong Scotch Ale/Wee Heavy (acima de 6% ABV)

4.d Apesar de não se enquadrarem em um grupo de colorações e características tão específicas como as demais, são cervejas que possuem peculiaridades de produção e/ou adjuntos que as tornam diferenciadas, seja em cor ou em sabor. Por vezes, variam conforme o estilo-base, ou podem ser estilos cujos aromas, sabores, teor alcoólico, assim como outros parâmetros, são muito diferentes. Elas mostram que o céu é o limite quando se fala de variedade sensorial de cervejas.

Outras categorias

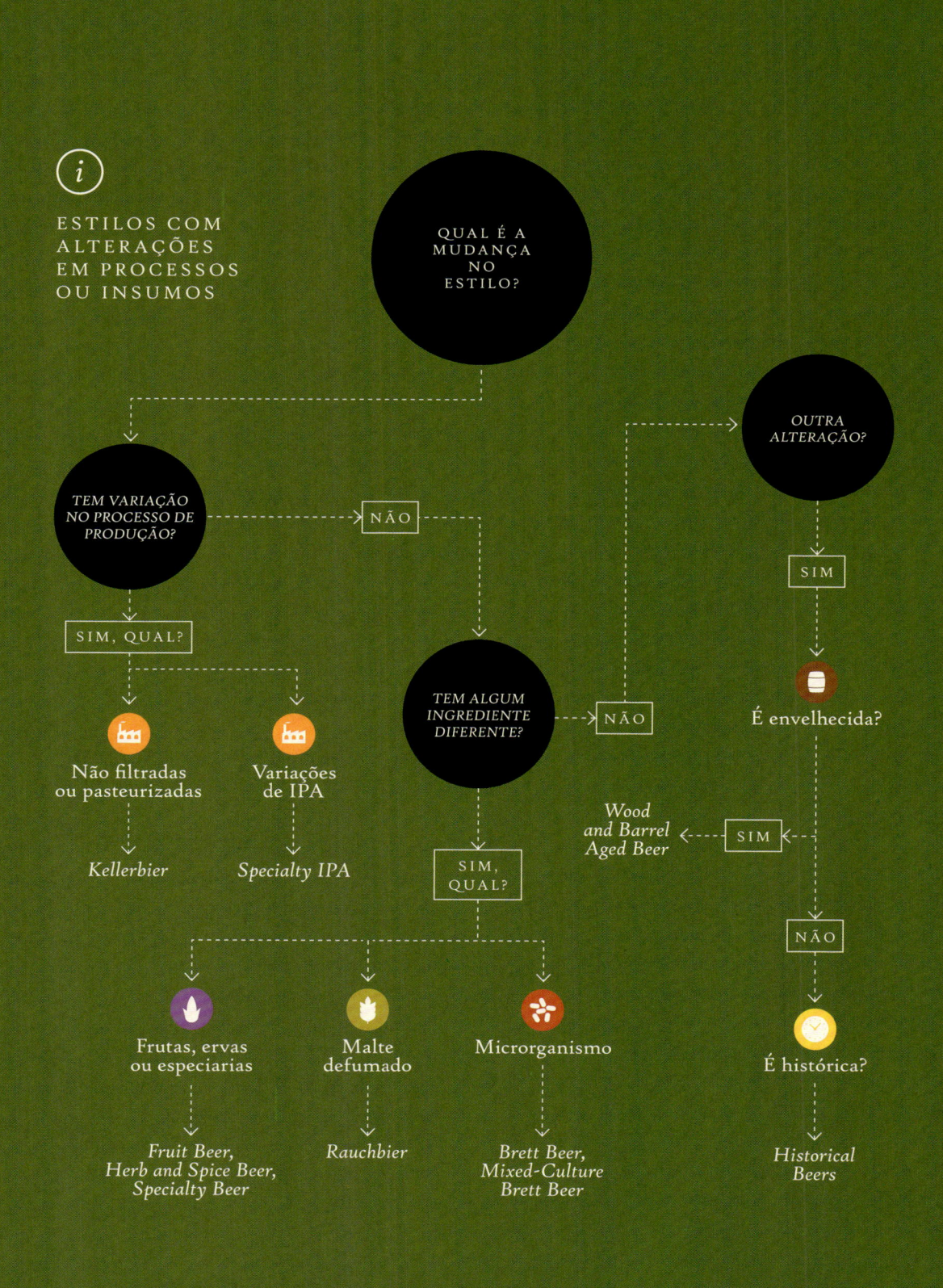

ESTILOS COM ALTERAÇÕES EM PROCESSOS OU INSUMOS

QUAL É A MUDANÇA NO ESTILO?

- **TEM VARIAÇÃO NO PROCESSO DE PRODUÇÃO?**
  - SIM, QUAL?
    - Não filtradas ou pasteurizadas → *Kellerbier*
    - Variações de IPA → *Specialty IPA*
  - NÃO → **TEM ALGUM INGREDIENTE DIFERENTE?**
    - SIM, QUAL?
      - Frutas, ervas ou especiarias → *Fruit Beer, Herb and Spice Beer, Specialty Beer*
      - Malte defumado → *Rauchbier*
      - Microrganismo → *Brett Beer, Mixed-Culture Brett Beer*
    - NÃO → **OUTRA ALTERAÇÃO?**
      - SIM → É envelhecida?
        - SIM → *Wood and Barrel Aged Beer*
        - NÃO → É histórica? → *Historical Beers*

Outras categorias

Além dos estilos apresentados, existem diversos outros, que agrupam cervejas com similaridades de produção e/ou insumos. Uma Wood Aged Beer pode ser qualquer estilo de cerveja envelhecida em barricas de madeira que se enquadre nessa categoria. Em um concurso, a cerveja deve ser inscrita nesse estilo, para ser julgada dentro das características esperadas. Entretanto, é provável que encontremos no mercado o mesmo rótulo com um nome diferente e mais comercial: por exemplo, uma "Imperial Porter envelhecida em barril de amburana" ou "Barley Wine em barril de Bourbon".

Em outros casos, o nome do estilo consta no rótulo com menos alterações. "Rauchbier", por exemplo, é qualquer estilo alemão de Bamberg que utilize maltes defumados.

Há muitas outras categorias que não constam neste livro, e ainda uma que foi criada para que nenhuma cerveja fique sem uma classificação passível de julgamento em um concurso: a Experimental Beer. Ou seja, nesse caso, seguindo a legislação vigente no país, o céu é o limite.

NÃO FILTRADAS OU PASTEURIZADAS

Kellerbier

Versões de cervejas europeias, em geral alemãs, não filtradas ou pasteurizadas, sendo normalmente turvas. Conhecidas também como Zwickelbier ou Naturtrüb

EXEMPLOS DE ESTILO-BASE
Munich Helles, Märzen

REFERÊNCIA COMERCIAL
Ayinger Kellerbier e Hofbräu Münchner Sommer Naturtrüb

MALTE COM AROMA DEFUMADO

Rauchbier

São cervejas características da região de Bamberg que possuem aroma defumado devido ao malte. A intensidade e o sabor dependem do estilo-base

EXEMPLOS DE ESTILO-BASE
Weissbier, Doppelbock, Munich Helles

REFERÊNCIA COMERCIAL
Aecht Schlenkerla Weizen e Doppelbock

VARIEDADES DE IPA

Specialty IPA

Outras variações de IPAs. Um exemplo comum, que poderia ser considerado um estilo, é a Session IPA, que é menos amarga e menos alcoólica

EXEMPLOS DE ESTILO-BASE
Session IPA, Rye IPA, Brut IPA, White IPA

REFERÊNCIA COMERCIAL
Goose Island Midway e Leuven Rye IPA

COM FRUTAS

Fruit Beer/Specialty Fruit Beer

Belgas com adições de frutas, possuem características em que a fruta predomina. São chamadas de Fruit Wheat Beers caso contenham trigo

EXEMPLOS DE ESTILO-BASE
Saison, Bière de Garde, Witbier

REFERÊNCIA COMERCIAL
Liefmans Kriek Brut e Delirium Red

COM ADIÇÃO DE MICRORGANISMOS

Brett Beer/Mixed-Culture Brett Beer

Acidez resultante da presença de *Brettanomyces*, com aromas frutados, de cavalo, celeiro e rústico. Se tiverem outros microrganismos, são Mixed-Culture

EXEMPLOS DE ESTILO-BASE
Saison, Bière de Garde, Belgian Blond Ale

REFERÊNCIA COMERCIAL
Cozalinda Praia do Meio e Russian River Sanctification

COM ERVAS, ESPECIARIAS, RAÍZES

Herb and Spice Beer

Qualquer estilo com ervas, especiarias, raízes, folhas, sementes, vegetais, frutas ou flores que não se enquadra em outra categoria

EXEMPLOS DE ESTILO-BASE
Qualquer estilo

REFERÊNCIA COMERCIAL
Lohn Bier Carvoeira e Rogue Chipotle Ale

ENVELHECIDAS

Wood and Barrel Aged Beer

Envelhecidas em madeira nova ou usada, adquirem complexidade e sabores da barrica e da matéria-prima que passou na barrica antes do envase

EXEMPLOS DE ESTILO-BASE
Porter, Stout, Barley Wine

REFERÊNCIA COMERCIAL
Bourbon County e Founders KBS

COM INGREDIENTES DIVERSOS

Specialty Beer

Não se enquadram em nenhum outro estilo, se diferenciando de acordo com os ingredientes e adjuntos utilizados

EXEMPLOS DE ESTILO-BASE
Qualquer estilo

REFERÊNCIA COMERCIAL
Colorado Caium

ESTILOS HISTÓRICOS POUCO USUAIS

Historical Beers

Históricos e difíceis de encontrar, pois são menos conhecidos e comercializados. Possuem origens e histórias distintas e se diferenciam dos demais estilos

EXEMPLOS DE ESTILOS
Sahti, Lichtenhainer e Roggenbier

REFERÊNCIA COMERCIAL
Coors Batch 19

O QUE COMER COM CERVEJA

O · LIVRO · DA · CERVEJA

CAPÍTULO

5

a. HARMONIZAÇÃO
b. COZINHANDO COM CERVEJA

5.a Harmonizar pode ser mais simples do que você imagina, e, com a prática e a degustação, você conseguirá selecionar facilmente pelo menos um estilo para servir com os pratos da sua refeição. É importante ter em mente que a harmonização não é apenas sobre bebida e comida, mas também sobre a pessoa e o ambiente. Os fatores externos — o conforto e a temperatura do local, a música, a ocasião e a companhia — podem fazer da harmonização um sucesso ou não.

Harmonização

CONSIDERAR AS CARACTERÍSTICAS INDIVIDUAIS
DE CADA ESTILO É O SEGREDO DE UMA
BOA HARMONIZAÇÃO COM CERVEJAS

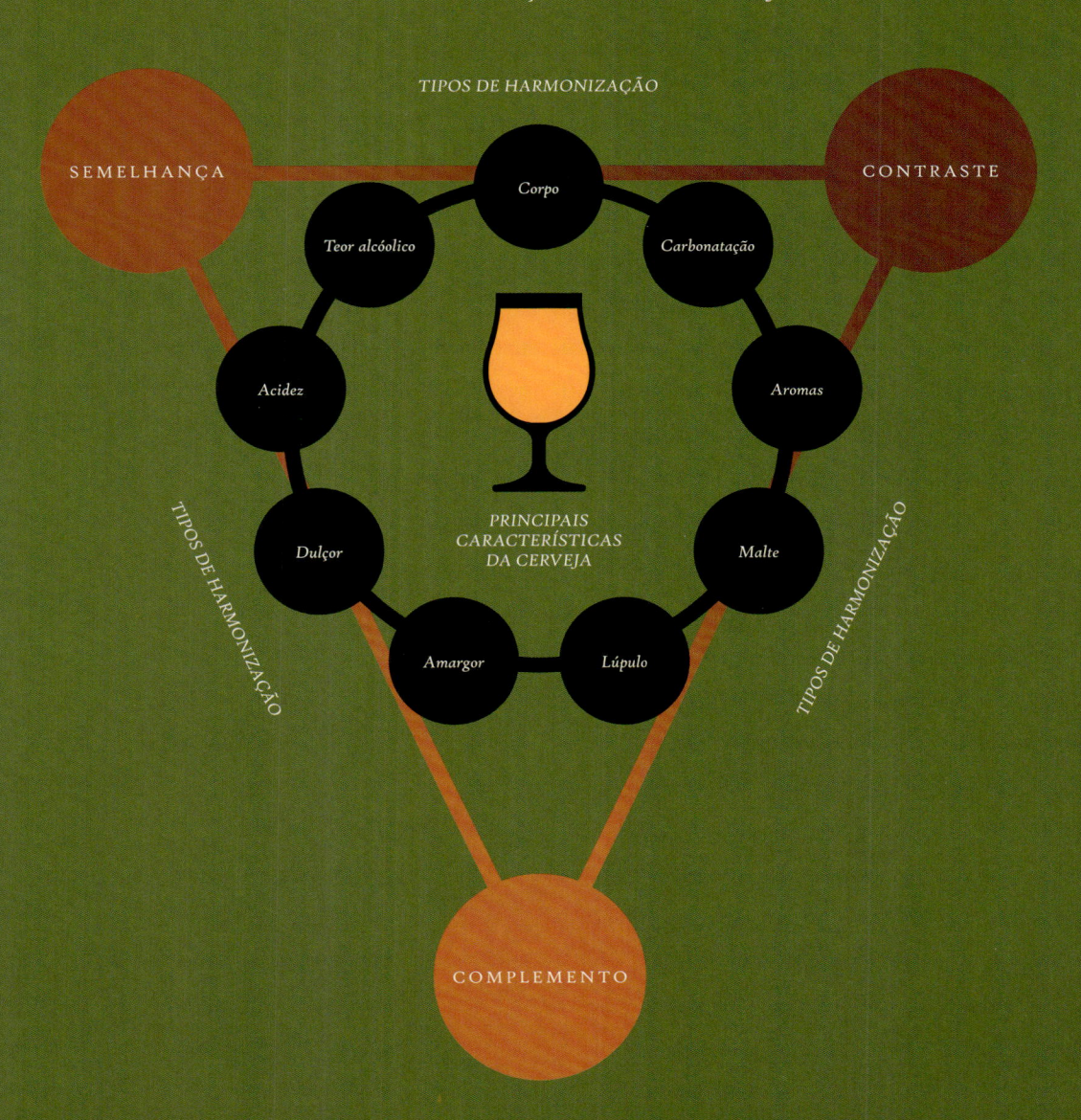

TIPOS DE HARMONIZAÇÃO

SEMELHANÇA

CONTRASTE

- Corpo
- Teor alcóolico
- Carbonatação
- Acidez
- Aromas
- Dulçor
- Malte
- Amargor
- Lúpulo

PRINCIPAIS CARACTERÍSTICAS DA CERVEJA

TIPOS DE HARMONIZAÇÃO

TIPOS DE HARMONIZAÇÃO

COMPLEMENTO

Princípios básicos

Combinar cerveja e comida é uma questão de ciência, técnica e prática. Harmonizar é mais que unir sabores: é proporcionar uma nova experiência

Cerveja é uma bebida tão versátil que é difícil encontrar uma comida que não vá bem com algum estilo. O objetivo da harmonização é criar um terceiro sabor e tornar agradável a degustação da bebida e da comida. Para que isso aconteça, é necessário analisar desde as características da cerveja até as de cada ingrediente que compõe o prato, bem como o método de preparo, temperos, textura, sabor e temperatura. Tudo importa, e mesmo um ingrediente em maior ou menor quantidade pode afetar o resultado. Para obter sucesso, são utilizadas técnicas e diretrizes básicas para encontrar um equilíbrio de forças, evitando combinações desagradáveis e sabores que se sobressaiam. Leve com leve e pesado com pesado: a estrutura de cada elemento é a base para valorizar o melhor que a harmonização de cervejas tem a proporcionar.

Técnicas de harmonização

SEMELHANÇA

Procuramos elementos na cerveja e no prato que sejam parecidos: acidez com acidez, doçura com doçura, tosta de malte com tosta no alimento ou sabor de grelhado e defumado, além de herbal e floral do lúpulo com herbal dos temperos da comida. Ou seja, gostos e/ou aspectos aromáticos que sejam semelhantes

CONTRASTE

Analisamos características opostas na cerveja e no alimento que possam se equilibrar. Por exemplo: acidez, amargor, álcool ou carbonatação amenizando gordura; amargor equilibrado por sal; dulçor e corpo suavizando picância

COMPLEMENTAÇÃO

Ocorre quando as características da cerveja e da comida se complementam. Por exemplo: o frutado da cerveja com o chocolate da sobremesa, o lupulado da bebida temperando um corte de carne, o cítrico ou defumado da cerveja adicionando sabor a uma carne branca

CULTURAL

São harmonizações tradicionais de certas regiões, que podem ou não fazer sentido tecnicamente. Bebidas e produtos de uma mesma região costumam ter certas semelhanças e harmonizar bem. Esse é um conceito bem aplicado no segmento do vinho, que pode ser replicado e traduzido para o mundo da cerveja

Uma boa harmonização sempre leva em consideração, no mínimo, dois princípios — contraste e semelhança, semelhança e complementação, contraste e complementação ou os três

EXEMPLO

Ceciche
ACIDEZ
ESTRUTURA

➕

Catharina Sour
ACIDEZ
CORPO

Tanto a cerveja quanto o ceviche são leves, refrescantes e ácidos. A acidez é o principal fator de semelhança

EXEMPLO

Joelho de porco
GORDURA
ESTRUTURA

➕

Imperial IPA
AMARGOR
CORPO

A gordura do joelho e o amargor intenso da cerveja se suavizam, criando uma sensação agradável e complexa

EXEMPLO

Tilápia ao limão
ERVAS
ESTRUTURA

➕

Saison
HERBAL/FRUTADO
CORPO

Os aspectos aromáticos da cerveja complementam o sabor da tilápia ao limão, temperando e criando uma complexidade

EXEMPLO

Ostras
MINERAL
ESTRUTURA

➕

Irish Dry Stout
TOSTA
CORPO

A tosta da cerveja se suaviza com a mineralidade das ostras, complementando levemente o sabor

Como atuam as características

SENSAÇÕES DE BOCA

Corpo
Deve ser compatível com a estrutura da comida

Carbonatação
Ameniza dulçor, untuosidade, sal e gordura

Teor alcoólico
Potencializa com dulçor, ameniza com gordura

SABORES

Acidez
Iguala dulçor e acidez, acentua sal e picância

Dulçor
Atenua dulçor, picância e amargor

Amargor
Ameniza gordura, equilibra sal e dulçor

Malte
Equilibra acidez e sal, diminui pungência

Lúpulo
Ameniza gordura, equilibra sal e dulçor

Aromas
Complementam ou se assemelham

Como harmonizar

Na hora de escolher uma cerveja que combine com um prato, é essencial considerar a interação entre as características do estilo com a comida

1
Harmonizando por características
As tabelas a seguir estão divididas em alguns grupos de alimentos. À esquerda, na primeira coluna **(a)**, estão as comidas ou ingredientes. Na primeira linha **(b)**, as características da cerveja que mais influenciam na hora de harmonizar

2
Perfil aromático e sensações de boca
Escolha a comida ou ingrediente que quer harmonizar. Observe a intensidade de cada característica da cerveja e os aromas mais marcantes. Esse será um perfil aproximado para uma boa harmonização

3
Guia dos estilos
No guia dos estilos, procure essas características em um ou mais estilos de sua preferência

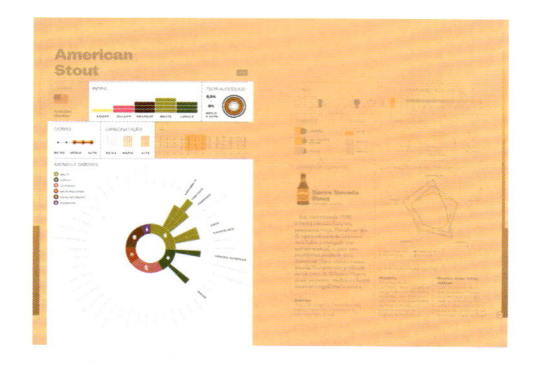

4
Encontrando o melhor estilo
Compare as caraceríticas. Se a maioria delas for semelhante, é bem provável que será uma boa harmonização

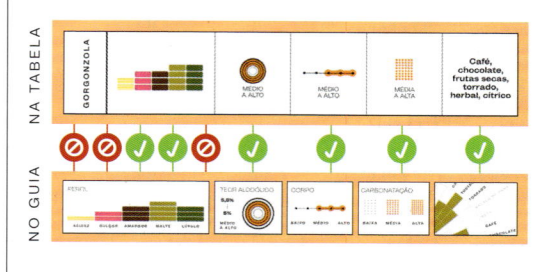

Se a cerveja escolhida não combina, não desanime. Procure estilos adequados e crie sua própria experiência de harmonização

> Sempre é bom lembrar que, na hora de harmonizar, devem ser levados em consideração o modo de preparo, temperos, tipo de gordura utilizada, composição do molho e proporções dos ingredientes

HARMONIZAÇÃO COM QUEIJOS

Leite de vaca, búfala ou cabra?
Pasta mole? Dura? Maturado?
Explore as características dos queijos

Legenda:
- ACIDEZ
- DULÇOR
- AMARGOR
- MALTE
- LÚPULO

Queijo	Teor Alcoólico	Corpo	Carbonatação	Aromas e Sabores	Características do Prato
BRIE	Baixo a Médio	Baixo a Médio	Baixa	Floral, cítrico, herbal, frutado, frutas vermelhas e tropicais	Queijo de mofo branco delicado, cremoso, acidez leve e nuances que lembram nuts. **Sugestões de harmonização:** Belgian Blond Ale, Witbier
BOURSIN (CABRA)	Baixo a Médio	Baixo a Médio	Baixa a Média	Floral, herbal, couro, frutado, estábulo, lático, frutas vermelhas e tropicais	Pode ser levemente picante e ácido, com sabores complexos e boa cremosidade. **Sugestões de harmonização:** Saison, Flanders Red Ale
CABRA CURADO	Médio	Médio	Baixa a Média	Frutado, condimentado, couro, estábulo, lático, frutas vermelhas	Pode apresentar muita picância e pungência intensa, com sabor rústico e complexo. **Sugestões de harmonização:** Leipzig Gueuze, Fruit Lambic
GRUYÈRE	Baixo a Médio	Médio	Média	Pinho, herbal, nuts, condimentado, tostado	Queijo de pasta dura feito com leite de vaca cru de sabor intenso e persistente. **Sugestões de harmonização:** English Pale Ale, Bock
PARMIGIANO REGGIANO	Médio a Alto	Médio	Média a Alta	Tostado, cítrico, herbal, frutado, frutas escuras, frutas secas, café	Queijo de pasta extradura bem maturado, intenso, picante, levemente salgado e persistente. **Sugestões de harmonização:** Belgian IPA, Belgian Dark Strong Ale
GORGONZOLA	Médio a Alto	Médio a Alto	Média a Alta	Café, chocolate, frutas secas, torrado, herbal, cítrico	Queijo de leite de vaca, pasta semiconsistente, pungente e intenso devido ao mofo azul. **Sugestões de harmonização:** Irish Dry Stout, Quadrupel
ROQUEFORT	Médio a Alto	Médio a Alto	Média a Alta	Café, chocolate, frutas secas, torrado, caramelo, cítrico	Queijo de leite de ovelha com mofo azul, mais salgado e pungente que o gorgonzola. **Sugestões de harmonização:** Imperial Stout, Eisbock

HARMONIZAÇÃO COM ENTRADAS

Hora de começar! Selecione cervejas que não "queimem a largada" e acompanhem bem cada entrada

		TEOR ALCOÓLICO	CORPO	CARBONATAÇÃO	AROMAS E SABORES	CARACTERÍSTICAS DO PRATO
SALADA CAESAR	ACIDEZ, DULÇOR, AMARGOR, MALTE, LÚPULO	BAIXO A MÉDIO	BAIXO A MÉDIO BAIXO	BAIXA A MÉDIA	Condimentado, cítrico, pão, biscoito, tostado	Delicado mix de folhas com a untuosidade e intensidade do molho de anchovas e limão. **Sugestões de harmonização: Kölsch, Munich Helles**
BRUSCHETTA		BAIXO A MÉDIO	BAIXO A MÉDIO BAIXO	MÉDIA	Condimentado, herbal, floral, pão, biscoito, cítrico, tostado	Sabor do pão com leve acidez do tomate, untuosidade do azeite e herbal do manjericão. **Sugestões de harmonização: Witbier, Brut IPA**
CEVICHE		BAIXO A MÉDIO	BAIXO A MÉDIO BAIXO	BAIXA A MÉDIA	Condimentado, herbal, floral, cítrico, frutas tropicais	Prato de peixe com base ácida, herbal e condimentada, possui citricidade, picância e frescor. **Sugestões de harmonização: Saison, Berliner Weisse**
CARPACCIO		MÉDIO	BAIXO A MÉDIO	BAIXA A MÉDIA	Tostado, maltado, herbal, cítrico, condimentado	Carne leve, sabor delicado; a rúcula e os demais ingredientes dão amargor e intensidade. **Sugestões de harmonização: English Pale Ale, Munich Dunkel**
GRAVLAX		MÉDIO	MÉDIO	BAIXA A MÉDIA	Floral, condimentado, herbal, tostado, nuts	Salmão curado de sabor intenso, salgado, com o herbal do endro e demais especiarias. **Sugestões de harmonização: Leipzig Gose, Session IPA**
BRANDADE DE BACALHAU		MÉDIO A ALTO	MÉDIO	MÉDIA	Condimentado, tostado, caramelo, defumado	Prato cremoso e untuoso com sabor intenso de bacalhau e toques gratinados. **Sugestões de harmonização: Schwarzbier, Märzen Rauchbier**
GUACAMOLE		MÉDIO	MÉDIO	MÉDIA	Mel, caramelo, maltado, cítrico, condimentado, terroso	Untuosidade e gordura do abacate, acidez do limão e tomate e picância da pimenta. **Sugestões de harmonização: Vienna Lager, American IPA**

HARMONIZAÇÃO COM CARNES

Carne? Qual delas? Cada tipo, corte e preparo importa, assim como os acompanhamentos

Legenda:
- ACIDEZ
- DULÇOR
- AMARGOR
- MALTE
- LÚPULO

	TEOR ALCOÓLICO	CORPO	CARBONATAÇÃO	AROMAS E SABORES	CARACTERÍSTICAS DO PRATO
CHURRASCO	MÉDIO	MÉDIO BAIXO A MÉDIO	MÉDIA A ALTA	Frutas cítricas, frutas tropicais, condimentado, defumado	Uma variedade grande de sabores e sensações pode ser encontrada no churrasco. **Sugestões de harmonização: Session IPA, American Red Ale**
CARNE ASSADA	MÉDIO A ALTO	MÉDIO A MÉDIO ALTO	MÉDIA	Toffee, frutado, frutas escuras, tostado, especiarias	Carne imersa em molho saboroso, encorpado, condimentado e salgado. **Sugestões de harmonização: Oud Bruin, Dubbel**
SALMÃO GRELHADO	MÉDIO A BAIXO	MÉDIO BAIXO A MÉDIO	MÉDIA	Frutado, especiarias, floral, herbal, pinho	Peixe untuoso e levemente gorduroso, com notas grelhadas e temperos simples, como sal e pimenta-do-reino. **Sugestões de harmonização: Saison, Hoppy Lager**
ATUM EM CROSTA DE GERGELIM	MÉDIO	MÉDIO	MÉDIA	Maltado, tostado, floral, herbal, frutado, terroso	Sabor intenso do atum, levemente gorduroso, com sabor do gergelim e tosta evidente. **Sugestões de harmonização: English Brown Ale, American Pale Ale**
PULLED PORK	MÉDIO	MÉDIO A MÉDIO ALTO	MÉDIA A ALTA	Tostado, toffee, herbal, condimentado, cítrico, defumado	Carne de porco cozida por horas com sabor intenso e molho agridoce. **Sugestões de harmonização: English Pale Ale, Doppelbock**
COSTELETA DE CORDEIRO	MÉDIO	MÉDIO A MÉDIO ALTO	MÉDIA	Especiarias, frutado, tostado, nuts, frutas secas	Sabor muito persistente apesar da pouca gordura; técnica no preparo é fundamental. **Sugestões de harmonização: Scotch Ale, Belgian Strong Dark Ale**
CHILI	MÉDIO A ALTO	MÉDIO BAIXO A MÉDIO	BAIXA A MÉDIA	Maltado, defumado, tostado, herbal, cítrico	Sabor do feijão e da carne supertemperados com chili apimentado e outros condimentos. **Sugestões de harmonização: Märzen Rauchbier, Irish Dry Stout**

HARMONIZAÇÃO COM PRATOS PRINCIPAIS

O momento mais esperado do menu! Escolha as melhores opções de cervejas

Legenda:
- ACIDEZ
- DULÇOR
- AMARGOR
- MALTE
- LÚPULO

Prato	Teor Alcoólico	Corpo	Carbonatação	Aromas e Sabores	Características do Prato	Sugestões de harmonização
NHOQUE À BOLONHESA	MÉDIO	MÉDIO BAIXO A MÉDIO ALTO	MÉDIA	Herbais, maltados, tostados, condimentados	Nhoque de batata com molho complexo, intensidade da carne, acidez, sal e temperos	Munich Dunkel / Oud Bruin
PAD THAI	MÉDIO	MÉDIO BAIXO A MÉDIO	MÉDIA	Frutado, especiarias, cítrico, tostado	Prato apimentado, complexo, intenso em sabores e condimentos, mas também delicado	Belgian Pale Ale / Saison
PAELLA	MÉDIO	MÉDIO BAIXO A MÉDIO	MÉDIA	Cítrico, frutado, tostado, condimentado	União de sabores fortes, com proteínas diversas de sabores únicos e especiarias	American Red Ale / English IPA
PENNE AO PESTO	MÉDIO A ALTO	MÉDIO BAIXO A MÉDIO ALTO	MÉDIA A ALTA	Herbal, frutado, cítrico, especiarias	Massa com molho de sabor herbal do manjericão muito presente, salgado e untuoso	Tripel / Weissbier
MOQUECA DE CAMARÃO	MÉDIO A ALTO	MÉDIO BAIXO A MÉDIO ALTO	MÉDIA	Frutado, especiarias, tostado, cítrico, herbal	Cremosidade e untuosidade com sabor de frutos do mar intenso, ervas e picância	Belgian Strong Golden Ale / Helles Bock
ESPAGUETE À CARBONARA	MÉDIO A ALTO	MÉDIO	MÉDIA A ALTA	Maltado, tostado, cítrico, condimentado, frutado	Delicado, mas untuoso e gorduroso devido à combinação de ovos, queijo e panceta	Weizen Rauchbier / Belgian Blond Ale
CACIO E PEPE	MÉDIO A ALTO	MÉDIO BAIXO A MÉDIO	MÉDIA	Condimentado, terroso, frutado, floral, biscoito	Massa com a untuosidade média do queijo e sabor persistente da pimenta-do-reino	German Pils / Schwarzbier

HARMONIZAÇÃO COM PIZZAS

Versatilidade e pizza andam juntas.
Atenção aos ingredientes.
Nem toda pizza é igual!

Legenda:
- ACIDEZ
- DULÇOR
- AMARGOR
- MALTE
- LÚPULO

Pizza	Teor Alcoólico	Corpo	Carbonatação	Aromas e Sabores	Características do Prato	Sugestões de harmonização
MARGUERITA	Baixo a Médio	Baixo a Médio	Baixa a Média	Pão, tostado, maltado, condimentado, cítrico	Sabores delicados do tomate, gordura do queijo da base e sabor herbal do manjericão	Märzen / Witbier
COGUMELO	Médio	Médio Baixo a Médio	Baixa a Média	Maltado, condimentado, terroso, tostado, pinho	Sabor terroso e umami dos cogumelos, gordura do queijo e sabores das ervas adicionadas	California Common / American Brown Ale
QUATRO QUEIJOS	Médio a Alto	Médio a Médio Alto	Média a Alta	Torrado, defumado, condimentado, herbal	Os queijos trazem muita gordura, untuosidade, sal, cremosidade e pungência	Rauchbier / Irish Dry Stout
BERINGELA E ABOBRINHA	Baixo a Médio	Médio Baixo a Médio	Baixa a Média	Condimentado, herbal, especiarias, cítrico, frutado	Apresenta os sabores terrosos e delicados dos legumes com o sabor dos temperos adicionados	Belgian Pale Ale / Saison
PARMA E GRANA PADANO	Médio a Alto	Médio Baixo a Médio Alto	Média	Tostado, maltado, frutado, herbal, frutas escuras	Gordura e sabor curado do presunto, sal e umami do queijo e sabor persistente na boca	Weizenbock / Dubbel
CALABRESA	Médio a Alto	Médio Baixo a Médio Alto	Média a Alta	Cítrico, frutas tropicais, condimentado, herbal, maltado	Salgado, persistente sabor da calabresa e gordura por causa do queijo e do embutido	Dortmunder / Imperial IPA
PEPPERONI	Médio a Alto	Médio Baixo a Médio Alto	Média a Alta	Cítrico, frutas tropicais, condimentado, herbal, frutado, maltado	Semelhante à calabresa em gordura, mas de sabor distinto e com mais picância	Juicy IPA / Irish Red Ale

HARMONIZAÇÃO COM PETISCOS

Uma combinação que já tem tudo para dar certo, mas até o que é bom pode melhorar!

Legenda:
- ACIDEZ
- DULÇOR
- AMARGOR
- MALTE
- LÚPULO

Petisco	Teor Alcoólico	Corpo	Carbonatação	Aromas e Sabores	Características do Prato	Sugestões de harmonização
BATATA FRITA COM QUEIJO	Baixo a médio	Baixo a médio	Média	Herbal, floral, condimentado, tostado, defumado	Teor de gordura médio por causa da fritura e do queijo, salgado e com sabores delicados	Bohemian Pilsner / California Common
COXINHA	Médio	Médio baixo a médio	Média	Herbal, floral, cítrico, frutado, maltado	Gordura intensa do empanado, massa cremosa e recheio relativamente delicado	Kölsch / English Bitter
CROQUETE DE COSTELA	Médio a alto	Médio baixo a médio alto	Média a alta	Cítrico, tostado, herbal, defumado	Massa de carne frita em óleo, de recheio muito saboroso e bem temperado	Black IPA / American Brown Ale
ISCA DE FRANGO	Médio a alto	Médio baixo a médio alto	Média a alta	Cítrico, frutado, condimentado, herbal	Sabor delicado, mas gorduroso em função do empanado e molho tártaro cítrico e pungente	German Pils / Belgian Blond Ale
BOLINHO DE FEIJOADA	Médio a alto	Médio baixo a médio alto	Média	Tostado, defumado, herbal, condimentado	Sabor intenso de feijão e carnes, gordura média a alta e couve levemente amarga	Märzen Rauchbier / Dubbel
TORRESMO	Médio a alto	Médio baixo a médio alto	Média a alta	Caramelo, tostado, frutado, cítrico	Barriga de porco frita apresentando gordura muito intensa. Normalmente acompanha limão	American IPA / Juicy IPA
ACARAJÉ	Médio	Médio baixo a médio	Média	Condimentado, herbal, frutado, cítrico	Massa de feijão-fradinho frita no dendê com camarões. Sabor complexo, intenso e apimentado	Bière de Garde / Pumpkin Ale

HARMONIZAÇÃO COM SOBREMESAS

O "Grand Finale" de uma harmonização. A sobremesa e a cerveja devem encantar juntas

	ACIDEZ / DULÇOR / AMARGOR / MALTE / LÚPULO	TEOR ALCOÓLICO	CORPO	CARBONATAÇÃO	AROMAS E SABORES	CARACTERÍSTICAS DO PRATO
CHEESECAKE DE MORANGO		BAIXO A MÉDIO	BAIXO A MÉDIO	BAIXA A MÉDIA	Frutado, frutas vermelhas, caramelo, chocolate, toffee	Base de queijo levemente ácida com calda de morango e frutas vermelhas com dulçor e acidez. **Sugestões de harmonização:** Fruit Lambic / Baltic Porter
DOCE DE ABÓBORA		MÉDIO	MÉDIO A ALTO	BAIXA A MÉDIA	Frutas secas, maltado, frutas escuras, toffee, tostado	Sabor da abóbora muito persistente, especiarias, alto dulçor e cremosidade. **Sugestões de harmonização:** Wheatwine / Pumpkin Ale
BOLO DE CENOURA E ESPECIARIAS		BAIXO A MÉDIO	MÉDIO BAIXO A MÉDIO	BAIXA A MÉDIA	Maltado, caramelo, cítrico, frutado, especiarias	Delicado sabor da cenoura unido a especiarias complexas e textura fofa da massa. **Sugestões de harmonização:** English IPA / American Brown Ale
TIRAMISÙ		MÉDIO	MÉDIO A MÉDIO ALTO	BAIXA A MÉDIA	Caramelo, café, chocolate, frutas escuras, frutas vermelhas	Cremosidade e untuosidade do queijo com sabor de biscoito, café e licor. **Sugestões de harmonização:** Barley Wine / Oatmeal Stout
TORTA DE LIMÃO		BAIXO A MÉDIO	BAIXO A MÉDIO	MÉDIA A ALTA	Maltado, caramelo, cítrico, frutado, condimentado	Cremosidade, acidez e dulçor do creme com base de massa delicada e levemente tostada. **Sugestões de harmonização:** American Pale Ale / Berliner Weisse
BROWNIE COM SORVETE		MÉDIO	MÉDIO A MÉDIO ALTO	MÉDIA	Tostado, caramelo, nuts, chocolate, frutas vermelhas, escuras, toffee	Sabor do chocolate domina com dulçor médio a alto, peso em boca e cremosidade do sorvete. **Sugestões de harmonização:** Imperial Stout / Doppelbock
CHURRO DE DOCE DE LEITE		MÉDIO	MÉDIO A MÉDIO ALTO	MÉDIA	Caramelo, toffee, nuts, chocolate, frutado, frutas vermelhas	Massa frita com canela e açúcar e sabor doce e intenso do doce de leite. **Sugestões de harmonização:** Irish Dry Stout / Bock

Como organizar uma harmonização

De eventos corporativos a jantares com os amigos, as possibilidades para as harmonizações são muitas, e diversos fatores devem ser considerados: o público está acostumado com amargor? Tem restrições alimentares? São beer geeks ou iniciantes? Qual é o ambiente do evento? Em que época do ano estamos? Quais cervejas e pratos são mais agradáveis para o clima? Quais são os produtos da estação? Dessa forma, conseguimos fazer uma seleção melhor de pratos, estilos e marcas, tornando a experiência ainda mais agradável.

É interessante também selecionar o cardápio de acordo com a temática proposta e, depois, escolher as cervejas que melhor harmonizam, atentando para não escolher estilos muito intensos e alcoólicos primeiro e depois acabar voltando para cervejas com menos corpo e complexidade.

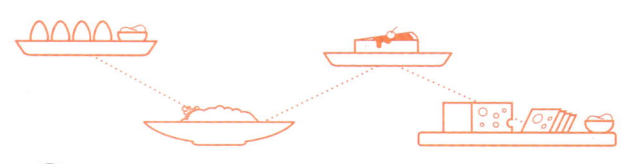

1 Escolha a temática do evento e os pratos. Será entrada, principal e sobremesa? Serão só petiscos? Uma degustação de queijos?

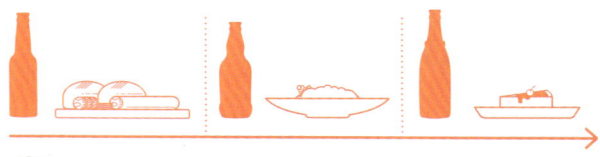

2 Escolha as cervejas de acordo com a ordem dos pratos, prezando por equilíbrio e harmonia e considerando o público e a proposta do cardápio

3 Se possível, faça os testes previamente! Durante o evento, mantenha as cervejas geladas e as taças ISO ou tulipas polidas e arrumadas

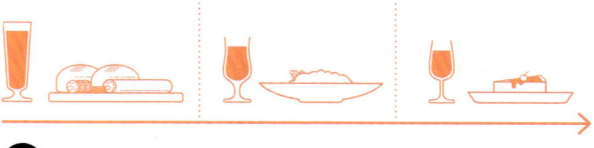

4 Explique para o público o que ele deve esperar das cervejas e dos pratos. Sirva os dois juntos, considerando 100 a 150 ml por pessoa

Profissões cervejeiras

O mercado cervejeiro possui diversas áreas de atuação, e um profissional especializado e com bastante experiência pode atuar em um ou vários segmentos

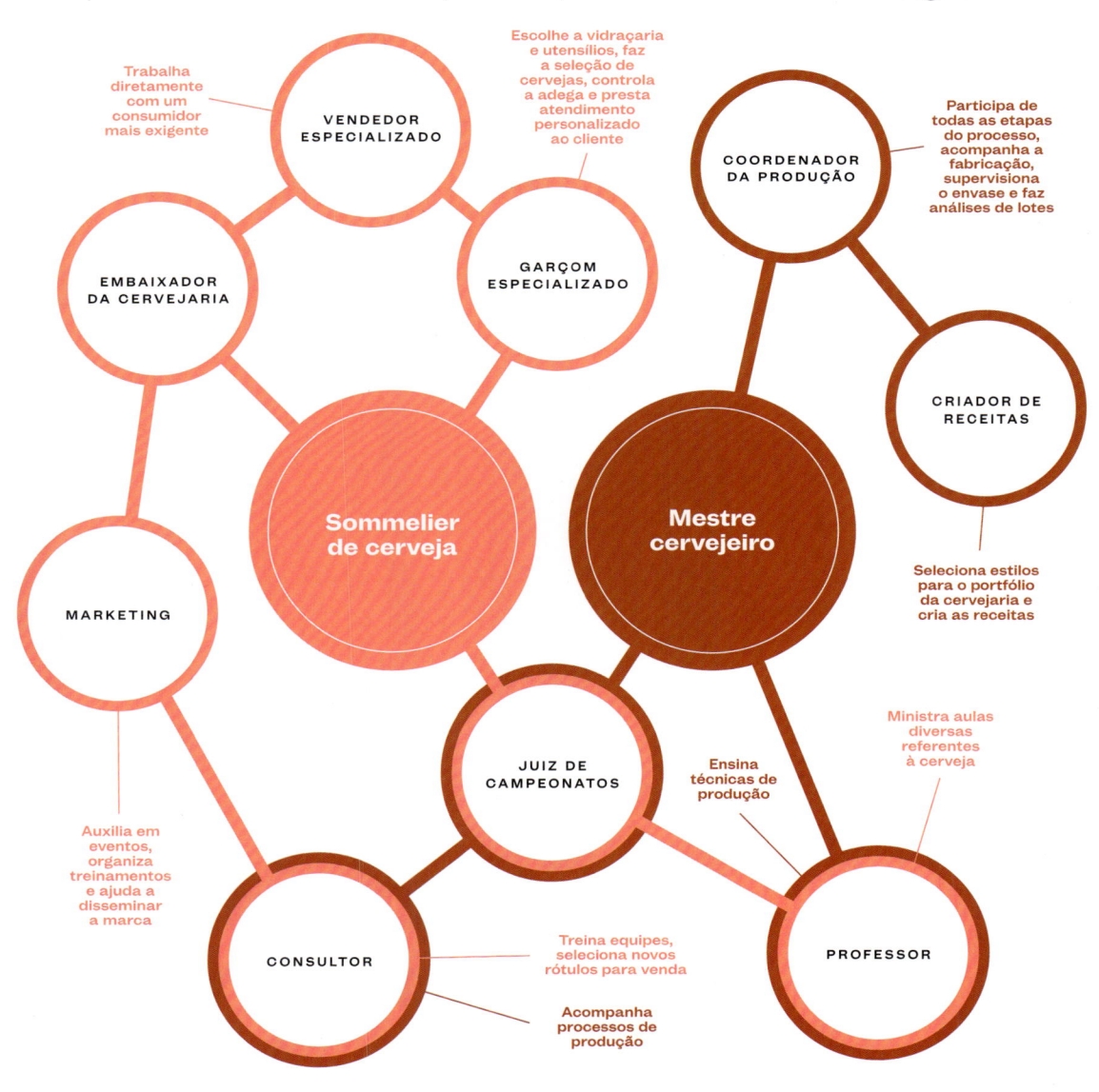

- **VENDEDOR ESPECIALIZADO** — Escolhe a vidraçaria e utensílios, faz a seleção de cervejas, controla a adega e presta atendimento personalizado ao cliente
- **EMBAIXADOR DA CERVEJARIA** — Trabalha diretamente com um consumidor mais exigente
- **GARÇOM ESPECIALIZADO**
- **COORDENADOR DA PRODUÇÃO** — Participa de todas as etapas do processo, acompanha a fabricação, supervisiona o envase e faz análises de lotes
- **CRIADOR DE RECEITAS** — Seleciona estilos para o portfólio da cervejaria e cria as receitas
- **Sommelier de cerveja**
- **Mestre cervejeiro**
- **MARKETING** — Auxilia em eventos, organiza treinamentos e ajuda a disseminar a marca
- **JUIZ DE CAMPEONATOS** — Ensina técnicas de produção
- **CONSULTOR** — Treina equipes, seleciona novos rótulos para venda; Acompanha processos de produção
- **PROFESSOR** — Ministra aulas diversas referentes à cerveja

5.b A cerveja pode ser um ingrediente maravilhoso para transformar seus pratos. No Brasil, a carne de panela na "cerveja preta" vem à lembrança quando falamos do assunto. O prato também é comum na Bélgica, onde se chama carbonnade. Entre os coquetéis, há um mundo de opções, desde os clássicos, como Michelada, Black and Tan, Shandy Gaff e Black Velvet, até criações recentes, com uma infinidade de combinações com diferentes estilos de cerveja.

Cozinhando com cerveja

ⓘ
A CERVEJA PODE SER UM ÓTIMO PRODUTO PARA COMPOR SEU PRATO OU COQUETEL. SÃO VÁRIAS AS FORMAS DE UTILIZAÇÃO, E ELAS EXIGEM TÉCNICA, CUIDADO E CRIATIVIDADE

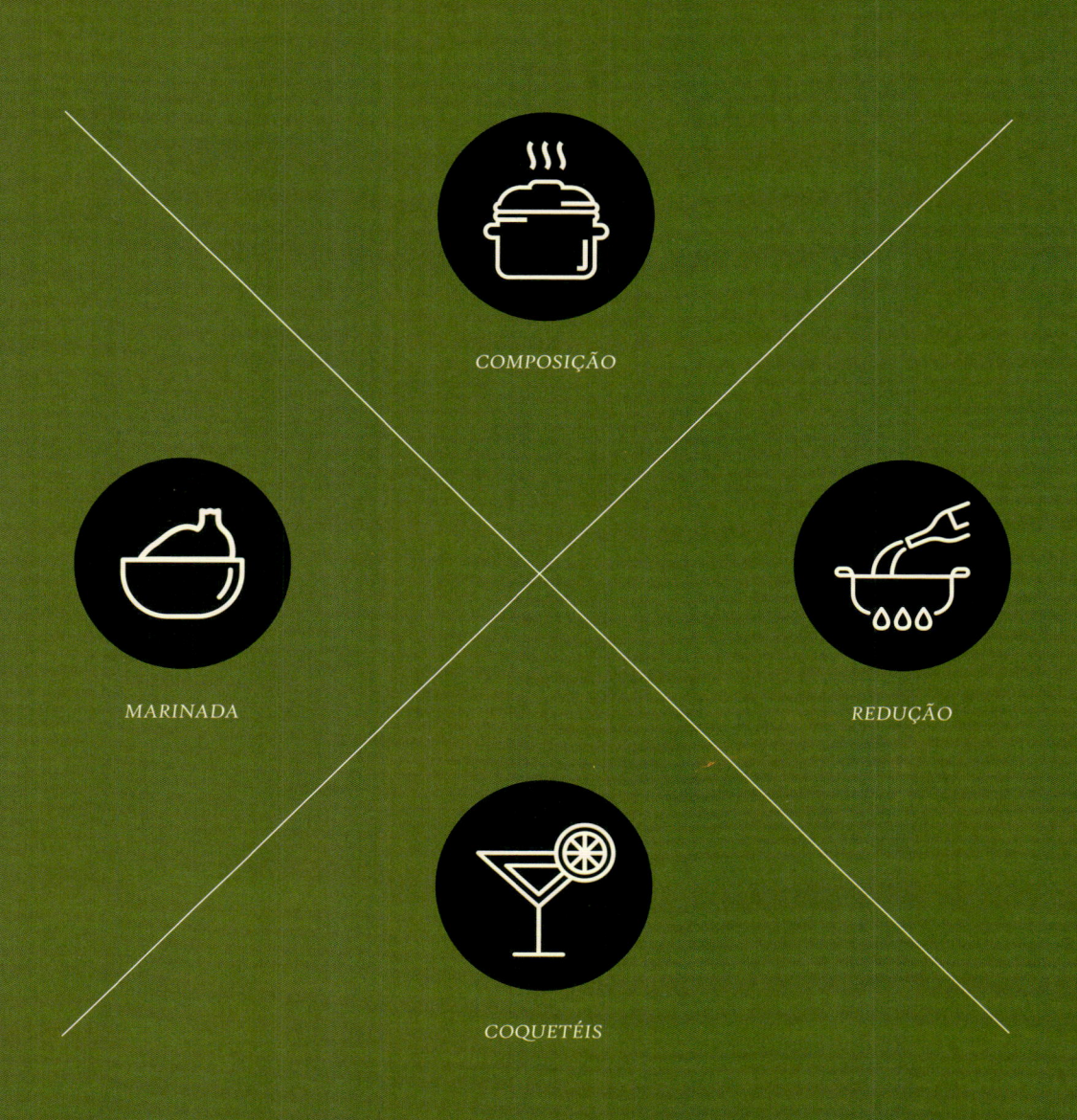

COMPOSIÇÃO

MARINADA

REDUÇÃO

COQUETÉIS

Como ingrediente

A cerveja pode ser um produto fantástico para compor seu prato ou coquetel, basta estudá-lo, escolher o melhor estilo e entrar em ação

Frequentes nos cardápios de brewpubs e comuns na culinária belga, receitas com cerveja ainda são novidade para muitos, mas alguns segredos podem auxiliar na hora do seu preparo. O mais importante deles é escolher o estilo, a técnica e a quantidade com cuidado, para que não se sobressaia ao sabor da comida.
E qual é o melhor prato para cozinhar com cerveja? Você decide: um creme, empanado, molho, bolo, sorvete, pudim ou calda de pudim? As possibilidades são muitas.

Cervejas maltadas e adocicadas costumam ser reduzidas para concentrar dulçor, tosta e complementar o sabor do prato, mas sempre com cuidado para que a tosta não fique muito concentrada e desequilibre o preparo. O mesmo vale para lupuladas e amargas, que costumam ser selecionadas com cautela, prezando por aquelas que têm mais aroma, menos amargor e adjuntos.

A cerveja na gastronomia

Cozinhar com cerveja exige técnica, cuidado e criatividade. São várias as formas de utilização

Composição

A bebida como composição entra na sua forma bruta, sem alterações prévias, com o objetivo de somar sabores, seja em pratos salgados ou doces

EXEMPLOS
- Sorvete com Porter
- Bolo com Barley Wine
- Risoto com Rauchbier

Marinada

Um tipo de preparo prévio no qual a cerveja entra em contato com um alimento específico por horas ou dias, com o objetivo de agregar sabor, maciez e suculência

EXEMPLOS
- Frango marinado na Blond Ale
- Lombo marinado na Bock
- Salmoura com cerveja

Molho ou redução

A melhor forma de concentrar os sabores é reduzindo ou adicionando em molhos, com cuidado para não concentrar e evidenciar demais características específicas

EXEMPLOS
- Calda de Fruit Beer
- Creme de frutos do mar com Strong Ale

Coquetéis*

A cerveja pode ser estrela do coquetel ou apenas um ingrediente modificador.
É importante saber como e onde utilizar, de acordo com o estilo escolhido

EXEMPLOS
- Cerveja como diluidor
- Espuma de cerveja
- Xarope de cerveja

* Apesar de estar presente entre as técnicas apresentadas nesta página, os coquetéis são uma grande categoria que engloba diversas técnicas diferentes.

Sommeliers convidados

Para compartilhar receitas de pratos e drinks, selecionamos grandes nomes do mercado cervejeiro brasileiro

Bárbara Soares

- → Sommelière de cervejas (ICB/ASI/ABS-SP)
- → Sommelière de vinhos (ISG)
- → Sommelière de cachaças (InovBev/SP), destilados (WSET), especialista em gestão de bares e restaurantes (ICB/ASI/ABS-SP; Sebrae-DF)
- → Especialista em gastronomia, atuou como personal chef durante 5 anos e estudou gastronomia na Anhembi Morumbi (SP)
- → Faz parte do corpo docente do curso de sommelier de cervejas do Instituto Ceres/ Senac (PE)

Ivan Ramalho

- → Mestre de estilos e sommelier de cervejas formado pela Science of Beer
- → Especialista em harmonização de cervejas e um grande entusiasta da culinária e da zitogastronomia* em seu dia a dia
- → Jurado em concursos de cervejeiros caseiros
- → Trabalhou com serviço em eventos como o Mondial de La Bière e participou da organização de grandes eventos cervejeiros, como o Festival da Cerveja, em Blumenau

Tamires Cirilo

- → Sommelière de cervejas e especialista em harmonização (Senac-Ribeirão Preto)
- → Publicitária e técnica em nutrição
- → Ministra aulas de harmonização e degustação, além de ética e consumo consciente de cervejas
- → Atua no mercado como sommelière e na gestão e produção de eventos internos e externos em cervejarias independentes, bem como com marketing e criação de conteúdo

Thalita Cacho

- → Sommelière, mestre em estilos e técnica cervejeira
- → Mixologista e bartender formada pela Diageo e Cocktail Brasil School
- → Mestre destiladora (ESCM)
- → Especialista em harmonizações cervejeiras e mixologia com cervejas
- → Consultora de cartas de coquetéis e cervejas para bares e restaurantes
- → Ministra aulas na Science of Beer
- → Vencedora do Mundial B&B Challenge 2021

* Termo técnico para o campo que envolve cerveja aplicada à gastronomia.

ENTRADAS

A cerveja pode enriquecer maioneses, molhos e pastinhas, além de outras opções de entradas

Ceviche de banana-da-terra com Catharina Sour

20 MIN — 4 PESSOAS

POR TAMIRES CIRILO

INGREDIENTES

- 2 BANANAS-DA-TERRA
- 150 ML DE CATHARINA SOUR
- 1 CEBOLA ROXA CORTADA EM MEIA-LUA
- COENTRO PICADO A GOSTO
- SAL A GOSTO
- PIMENTA EM CONSERVA PICADA A GOSTO
- PIMENTA-DO-REINO (OPCIONAL)

CERVEJA INDICADA

Lohn Bier Catharina Sour
BRASIL

Saiba mais sobre essa cerveja e esse estilo na página 98

MODO DE PREPARO

1 Pique a banana (que não deve estar muito madura) em fatias transversais

2 Misture em uma tigela com a cebola roxa, a pimenta e o coentro

3 Acrescente o sal e a cerveja e misture delicadamente. Sirva em seguida

COMO SERVIR

PRATO FUNDO

DECORE COM COENTRO FRESCO

Sugestões de acompanhamento:
→ Arroz
→ Moqueca
→ Peixe assado

Para medir os ingredientes

Padronizamos os principais recipientes de medidas em apenas 3 tipos, mas fique à vontade para usar outros equivalentes

- Colher de sopa **10 g**
- Xícara de chá **240 ml**
- Copo americano **190 ml**

Rosbife com molho cremoso de gorgonzola e Stout

1H + 24H MARINADA | 4 PORÇÕES

POR FRANCESCA SANCI

INGREDIENTES

- 1 KG DE LAGARTO
- 120 ML DE IMPERIAL STOUT
- 1 DENTE DE ALHO, 1 RAMO DE TOMILHO OU ALECRIM
- SAL E PIMENTA-DO-REINO
- 1 COLHER DE SOPA DE MANTEIGA
- 1 COLHER DE SOPA DE FARINHA DE TRIGO
- 100 G DE CREME DE LEITE (MEIA CAIXINHA)
- 300 G DE GORGONZOLA EM PEDAÇOS PEQUENOS

CERVEJA INDICADA

Wäls Petroleum
BRASIL

Saiba mais sobre esse estilo na página 210

MODO DE PREPARO

1 Tempere a carne com sal e pimenta, cubra a peça inteira com papel-alumínio e deixe na geladeira por 24h

2 Grelhe todos os lados da peça igualmente no azeite. Em uma assadeira, tempere com alho e tomilho ou alecrim e asse em forno pré-aquecido a 200°C por 30 min, virando a peça na metade do tempo

3 Faça um roux: derreta a manteiga, adicione a farinha e mexa bem por até 3 min. Espere esfriar

4 Adicione a cerveja e mexa bem para não formar grumos. Deixe reduzir por uns minutos. Adicione o creme de leite aos poucos e depois o queijo

COMO SERVIR*

- SIRVA EM TEMPERATURA AMBIENTE
- CORTE EM FATIAS FINAS 30 MIN DEPOIS DE SAIR DO FORNO
- SIRVA COM O MOLHO SOBRE A CARNE

Sugestões de acompanhamento:
→ Pão
→ Batatas coradas
→ Vegetais salteados
→ Arroz à piamontese

* O prato pode ser apresentado tanto como entrada quanto principal.

PRATOS PRINCIPAIS

Além de acompanhamento, a cerveja certa pode fazer parte de ingredientes fundamentais no sabor de pratos principais

Ragu de linguiça de pernil com Bock

45 MIN — 2 PESSOAS

POR IVAN RAMALHO

INGREDIENTES

- 1 TOMATE SEM PELE PICADO EM CUBOS
- 400 ML DE CERVEJA ESTILO BOCK 
- 1/2 CEBOLA CORTADA EM CUBOS 
- BACON PICADO A GOSTO 
- 6 COLHERES DE SOPA DE MOLHO DE TOMATE 
- CHIMICHURRI A GOSTO (OPCIONAL) 
- 2 LINGUIÇAS DE PERNIL SEM PELE PICADAS 
- SALSINHA PICADA A GOSTO 

COMO SERVIR

- PRATO FUNDO
- FOLHAS DE RÚCULA FRESCAS
- QUEIJO PARMESÃO A GOSTO

Sugestões de acompanhamento:
→ Nhoque de batata
→ Arroz branco
→ Purê de baroa
→ Massa fresca

CERVEJA INDICADA

Schornstein Bock
BRASIL

Saiba mais sobre esse estilo na página 146

MODO DE PREPARO

1 Em uma frigideira, refogue a cebola e o bacon em um fio de azeite. Na sequência, adicione tomate e a linguiça

2 Quando a cebola estiver transparente e as carnes estiverem mais tostadas, coloque o chimichurri, salsinha e sal a gosto

3 Depois, entre com a cerveja e, logo em seguida, coloque o molho de tomate

4 Deixe a cerveja com o molho reduzir por aproximadamente 30 min no fogo baixo

Colher de sopa	Xícara de chá	Copo americano
10 g	240 ml	190 ml

Risoto duo de cogumelos na Doppelbock

50 MIN — **2 PESSOAS**

POR **BÁRBARA SOARES**

INGREDIENTES

- 1 XÍCARA DE ARROZ ARBÓREO
- 100 ML DE DOPPELBOCK
- 1/2 CEBOLA CORTADA EM CUBOS
- SAL, PIMENTA-DO-REINO, AZEITE E SALSA A GOSTO
- 2 COLHERES DE MANTEIGA COM SAL
- 100 G DE QUEIJO PARMESÃO RALADO
- 50 G DE FUNGHI SECCHI E 50 G DE COGUMELOS PARIS FRESCO FATIADO
- 4 XÍCARAS DE CALDO DE LEGUMES

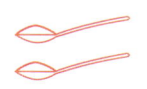

COMO SERVIR

- PRATO FUNDO
- AZEITE E MAIS QUEIJO PARA DECORAR

CERVEJA INDICADA

Paulaner Salvator
ALEMANHA

Saiba mais sobre esse estilo na página 196

MODO DE PREPARO

1
Hidrate o funghi secchi com 1 xícara do caldo. Deixe ferver em fogo baixo. Quando estiver macio, processe com metade do caldo até virar um purê. Reserve

2
Em uma panela larga e funda, refogue a cebola em azeite e uma colher de manteiga. Quando ficar transparente, acrescente o arroz e tempere com sal e pimenta. Adicione a cerveja, misture e diminua o fogo para baixo. Vá mexendo e incorporando o caldo conforme o necessário

3
Depois de 20 min, adicione o purê e o cogumelo paris. Continue mexendo e colocando caldo até o arroz ficar al dente. Para finalizar, adicione a outra colher de manteiga, a salsa e o queijo

Pão de Vienna
Lager e malte

⏱ 2H30 A 3H 👥 7 PÃES PARA HAMBÚRGUER

POR **TAMIRES CIRILO**

INGREDIENTES

- 2 XÍCARAS BEM CHEIAS DE FARINHA DE TRIGO
- 280 ML DE VIENNA LAGER EM TEMPERATURA AMBIENTE
- 1/2 XÍCARA DE ÁGUA
- 1 COLHER DE SOPA DE FERMENTO BIOLÓGICO SECO
- 1/2 XÍCARA (150 G) DE BAGAÇO DE MALTE
- 4 COLHERES DE SOPA DE AÇÚCAR
- 4 COLHERES DE SOPA DE MANTEIGA (PONTO DE POMADA)
- 1/2 COLHER DE SOPA (5 G) DE SAL

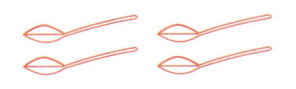

COMO SERVIR

CORTE E SIRVA COM O RECHEIO DA SUA PREFERÊNCIA

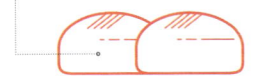

Sugestões de recheio:
→ Pulled pork
→ Rosbife
→ Hambúrguer

CERVEJA INDICADA

Samuel Adams Boston Lager
ESTADOS UNIDOS

Saiba mais sobre essa cerveja e esse estilo na página 176

MODO DE PREPARO

1
Prepare o pré-fermento misturando 110 g de farinha, a água e o fermento. Deixe descansar 30 min em um recipiente tampado

2
Misture o pré-fermento, o malte, o açúcar e a cerveja. Acrescente a manteiga, o sal e vá adicionando o restante da farinha aos poucos. Sove até a massa ficar lisa e elástica

3
Faça uma bola, coloque em uma tigela, cubra com um pano, coloque em um lugar abafado e deixe crescer até dobrar de tamanho (1 a 2h). Forme bolinhas e deixe crescer novamente já na assadeira até dobrar de tamanho. Pré-aqueça o forno a 200°C. Pincele um ovo batido por cima e asse até dourar por 45 min

| | Colher de sopa **10 g** | Xícara de chá **240 ml** | Copo americano **190 ml** |

Frango com molho de Witbier

⏱ 45 MIN + 24H MARINADA 👥 2 PESSOAS

POR **IVAN RAMALHO**

INGREDIENTES

- 3 SOBRECOXAS DESOSSADAS
- 330 ML DE WITBIER
- LEMON PEPPER
- ALHO EM PÓ
- SAL E PIMENTA-DO-REINO
- SALSA DESIDRATADA
- 1 COLHER DE SOPA DE MEL
- 200 ML DE SUCO DE LARANJA

CERVEJA INDICADA

Hoegaarden Wit
BÉLGICA

Saiba mais sobre essa cerveja e esse estilo na página 130

MODO DE PREPARO

1 Tempere o frango com o lemon pepper, alho em pó, salsa, pimenta-do-reino e sal

2 Coloque o frango em um recipiente e adicione a cerveja. Deixe marinar por 24 horas

3 No dia seguinte, tire o frango da marinada, coloque em uma travessa para assar no forno a uma temperatura de 230°C por aproximadamente 30 min

4 Para o molho, coloque a marinada em uma frigideira, acrescente o suco de laranja e o mel. Deixe reduzir até que fique em uma consistência mais densa

COMO SERVIR

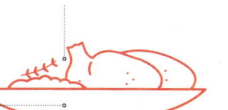

PRATO FUNDO   ALECRIM

Sugestões de acompanhamento:
→ Arroz com curry
→ Batata calabresa
→ Legumes grelhados

SOBREMESAS

A cerveja pode trazer complexidade e novos sabores para caldos e molhos

Calda de frutas vermelhas com Flanders Red Ale

20 MIN · 1 PORÇÃO

POR BÁRBARA SOARES

INGREDIENTES

- 100 G DE MORANGOS PICADOS
- 50 ML DE FLANDERS RED ALE
- 100 G DE MIRTILOS FRESCOS 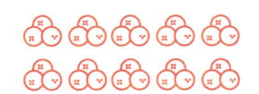
- 100 G DE AMORAS FRESCAS 
- SUCO DE 1 LIMÃO-TAITI 
- 2 COLHERES DE SOPA DE AÇÚCAR DEMERARA 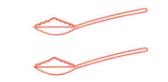
- 1 COLHER DE SOPA DE PECTINA (OPCIONAL) 

CERVEJA INDICADA

Duchesse de Bourgogne
BÉLGICA

Saiba mais sobre esse estilo na página 158

MODO DE PREPARO

1 Em uma panela funda, leve ao fogo médio todos os ingredientes

2 Misture bastante até ferver. Abaixe o fogo e deixe cozinhar por cerca de 15 min

3 Adicione a pectina, caso queira atingir um ponto mais consistente. Processe caso prefira uma textura mais lisa e homogênea

COMO SERVIR

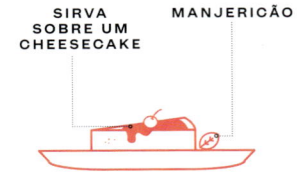

- SIRVA SOBRE UM CHEESECAKE
- MANJERICÃO
- DURA ATÉ 5 DIAS EM GELADEIRA

Sugestões de acompanhamento:
→ Panacota
→ Manjar
→ Queijo meia cura
→ Panquecas

Colher de sopa	Xícara de chá	Copo americano
10 g	**240 ml**	**190 ml**

Banoffee com caramelo de cerveja

🕐 45 MIN   👥 8 PORÇÕES

POR **FRANCESCA SANCI**

INGREDIENTES

- 5 BANANAS CORTADAS EM RODELA
- 50 ML DE QUADRUPEL OU BARLEY WINE
- 400 G DE BISCOITO MAISENA
- 350 G DE MANTEIGA SEM SAL
- 1/2 XÍCARA DE AÇÚCAR CRISTAL
- 150 G DE CREME DE LEITE
- 400 G DE CHANTILLY
- 600 G DE DOCE DE LEITE

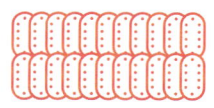

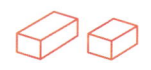

CERVEJA INDICADA

Westvleteren 12

BÉLGICA

Saiba mais sobre essa cerveja e esse estilo na página 208

MODO DE PREPARO

1
Moa o biscoito em um triturador, adicione a manteiga derretida e misture até formar uma farofa firme. Com os dedos, preencha o fundo e as bordas de uma forma de bolo (22 cm), criando a base da torta. Leve ao forno pré-aquecido por 10 min a 180°C, depois retire e reserve

2
Caramelize o açúcar cristal e adicione aos poucos o creme de leite previamente aquecido. Perto de finalizar, adicione a cerveja e mexa bem. Espere chegar ao ponto de caramelo mole e aguarde alguns minutos

3
Para a montagem, adicione o doce de leite sobre a base de biscoito, coloque as bananas e o chantilly. Finalize com o caramelo de cerveja

COMO SERVIR

- POLVILHE CANELA EM PÓ A GOSTO
- DURA ATÉ 2 DIAS NA GELADEIRA
- SIRVA GELADO

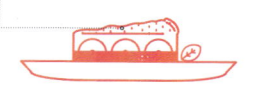

COQUETÉIS

Para fazer coquetéis com cerveja, é necessário entender sobre técnicas de preparo e seguir com precisão as proporções* dos ingredientes

Sour brasileiro

🕐 1 MIN ◎ APERITIVO

POR
FRANCESCA SANCI

INGREDIENTES

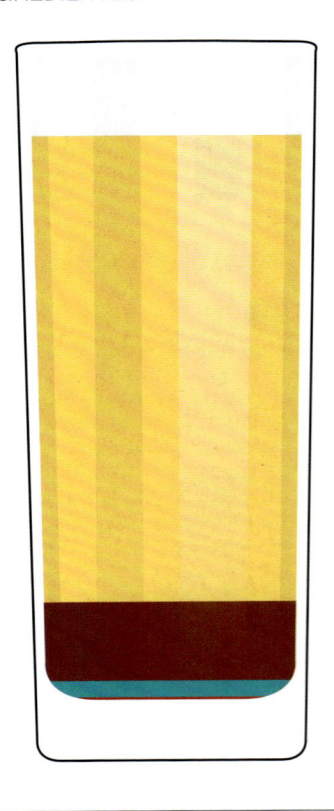

- CATHARINA SOUR COM MARACUJÁ
- 50 ML DE CACHAÇA
- 10 ML DE XAROPE DE AÇÚCAR**
- 3 GOTAS DE MOLHO DE PIMENTA

CERVEJA INDICADA

Blumenau Catharina Sour Maracujá
BRASIL

Saiba mais sobre esse estilo na página 98

MODO DE PREPARO

1 Em um copo previamente resfriado, adicione gelo e, em seguida, a cachaça, o xarope de açúcar e o molho de pimenta

2 Mexa bem de baixo para cima. Adicione mais gelo e complete com a cerveja. Mexa novamente de baixo para cima e decore

COMO SERVIR

- FATIA DE GOIABA OU LARANJA
- COPO ALTO DE ATÉ 400 ML

Sugestão de harmonização:
→ Pirarucu ao leite de coco

* A quantidade de gelo não foi considerada nos gráficos.
** Xarope de açúcar: 2 partes de açúcar para 1 de água.

Gráfico de proporções
A imagem maior de cada coquetel contém um gráfico com as proporções dos ingredientes. A cor final de cada bebida resulta da mistura deles

- Cerveja
- Outros ingredientes

English IPA mule

5 MIN (ESPUMA) + 1 MIN · DIGESTIVO

POR
FRANCESCA SANCI

INGREDIENTES

Para a espuma (rende 15 coquetéis)

- 1 COLHER DE SOPA DE ALBUMINA DESIDRATADA
- 50 G DE AÇÚCAR
- 350 ML DE ENGLISH IPA

Para a bebida (rende 1 coquetel)

- 50 ML DE IRISH WHISKEY
- 25 ML DE XAROPE DE GENGIBRE
- 10 ML DE SUCO DE LIMÃO

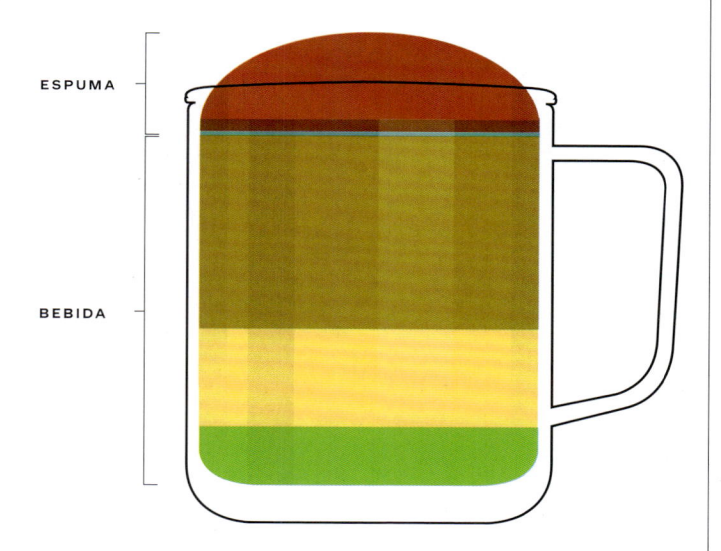

ESPUMA
BEBIDA

CERVEJA INDICADA

Fuller's IPA
INGLATERRA

Saiba mais sobre essa cerveja e esse estilo na página 156

MODO DE PREPARO

1 Prepare a espuma: em um liquidificador, adicione a cerveja, o açúcar e a albumina

2 Coe para o sifão (de 500 ml)* com uma peneira bem fina e feche bem. Adicione uma cápsula de NO_2 e chacoalhe. Mantenha em pé na geladeira por até 3 dias e chacoalhe sempre antes de utilizar. Não abra jamais até que todo o conteúdo tenha saído do sifão

3 Prepare o drinque: adicione, em uma caneca resfriada e com gelo, o uísque, o xarope de gengibre e o suco de limão. Mexa até diluir

4 Complete com a espuma de gengibre, decore e sirva

COMO SERVIR

- FATIA DE LIMÃO DESIDRATADO
- MANJERICÃO FRESCO
- CANECA DE 330 ML

Sugestão de harmonização:
→ Filé mignon suíno com gergelim e molho oriental

* A pressão de um sifão pode causar acidentes. Use com cautela e conhecimento prévio.

Stout boulevardier

🕐 3 MIN ◎ DIGESTIVO

POR
FRANCESCA SANCI

INGREDIENTES

- 30 ML DE CAMPARI
- 40 ML DE UÍSQUE
- 30 ML DE IMPERIAL STOUT

CERVEJA INDICADA

Wäls Petroleum
BRASIL

Saiba mais sobre esse estilo na página 210

MODO DE PREPARO

1
Em um mixing glass resfriado, adicione o uísque, o campari e a cerveja. Mexa até diluir

2
Coe para um copo old fashioned com gelo, aromatize e sirva com casca de laranja

COMO SERVIR

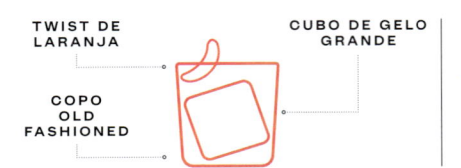

- TWIST DE LARANJA
- CUBO DE GELO GRANDE
- COPO OLD FASHIONED

Sugestão de harmonização:
→ Torta de chocolate meio amargo com especiarias

Mimada

⏱ 1 MIN ◎ REFRESCANTE

POR
THALITA CACHO

INGREDIENTES

- 380 ML DE WEIZENBIER
- 50 ML DE VODCA
- 50 ML DE SUCO DE LARANJA
- 20 ML DE XAROPE DE AÇÚCAR

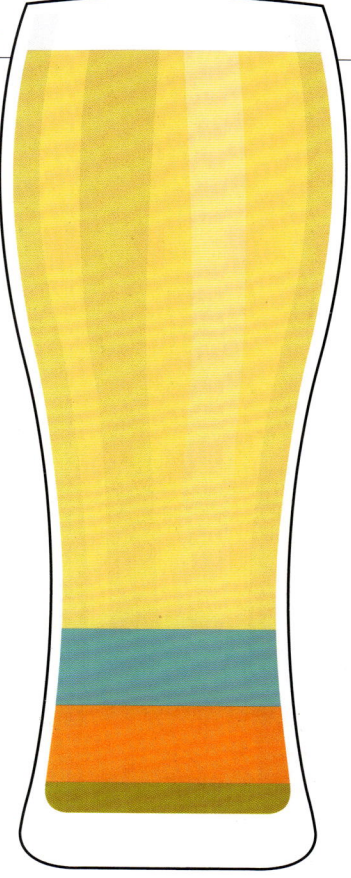

CERVEJA INDICADA

Eisenbahn Weizenbier
BRASIL

Saiba mais sobre esse estilo na página 128

MODO DE PREPARO

1 Em um copo Weizen resfriado, adicione gelo e, em seguida, os ingredientes, nesta ordem: vodca, suco, xarope e, por fim, a cerveja

2 Mexa bem de baixo para cima, decore e sirva

COMO SERVIR

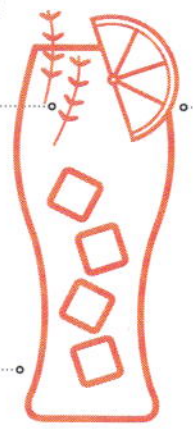

- TOMILHO
- COPO WEIZEN
- LARANJA BAHIA

Sugestão de harmonização:
→ Tostas de abacate com ovo pochê

Red mule

⏱ 1 MIN ◎ REFRESCANTE

POR
THALITA CACHO

INGREDIENTES

- 50 ML DE VODCA
- 90 ML DE BLOND ALE COM ADJUNTOS
- 10 ML DE XAROPE DE HIBISCO
- 10 ML DE SUCO DE LIMÃO

CERVEJA INDICADA

Baden Baden Golden
BRASIL

Saiba mais sobre esse estilo na página 220

MODO DE PREPARO

1 Resfrie uma caneca com gelo

2 Adicione todos os ingredientes, mexa bem, decore e sirva

COMO SERVIR

- LIMÃO-SICILIANO
- GELO
- CANECA DE 330 ML

Sugestão de harmonização:
→ Camarões salteados com sálvia e creme de queijo gruyère

Cipuada do Tião

⏱ 1 MIN ◎ DIGESTIVO

POR
THALITA CACHO

INGREDIENTES

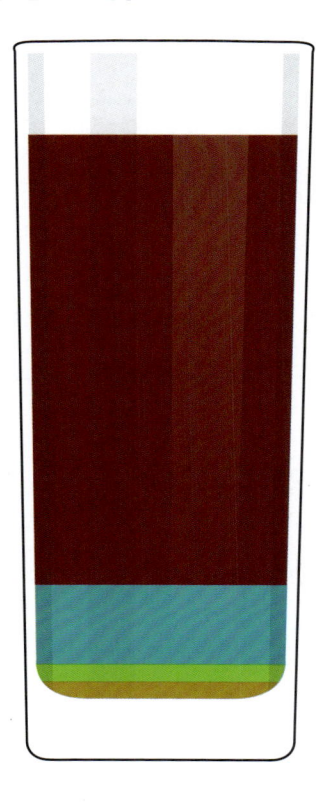

- CERVEJA BOCK
- 50 ML DE GIM
- 10 ML DE SUCO DE LIMÃO
- 10 ML DE XAROPE DE BAUNILHA

CERVEJA INDICADA

Black Princess Tião Bock
BRASIL

Saiba mais sobre esse estilo na página 146

MODO DE PREPARO

1 Em um copo longo resfriado, adicione os ingredientes, começando pelo gim, seguido do suco e do xarope, e, por fim, complete com a cerveja

2 Mexa de baixo para cima e decore com folhas de hortelã

COMO SERVIR

- FOLHAS DE HORTELÃ
- COPO ALTO

Sugestão de harmonização:
→ Dadinho de tapioca com geleia de frutas vermelhas com pimenta

O caminho da edição visual deste livro

Após décadas trabalhando com jornalismo visual, fomos convidados pela Editora Intrínseca para participar deste projeto duplamente especial: um livro sobre cerveja — tema que adoramos — com 272 páginas ilustradas e detalhadas com gráficos e diagramas. Um verdadeiro guia visual sobre a bebida.

Era uma oportunidade inédita para colocarmos em prática tudo aquilo em que acreditamos e aplicamos em nossa carreira. Consideramos o design de informação uma poderosa ferramenta de comunicação. Algo que vai além da estética. Um pensamento estratégico que prepara e seleciona a informação para enfatizar o que é mais relevante, criando uma experiência clara, objetiva e engajadora para qualquer conteúdo.

E foi isso que fizemos neste livro: algo divertido para ler e consultar.

Nas próximas páginas, mostramos um pouco de como enfrentamos esse desafio.

Alexandre Lucas e Renata Steffen

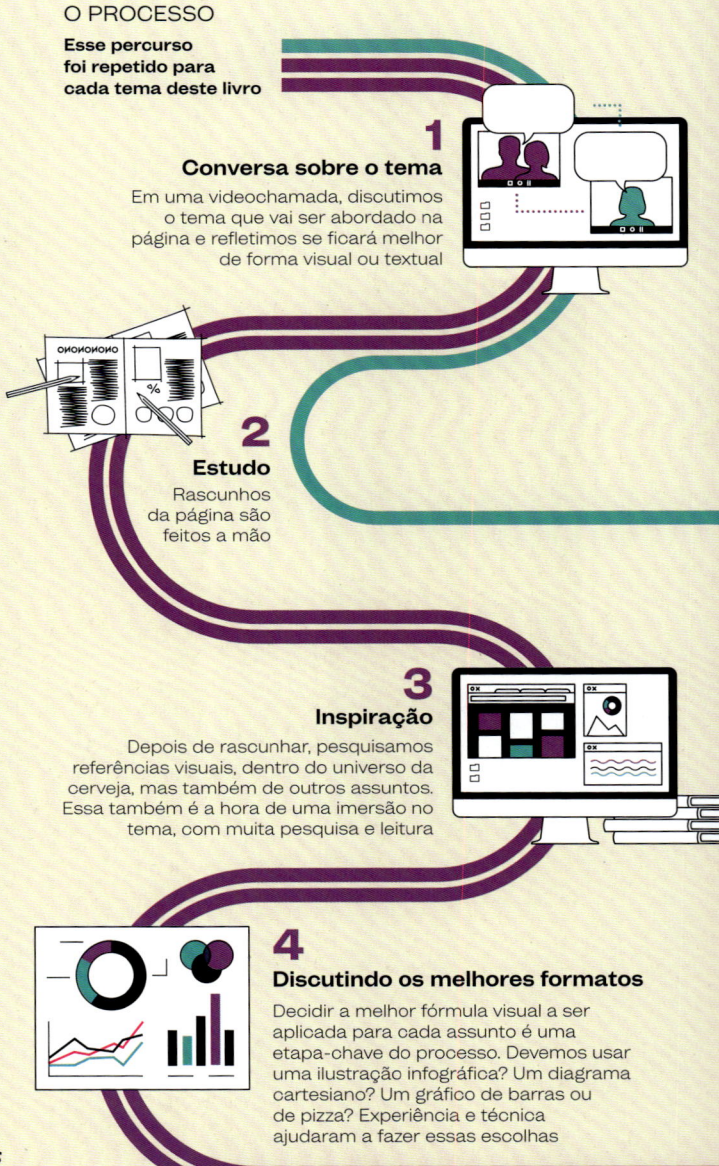

O PROCESSO

Esse percurso foi repetido para cada tema deste livro

1
Conversa sobre o tema
Em uma videochamada, discutimos o tema que vai ser abordado na página e refletimos se ficará melhor de forma visual ou textual

2
Estudo
Rascunhos da página são feitos a mão

3
Inspiração
Depois de rascunhar, pesquisamos referências visuais, dentro do universo da cerveja, mas também de outros assuntos. Essa também é a hora de uma imersão no tema, com muita pesquisa e leitura

4
Discutindo os melhores formatos
Decidir a melhor fórmula visual a ser aplicada para cada assunto é uma etapa-chave do processo. Devemos usar uma ilustração infográfica? Um diagrama cartesiano? Um gráfico de barras ou de pizza? Experiência e técnica ajudaram a fazer essas escolhas

ALEXANDRE LUCAS   RENATA STEFFEN   FRANCESCA SANCI

No meio do caminho tinha um oceano... e uma pandemia mundial

Nós não só morávamos em uma cidade diferente da Francesca Sanci, como também vivíamos em outro continente, com outro fuso horário. Desde a primeira reunião, tudo foi feito remotamente, através de videochamadas, e-mails, mensagens etc. Era fevereiro de 2020 e ainda nem desconfiávamos que em breve os desafios seriam muito maiores do que a distância. A pandemia de Covid-19 logo chegou e trouxe junto ter que trabalhar com crianças à volta e lidar com a ansiedade. Nos meses seguintes, a gente se reunia todas as segunda-feiras e logo iniciávamos esse processo que você vê no infografico abaixo. E sempre mantendo a motivação pela vontade de finalmente nos conhecer pessoalmente em um momento muito aguardado: quando pudermos dividir umas cervejas no lançamento do livro sem uma tela entre nós.

Pesquisa + Coleta de dados

Textos, imagens, gráficos

6 Discutindo o layout

Com o primeiro layout elaborado, avaliamos em uma reunião se nossa ideia contempla todas as informações, se está claro, se o texto complementa a parte visual e vice-versa. Neste momento, definimos também a quantidade de caracteres máxima para cada bloco de texto

5 O primeiro layout

Então chega a hora de elaborar um layout inicial, ainda sem muito acabamento. Com isso, já é possível verificar se a composição funciona esteticamente e se a fórmula escolhida é a melhor. Se não, voltamos ao ponto 4

ICONOGRAFIA

Como a ideia era ser um guia totalmente ilustrado, cada detalhe gráfico foi pensado para criar uma experiência didática mais clara

Os ícones dos copos enfatizam seus formatos e sempre recebem a cor do estilo sugerido para o qual devem ser usados

As ilustrações estilizadas das garrafas seguem o design da marca da cerveja citada

Os principais ingredientes da cerveja estão representados por cores distintas e ícones próprios

7
Design gráfico final
O layout prévio recebe todo o acabamento gráfico necessário. Cores e tipografia são ajustadas. Os gráficos e diagramas também são finalizados

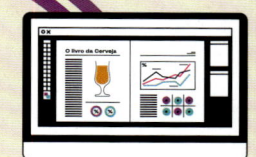

8
Ilustrações e ícones
Geralmente, enquanto um trabalha no design, o outro cuida da concepção de todas as ilustrações, mas, em alguns casos, cada um se encarrega de páginas distintas (sempre após muito bate-papo entre os dois)

Paralelamente, os textos são escritos pela autora

Depois de tanto falar de cerveja, inevitável não querer tomar uma! É nessa parte do processo onde geralmente abríamos uma cerveja.

Estilos mais apreciados

| AMERICAN IPA | IRISH DRY STOUT | BOHEMIAN PILSNER |

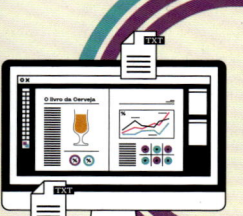

9
Aplicando o texto
Os textos são aplicados e se inicia o fluxo final da página

10
Ajustes e checagens
Nem sempre os textos ocupam perfeitamente os espaços reservados. Fazemos os ajustes e conferimos se todas as informações estão corretas

OS RECURSOS GRÁFICOS

Os elementos visuais do livro foram escolhidos cuidadosamente para tornar a leitura mais didática e dinâmica

TIPOGRAFIA
Duas famílias tipográficas com características bem distintas foram usadas nos textos do livro

Com serifa
Para os textos principais e aqueles que precisam se destacar, foi usada a

HighTower

Sem serifa
Para compor os gráficos e esquemas ilustrados, a opção escolhida foi a

Mint Grotesk

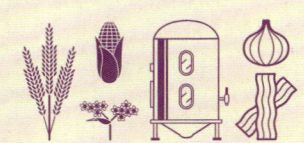

ILUSTRAÇÕES
As ilustrações foram produzidas exclusivamente para o livro e seguem uma linha limpa e estilizada, adequada à maioria dos perfis de leitor

CORES
Desde o início, decidimos que as cores desempenhariam um papel importante na edição visual do livro.
A escala de cores da própria cerveja serviu de elemento orientador no capítulo dos estilos. Ao classificar a cor do líquido de cada um, criou-se uma maneira intuitiva de consulta

Outras cores acrescentadas no decorrer do livro remetem aos ingredientes ou características da bebida. O **verde lúpulo** e o **castanho malte** são as principais nesse grupo

ALEXANDRE LUCAS tem uma longa trajetória no design editorial, tendo passado por várias publicações e veículos. Foi editor executivo e diretor de arte e design multiplataforma na revista *Época*. Recebeu importantes prêmios de jornalismo, como dois Prêmios Esso na categoria de Criação Gráfica, Prêmio Globo de Inovação Jornalística e premiações internacionais por excelência da Society of News Design, do ÑH, maior prêmio de design de língua portuguesa e espanhola, e do Malofiej

RENATA STEFFEN também transitou por grandes veículos brasileiros de comunicação. Foi editora de arte na revista *Superinteressante* e editora assistente de arte no jornal *Folha de S.Paulo*. Teve diversos reconhecimentos nacionais e internacionais: dois Prêmios Esso, premiações por excelência da Society of News Design, do ÑH e diversas medalhas no Prêmio Malofiej, considerado o Pulitzer da infografia, onde também já foi jurada

Juntos, são sócios-diretores da **Laboota**, um estúdio de conteúdo e *visual storytelling* e pais do **Pedro**

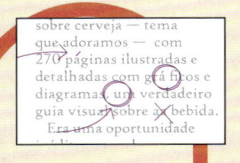

11
Revisão textual

Com o layout aprovado, é hora da revisão entrar em cena. Em alguns casos, ajustes no design são necessários, mas no geral o ciclo pode ser reiniciado em outro assunto, outra página

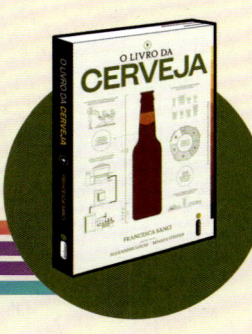

ÍNDICE REMISSIVO

1795 (cervejaria), 45
1795 Czech Lager, 97
2 Cabeças Hi-5, 195
5 Elementos, 59,

A

A Noi Que O Cupuaçu Abunda, 99
α-ácidos, 18, 19, 33, 73
Abadia de Affligem, 91
Abadia de Scourmont, 151
Achel, 49
acidez, 17, 55, 69, 74, 95, 99, 171, 173, 199, 221, 226, 227, 229, 230, 232, 235
adjuntos, 12, 13, 15, 22, 23, 25, 26, 37, 42, 46, 54, 56, 72, 74, 85, 177, 203, 207, 211, 215, 218, 221, 240, 254
Adnams Southwold, 53
Aecht Schlenkerla Weizen, 220
Affligem Blond, 91
Affligem Dubbel, 151
Affligem Tripel, 127
aftertaste, ver retrogosto
água, 12-14, 16, 17, 22, 23, 26, 30, 43, 66, 74, 97, 103, 107, 207, 246
Al Capone, 55
Albretch V, 40
alcalinidade residual, 16
Alcohol By Volume (ABV), ver teor alcoólico
Alemanha, 19, 38, 39, 42-45, 49, 58, 94, 95, 102, 103, 106, 107, 114, 115, 118-123, 128, 129, 134, 135, 146, 147, 160, 161, 164-169, 178, 179, 196-199, 212, 213, 245
Alesmith Olde Ale, 171

Altbier, 21, 44, 67, 101, 115, 133-135, 149
Altstadthof Dunkler Bock, 147
amargor, 16-20, 26, 56, 69, 74, 87, 101, 103, 105, 111, 125, 137, 153, 157, 213, 225, 226, 227, 230, 236, 240
Amazon Beer, 59
Amber Smashed Face 3 Floyds, 141
American Amber Ale, ver American Red Ale
American Barley Wine, 15, 29, 32, 133, 136, 137, 171, 173, 201
American Brown Ale, 155, 183-185, 187, 191, 203, 233-235
American IPA, 29, 54, 80, 81, 111, 113, 133, 138, 139, 157, 189, 195, 230, 234
American Lager, 21, 32, 54, 67, 69, 74, 83-85, 97, 103, 107, 121
American Light Lager, 85
American Pale Ale, 83, 86, 87, 105, 143, 153, 231, 235
American Porter, 155, 183, 185-187, 191, 203
American Red Ale, 123, 133, 140, 141, 163, 165, 177, 231, 232
American Stout, 183, 188, 189, 195
American Wheat Beer, 83, 88, 89, 129, 131, 181
Anchor Brekle's Brown, 185
Anchor Old Foghorn, 137
Anchor Steam Beer, 149
Anderson Valley Barney Flats, 207
Anderson Valley Highway

128, 119
Anheuser-Busch, 41, 85,
Anheuser-Busch InBev, 56, 85
Anodyne Wheat Wine, 181
Antares, 61
Antuérpia (cervejaria), 59
Antuérpia Velvet Barley Wine, 137
aparência, 72, 77
Argentina, 19, 61
armazenamento, 30, 58, 69
aromas, 14, 15, 17, 18, 19, 21, 22, 26-30, 32, 33, 42, 46, 50, 54, 58, 60, 61, 66, 68, 69, 71, 73-76, 82, 89, 93, 97, 99, 105, 113, 121, 127, 129, 132, 137, 139, 155, 167, 173, 181, 182, 217, 218, 220, 221, 225-228, 240
arroz, 14, 22, 33, 54, 85, 242, 243-245, 247
atenuação, 21, 127
Augustiner Bräu Märzen Bier, 165
Augustiner Oktoberfest, 123
Augustiner-Bräu, 123
Australian Pale Ale, 61
Australian Sparkling Ale, 61
aveia, 14, 22, 23, 127, 207
Aventinus, Johannes, 179
Avery Brewing Co. Out of Bounds, 189
Ayinger Altbairisch Dunkel, 169
Ayinger Bräuweisse, 197
Ayinger Celebrator, 197
Ayinger Kellerbier, 220
Ayinger Oktober Fest-Märzen, 165
Ayinger Privatbrauerei, 169
Ayinger Weizenbock, 197
Aynger Urweisse, 197

B

Babel, 59
Bacchus Oud Bruin, 173
Baden Baden, 58, 59
Baden Baden 1999, 153
Baden Baden Bock, 147
Baden Baden Golden, 254
Ballantine, 139
Ballast Point Grunion Pale Ale, 87
Ballast Point The Commodore, 189
Baltic Porter, 183, 190, 191, 203, 235
Baltika #6 Porter, 191
Bamberg (cidade), 44, 45, 167, 220
Bamberg Maibaum, 161
Bamberg Rauchbier, 44, 167
Bamberg Schwarzbier, 213
Bamberg Weizenbock Dunkel, 179
Barba Roja, 61
Barley Wine, 15, 19, 21, 29, 32, 50, 67, 69, 133, 136, 137, 171, 173, 181, 183, 200, 201, 220, 221, 235, 240, 249
barris de madeira, 51, 55, 123, 171, 173, 220, 221
Batemans, 53
Bathams Best Bitter, 153
Bayerischer Bahnhof Berliner Weisse, 95
Bayerischer Bahnhof, 119
Beck's, 45
Belgian Blond Ale, 90, 221, 229, 232, 234
Belgian Pale Ale, 15, 87, 105, 133, 142, 143, 153, 232, 233
Belgian Strong Dark Ale, 15, 91, 93, 125, 145, 151, 183, 192, 193, 209, 231
Belgian Strong Golden Ale, 29, 32, 83, 92, 93, 232
Bélgica, 19, 39, 46, 48, 49, 90-93, 108, 109, 116, 117, 124-127, 130, 131, 142, 143, 145, 150, 151, 158, 159, 172, 173, 192, 193, 208, 209, 238, 247-249
Belhaven, 217
Belhaven Wee Heavy, 52, 217
Bell's Oberon Ale, 89
Bengal Lancer, 157
Berlim (cidade), 44, 45, 95
Berliner Kindl, 45, 95
Berliner Weisse, 21, 44, 83, 94, 95, 99, 109, 117, 119, 230, 235
Best Bitter, 153
biblioteca sensorial, 70
Bière de Garde, 91, 125, 127, 133, 144, 145, 193, 221, 234
Biergarten, 43
Bierland, 59
Bierland Vienna, 177
Birra Baladin, 60
Birra del Borgo, 60
Birra Moretti, 60
Bistrol Beer Factory, 215
Bitburger, 45, 213
Black and Tan, 238
Black IPA, 183, 189, 194, 195, 234
Black Princess Tião Bock, 255
Black Velvet, 238
Blanche de Bruxelles, 131
blends, 12, 15, 109, 155, 159, 171
Blue Moon Cocoa Brown Ale, 185
Blumenau, 59
Blumenau Catharina Sour Maracujá, 250
Blumenau Sun of a Peach, 99
Bock, 44, 133, 146, 147, 161, 179, 197, 199, 235, 240, 244
Bock Clara, ver Bock
Bodebrown, 59
Bodebrown Perigosa Imperial IPA, 111
Bodebrown Wee Heavy, 217
Bohemia, 59
Bohemian Lager , 85
Bohemian Pilsner, 15-17, 19, 42, 44, 83, 85, 96, 97, 103, 107, 121, 234
Bolleke De Koninck, 143
Bolten, 135
Bolten Alt, 135
Boon, 49,
borda, 66, 249
Boston Beer Company, 177
Bourbon County, 221
Bourgogne Des Flandres, 49
Brahma, 58, 85
Brasil, 22, 27, 38, 40, 52, 58, 59, 61, 98, 99, 139, 238, 242-244, 250, 252-255
brassagem, 20
Brasserie de L'abbaye Du Val-Dieu, 49
Brasserie des Légendes, 49
Brasserie Dupont, 125
Brett Beer/Mixed-Culture Brett Beer, 219, 221
Brewdog, 53
Brewpub, 51, 53, 57, 240
Bristol Beer Factory Milk Stout, 215
Brooklyn Brewery, 57
Brooklyn Brewery Post Road, 175
Brooklyn Brown Ale, 185

Brouwerij Buggenhout Bosteels, 127
Brouwerij Celis, 131
Bruxelas (cidade), 47-49, 117
Bud Light, 56, 85
Budweiser, 56, 85
Burton Bridge Porter, 203
Buxton Brewery, 53
Búzios, 59

C

Caatinga Rocks, 59
Cacho, Thalita, 241, 253-255
Caffrey's Irish Red Ale, 163
California Common, 101, 115, 133, 135, 148, 149, 233, 234
Campanha pela Real Ale (CAMRA), 41, 51
Cantillon, 49, 117
Cantillon Grand Cru Bruocsella, 117
Capa Preta Diesel Double IPA, 111
carbonatação, 51, 58, 71, 73, 74, 76, 99, 101, 127, 225, 226, 227
carbonato, 16
Carbonnade, 238
Carlos V, imperador, 193
Carlow, 53
carnes,
  atum em crosta de gergelim, 231
  carne assada, 207, 231
  chili, 231
  churrasco, 231
  costeleta de cordeiro, 231
  joelho de porco, 167, 197
  pulled pork, 137, 231, 246
  salmão grelhado, 203, 231
  tilápia ao limão, 227

Cascadian Dark Ale, ver Black IPA
Cask Ales, 50
Catarina, a Grande, 211
Catharina Sour, 21, 32, 41, 58, 83, 98, 99, 227, 242, 250
Celis White, 131
Celis, Pierre, 131
centeio, 14, 22
cerveja artesanal, 54, 55, 181
cerveja de abadia, 47
cerveja sem álcool, 32
cerveja trapista, 47
Cervejaria Wells, ver Wells & Young
cevada, 14, 15, 23, 43, 61, 127
Chimay, 49, 151
Chimay Blue, 48, 193
Chimay Red, 151
chope (torneira italiana), 27, 51, 64, 68
Chuckanut Vienna Lager, 177
Cigar City Good Gourd Almighty, 175
Cigar City Maduro Brown Ale, 185
Cirilo, Tamires, 241, 242, 246
clarificação, 26
colarinho, 66, 68, 205
Colônia (cidade), 44, 45, 115, 135
coloração, 14, 17, 72, 73, 76, 89, 109, 129, 147, 151, 182
Colorado, 58, 59
Colorado Caium, 221
composição, 14, 15, 43, 56, 60, 85, 228, 239, 240
composição proteica, 14
Coopers Brewery, 61
Coors Batch 19, 221
Coors Light, 56, 85

copo, formato de
  bojudo, 66, 67
  borda estreita, 66
  borda larga, 66
  borda para fora, 66
  estreito e reto, 66, 67
copo, limpeza de, 64, 73
copo, tipos de
  americano, 67
  flute, 67
  footed glass, 67
  goblet, 67
  IPA glass, 67
  lager, 67
  pint americano, 67
  pint nonic, 67
  pint, 51, 67
  snifter, 67
  stange, 67
  stout glass, 67
  taça ISO, 67, 236
  teku, 67
  tulipa, 67, 236
  tumbler, 67
  weizen, 67, 253
  willybecher, 67
  Wine tumbler, 67
coquetéis, 238-241, 250, 251
Corona, 85
Courage Brewery, 53
Courage Imperial Russian Stout, 211
Cozalinda Praia Do Meio, 221
Cream Ale, 83, 100, 101, 115, 135, 149
Cuisine À La Bière, 46
Cuvée Des Jacobins Rouge, 159
Czechvar, 85, 45
Czechvar Premium Czech Lager, 97

D

Dab Original, 103
Dádiva, 59
Dádiva & Quatro Graus Entomology, 181
Dádiva Golden Ale 0,5% Álcool, 32
Dado Bier, 58, 59
Dama Bier, 59
Dama Bier Reserva 6, 193
De Cam Lambiek Special, 117
De Halve Maan, 47, 49
De Hand, ver Bolleke De Koninck
De Koninck, 49, 143
De Molen Bommen & Granaten, 201
Debron, 59
degustação, 64, 67, 70, 76, 77, 224, 226, 236, 241
Delirium Café, 47
Delirium Red, 221
Delirium Tremens, 49, 93
Denninghoff's Hofjäger Schwarzbier, 213
desalcoolização, 32
Dogfish Head, 175
Dogfish Punkin Ale, 175
Dogma From Rejection to Oblivion N4, 187
Doppelbock, 21, 44, 147, 161, 179, 183, 196, 197, 199, 220, 231, 235, 245
Dorada Pampeana, 61
Dortmund (cidade), 44, 45, 103
Dortmunder Export, 17
Dortmunder, 44, 83, 102, 103, 233
Dortmunder Actien Brauerei, 103
Dortmunder Kronen, 103
Dortmunder Union Export, 103
drinkability, 182, 213
dry-hopping, 18, 137
Dubbel, 29, 46, 69, 133, 150, 151, 209, 231, 233, 234
Dublin (cidade), 16, 17, 53, 163, 205
Duchesse de Bourgogne, 159, 248
dulçor, 17, 22, 105, 155, 181, 199, 215, 225-227, 235, 240
Dum Petroleum, 211
Dunkel, 15, 44, 169
Dunkelweizen, 179
Dunkles Bock, 147, 161
dureza da água, 16, 17
Düsseldorf (cidade), 44, 45, 135
Duvel Moortgat, 49, 93

E

Eagle Brewery, 153
Eagle Brewery Bombardier, 153
East Coast IPA, ver Juicy IPA
Einbeck (cidade), 44, 45
Einbecker, 147
Einbecker Schwarzbier, 213
Einbecker Ur-Bock Dunkel, 147
Eisbock, 21, 32, 44, 67, 147, 161, 179, 183, 197-199, 229
Eisenbahn Pale Ale, 143
Eisenbahn Weizenbier, 253
Ekäut, 59
Eliot Ness Great Lakes Brewing Co., 177
Engelszell, 45
Engine Lager, 149

English Barley Wine, 50, 137, 171, 173, 183, 200, 201
English Bitter, 32, 50, 52, 87, 105, 133, 143, 152, 153, 234
English Brown Ale, 133, 154, 155, 185, 187, 231
English IPA, 15, 17, 50, 111, 113, 133, 139, 156, 157, 232, 235, 251
English Pale Ale, 52, 83, 87, 104, 105, 143, 153, 229, 230, 231
English Porter, 16, 52, 155, 183, 185, 187, 191, 202, 203
entradas,
  brandade de bacalhau, 230
  bruschetta, 197, 230
  carpaccio, 153, 230
  ceviche, 99, 227, 230, 242
  gravlax, 159, 230
  guacamole, 230
  salada ceasar, 121, 230
envase
  barril, 27, 74, 153, 199, 201, 203, 215, 220
  garrafa âmbar, 27, 33
  garrafa translúcida, 33
  garrafa verde, 33
  lata, 27, 33, 55, 215
envelhecimento, 28, 48, 50, 55, 69, 71, 74, 75, 117, 137, 139, 159, 171, 173, 181, 201, 203, 211, 220, 221
enzimas, 14, 17, 26, 33, 60
Erdinger, 45,
Erdinger Pikantus Weizenbock, 179
ervas e especiarias, 18, 22, 42, 46, 54, 58, 131, 175, 207, 221, 227, 230-233, 235, 252
escala de cores, 72
escala SRM, 72, 81
Escócia, 52, 53, 216, 217
Escola Americana, 38, 54

Escola Belga, 38, 46
Escola Britânica, 38, 50, 52
Escola Germânica, 38, 42, 44
espuma, 14, 18, 22, 66, 68, 72, 73, 76, 77, 81, 207, 240, 251
Estados Unidos, 54, 55, 57, 84-89, 100, 101, 110-113, 136-141, 148, 149, 163, 174, 175, 177, 180, 181, 184-189, 194, 195, 211, 246
estilo-base, 218, 220, 221
European Brewing Convention (EBC), 72
Evans, Evan, 53
Experimental Beer, 220
Extra Special Bitter, 153

F

Falke Bier Estrada Real IPA, 157
Fantôme Magic Ghost, 72
Fantôme Saison, 125
fermentação
  híbrida, 20, 114, 134, 135, 148
  espontânea, 20, 108, 116, 117
  mista, 20, 94, 98, 118, 158, 172, 173
  interrompida, 32
fervura, 18, 25, 26, 30, 151
Festbier, 123
ficha de degustação, 77
filtração, 25, 27, 51, 73, 117
filtração do mosto, 25, 26
Firestone, 57
Firestone Walker Union Jack, 139
Flanders Red Ale, 21, 23, 29, 74, 133, 158, 159, 217, 229, 248
flavors, 28, 29,

Flensburger Gold, 103
Flying Dog Old Scratch Amber Lager, 149
Founders, 57, 187
Founders Breakfast Stout, 207
Founders Backwoods Bastards, 217
Founders KBS, 221
Founders Porter, 187
França, 19, 45, 48, 49, 125, 144, 145
Franziskaner Hefe-Weissbier, 129
Früf, Peter Josef, 115
Früh, 45
Früh Kölsch, 115
Fruit Beer/ Specialty Fruit Beer, 221, 240
Fruit Wheat Beer, 221
frutas, 15, 21, 22, 28, 46, 50, 54, 58, 60, 61, 95, 99, 101, 109, 117, 119, 127, 132, 139, 159, 171, 173, 179, 181, 221, 226, 227, 229-235, 248, 255
Fuller's, 53, 105, 203
Fuller's Bengal Lancer, 157
Fuller's Black Cab, 205
Fuller's Golden Pride, 201
Fuller's Imperial Stout, 211
Fuller's IPA, 157, 251
Fuller's London Porter, 52
Fuller's London Pride, 52, 105, 203
fungos e bactérias, 18, 20, 21, 30, 117, 159

G

Gaffel Kölsch, 115
Gambrinus, 57
Genesee Cream Ale, 101

Georg III, 179
German Pils, 23, 83, 85, 97, 103, 106, 107, 121, 232, 234
germinação, 14
Ginjo Beer, 175
Goose Island 312 Urban Wheat Ale, 89
Goose Island Midway, 220
Gordon Highland Scotch Ale, 217
gosto
  ácido, 71, 74, 103, 159, 173, 227, 229
  amargo, 15-20, 26, 56, 69, 74, 87, 101, 103, 105, 111, 125, 137, 153, 157, 213, 225, 226, 227, 230, 236, 240
  doce, 71, 74, 173, 177, 182, 217, 235
  salgado, 17, 29, 71, 74, 119
  umami, 71, 74, 233
Gouden Carolus Classic, 193
Great American Beer Festival, 89
Great Beer Guide: 500 Classic Brews, 191
Great Lakes Burning River, 87
Greene King, 171
Greene King Strong Suffolk Dark Ale, 171
Groll, Joseph, 97
Grossman, Ken, 87
Gruit, 18
Gueuze Lambic, 83, 95, 99, 108, 109, 119
Guilherme V, Duque da Baviera, 121
Guinness, 53
Guinness Draught, 205
Guinness Draught Stout, 52
Guinness, Arthur, 205

H

Hacker-Pschorr, 165
Hacker-Pschorr Münchner Hell, 121
Hacker-Pschorr Original Oktoberfest Märzen, 165
Hacker-Pschorr Superior Festbier, 123
harmonização, 81, 131, 224, 225, 228-236, 250, 255
    complementação, 225-227
    contraste, 225-227
    cultural, 226
    semelhança, 225-227
haste, 66
Harviestoun, 53
Hazy IPA, ver Juicy IPA
Heady Topper The Alchemist Vermont, 113
Heineken, 30, 139
Heineken 0% Álcool, 32
Helles Bock, 133, 147, 160, 161, 232
Helles Rauchbier, 167
Herb and Spice Beer, 221
Het Anker, 49, 193
Historical Beers, 221
Hitachino Nest Beer, 60
Hocus Pocus Event Horizon, 113
Hocus Pocus Interstellar, 139
Hoegaarden Wit, 131, 247
Hofbräu Kaltenhausen, 45
Hofbräu Maibock, 161
Hofbräu München Original, 121
Hofbräuhaus München, 121
homebrews, 185

I

Imperial IPA, 83, 110, 111, 113, 139, 157, 189, 195, 227, 233
Imperial Porter, 203, 220
Inglaterra, 19, 40, 51-53, 104, 105, 152-157, 170, 171, 185, 190, 191, 200-203, 206, 207, 210, 214, 215, 251
ingredientes, 12, 16, 18, 20, 22-25, 28, 42, 43, 58, 60, 72, 219, 221, 226, 228, 230, 233, 238, 240
International Bittering Units (IBU), 18, 80
íons, 16, 17, 30
IPA Argenta, 61
Irish Dry Stout, 15, 16, 50, 52, 183, 204, 205, 207, 211, 213, 215, 227, 229, 231, 233, 235
Irish Red Ale, 21, 52, 133, 162, 163, 233
Irlanda, 52, 53, 162, 163, 204, 205
Itália, 60
Italian Grape Ale, 60, 175

J

J.W. Lee's Vintage Harvest Ale, 201
Jackson, Michael, 41, 169, 191, 207
Japão, 60
Jenlain Ambrée, 145
Jenlain Blonde, 145
Jever Pilsner, 107
Juicy IPA, 23, 28, 54, 56, 67, 83, 111-113, 139, 157, 233, 234

K

Karlsberg, 45
Kasteel, 49
Kellerbier, 219, 220
Koch, Jim, 177
Kölsch, 15, 44, 67, 83, 101, 114, 115, 135, 149, 230, 234
Kölsch Konvention, 115
König, 107
König Pilsener, 107
König, Theodor, 107
Köstritzer, 45, 213
Köstritzer Schwarzbier, 213
Kristallweizen, 129
Krug Bier, 58, 59
Kulmbach (cidade), 44, 45
Kulmbacher Eisbock, 199

L

La Choulette Blonde/Ambrée, 145
La Trappe, 48, 49, 209
La Trappe Blond, 91
La Trappe Bock, 147
La Trappe Isid'or, 93
La Trappe Quadrupel, 209
lactose, 22, 23, 215
Lagunitas Brewing Company, 57, 139
Lagunitas IPA, 139
Lake Side Gluten Free, 33
Lambic, 83, 95, 99, 109, 116, 117, 119
Lavaman Red Ale Kona, 141
Lederman, Johann Philipp, 119
Leffe Blonde, 91
Lei de Pureza da Cerveja Alemã, 22, 40, 42, 43
Lei Seca, 41, 54, 55, 87, 101, 185
Leipzig (cidade), 44, 45, 119
Leipzig Gose, 29, 44, 83, 95, 99, 109, 117, 118, 119, 230
Leipziger Gose, 119

Leopoldina Old Ale, 171
Letra Cervejola Grape Red Ale, 72
Leuven Rye IPA, 220
levedura
  acetobacter, 21
  ales, 20, 21, 37, 46, 135
  brettanomyces, 21, 23, 221
  lactobacillus, 21, 23, 119
  lagers, 20, 21, 37, 40, 42, 97, 135, 149, 191
  pediococcus, 23
  saccharomyces, 20, 21, 23
Licher Pilsner, 107
Liefmans, 49
Liefmans Goudenband, 173
Liefmans Kriek Brut, 221
Light Beers, 56
limpidez, 76
Lindemans, 109
Lindemans Gueuze Cuvée René, 109
Lindemans Faro, 117
Little Kings Cream Ale, 101
Lohn Bier, 99
Lohn Bier Carvoeira, 221
Lohn Bier Catharina Sour, 242
Lohn Bier Catharina Sour Bergamota, 99
Londres (cidade), 16, 40, 51, 53, 203
Löwenbräu Oktoberfestbier, 123
lupulina, 18
lúpulo, 12, 13, 18, 19, 21-23, 26-28, 30, 33, 37, 39, 40, 42, 43, 45, 49, 50, 52, 53, 55, 56, 57, 59, 61, 69, 71, 74, 82, 87, 101, 103, 105, 107, 111, 113, 121, 125, 127, 135, 137, 139, 141, 143, 147,153, 157, 179, 182, 185, 187, 189, 201, 217, 225, 226, 227
  Azacca, 23
  Cascade, 87, 137
  Challenge, 217
  Citra, 23
  Columbus, 19, 23
  East Kent Golding, 19
  El Dorado, 23
  Fuggles, 105
  Galaxy, 23
  Goldings, 105, 217
  Hallertau Magnum, 19, 45
  Hallertauer, 107
  Hoppy Lager, 111, 231
  Jarrylo, 23
  Kent Golding, 23
  Magnum, 23
  Mosaic, 23
  Northern Brewer, 23
  Saaz, 19, 45, 107, 143
  Session IPA, 111, 220, 230, 231
  Spalt, 45, 107
  Tettnanger, 107
  Willamette, 23
  Zeus, 23

M

maceração, 14
Mackeson Stout, 215
Madalena Amber Ale, 141
Maibock, 147, 161
Maier, John, 141
malte
  base, 15
  Caraaroma®, 23
  Caramunich I®, 23
  Carapils®, 23
  cevada torrada, 15, 23
  Château Special B®, 23
  chocolate, 23
  Crystal 15®, 15, 23
  de trigo, 14, 15, 119, 89, 181
  defumado, 15, 132, 167, 219, 220
  especiais, 15
  Galaxy, 23
  Melanoidina, 23
  Pale Ale, 15, 23
  Pilsen, 15, 23, 119
  sem glúten, 33
  torrado, 15, 145
malteação, 14, 97
Maniacs, 59
Maniacs Nitro Stout, 189
Maredsous, 49
Maredsous Blond, 91
marinada, 239, 240, 243, 247
Marmota Santa Abóbra, 175
Märzen, 21, 44, 123, 133, 141, 163-165, 167, 177, 110, 233
Märzen Rauchbier, 42, 133, 166, 167, 169, 230, 231, 234
Mass, 43, 67
Masterpiece, 59
Masterpiece Mona Lisa, 99
matérias-primas, 28-30, 73-75, 221
maturação, 18, 20, 25, 27, 28, 30, 73
Maytag, Fritz, 41
Meantime, 53
Meantime India Pale Ale, 157
Meantime London Porter, 203
Michelada, 238
Michelob Ultra, 56
milho, 22, 31, 33, 40, 41, 54, 85
Miller, 41 85
Miller Lite, 56
Millercoors, 56
minerais
  cálcio, 16, 17

cloreto, 16, 17
magnésio, 16, 17
sódio, 16, 17
sulfato, 16, 17, 103
zinco, 17
Mittelfrüh, 23
moagem, 25, 26
molho ou redução, 129, 145, 171, 191, 205, 207, 228, 230-232, 234, 239, 240, 242-244, 247, 250, 251
Molson Coors, 163
Monk's Cafe Flemish Sour Ale, 173
Moortgat, 49, 93
Mort Subite Oude Gueuze Lambic, 109
mosto, 20, 25-28, 30, 72, 127
mosturação, 25, 26, 41
Motim Brew Canudos Saison, 125
Mount St. Bernard/ Tynt Meadow, 48
Mountain IPA, 56
Münchner Sommer Naturtrüb, 220
Munich Dunkel, 16, 32, 133, 167, 168, 169, 230, 232,
Münich Dunkel, 44
Munich Helles, 15, 42, 67, 83, 85, 97, 107, 120, 121, 220, 230
Münich Helles, 44
Munique (cidade), 16, 43-45, 121, 123, 161, 165, 169, 197
Murphy, 53
Murphy's Irish Stout, 52, 205

N

Narcose Baltic Porter, 191
Naturtrüb, ver Kellerbier
near beer, 55

New Belgium, 57
New Castle, 53
New England IPA, ver Juicy IPA
Newcastle Brown Ale, 155
Night in Munich, 169
Nøgne Ø Porter, 191
Noi, 59
Noi Avena, 143
North Coast Brewing Company, 211
North Coast Old Rasputin, 211
Nossa Cervejaria, 59
Novo Brazil, 57
Nut Brown Ale Samuel Smith, 155

O

O Motim Dubhlinn, 205
Oatmeal Stout, 29, 183, 205-207, 211, 213, 215, 235
Obama, Barack, 55
Odell, 57
off-flavors, 28, 30, 31, 33, 74
 acetaldeído, 30, 31
 clorofenol, 30, 31
 diacetil, 30, 31
 dimetil sulfeto (DMS), 30, 31
 lightstruck, 30, 31, 33
 metálico, 30, 31
 papelão, 30, 31
 sulfeto de hidrogênio (H2S), 30, 31
Oktoberfest, 43, 44, 67, 83, 122, 123, 141, 163, 165, 177
Old Ale, 29, 69, 133, 137, 159, 170, 171, 173, 201, 217
Old Brewery, 155
Old Foghorn, 137

Olde Expensive Ale Burton Bridge, 171
óleos essenciais, 18, 19
Opwijk, 91
Ordem Cisterciense da Estrita Observância, ver ordem trapista
ordem trapista, 39, 47, 48, 151
Ordinary Bitter, 153
Original Schlüssel Alt, 135
Orval, 47-49
ostras, 227
Oud Bruin, 21, 133, 137, 159, 171-173, 201, 217, 231, 232
Oude Geuze Boon Black Label, 109
Oude Gueze Boon, 109
oxidação, 21, 30, 69, 73

P

Page 24 Réserve Hildegarde Blonde, 145
Paulaner, 45, 197
Paulaner Hefe-Weizen Naturtrüb, 129
Paulaner Maibock, 161
Paulaner Münchner Hell, 121
Paulaner Oktoberfestbier, 123
Paulaner Salvator, 197, 245
pasteurização, 25, 27, 51, 219, 220
Pauwel Kwak, 93
Pelican Brewing Bad Santa, 195
perfil sensorial, 12, 23, 28, 107, 121, 145, 159
petiscos
 acarajé, 234
 batata frita com queijo, 234
 bolinho de feijoada, 234
 coxinha, 234

croquete de costela, 234
isca de frango, 234
torresmo, 234
Petrus Rood Bruin, 173
pH, 16, 17, 20
Pilsen (cidade), 16, 44, 45
Pilsen, 15, 41, 85, 119
Pilsner Urquell, 45
pizza
   beringela e abobrinha, 233
   calabresa, 233
   cogumelo, 233
   marguerita, 233
   parma e grana padano, 233
   pepperoni, 165, 233
   quatro queijos, 233
Porterhouse, 53
Portsmouth Wheat Wine, 181
Praga (cervejaria), 45
pratos principais,
   cacio e pepe, 91, 232
   espaguete à carbonara, 232
   moqueca de camarão, 232, 242
   nhoque à bolonhesa, 232
   pad thai, 125, 232
   paella, 157, 232
   penne ao pesto, 232
Premium Bitter, 105
Primator, 45
Primátor Premium, 97
produção,
   parte fria, 25, 27
   parte quente, 25, 26
profissões cervejeiras
   consultor, 237
   coordenador da produção, 237
   criador de receitas, 237
   embaixador da cervejaria, 237
   garçom especializado, 237
   juiz de campeonatos, 237
   marketing, 237
   mestre cervejeiro, 70, 119, 141, 237
   professor, 237
   sommelier de cerveja, 70, 237, 241
   vendedor especializado, 237
proporções, 23, 228, 250, 251
pub, 37, 50, 51, 113, 201
public houses, ver pub
Pumpkin Ale, 32, 54, 133, 174, 175, 234, 235

Q

Quadrupel, 32, 151, 183, 208, 209, 229, 249
queijos,
   boursin (cabra), 229
   brie, 91, 127, 161, 203, 217, 229
   cabra curado, 229
   gorgonzola, 187, 189, 205, 229, 243
   gruyere, 141, 151, 169, 229, 254
   parmigiano reggiano, 93, 229
   roquefort, 193, 229
Quilmes, 61

R

Ramalho, Ivan, 241, 244, 247
Rasputin, Grigori, 211
Rauchbier, 15, 44, 67, 167, 219, 220, 233, 240
Reissdorf Kölsch, 115
República Tcheca, 19, 41, 42, 45, 85, 96, 97
resfriamento, 25, 26
retrogosto, 76
Revolução Francesa, 40
Ritterguts Gose, 119
Rochefort, 48, 49
Rodenbach, 49,
Rodenbach Classic, 159
Rodenbach Grand Cru, 159
Rogue Ales, 141
Rogue Ales American Amber Ale, 141
Rogue Chipotle Ale, 221
Russian Imperial Stout, 52, 183, 205, 207, 210, 211, 213, 215
Russian River Pliny The Elder, 111
Russian River Sanctification, 221
Rye IPA, 14, 220
Rye River, 53

S

Saint Arnold, 57
Saint Sylvestre 3 Monts Blonde, 145
Saison, 15, 48, 83, 91, 93, 124, 125, 127, 145, 193, 221, 227, 229-233
Saison Dupont, 125
Samuel Adams, 57
Samuel Adams Boston Lager, 177, 246
Samuel Adams Cream Stout, 215
Samuel Adams Irish Red, 163
Samuel Adams Longshot A Dark, 169
Samuel Smith, 53
Samuel Smith Oatmeal

Stout, 207
Samuel Smith Taddy Porter, 203
Santa Catarina (cervejaria), 59
Sapporo, 60
saquê, 60
Schlenkerla Rauchbier Märzen, 167
Schloss Eggenberg, 45
Schlösser Alt, 135
Schneider, Mathilde, 179
Schneider Weisse, 45, 129
Schneider Weisse Aventinus, 199
Schneider Weisse Aventinus Tap 6, 179
Schneider Weisse Tap 7, 129
Schönramer Pils, 107
Schornstein, 59
Schornstein Bock, 244
Schultheiss Berliner Weisse, 95
Schwarzbier, 15, 44, 167, 169, 183, 205, 207, 211-213, 230, 232
Scotch Ale, 15, 217, 231
Seasons, 59
secagem, 14, 15, 40, 169, 177
sensações de boca, 71, 74, 76, 227, 228
  adstringência, 71, 74
  carbotanação, 50, 51, 58, 71, 73, 74, 76, 80, 99, 101, 127, 225-227
  corpo, 14, 15, 17, 20- 22, 42, 46, 50, 54, 58, 60, 61, 68, 69, 71, 74, 76, 80, 93, 99, 103, 121, 127, 129, 141, 181, 197, 205, 213, 215, 225-227, 236
  cremosidade, 22, 71, 74, 205, 229, 232, 233, 235
  serviço, 31, 37, 46, 47, 63-65, 67, 68, 81, 89
Session IPA, 111, 220, 230, 231
Shandy Gaff, 238
Shepherd Neame, 53
Sierra Nevada, 57, 87, 189
Sierra Nevada American Pale Ale, 87
Sierra Nevada Bigfoot, 137
Sierra Nevada Porter, 187
Sierra Nevada Stout, 189
Sion Kolsch, 115
Siren Craft Beer Old Fashioned, 201
Sleeman Cream Ale, 101
Smoked Porter, 15
Smuttynose Robust Porter, 187
Soares, Bárbara, 241, 245, 248
sobremesas
  bolo de cenoura, 185, 235
  brownie com sorvete, 137, 235
  cheesecake de morango, 235
  churro de doce de leite, 235
  doce de abóbora, 235
  tiramisù, 151, 235
  torta de limão, 95, 235
Spaten, 41, 121
Spaten Maibock, 161
Spaten Optimator, 197
Specialty Beer, 219, 221
Specialty IPA, 219, 220
Spezial Rauchbier Märzen, 167
St. Bernardus, 49
St. Bernardus Abt 12, 209
St. Bernardus Tripel, 127
St. Bernardus Witbier, 131
St. Feuillien Saison, 125
St. Patrick's Day, 51
Standard Reference Method, ver escala SRM
Steam Beer, 41, 149
Steamworks Brewing Steam, 149
Stella Artois Sem Glúten, 33
Stift Engelszell, 48
Stone IPA, 139
Stone Pale Ale, 87
Stone Ruination IPA, 111
Stone Sublimely Self-Righteous, 195
Struise Pannepot Reserva, 193
Sud Birrificio, 59
Swan Lake Beer, 60
Sweet Stout, 23, 74, 183, 214, 215

T

taças proprietárias
  Delirium, 47
  Kwak, 47
  La Corne du Bois des Pendus, 47
  Orval, 47
  Tripel Karmeliet, 47
  Westmalle, 47
taninos, 20
tanques de aço inox, 173
Tarantino, 59
Tennent Caledonian, 53
teor alcoólico, 22, 32, 42, 46, 50, 54, 56, 58, 60, 61, 69, 80, 85, 117, 125, 143, 145, 147, 153, 171, 179, 199, 213, 217, 218, 225, 227
Tetleys N° 3 Pale Ale, 105
Texas Brown, 185
The Alchemist, 113
The Beerhouse Act, 41

The Crafty Brewing Company, 89, 163
Thomas Hardy, 53
Thornbridge Wild Raven, 195
Three Monkeys Hop Dust, 113
Three Monkeys I'm Sour, 72
Thüringen (cidade), 44
Timmermans, 49
Timmermans Lambicus Blanche, 117
Tiny Rebel, 53
tipo de consumo
  de guarda, 69, 193
  frescas, 27, 69
  resistentes, 69
torrefação, 14
Trappistes Rochefort, 48, 151
Tre Fontane, 48
trigo, 14, 15, 22, 23, 33, 44, 68, 69, 89, 95, 119, 127, 131, 178, 180, 181, 221, 243, 246
Trillium Congress Street IPA, 113
Tripel, 21, 28, 46, 83, 126, 127, 232
Tripel Karmeliet, 127
turbidez, 56, 73, 76, 77, 81
Two Brothers Bare Tree Weiss Wine, 181

U

Uerige Altbier, 135

V

Vermont IPA, ver Juicy IPA
Victoria Bitter, 61
Victory Ale, 93
Vienna Lager, 17, 44, 67, 123, 133, 141, 165, 176, 177, 230, 246
vinho, 60, 74, 159, 199, 201, 226
Von Bingen, Hildegard, 39

W

Wäls, 59
Wäls Petroleum, 52, 243, 252
Wäls Quadrupel, 209
Warsteiner, 45
Washington, George, 55
Watt, James, 40
Wee Heavy, 52, 159, 183, 216, 217
Weihenstephaner, 45
Weihenstephaner Hefe Weissbier, 129
Weihenstephaner Korbinian, 197
Weihenstephaner Original, 121
Weihenstephaner Vitus, 179
Weissbier, 15, 28, 29, 32, 42-44, 67, 83, 89, 128, 129, 131, 179, 181, 220, 232,
Weizen Rauchbier, 129, 232
Weizenbock, 15, 133, 147, 178, 179, 197, 199, 233
Weizendoppelbock, 179
Weizen-Eisbock, 199
Wells & Young, 53
Wells & Young's Bombardier, 105
Weltenburger Kloster Anno 1050, 165
Weltenburger Kloster Barock-Dunkel, 169
Wernesgrüner, 45
West Coast IPA, 56
Westmalle, 48, 49, 127, 151
Westmalle Dubbel, 151
Westmalle Tripel, 48, 127
Westvleteren 12, 209, 249
Wheatwine, 89, 129, 131, 133, 180, 181, 235
Wheeler, Daniel, 40
Whirlpool, 25, 26
Whitbread, 40
Whitbread Pale Ale, 105
White House Honey Ale, 55
White House Honey Porter, 55
Widmer Brothers, 89
Widmer Brothers American Hefeweizen, 89
Williams Bros, 53
Wilson, Woodrow, 55
Witbier, 46, 67, 83, 89, 129, 130, 131, 181, 221, 229, 230, 233, 247
Witkap Peter, ver Tripel
Wood Aged Beer, 29, 220
Wood and Barrel Aged Beer, 137, 219, 221
World Guide to Beer, 41, 207
Wychwood Hobgoblin, 155

X

xarope de maltose, 22

Y

Young's Bitter Eagle Brewery, 52, 153
Young's Double Chocolate Stout, 215
Young's Oatmeal Stout, 207

Z

Zalaz, 59
Zwickelbier, ver Kellerbier
Zywiec Porter, 191

AGRADECIMENTOS

Aos meus pais, Tânia e Domenico, que sempre me deram força e acreditaram em mim mesmo que no fundo soubessem que essa carreira que eu escolhi fosse uma loucura.

Ao meu marido, Pedro, que segurou a minha barra todas as vezes que eu desacreditava em mim mesma.

Ao meu irmão, Luigi, que, mesmo distante, sei que torce por mim tanto quanto eu torço pelo sucesso dele.

Aos meus familiares e amigos que sempre me desejaram o bem, sempre estiveram comigo mesmo com a distância e torceram pelo meu sucesso.

Aos colaboradores que participaram e enriqueceram com sua revisão e/ou participação nesse projeto: Salo, Fernanda, Bárbara, Ivan, Tamires, Thalita e Sérgio.

A Deus e todas as entidades que seguem comigo nessa encarnação (essa coisa doida chamada vida).

Francesca Sanci

Ao nosso pequeno filho Pedro, que cresceu vendo as páginas deste livro espalhadas pelas paredes de nossa casa e, do seu jeito, nos apoiou fazendo muitas "anotações" nas provas impressas.

Aos nossos pais:

Aqueles que ainda estão aqui, Julio e Rosana, pais da Renata. Sempre presentes, apoiando e torcendo por nós.

E aqueles que já partiram, Ivo e Antonia, pais do Alexandre. Sempre incentivadores da leitura e do conhecimento.

A nossa parceira, Aline Chica, profissional exemplar, que segurou a onda dos outros projetos enquanto nos dedicávamos a este livro.

Aos nossos familiares e amigos, que estiveram sempre ao nosso lado para uma cervejinha, seja ela para comemorar ou afogar as mágoas.

Alexandre Lucas e Renata Steffen

1ª edição	NOVEMBRO DE **2022**
impressão	**PANCROM**
papel de miolo	**COUCHÉ FOSCO 115G/M²**
papel de capa	**CARTÃO SUPREMO ALTA ALVURA 250G/M²**
tipografias	**HIGHTOWER E MINT GROTESK**